Die Akzeptanz
staatlicher Finanzierungsinstrumente

Europäische Hochschulschriften
Publications Universitaires Européennes
European University Studies

Reihe V
Volks- und Betriebswirtschaft

Série V Series V
Sciences économiques, gestion d'entreprise
Economics and Management

Bd./Vol. 2513

PETER LANG
Frankfurt am Main · Berlin · Bern · Bruxelles · New York · Wien

Armin Rolfink

Die Akzeptanz staatlicher Finanzierungsinstrumente

Eine empirische Untersuchung der Bürgerpräferenzen

PETER LANG
Europäischer Verlag der Wissenschaften

Die Deutsche Bibliothek - CIP-Einheitsaufnahme

Rolfink, Armin:

Die Akzeptanz staatlicher Finanzierungsinstrumente : eine empirische Untersuchung der Bürgerpräferenzen / Armin Rolfink. - Frankfurt am Main ; Berlin ; Bern ; Bruxelles ; New York ; Wien : Lang, 1999
(Europäische Hochschulschriften : Reihe 5, Volks- und Betriebswirtschaft ; Bd. 2513)
Zugl.: Aachen, Techn. Hochsch., Diss., 1999
ISBN 3-631-35481-9

D 82
ISSN 0531-7339
ISBN 3-631-35481-9

Meinen lieben Eltern

Vorwort

Die vorliegende Arbeit entstand während meiner Tätigkeit als wissenschaftlicher Mitarbeiter bei Herrn Prof. Dr. Klaus Gretschmann am Lehr- und Forschungsgebiet für Allgemeine Volkswirtschaftslehre und Finanzwissenschaft der RWTH Aachen. Sie wurde im Herbst 1998 abgeschlossen und im WS 1998/99 von der Fakultät für Wirtschaftswissenschaften der RWTH Aachen als Dissertation angenommen.

Meinem akademischen Lehrer, Herrn Prof. Dr. Klaus Gretschmann, möchte ich an dieser Stelle für seine Förderung und uneingeschränkte Unterstützung bei der Erstellung dieser Arbeit sowie die angenehme Zusammenarbeit in den zurückliegenden Jahren aufrichtig danken. Mein Dank gilt auch Herrn Prof. Dr. Lukas Menkhoff, der freundlicherweise das Zweitgutachten übernommen hat.

Bei der Konrad-Adenauer-Stiftung möchte ich mich ausdrücklich dafür bedanken, daß sie mir im Rahmen der Graduiertenförderung für die Dauer meiner Forschungstätigkeit ein Promotionsstipendium gewährte sowie den Mitarbeitern des Lehr- und Forschungsgebietes, die mir stets konstruktive Gesprächs- und Diskussionspartner waren. Herrn Hubert Gerlach danke ich für die kritische Durchsicht der Arbeit.

Nicht zuletzt gebührt mein Dank jedoch meinem privaten Umfeld. Ohne die moralische Unterstützung, die meine Familie, Michaela und mein Freundeskreis mir jederzeit zukommen ließen, und ohne ihre Rücksichtsnahme auf meine bei der Erstellung dieser Arbeit zuweilen recht knapp bemessenen Zeit und Aufmerksamkeit, wäre diese Arbeit nicht möglich gewesen.

Meinen Eltern möchte ich darüber hinaus dafür danken, daß sie mir meinen privaten und beruflichen Werdegang ohne jede Einschränkung, aber mit jeder nur denkbaren Unterstützung überhaupt erst ermöglichten. Ihnen widme ich diese Arbeit.

Aachen, im Juni 1999

Inhaltsverzeichnis

Zweites Kapitel

Attitüden, Einstellungen und Präferenzen

Drittes Kapitel

Determinanten der Präferenzbekundung

Viertes Kapitel

Bürgerpräferenzen für Staatseinnahmen

Abbildungsverzeichnis

Tabellenverzeichnis

EINLEITUNG UND GANG DER UNTERSUCHUNG

In der letzten Dekade ist eine beträchtliche Unzufriedenheit der Bevölkerung mit dem Staat, den politisch Handelnden und dem öffentlichen Finanzgebaren festzustellen. Zwischen den im parlamentarischen Prozeß getroffenen Entscheidungen und den Vorstellungen der Bürgerinnen und Bürger bestehen oftmals erhebliche Disharmonien, die sich im Laufe der Zeit tendenziell nicht etwa verringern, sondern eher zu vergrößern scheinen, weil sich in den Köpfen der Bürger politische Verdrossenheiten und Staatsverdruß festgesetzt haben.[1] Es hat sich in der Vergangenheit eine Verstimmtheit für politische Themen herausgebildet, die darauf beruht, daß die Bevölkerung heute generell weniger politisiert ist als noch vor einigen Jahren, was häufig einem Wertewandel weg von altruistischen Werten und hin zu egoistischen Werten zugeschrieben wird.

Die Unzufriedenheit der Bürger resultiert dabei aber nicht nur aus einer sich allgemein ausbreitenden Verdrossenheit aufgrund von unerfüllten politischen Versprechungen, erkennbar mangelndem Entscheidungswillen und wiederholten Enttäuschungen über geplante aber gescheiterte (Steuer)-Reformen, sondern auch aus der als ineffizient angesehenen Auf- und Ausgabenerfüllung des Staates[2] sowie den damit verbundenen und als zu hoch erachteten Belastungen[3] in Form von direkten und indirekten Steuern[4], Sozialversicherungsbeiträgen und kommunalen Gebühren.[5] Die wachsende Unzufriedenheit der Bevölkerung mit der Politik weist darauf hin, daß die Vorstellungen und Präferenzen der Bevölkerung durch das politische System - auch demokratischer Staaten - nur unzureichend berücksichtigt werden.[6]

---

1 Vgl. Schmid, K. (1994), Wertewandel, Politikverdrossenheit und Schattenwirtschaft, in: Wirtschaftsdienst, S. 303 f. und Schneider-Haase, T. (1994): Wie politikverdrossen sind die Deutschen wirklich? in: Umfrage & Analyse, Nr. 1/2, S. 52 f.

2 Vgl. Niessen, H.-J., Haarland, H. P. (1995), Steuervereinfachung und Steuergerechtigkeit, Eine empirische Untersuchung der Einstellungen deutscher Steuerzahler, Köln, S. 63 ff. und Bund der Steuerzahler (1998), Die öffentliche Verschwendung - Schwarzbuch des Bundes der Steuerzahler, hrsg. vom Präsidium des Bundes der Steuerzahler e.V., Wiesbaden.

3 Vgl. Gillies, P. (1995), Steuern und Abgaben: Der Widerstand wächst., in: Trend, Nr. 65, S. 6 f. und Niessen, H.-J., Haarland, H. P. (1995), a.a.O., S. 83-88.

4 Vgl. Deutsches Institut Für Wirtschaftsforschung (1995), Die Belastung der privaten Haushalte in West- und Ostdeutschland durch direkte und indirekte Steuern, in: Wochenbericht Nr. 46, Berlin, S. 781 f.

5 Vgl. Gaulke, J. (1995), Die Steuerschraube: Wie uns der Fiskus abkassiert, München.

6 Vgl. Eckstein, G., Pappi, F. U. (1994), Die politischen Wahrnehmungen und die Präferenzen der Wählerschaft in Ost- und Westdeutschland: Ein Vergleich, in: Klingemann, H.-D., Kaase, M. (Hrsg.), Wahlen und Wähler, Analysen aus Anlaß der Bundestagswahl 1990, Opladen und Selmer, P. (1995), Der gerechte Steuerstaat, in: Finanzarchiv, Band 52, Heft 2, Tübingen, S. 234 f.

Nicht zuletzt deshalb zeigt sich die seit einigen Jahren zuspitzende Finanzkrise des Staates nicht nur in dauerhaften Haushaltsdefiziten[7], einem damit steigenden Gesamtschuldenstand[8] sowie daraus resultierenden hohen Zinslasten, sondern auch in der Erreichung von objektiven und subjektiven Belastungsgrenzen in der Bevölkerung.[9] Die sich daraus ergebenden ökonomischen Konsequenzen scheinen den Staat offensichtlich kaum noch zu interessieren. Nicht einmal das *Swift'sche Steuereinmaleins* - rückläufige Steuereinnahmen bei Überschreiten kritischer Belastungsschwellen - wird zur Kenntnis genommen. Für jeden, der nicht im politischen Prozeß integriert ist, manifestiert sich der Eindruck einer offenkundigen Diskrepanz zwischen dem vielfach eingeforderten eisernen Sparwillen und der Haushaltsdisziplin einerseits sowie der praktizierten staatlichen Finanzpolitik andererseits.[10]

Die Betrachtung der aktuellen finanzpolitischen Situation in der Bundesrepublik Deutschland offenbart allgegenwärtige Eingriffe des Staates in das wirtschaftliche Geschehen. An zahllosen Stellen und mit Hilfe eines breit gefächerten Instrumentariums greifen die staatlichen Hoheitsträger in das Marktgeschehen ein, um auf diese Weise finanzpolitische Zielsetzungen zu realisieren.[11] Die Struktur der staatlichen Finanzierungsformen, wie sie sich heutzutage im deutschen Abgabensystem zeigt, ist das Ergebnis historischer Entwicklungen und Ansätze, der Entwicklung einzelner Steuersätze, der Veränderung und Erweiterung steuerlicher Bemessungsgrundlagen sowie nicht zuletzt Ausdruck divergierender Aufkommenselastizitäten unterschiedlicher Finanzierungsarten.

Keineswegs eignen sich jedoch alle dem öffentlichen Sektor zur Verfügung stehenden Einnahmearten und Instrumente in gleicher Weise zur Finanzierung jeder er-

---

7 Vgl. Bundesministerium der Finanzen (1997), Finanzbericht 1998, Bonn, S. 104 f. Die Entwicklung der Jahre 1992-1997 zeigt einen unsystematisch sprunghaften Anstieg von 38,6 Mrd. DM auf 70 Mrd. DM.

8 Vgl. Ottnad, Adrian (1996), Die Staatsverschuldung wächst nach eigenen Gesetzen, in: Orientierungen zur Wirtschafts- und Gesellschaftspolitik, Nr. 68, Bonn, S. 2 f.

9 Vgl. Niessen, H.-J., Haarland, H. P. (1994), Die öffentliche Finanzkrise im Urteil der Bürger: Eine empirisch-finanzpsychologische Untersuchung der Wahrnehmung und Bewertung der öffentlichen Einnahmen- und Ausgabenpolitik, Köln, S. 8 f. und S. 33 f.; Forschungsstelle für empirische Sozialökonomik (1997), Steuermentalität und Steuermoral der bundesdeutschen Bevölkerung und deren Einstellungen zur Steuerreform 1997, Köln.

10 Vgl. Funk, J., (1996), Zwischen Hoffen und Bangen in der Finanz- und Steuerpolitik, Institut „Finanzen und Steuern", IFSt-Schrift Nr. 343, Bonn, S. 5 f., Pohmer, D. (1993), Die Steuern als Instrument der Staatsfinanzierung oder Wirtschaftslenkung?, in: Mit Steuern steuern?, Wiesbaden, S. 35 f. und Solms, H. O. (1996), Neues Denken in der Finanz- und Steuerpolitik, IFSt-Schrift, Nr. 343, Bonn, S. 10 f.

11 Vgl. Schmidt, Kurt (1980^3), Grundprobleme der Besteuerung, in: Neumark, F. (Hrsg.), Handbuch der Finanzwissenschaft, Band II, Tübingen, S. 363 f.

denklichen Ausgabeverpflichtung.[12] Dies läßt unter anderem die seit einigen Jahren vehement geführte öffentliche Diskussion um alternative Finanzierungsmöglichkeiten aufgrund des wachsenden Mittelbedarfs einerseits und sinkender Steuereinnahmen andererseits erkennen.[13] Wenn in diesem Zusammenhang beispielsweise der Erhöhung indirekter Steuern (z.B. Mehrwert- und Mineralölsteuer) oder der Beibehaltung von Ergänzungsabgaben (z.B. Solidaritätszuschlag)[14] in der politischen Debatte das Wort geredet wird, so ist aus finanzwissenschaftlicher Sicht danach zu fragen, nach welcher Systematik das Geflecht der Staatseinnahmen zu strukturieren ist. Letztlich können auf dieser Grundlage die charakteristischen Merkmale der jeweiligen Finanzierungsformen erfaßt und im Hinblick auf ihre fiskalische Eignung bzw. Ergiebigkeit bewertet werden.[15] Die Mängel des gegenwärtigen Steuer- und Transfersystems und die Forderungen nach einer stärker wachstumsorientiert ausgerichteten Steuerpolitik beschreiben und begründen den Reformbedarf des Steuer- und Abgabenstaates aus dem Steuersystem selbst. Diese sich letztlich auf die Finanzierungsseite des staatlichen Budgets beziehenden Argumente mögen alle im Hinblick auf die Umsetzung einer umfassenden Steuerreform wohl begründet sein. Ob jedoch der zweifellos bestehende Reformstau auch eine entsprechende Reform erzwingen kann, bleibt fraglich, wie insbesondere die negativen Erfahrungen der politischen Bemühungen zur Reform des Steuersystems in den Jahren 1996 und 1997 zeigen.[16]

Maßgeblich für die Begrenzung der öffentlichen Einnahmeerzielung sind aber nicht nur ökonomische - exakt quantifizierbare - Größen, sondern auch finanzpsychologische - im Empfinden der Bürger- Wahrnehmungsfilter. So spielt beispielsweise die Ausgestaltung einer Steuer als direkte oder indirekte Abgabe eine wichtige, ihre Merklichkeit beeinflussende Rolle. Zudem wirken der Vergleich mit anderen Bürgern sowie die Inanspruchnahme staatlicher Leistungen darauf ein, ob die eigene Steuerbelastung - und letztlich auch das gesamte Abgabensystem - als gerecht oder ungerecht empfunden werden. Daneben können aber auch Faktoren wie die Bewertung staatlicher Leistungen

12 Vgl. Schmidt, K. (1994), Was ist an unseren Steuern falsch, und wie ist den Mängeln abzuhelfen?: Der Beitrag der Steuerpolitik zur Lösung unserer großen wirtschaftlichen Aufgaben, in: Standort Deutschland, Stuttgart, S. 139 f.

13 Vgl. Institut der Deutschen Wirtschaft (1996), Evaluierung des Vorschlags von Gunnar Uldall für eine vereinfachte Einkommen- und Körperschaftsteuer, Köln, S. 47.

14 Der Solidaritätszuschlag ist Teil des Solidarpaktkompromisses zwischen Bund und Ländern und stellt eine Ergänzungsabgabe zur ESt. und KSt. (§ 1 SolZG) dar. Vgl. BGBl. (1993), Teil 1, S. 1318.

15 Vgl. Dickertmann, D., Gelbhaar, S. (1994), Das System der öffentlichen Einnahmen, in: Steuer und Studium, Berlin, S. 214.

16 Vgl. Bach, S. (1997), Steuereform in Deutschland, in: Vierteljahreshefte zur Wirtschaftsforschung, Heft 3-4, Schwerpunktheft Steuerreform, Berlin, S. 294 ff.

hinsichtlich ihrer Effizienz und die individuelle Partizipationsmöglichkeit am politischen Entscheidungsprozeß als entscheidende Größen bezüglich der Optimierung der öffentlichen Einnahmeerzielung bestimmend sein.

Die Ermittlung der Zusammensetzung der gesamten Staatseinnahmen im Hinblick auf ihre maximale fiskalische Ergiebigkeit und die Eruierung eines entsprechend hohen Akzeptanzgrades in der Bevölkerung läßt sich jedoch nicht durch die Kombination einzelner Finanzierungsinstrumente auf die Optimierung eines rein analytischen Modells reduzieren. Um die Problematik einer solchen Komposition und deren Akzeptanz in einem Modell abbilden zu können, bedarf es zusätzlich der Berücksichtigung von Einstellungen und Präferenzen der Staatsbürger. Um dem grundlegenden Anspruch dieser Untersuchung gerecht zu werden, die Präferenzen der Bürger für staatliche Finanzierungsformen aufzudecken, wird ein eigenes Modell entwickelt, das helfen soll, auf der Basis einer Vielzahl von Einflußfaktoren und determinierenden Variablen die Präferenzen der Bürger für einzelne staatliche Finanzierungsformen und deren Komposition zu ermitteln.

Offen bleibt dabei zunächst die Frage, warum die Aufdeckung von Bürgerpräferenzen und die Ermittlung von determinierenden Faktoren in den Mittelpunkt des Interesses rücken. Die Unzufriedenheit der Bevölkerung sowie das Aufbegehren gegen die staatlicherseits auferlegte Abgabenbelastung zeigen, daß bei finanzpolitischen Entscheidungen die Präferenzen der Bevölkerung nur unzureichend berücksichtigt und Erkenntnisse über Präferenzprofile - bewußt oder unbewußt - negiert werden.[17] In der Konsequenz bedeutet dies, daß sich viele kleine Reaktionen und Verdrossenheiten zu erheblichen gesellschaftlichen, politischen und ökonomischen Wohlfahrtsverlusten addieren, wenn der Staat mit seiner finanz- bzw. steuerpolitischen Gesetzgebung nicht ausreichend auf die Präferenzen der Bürger eingeht.

Für die Politiker stellt sich das Problem, daß sie bei Entscheidungen über steuerpolitische Fragen strenggenommen dem Bürgerwillen nicht folgen können, existieren doch nur recht schematische und stark traditionelle Vorstellungen und Ansichten darüber, welche steuerpolitischen Ideale die Bürger mit welchen Finanzierungsinstrumentarien im deutschen Steuer- und Abgabensystem verwirklicht sehen wollen. Staats- oder Politikversagen, wenn man davon sprechen will, mag also nicht zuletzt einer fehlenden Informationsbasis über individuelle Bürgerpräferenzen geschuldet sein. Umgekehrt gilt: Sind die politischen Entscheidungsträger daran interessiert, daß das von ihnen bereitgestellte Güter- und Leistungsangebot und die den Bürgern auferlegte Abgabenlast eine möglichst breite Zustimmung in der Bevölkerung finden, sind möglichst

17 Vgl. Eckstein, G., Pappi, F. U. (1994), a.a.O., S. 234 f.

detaillierte Informationen darüber unabdingbar, welche Leistungen von den Bürgern in welchem Umfang und zu welchen (Steuer-)Preisen präferiert werden.[18]

In der finanzwissenschaftlichen Forschung, dem finanzpsychologisch orientierten Mainstream folgend, existieren nur ganz wenige empirische Untersuchungen darüber, wie Finanzierungspräferenzen beschaffen sind.[19] Bezüglich des vorliegenden Forschungsansatzes gilt es, basierend auf staatlichen Ausgabengrößen[20], danach zu fragen, wie notwendige Ausgabenansätze zu finanzieren sind bzw. welche Finanzierungsformen in welchem Maße mehr oder weniger in Anspruch genommen werden sollen. Im Mittelpunkt der Erhebung steht dabei das gesamte staatliche Finanzierungsinstrumentarium, das sich in erster Linie aus direkten und indirekten Steuern, Sozialversicherungsbeiträgen[21], kommunalen Gebühren[22] und - kompensatorisch - der öffentliche Kreditaufnahme zusammensetzt.

Hinsichtlich einer effizienteren Gestaltung der staatlichen Finanzierungsseite, einer damit verbundenen langfristigen Sicherung der notwendigen Staatsausgabentätigkeit und der Schaffung eines höheren Akzeptanzgrades für die finanzielle Abgabenbelastung in der Bevölkerung, bestehen auf der Einnahmenseite gewisse Spielräume, die man durch eine adäquate Orientierung an den Präferenzen der Bürger gewinnen kann. Über die diesbezüglichen in der Bevölkerung vorhandenen Finanzierungspräferenzen sowie ihre determinierenden Einflußfaktoren existieren zum gegenwärtigen Zeitpunkt jedoch vergleichsweise wenige Erkenntnisse. Die vorliegende Arbeit soll einen Beitrag leisten, diese Lücke zu schließen.

Die Aufdeckung von Bürgerpräferenzen und präferenzbestimmenden Determinanten erfolgt auf der Grundlage einer Umfrageerhebung. Eine solche empirisch ausgerichtete Untersuchung ist in mehrfacher Hinsicht sinnvoll und nützlich. Sie erlaubt zum einen den Vergleich zwischen den von den politischen Entscheidungsträgern tatsächlich beschlossenen und den von der Bevölkerung präferierten Finanzierungsformen und schafft andererseits die Voraussetzung dafür, den politisch Handelnden die Möglichkeit einer stärkeren Berücksichtigung des Bürgerwillens zu geben. Dadurch

---

18 Vgl. Pommerehne, W. W. (1987), Präferenzen für öffentliche Güter - Ansätze zu ihrer Erfassung, Tübingen, S. 253.

19 Siehe dazu die Darstellungen der Ergebnisse bisheriger Untersuchungen in Kapitel 2.

20 Vgl. Günther, K. (1990), Der Wandel der Staatsaufgaben und die Krise regulativen Rechts, in: Grimm, D. (Hrsg.), Wachsende Staatsaufgaben - sinkende Steuerungsfähigkeit des Rechts, Baden-Baden, S. 51-69.

21 Hier sind insbesondere die Renten-, Kranken-, Arbeitslosen- und Pflegeversicherung gemeint, die einem abgegrenzten Personenkreis die Möglichkeit der Wahrnehmung eines Vorteils bieten.

22 Definiert als "[...] *Entgeltabgaben für öffentliche Leistungen, denen eine unmittelbare, direkte und persönliche Gegenleistungen* [...]" entsprechen. Vgl. Dickertmann, D., Gelbhaar, S. (1994), a.a.O., S. 218.

kann langfristig nicht nur die fiskalische Einnahmeerzielung im öffentlichen Sektor verbessert, sondern auch die allseits beklagte Staats- und Politikverdrossenheit vermindert werden. Die als Ergebnis dieser Untersuchung aufzudeckenden Erkenntnisse und Einflußfaktoren dienen damit als Diskussionsgrundlage einer die Interessen der Bevölkerung berücksichtigenden finanzpolitischen Entscheidungsfindung in der politischen Debatte.

Die vorliegende Arbeit unternimmt damit den Versuch, die Wahrnehmung in der Bevölkerung zu beleuchten und aufgrund von geäußerten Präferenzbekundungen für einzelne Einnahmearten mögliche Finanzierungsperspektiven bzw. -restriktionen aufzuzeigen. Die eigentliche Zielsetzung besteht dabei jedoch nicht in einer Effizienzanalyse[23] bzw. der Überprüfung der finanzpolitischen Notwendigkeit einzelner Einnahmearten, sondern vielmehr darin, mögliche Bestimmungsfaktoren der Präferenzäußerung für das gesamte Spektrum staatlicher Finanzierungsformen aufzudecken. Der Untersuchungsgegenstand verlagert sich damit von einem objektiven Betrachtungsverhalten zu den dahinterstehenden Attitüden und Präferenzen als den zu erklärenden Variablen.[24] Anhand von eigens entwickelten Schätzgleichungen werden Modelle aufgestellt und getestet sowie präferenzbestimmende Determinanten ermittelt. Im Zuge der Aufstellung von Optimierungskalkülen erweist sich die subjektive Belastung bei der Maximierung des individuellen Erwartungsnutzens aus der Taxierung der Summe empfangener staatlicher Leistungen und der zu ihrer Finanzierung zu leistenden Finanzierungsbeiträge als maßgeblich. Auf der Basis der derzeitigen Konstellation der Staatseinnahmen werden eine Vielzahl von Einflußfaktoren für die Akzeptanz bzw. Ablehnung des derzeitigen Steuer- und Abgabensystems getestet und statistisch signifikante - präferenzleitende - Determinanten analysiert und diskutiert.

Die Untersuchung gliedert sich in vier Kapitel. Das erste Kapitel gibt zunächst einen Überblick über die derzeitige Situation der öffentlichen Finanzen, wobei explizit auf aktuelle Entwicklungen der staatlichen Einnahmen (insbesondere Steuern), Ausgaben und der öffentlichen Verschuldung eingegangen wird. Darauf aufbauend wird auf der Basis der Bedeutung unterschiedlicher fiskalischer bzw. nicht-fiskalischer Steuerzwecke die Notwendigkeit der staatlichen Abgabenerhebung herausgestellt. Im Mittelpunkt dieses Kapitels steht die Darstellung des öffentlichen Finanzierungsinstrumentariums, wobei die wesentlichen Formen der hoheitlichen Abgabenerhebung betrachtet

---

23 Eine Effizienz-Untersuchung findet sich bei Raab. Vgl. Raab, U. H. (1995), Öffentliche Transaktionskosten und Effizienz des staatlichen Einnahmesystems, Abhandlungen zur Nationalökonomie, Band 1, Berlin.

24 Vgl. Engelhardt, G., Hegmann, H., Panther, S. (1994), Fiskalillusion aus der Sicht der Neuen Institutionenökonomik, in: Stand und Entwicklung der Finanzpsychologie, Baden-Baden, S. 133.

werden. Die Erkenntnisse über die Struktur des staatlichen Einnahmesystems führen über die Darstellung von objektiven und subjektiven Belastungsgrößen und den daraus resultierenden Reaktionen der Bürger zu steuersystematischen Reformüberlegungen und deren Implementierungsproblematik. Damit ist der Ansatzpunkt der vorliegenden Untersuchung spezifiziert.

Im Mittelpunkt des zweiten Kapitels stehen die Attitüden, Einstellungen und Präferenzen der Bürger. Zu Beginn dieses Kapitels wird die soziologisch geprägte Präferenzermittlung in den Kontext der finanzpsychologischen Theorie eingeordnet und deren Bedeutung für die wissenschaftliche Forschung herausgestellt. Mit der Legitimation der Ermittlung von Bürgerpräferenzen wird deutlich, daß es ein lange beklagtes Desiderat ökonomischer Forschungsbemühungen ist, zu erklären, wie individuelle Präferenzen zustande kommen und in Modellen zu behandeln sind. Basierend auf diesen Erkenntnissen werden die wesentlichen Grundzüge zur Begriffsbestimmung, der eigentliche individuelle Präferenzbildungsprozeß sowie die zeitliche Konsistenz von Präferenzen im Rahmen einer Theorie der Präferenzen dargelegt. Daran anschließend werden Ergebnisse bisheriger Studien zu Ausgaben- und Einnahmepräferenzen sowie unterschiedlich ausgeprägte Präferenzen der im Wirtschaftsprozeß integrierten Akteure dargestellt. Den Abschluß dieses Kapitels bildet die Illustration von Studien zur Ermittlung von Finanzierungspräferenzen und neuere empirische Ergebnisse.

Das dritte Kapitel umfaßt die Spezifizierung des eigentlichen Untersuchungsgegenstandes, die Aufstellung von Modellen in Form von Schätzgleichungen zur Präferenzermittlung sowie die Methodik der Präferenzmessung. Im ersten Teil werden Präferenzbekundungen bei Vorliegen fiskalischer Illusionen beleuchtet, wobei deutlich wird, daß steuer- und finanzpolitische Tatbestände und Fakten aufgrund von fiskalischen Illusionen tendenziell verschwommen wahrgenommen werden. Vor diesem Hintergrund wird ein Untersuchungsmodell entwickelt, das eine Vielzahl von soziodemographischen, ökonomischen und finanzpsychologischen Einflußfaktoren berücksichtigt. Unter Bezugnahme auf die Systematisierung und Einflußnahme dieser allgemeinen Variablen wird ein Optimierungskalkül formuliert, das den erwarteten Nutzen der Individuen aus der Taxierung von empfangenen Leistungen und Finanzierungsbeiträgen konkretisiert. Daran anschließend werden die im Vorfeld ausgewählten Einflußfaktoren als theoretische Elemente in diverse Schätzgleichungen integriert, auf deren Grundlage individuelle Präferenzunterschiede der Bürger bestimmt werden sollen. Der Abschluß dieses Kapitels steht ganz im Zeichen der Methodik der Präferenzmessun, wobei zunächst zu überprüfende Hypothesen theoretisch abgeleitet werden. Daran anschließend wird verdeutlicht, mit welchen Methoden Bürgerpräferenzen erhoben und wie die aufgestellten Hypothesen überprüft werden können.

Das vierte Kapitel behandelt die Ergebnisse der Umfrageerhebung. Die Präsentation der Untersuchungsergebnisse beginnt mit der Darstellung der ermittelten Präferenzen für staatliche Finanzierungsformen, wobei explizit direkte und indirekte Steuern, Sozialversicherungsbeiträge und kommunale Gebühren sowie die öffentliche Kreditaufnahme analysiert werden. Im Anschluß daran werden Präferenzen für einzelne Steuerarten herausgearbeitet, die sich bei der Einkommensteuer, dem Solidaritätszuschlag, der Mehrwertsteuer und einer Vielzahl spezieller Verbrauchsteuern ergeben. Nachdem spezifische Präferenzen und Präferenzprofile verdeutlicht wurden, verlagert sich die Untersuchung auf die Eruierung und Analyse wesentlicher Determinanten der Präferenzbekundung und der Betrachtung von bestehenden Korrelationen zwischen den Einflußfaktoren. Vor diesem Hintergrund werden ergänzende Präferenzprofile und Finanzierungsstrukturen erarbeitet. Explizit wird dazu ein virtueller - präferenzbasierender - Finanzierungsetat aufgestellt und mit der tatsächlichen Finanzierungsstruktur des Staates verglichen. Den Abschluß dieser Kapitels bildet die Konkretisierung der sich aus den Untersuchungsergebnissen ergebenden Perspektiven. Einen Überblick über die Strukturelemente der vorliegenden Arbeit gibt die folgende Abbildung.

Abb. 1: Wesentliche Strukturelemente der vorliegenden Arbeit

Kapitel 1:	**Staatseinnahmen in der Diskussion**
	⇨ Aktuelle Diskussion öffentlicher Finanzen
	⇨ Die staatliche Finanzierungsseite
Kapitel 2:	**Attitüden, Einstellungen und Präferenzen**
	⇨ Theorie der Präferenzen
	⇨ Ergebnisse bisheriger Untersuchungen
Kapitel 3:	**Determinanten der Präferenzbekundung**
	⇨ Untersuchungsanordnung
	⇨ Formulierung von Untersuchungsmodellen
	⇨ Methodik der Präferenzenthüllung
Kapitel 4:	**Bürgerpräferenzen für Staatseinnahmen**
	⇨ Methodik der empirischen Eigenuntersuchung
	⇨ Ergebnisse der Untersuchung

„Republicae nervos in pecuniis consistere"

- Die Finanzen sind die Nerven des Staates -

Jean Bodin, 1586

Erstes Kapitel

STAATSEINNAHMEN IN DER DISKUSSION

1.1 Öffentliche Finanzen in aktueller Diskussion

Die derzeitige finanzpolitische Diskussion in der Bundesrepublik Deutschland ist durch defizitäre Haushalte, Rekordschuldenstände und steigende Zinslasten geprägt. Offenkundige Finanzierungsprobleme der Gebietskörperschaften, unüberwindbar erscheinende steuerpolitische Reformhürden sowie hohe Steuer- und Abgabenbelastungen mit sich bedrohlich ausweitenden Abgabenwiderständen[1] offenbaren eine finanzpolitische Problematik, in die sich die öffentlichen Finanzen in den letzten Jahren hineinmanövriert haben.[2] Mit der wirtschaftlichen Rezession der letzten Jahre[3], erheblichen Steuerausfällen[4] und stagnierenden Wachstumsraten[5] gerieten die öffentlichen Haushalte in ihre bisher schwerste finanzielle Krise.[6] Die Schere zwischen den laufenden öffentlichen Einnahmen und Ausgaben öffnet sich zusehends, so daß in einer motivationalen Gemengelage, die teils von antizyklischen fiskalpolitischen Steuerungsversuchen[7], teils von den Imperativen des Parteienwettbewerbs um Wählerstimmen dominiert wird, eine dauerhafte Deckungslücke nur durch hohe

---

1 Vgl. Niessen, H.-J., Haarland, H. P. (1994), a.a.O., S. 38 f. und Forschungsstelle für empirische Sozialökonomik e.V. (1997), a.a.O., S. 16.

2 Vgl. Schaft, W. (1997a), Sondereinflüsse drücken Staatseinnahmen, in: Wirtschaftsdienst, Heft XI, 1997, S. 664 f., Priewe, J. (1996), Gefangen in der Schuldenfalle? Überlegungen zum fiskalischen Handlungsspielraum in der Bundesrepublik Deutschland, in: WSI-Mitteilungen, Köln, S. 307 f., Ottnad, A. (1996), a.a.O., S. 2 f.

3 Vgl. Deutsches Institut für Wirtschaftsforschung (1997), Wochenbericht, Nr. 17, Berlin, S. 293.

4 Vgl. Schaft, W. (1997a), a.a.O., S. 664 f.

5 Vgl. Institut der deutschen Wirtschaft (1997), Zahlen zur wirtschaftlichen Entwicklung der Bundesrepublik Deutschland, Köln, S. 25.

6 Nach Schätzungen ist der konjunkturbedingte Einnahmeausfall im Zeitraum 1993 bis 1996 insgesamt mit mind. 200 Mrd. DM (50 Mrd. DM jährlich) zu veranschlagen. Vgl. Deutsches Institut für Wirtschaftsforschung (1996), Wochenbericht, Nr. 35, Berlin, S. 578.

7 Vgl. Dornbusch, R., Fischer, S. (1994^6), Macroeconomics, New York u.a., Part 1 und Blejer, Maior I., Ter-Minassian, Teresa (1997), Fiscal Policy and Economic Reform, London, S. 53 f.

jährliche Nettoneuverschuldungen geschlossen werden kann.[8] Der sich seit der deutschen Wiedervereinigung abzeichnende Trend massiv ausweitender Staatsschulden[9] (insbesondere des Bundes und seiner eigens gebildeten Sondervermögen[10]) erschwert die angestrebte Konsolidierung der öffentlichen Haushalte und verringert zukünftige finanzpolitische Spielräume zum konjunkturellen und strukturellen Gegensteuern.[11] Offenkundig befindet sich die öffentliche Finanzpolitik in einer Sackgasse, aus der sie nur schwerlich herausfindet. Selbst absehbare zukünftige Wachstums- und Erholungstendenzen bedeuten noch nicht unmittelbar eine Entlastung der angespannten Staatsfinanzen.[12]

Für die Darstellung und Analyse aktueller Entwicklungstendenzen öffentlicher Finanzen bedarf es zunächst der - gewissermaßen vorgelagerten - Betrachtung, was mit den staatlichen Einnahmen grundsätzlich finanziert wird bzw. finanziert werden soll. Aus diesem Grunde stehen die Staatsausgaben am Anfang einer solchen Analyse, da sich die Aufgabenerfüllung des öffentlichen Sektors am stärksten im Sachzweck der öffentlichen Ausgaben ausdrückt.[13]

1.1.1 Die Ausgaben des Staates

Eine Analyse der öffentlichen Ausgaben orientiert sich in der Regel an der Gesamtbetrachtung des bundesstaatlichen Budgets. Das Budget ist die Grundlage für die Haushalts- und Wirtschaftsführung und ermächtigt die öffentliche Verwaltung, Ausgaben zu tätigen und Verpflichtungen einzugehen.[14] Eine Übersicht zum Bundeshaushalt 1998 sowie der Haushaltsentwurf 1999 sind nachfolgend dargestellt.

---

8 Vgl. Bundesrechnungshof (1997), Jahresbericht: Bemerkungen des Bundesrechnungshofes 1997 zur Haushalts- und Wirtschaftsführung, Deutscher Bundestag, 13. Wahlperiode, Bonn, S. 21 f. und Bundesministerium der Finanzen (1997), a.a.O., S. 104.

9 Von 1949 bis 1990 hat sich die Staatsverschuldung von 20 auf 900 Mrd. DM vergrößert, von 1990 bis 1997 nochmals mehr als verdoppelt. Vgl. Ottnad, A. (1996), a.a.O., S. 2 und 5.

10 Vgl. Bundesrechnungshof (1997), a.a.O., S. 26.

11 Vgl. Schaft, W. (1997a), a.a.O., S. 664, Bundesministerium der Finanzen (1997), a.a.O., S. 11, Deutsches Institut für Wirtschaftsforschung (1996), Wochenbericht Nr. 40, Berlin, S. 637.

12 Vgl. Schaft, W. (1997b), Schlingernde Steuerpolitik, in: Wirtschaftsdienst, Nr. 1, S. 2.

13 Vgl. Zimmermann, H., Henke, K.-D. (1990[6]), Finanzwissenschaft - Eine Einführung in die Lehre von der öffentlichen Finanzwirtschaft, München, S. 11.

14 Vgl. Hansmeyer, K.-H., Rürup, B. (1984[3]), Das Budget der Bundesrepublik Deutschland, in: Staatswirtschaftliche Planungsinstrumente, Tübingen, S. 7.

Tab. 1: Der Bundeshaushalt 1999 (Entwurf Einzelplanübersicht)[15]

Bundeshaushalt 1999 - **Einzelplan** -	**Soll 1998** in Mio. DM	**Soll 1999** in Mio. DM	**Verände-rung in (%)**
Bundespräsidialamt	42,4	40,3	-4,8
Bundestag	977,1	1094,8	+12,0
Bundesrat	26,6	27,1	+1,9
Bundeskanzleramt	996,2	1064,4	+6,9
Auswärtiges Amt	3532,3	3665,4	+3,8
Inneres	8700,7	8900,1	+2,3
Justiz	691,3	721,0	+4,3
Finanzen	7888,7	7553,5	-4,3
Wirtschaft	16154,7	14801,0	-8,3
Ernährung, Landwirtschaft und Forsten	11537,4	11695,7	+1,4
Arbeit und Sozialordnung	159979,6	163189,5	+2,0
Verkehr	42590,5	42906,2	+0,7
Verteidigung	46679,5	47518,7	+1,8
Gesundheit	718,2	750,0	+4,4
Umwelt, Naturschutz und Reaktorsicherheit	1212,4	1303,5	+7,5
Familie, Senioren, Frauen und Jugend	11720,3	11906,7	+1,6
Bundesverfassungsgericht	29,0	27,8	-4,2
Bundesrechnungshof	116,0	155,1	+33,7
Wirtschaftl. Zusammenarbeit u. Entwicklung	7665,6	7676,0	+0,1
Raumordnung, Bauwesen und Städtebau	11249,1	12389,1	+10,1
Bildung, Wissenschaft, Forschung, Technologie	14928,4	15428,4	+3,4
Bundesschuld	82094,7	77476,0	-5,6
Versorgung	16204,6	16614,4	+2,5
Allgemeine Finanzverwaltung	17634,0	18395,5	+4,3
Insgesamt	463360,0	465300,0	+0,4

Der Bundeshaushalt 1999 sieht Ausgaben in Höhe von 465,30 Mrd. DM vor. Dies entspricht einer Steigerung von ca. 2 Mrd. DM oder +0,4% gegenüber dem Ist-Ergebnis des Jahres 1998. Größte Ausgabenposten sind der Bereich Arbeit und Sozialordnung (163,18 Mrd. DM/ 35,0% Anteil am Gesamtetat), gefolgt von der Bundesschuld[16] (77,47 Mrd. DM/ 16,6%) sowie den Ressorts Verteidigung (47,51 Mrd. DM/ 10,2%) und Verkehr (42,90 Mrd. DM/ 9,22%). Die längerfristige Betrachtung der Bundesausgaben offenbart bemerkenswerte Entwicklungen hinsichtlich der Ausgabenstruktur. Neben dem Ausgabenbereich Arbeit und Sozialordnung

---

15 Vgl. Bundesministerium der Finanzen (1998), Finanzbericht 1999, Bonn.

16 Vgl. Bundesministerium der Finanzen (1997), a.a.O., S. 15, 19 und 37.

werden die Bereiche Zinszahlung, Verteidigung, Wirtschaftsförderung sowie Bildung und Wissenschaft in der folgenden Abbildung im Zeitablauf dargestellt.

Abb. 2: Entwicklung der größten Ausgabenposten des Bundeshaushaltes (Mio. DM)[17]

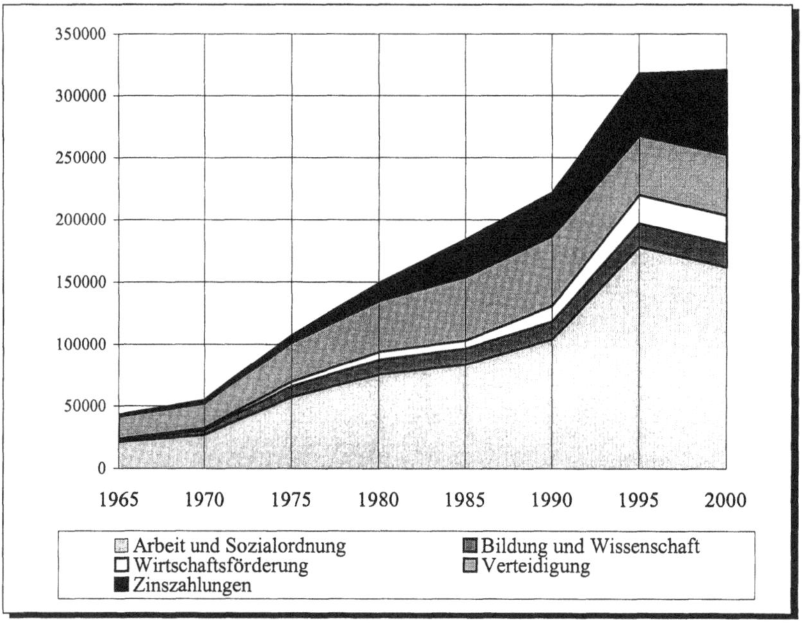

Auffällig ist der stetige und insbesondere in der zweiten Hälfte der 90er Jahre sprunghafte Anstieg der Sozialausgaben.[18] Während sich die großen Ressorts Verteidigung, Wirtschaftsförderung sowie Bildung und Wissenschaft - bei stetigem Anstieg - relativ gleich im Betrachtungszeitraum entwickelten, zeigt sich bei den staatlichen Zinszahlungen ab Mitte der 90er Jahre eine deutliche Zunahme, die für die Jahre 1999-2001 voraussichtlich jährliche Zinsausgaben in Höhe von 60-70 Mrd. DM bedeuten.

Die Staatsausgaben bilden die Summe von Ausgaben für eine Vielzahl höchst unterschiedlicher staatlicher Aktivitäten und Programme, die von allen föderalen Ebenen verausgabt werden. Die Programme, nicht die Staatsausgaben, sind der eigentliche Gegenstand der politischen Auseinandersetzung, stellen sie doch die Mittel

---

17 Eigene Berechnung gemäß Bundesministerium der Finanzen (1997), a.a.O., S. 180-277.

18 Vgl. Warrings, H. (1997), Sonder- und Saisoneffekte beeinflussen Arbeitsmärkte, in: Hb. vom 27.10.1997, S. 8.

dar, mit denen konkurrierende politische Ziele verfolgt und konkrete Vorstellungen verwirklicht werden können. Die deutsche Ausgabenstruktur unterliegt dem in der Bundesrepublik Deutschland realisierten Föderalprinzip, das den Gebietskörperschaften bestimmte, ihrem eigenen Bereich abgestellte Aufgaben zuweist, für die sie grundsätzlich auch die Ausgaben tragen.[19]

Als Indikator für die Messung der Staatstätigkeit[20] wird üblicherweise die allgemeine Staatsquote[21] herangezogen, die den Anteil der gesamten öffentlichen Ausgaben am Bruttoinlandsprodukt ausdrückt.[22] Der Staat beansprucht einen bestimmten Anteil der volkswirtschaftlichen Wertschöpfung für seine eigenen Zwecke und schränkt insofern den Umfang der privaten Verfügungsmöglichkeiten ein.[23] In der Bundesrepublik Deutschland ist die Staatsquote - analog der Entwicklung in den anderen westlichen Industrieländern[24] - in den letzten Jahrzehnten stark gestiegen.[25] Der Anstieg der Staatsquote auf - zeitweise - über 50% wird heutzutage jedoch keineswegs als vorteilhaft betrachtet, fundieren sich doch zunehmend Befürchtungen, daß durch die Ausweitung der Staatsaktivität die Effizienz der Marktwirtschaft eingeschränkt werden könnte.[26]

---

19 Vgl. Blankart, C. B. (1994²), Öffentliche Finanzen in der Demokratie, München, S. 501-505.

20 Vgl. Gretschmann, K., (1991), Measuring the Public Sector: A Contestable Issue, in: Kaufmann, Franz-Xaver (Hrsg.), The Public Sector: Challenge for Coordination and Learning, New York, S. 190-207.

21 Die Staatsquote kann dabei entweder Form nach der VGR oder nach der Finanzstatistik abgegrenzt sein. Vgl. Gantner, M. (1984), Meßprobleme öffentlicher Aktivitäten - Staatsquoten, Preis-steigerungen, Outputkonzepte, Schriften zur Monetären Ökonomie, Baden-Baden, Kap. 1.

22 Zu unterscheiden sind dabei *allgemeine* und *spezielle Staatsquoten, die* einzelne Finanzströme berücksichtigen. Vgl. Brümmerhoff, D. (1992⁶), Finanzwissenschaft, München, S. 179 f.; Peffekoven, R. (1977), Begriff und Aussagefähigkeit der Staatsquote, in: WiSt, S. 208-213.

23 Der Anstieg der Staatsquote wurde historisch durch die Formulierung von „Gesetzen" versucht zu erklären, die auf Beobachtungen der Staatstätigkeit beruhten. Vgl. Wagner, A. (1892³), Grundlegung der politischen Ökonomie, in: Grundlagen der Volkswirtschaft, Leipzig, S. 892 ff., Peacock, A. T. und Wiseman, J. (1961), The Growth of Public Expenditure in the United Kingdom, London, Brecht, A. (1932), Das Gesetz der progressiven Parallelität von Ausgaben und Bevölkerungsmassierung, in: Internationaler Vergleich der öffentlichen Ausgaben, Leipzig u.a., Popitz, J. (1927) Das Gesetz von der Anziehungskraft des größeren Etats, in: Der Finanzausgleich, in: Gerloff, W. und Meisel, F. (Hrsg.), HdF, S. 338 f. und Buchanan, J. M. (1977), Why Does Government Grow?, in: Borcherding, T. E. (Hrsg.), Budget and Bureaucrats: The Sources of Government Growth, Durham, S. 16 ff.

24 Vgl. Bundesministerium der Finanzen (1997), a.a.O., S. 344.

25 Vgl. Institut der deutschen Wirtschaft (1997), a.a.O., S. 80.

26 Vgl. Leineweber, N. (1988), Das säkulare Wachstum der Staatsausgaben - Eine kritische Analyse, Abhandlungen zu den Wirtschaftlichen Staatswissenschaften, Band 33, Göttingen, Teil 1 und 2.

1.1.2 Die Einnahmen des Staates

Der moderne Steuerstaat[27] greift mit Hilfe eines breit gefächerten Finanzierungsinstrumentariums in vielfältiger Weise in den Wirtschaftskreislauf und die ökonomische Situation der Individuen, Haushalte und Unternehmen ein. Durch die Erhebung von Steuern und Abgaben werden die verfügbaren Einkommen vermindert und die Preise beeinflußt. Das System der staatlichen Einnahmen in der Bundesrepublik Deutschland ist - wie das der meisten vergleichbaren Industriestaaten - ein historisch gewachsenes Gefüge unterschiedlicher Steuer-, Gebühren- und Beitragsansätze.[28] Ungeachtet historisch geprägter Entwicklungslinien und Systematisierungstendenzen hat es in den letzten Jahren den Anschein, als beschleunige sich der strukturelle Wandel staatlicher Finanzierungsinstrumente.[29] Bedeutsam ist dabei sowohl die Relevanz des Wandlungstempos als auch die Feststellung, daß sich diese Veränderung weitgehend ungeplant vollzieht, was sich insbesondere in einer Verlagerung von Aufkommensschwerpunkten[30] hinsichtlich direkter und indirekter

---

27 Vgl. Ambrosius, G. (1990), Konzeptionelle Überlegungen zum Begriff des Steuerstaates seit dem 19. Jahrhundert, in: Sozialwissenschaftliche Informationen, 19. Jg., Heft 1, S. 16-22, Backhaus, J. G. (1994), Die Kategorie des Steuerstaates und die moderne Finanzwissenschaft, in: Rieter, H. (Hrsg.), Deutsche Finanzwissenschaft zwischen 1918 und 1939, Studien zur Entwicklung der ökonomischen Theorie, Band 13, Berlin, S. 249-282, Buchholz, W. (1990), Der moderne Steuerstaat. Bedingungen seiner Entstehung und Entwicklung in Mittelalter und Neuzeit, in: Sozialwissenschaftliche Informationen, 19. Jg., Heft 1, S. 5-21, Schumpeter, J. A. (1918), Die Krise des Steuerstaats, Nachdruck der Erstausgabe, Graz, Leipzig, in: Hickel, R. (Hrsg.), Goldscheid, R., Schumpeter, J. A. (1976), Die Finanzkrise des Steuerstaats, Frankfurt und Kirchhof, F. (1988), Vom Steuerstaat zum Abgabenstaat?, in: Die Verwaltung, Heft 2, S. 137-153.

28 Deutlich erkennbar sind bis heute merkantilistische, aufklärerische und sozialreformerische Elemente, die sich gegenseitig überlagern und in ihrer aufkommenspolitischen Bedeutung lange Zeit überaus stabil gewesen sind. Zur Entwicklung der Besteuerung im historischen Überblick siehe Schmölders, G., Hansmeyer, K.-H. (1980^5), Allgemeine Steuerlehre, Berlin, S. 13 ff., Becker, H. (1990), Finanzwissenschaftliche Steuerlehre, München, S. 7 f. und Schultz, U. (1986) (Hrsg.), Mit dem Zehnten fing es an - Eine Kulturgeschichte der Steuer, München, Velte, P. J. (1993), Grundzüge der Steuergeschichte, in: Informationen zur politischen Bildung, Nr. 241 IV, Thema Steuern und Finanzen, hrsg. von der Bundeszentrale für politische Bildung, Bonn, S. 5-8.

29 Vgl. Bach, S. (1994), Wachstumspolitische Fragen der Steuerpolitik in den neunziger Jahren, in: Wachstumsperspektiven in den neunziger Jahren, Zeitschrift für angewandte Wirtschaftsforschung, Heft 42, Berlin, S. 223-255 und Hansjürgens, B. (1992), Umweltabgaben im Steuersystem, Baden-Baden, S. 33-46 und S. 93-147. Siehe aber auch: Hansmeyer, K.-H. (1979), Umbau des Steuersystems?, Berlin, S. 12 f. und Sievert, O. (1988), Änderung der Steuerstruktur in Richtung auf mehr Ausgabenbesteuerung, in: Zimmermann, Horst (Hrsg.), Die Zukunft der Staatsfinanzierung, S. 85-110.

30 Vgl. Hansmeyer, K.-H. (1988), Die heutige Steuerreformdiskussion vor dem Hintergrund struktureller Wandlungen des Steuersystems, in: Zimmermann, Horst (Hrsg.), Die Zukunft der Staatsfinanzierung, Stuttgart, S. 62 f.

Steuern sowie der Konzentration des Steuervolumens auf immer weniger einzelne Steuerarten konkretisiert.[31] Die nachfolgende Abbildung zeigt die Komposition des bundesstaatlichen Haushalts anhand der Entwicklungen fiskalischer Aufkommen, die vornehmlich durch Steuern und die öffentliche Kreditaufnahme geprägt sind.

Abb. 3: Fiskalische Aufkommensanteile des Bundes (1975-1998)[32]

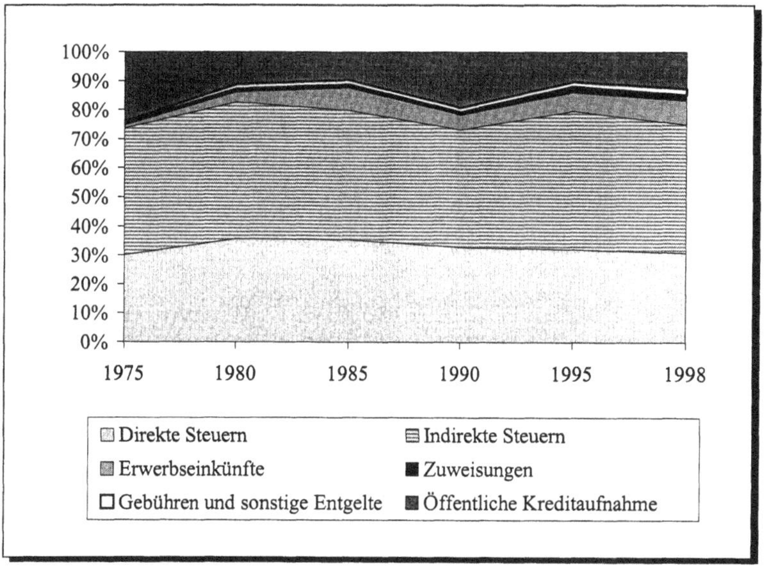

In der Summe finanziert sich der öffentliche Sektor durch die Erhebung von Steuern, Beiträgen, Gebühren sowie kompensatorisch über die öffentliche Kreditaufnahme.[33] Im Jahre 1997 beliefen sich die gesamten kassenmäßigen Einnahmen des Bundes auf

---

31 Dabei sind ehemals bedeutsame Steuern (z.B. Salzsteuer) zu Bagatellsteuern abgesunken und unbedeutende Luxussteuern (z.B. Mineralölsteuer) angewachsen. Vgl. Art. 5: Gesetz zur Anpassung des Umsatzsteuergesetzes an den EG-Binnenmarkt (25.8.1992: BGBl. I, S. 1548/ 1561).

32 Zusammensetzung: Direkte Steuern: Lohn-, veranlagte Einkommen- und Körperschaftsteuer; Indirekte Steuern: Umsatz- und Bundessteuern (Mineralöl-, Tabaksteuer u.a.); Erwerbseinkünfte: Einnahmen wirtschaftlicher Tätigkeit, Darlehensrückflüsse, Veräußerung von Sachvermögen und Beteiligungen; Zuweisungen: Zuweisungen und Zinseinnahmen und Schuldenaufnahme: incl. Münzeinnahmen.

33 Diese Klassifikation orientiert sich an traditionellen Systematisierungsansätzen. Vgl. Hedtkamp, G. (1977²), a.a.O., S. 268 und Kolms, H. (1976), Finanzwissenschaft III, Besondere Steuerlehre, Band III, Berlin, New York, S. 7.

387,3 Mrd. DM.[34] Die Betrachtung der letzten beiden Dekaden verdeutlicht, daß die Steuereinnahmen (direkte und indirekte) mit einem durchgängigen Anteil von über 75% der gesamten bundesstaatlichen Einnahmen die wichtigste öffentliche Einnahmequelle darstellen. Im Vergleich erscheinen die Einnahmen aus Gebührenerhebungen, Erwerbseinkünften und Zuweisungen geradezu – vernachlässigbar - gering.

Die vorherige Abbildung verdeutlicht, daß das fiskalische Aufkommen des Bundes vornehmlich durch staatliche Einnahmen bei den direkten und indirekten Steuern zustande kommt. Danach finanziert sich der Bund im Jahre 1998 zu ca. 30% mit direkten Steuern und ca. 43% mit indirekten Steuern. Die Betrachtung der letzten beiden Dekaden verdeutlicht, daß der Anteil der indirekten Steuern aufgrund von konjunkturellen Entwicklungen teilweise schwankt, hingegen die Bedeutung der direkten Steuereinnahmen - prozentual - relativ konstant geblieben ist.[35] Als tendenziell ansteigend und in ihrer Bedeutung konstitutiv erweist sich die öffentliche Kreditaufnahme, die, lange Zeit zur Überbrückung kurzfristiger Finanzierungsengpässe eingesetzt, mittlerweile, wenn auch in kompensatorischer Weise, eine feste Bestandsgröße der staatlichen Einnahmeerhebung geworden ist.[36] Ergänzt werden die steuerlichen und kreditären Einnahmen des Bundes durch Aufkommensanteile aus Erwerbseinkünften, Finanzzuweisungen[37] und sonstigen Entgelten.[38] Bedeutsam für die Finanzierung der kommunalen Haushalte - deshalb weniger bedeutsam für den Bundeshaushalt - sind insbesondere Aufkommen aus der Gebührenerhebung sowie der kommunalen Gewerbesteuer.

Bei Erwerbseinkünften handelt es sich um Beteiligungen der Gebietskörperschaften an der Wertschöpfung der Volkswirtschaft, ohne daß der öffentliche Sektor

---

34 Eigene Berechnung gem. Finanzberichte der Jahre 1970-1997. Vgl. Bundesministerium der Finanzen (1997), a.a.O., S. 270. Die Steuereinnahmen aller Gebietskörperschaften beliefen sich auf 797,8 Mrd. DM. Vgl. Deutsche Bundesbank (1997), Neuere Entwicklungen der Steuereinnahmen, Monatsbericht August, S. 83 f.

35 Betrachtet man allein die Steuereinnahmen des Bundes, ist festzustellen, daß sich das Verhältnis von direkter und indirekter Besteuerung in den letzten Jahren verändert hat. Während 1990 der Anteil der direkten Steuern am gesamten Steueraufkommen bei 43,1% lag (indirekte Steuern 56,9%), ist die Bedeutung der Mehrwertsteuer sowie die fiskalische Etablierung spezieller Verbrauchsteuern prozentual gesunken. Im Jahre 1997 belief sich der Anteil der direkten Steuern auf 50,5%, der Anteil der indirekten Steuern auf 49,5%. Vgl. Bundesministerium der Finanzen (1997), a.a.O., S. 233 und 345.

36 Die staatliche Kreditaufnahme des Bundes beläuft sich auf über 64,8 Mrd. DM im Jahre 1997. Vgl. Bundesministerium der Finanzen (1997), a.a.O., S. 103.

37 Vgl. Henke, K.-D., Schuppert, G. F. (1993), Rechtliche und finanzwissenschaftliche Probleme der Neuordnung der Finanzbeziehungen von Bund und Ländern im vereinten Deutschland, Baden-Baden.

38 Vgl. Bundesministerium der Finanzen (1997), a.a.O., S. 49.

von seiner Hoheitsgewalt Gebrauch macht.[39] Die Veräußerungen von Beteiligungen an privatwirtschaftlichen Unternehmen sowie die Privatisierung öffentlicher Betriebe (z.B. Deutsche Telekom, Postbank oder Lufthansa) prägen das derzeitige Bild bundesstaatlicher Erwerbsanteile. Der Bund nutzt verstärkt die Privatisierung und den Verkauf von Staatseigentum zur Erhöhung seiner Einnahmen, wenngleich es sich dabei jedoch nur um einmalige Finanzierungsaktionen zum *„Stopfen von Haushaltslöchern"* handelt.[40] Auch wenn der Bund derzeit noch über umfangreiche Beteiligungen an Wohnungsbau- und Siedlungsgesellschaften verfügt, so reduzierte sich seine Teilhaberschaft an Privatunternehmungen von 958 im Jahre 1982 auf 424 Beteiligungen im Jahre 1997.[41] Deutlich anders sieht die Situation bei den Ländern und Kommunen aus, die derzeit noch im Besitz von über 100.000 Beteiligungen sind. Entsprechend liegen die eigentlich interessanten - und fiskalisch ertragreichen - staatlichen Reserven nicht beim Bund, sondern bei den Ländern und Kommunen.[42] Neben dem Beteiligungsbesitz an Brauereien, Forstbetrieben, Häfen, Verkehrsunternehmen, Flughäfen, Rüstungs-, Versorgungs- und Entsorgungsunternehmen besitzen die Länder zusätzlich umfangreiche Liegenschaften und Waldbestände. Daneben verfügen sie über Landesbankenanteile, Sparkassen, Versicherungen und über Industrievorzeigeunternehmen wie beispielsweise die niedersächsische Beteiligung an der Volkswagen AG.[43] Allein das Privatisierungspotential im Sparkassen- und Landesbankenbereich wird derzeit auf über 100 Mrd. DM geschätzt.[44]

Die Belastungswahrnehmung von kommunalen Gebühren war in der Vergangenheit vergleichsweise gering, ein Umstand, der sich in den letzten Jahren erheblich verändert hat. Mögen kommunale Gebühren den einzelnen in der Regel nur mit geringen Beträgen treffen, so handelt es sich insgesamt doch um erhebliche Summen, die von den Bürgern getragen werden müssen.[45] Angesichts sinkender Einnahmen reagieren die Kommunen vielfach mit höheren Gebühren und geringeren Leistungsangeboten, was sich überwiegend in Form von Einsparungen bei

---

[39] Differenziert werden dabei Kapitalvermögen des Staates, staatliches Grundvermögen und marktliche Entgelte für die Überlassung von Geldvermögen.

[40] Vgl. Steinheuer, W. (1991), Privatisierung kommunaler Leistungen: Theoretische Grundlagen und praktische Erfahrungen Nordrhein-Westfälischer Städte und Gemeinden, Köln, S. 23 f.

[41] Vgl. Beise, M. (1997a), Minister Waigel will seine letzten Perlen verkaufen, in: Hb. vom 6.5.1997, S. 7.

[42] Die Betrachtung dieser „nicht gehobenen Schätze" relativiert die Klagen der Länder, wie sie in Diskussionen um Steuerreformen immer wieder laut werden. Vgl. Beise, M. (1997a), a.a.O., S. 7.

[43] Vgl. Deutsche Bundesbank (1995), Statistisches Beiheft zum Monatsbericht 1, Tab. I.3.

[44] Vgl. Beise, M. (1997a), a.a.O., S. 7.

[45] Vgl. Meilicke, H. (1989), Heimliche Steuererhebung über öffentlich-rechtliche Gebühren, in: Betriebs-Berater, Zeitschrift für Recht und Wirtschaft, Heft 4, S. 225.

Kindergartenplätzen, Schwimmbädern und öffentlichen Büchereien widerspiegelt.[46] Die Betrachtung der letzten Dekade zeigt, daß die Gebühren für die Abwasserentsorgung - bei einem vergleichbaren Anstieg der Inflationsrate um 25% - im Mittel um 112%, die Müllabfuhrgebühren sogar um 160% erhöht wurden.[47] Für die Zukunft ist ein weiterer Anstieg der kommunalen Gebühren zu erwarten, da die meisten Städte und Gemeinden bereits heute keine ausgeglichenen Etats vorweisen können. Bei den Steuereinnahmen zeigt sich seit Ende 1996 ein nicht unbedenklicher Trend fehlender Mittel (insbesondere durch Steuerausfälle bei der veranlagten Einkommensteuer bedingt), der sich - tendenziell - auch in den nächsten Jahren fortsetzen kann.[48] Die negative Entwicklung zeigt sich darin, daß im Jahre 1997 die drei aufkommensstärksten Steuern[49] nur schwach expandierten, stagnierten oder gar schrumpften (Umsatzsteuern +1,9%, Lohnsteuer -0,2%, Mineralölsteuer -3,1%).[50] Bezüglich der Einkommensteuer sind hierfür hauptsächlich zwei Einflußfaktoren verantwortlich: Zum einen schlagen sich die positiven Wachstumsaussichten der Wirtschaft in den Jahren 1997/98 noch nicht sichtbar am Arbeitsmarkt nieder, zum anderen schmälern Mindereinnahmen durch steuerliche Abschreibungsmöglichkeiten in den neuen Bundesländer das Steueraufkommen bei der veranlagten Einkommensteuer.[51]

In der Bundesrepublik Deutschland gibt es im Jahre 1998 insgesamt 36 Steuern[52], von denen die Lohn- und veranlagte Einkommensteuer sowie die Mehrwertsteuer die aufkommenspolitisch wichtigsten Arten darstellen. Auf die relative Größenordnung dieser beiden Hauptsteuern reduziert sich gemeinhin auch die Diskussion[53], wenn über das optimale Verhältnis von direkter zu indirekter

---

46 Nicht zuletzt werden die kommunalen Gebühren zu wichtigen Parametern für Standortentscheidungen in- und ausländischer Unternehmen, weil die Wirtschaft finanziell beansprucht wird.

47 Vgl. o.V. (1997), Lokale Abgaben werden zum Bumerang, in: Hb. vom 15.10.1997, S. 7.

48 Vgl. Schaft, W. (1997a), a.a.O., S. 664 und Körner, J. (1997), a.a.O., S. 9.

49 Mit einem Steueraufkommen von 70% und einem Zuwachs von 0,4% (1997). Vgl. Schaft, W. (1997a), a.a.O., S. 664.

50 Vgl. Körner, J. (1997), a.a.O., S. 9.

51 Vgl. Deutsches Institut für Wirtschaftsforschung (1996), a.a.O., S. 579 und HWWA-Institut für Wirtschaftsforschung (1997), HWWA-Report, Nr. 69, Hamburg, S. 28 und 41.

52 Dazu zählen auch die Hunde-, Kino- und Sportwettsteuer. Zum 1.1.1993 sind im Rahmen der EU-Steuerharmonisierung die Leuchtmittel-, Zucker-, Salz- und Teesteuer sowie die Börsenumsatz- und Gesellschaftsteuer abgeschafft worden. Vgl. Art. 5 des Gesetzes zur Anpassung des Umsatzsteuergesetzes und anderer Rechtsvorschriften an den EG-Binnenmarkt vom 25.8.1992: BGBl. I, S. 1548 und 1561. Zum 1.1.1998 wurde die Gewerbekapitalsteuer abgeschafft. Vgl. Bundesministerium der Finanzen (1997), a.a.O., S. 123 f.

53 Vgl. Bach, S. (1992), Cash-Flow-Steuern: Ein Weg zu einem konsumorientierten Steuersystem, in: Wirtschaftsdienst, S. 325 f., Bach, S. (1993), Die Idee der Cash-flow-Steuer vor dem Hintergrund des gegenwärtigen Steuersystems, Berlin, Naust, H. (1991^2), Konsumorientierte Steuerreform, in: Finanzarchiv, S. 503 f.

Besteuerung oder über das Verhältnis der Besteuerung der Arbeit zur Besteuerung des Konsums debattiert wird. Zu den bedeutendsten Steuern zählen insgesamt die Lohn- und Mehrwertsteuer sowie die Mineralöl-, Gewerbe-, Körperschaft- und Tabaksteuer, die zusammen etwa 85% des Gesamtsteueraufkommens erzielen. In den Jahren 1996/97 stellte der Solidaritätszuschlag die sechstgrößte staatliche Einnahmequelle dar.[54] Die folgende Abbildung zeigt die Entwicklung ausgewählter Steuerarten.

Abb. 4: Entwicklung ausgewählter Steuerarten (in Mio. DM)[55]

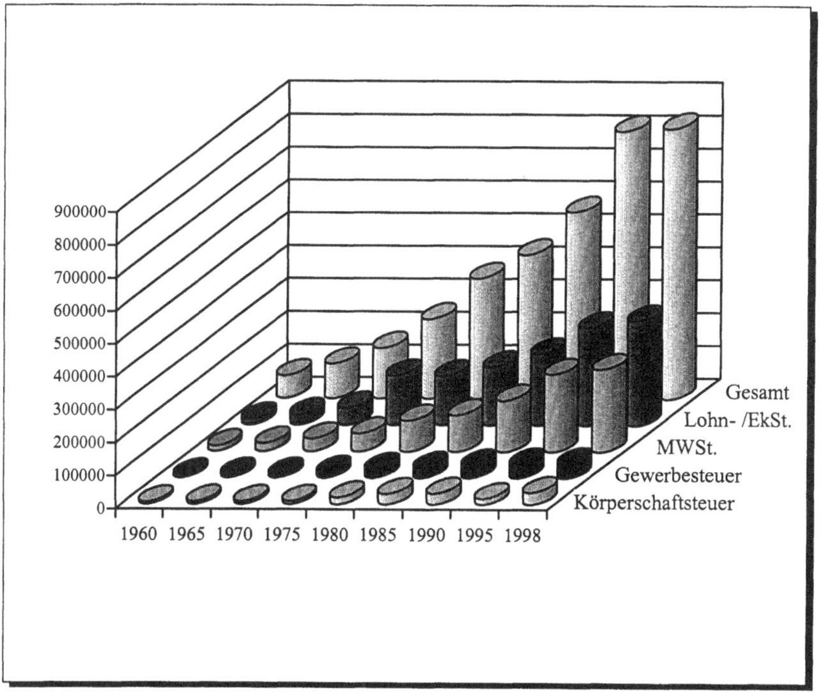

Die stetig steigende Bedeutung der Lohnsteuer, d.h. der Einkommensteuer der unselbständig Beschäftigten, offenbart eine starke Abhängigkeit eines großen Teils der Steuereinnahmen von der Arbeitsmarktsituation. Der prozentuale Anteil an den Gesamteinnahmen stieg von 8,6% im Jahre 1950 auf 34,7% im Jahre 1995. Ein

---

54 Vgl. Bundesministerium der Finanzen (1997), a.a.O., S. 43 f.

55 Vgl. Bundesministerium der Finanzen (1997), a.a.O., S. 43 f., S. 180 f. und HWWA-Institut für Wirtschaftsforschung (1997), a.a.O., S. 28 f.

Absinken von 1995 auf 1997 auf ein Niveau von 31,8% ist letztlich der aktuellen prekären Arbeitsmarktsituation mit über 4,6 Mio. Arbeitslosen (Stand: Frühjahr 1998) geschuldet.[56] Während sich das Aufkommen der Mehrwertsteuer, bedingt durch gestiegene Mehrwertsteuersätze bzw. eine Vervielfachung des Konsumvolumens, absolut gesehen, kontinuierlich erhöhte, zeigt sich bei der Körperschaftsteuer, daß der anteilige Prozentsatz konträr zu den Bruttogewinnquoten der (Groß-)Unternehmen verlief, die es ihrerseits geschafft haben, die Ertragsteuerquote[57] drastisch zu minimieren.[58]

Mit Bezug auf die Entwicklung einzelner Steuerarten manifestiert sich bei der veranlagten Einkommensteuer ein bedenklicher Trend. Der prozentuale Anteil der veranlagten Einkommensteuer (am Gesamtsteueraufkommen) verringerte sich von 5,7% im Jahre 1992 auf 0,7% im Jahre 1997. Das dabei erzielte steuerliche Aufkommen ist von 41,5 Mrd. (1992) auf 4,4 Mrd. DM im Jahre 1997 gesunken.[59] Dieser Niveauverlust entspricht den gesamten jährlichen Bundeseinnahmen aus der Tabak-, Branntwein- und Versicherungsteuer.[60] Maßgeblich für diesen massiven Einbruch des Steueraufkommens sind vielfältige Variationsmöglichkeiten im Einkommensteuergesetz sowie legalisierte spitzfindige Steuerspar- und Abschreibungsmodelle, wie sie vornehmlich als Investitionshilfe in den neuen Bundesländern gedacht waren.[61] Der Wegfall fiskalischer Aufkommen ist jedoch noch kein Indiz für die allenthalben beklagte Steuerungerechtigkeit in Deutschland. Die Entwicklung der Veranlagungssteuern ist durch strukturelle Probleme gekennzeichnet, da bei Veranlagungen Faktoren wie Verlustvortrag und intensive Nutzung der „Sonderabschreibung Ost“ in den vergangenen Jahren erst jetzt zu Erstattungen mit den entsprechenden Konsequenzen beim fiskalischen Aufkommen führen.[62] Die folgende Abbildung zeigt die konträre Entwicklung der Lohn- und veranlagten Einkommensteuer in der Bundesrepublik Deutschland in den letzten 30 Jahren.

---

56 Vgl. Bundesministerium der Finanzen (1997), a.a.O., S. 245.

57 Die Ertragsteuerquote stellt die Belastung durch Körperschaft-, Gewerbeertrag-, und Kapitalertragsteuer in Prozent des Bruttogewinns dar.

58 Von 1991 bis 1995 verminderten sich die Quoten bei den Firmen Siemens von 48% auf 20% und bei Daimler-Benz von 35% auf 22%. Vgl. Mundorf, H. (1997), Handel mit Firmenmänteln ist schon jetzt nicht mehr das große Geschäft, in: Hb. vom 18.6.1997, S. 6 und Grigat, H.-G. (1997), Verlagerung von Unternehmensgewinnen in das Ausland und Steuerdumping, in: WSI-Mitteilungen, Nr. 6, S. 405.

59 Vgl. Beise, M. (1997b), Zahlen-Fechtereien vor der Steuerschätzung, in: Hb. V. 4.11.1997, S. 5.

60 Vgl. Körner, J. (1997), a.a.O., S. 9 und Beise, Marc (1997b), a.a.O., S. 5.

61 Vgl. Fuest, W., Kroker, R. (1993), Die Finanzpolitik nach der Wiedervereinigung, in: Beiträge zur Wirtschafts- und Sozialpolitik, Köln und o.V. (1997), Fehl-Steuer Ost, in: Spiegel, Nr. 46, S. 31 f.

Abb. 5: Entwicklung der Lohn- und veranlagten Einkommensteuer (in Mio. DM)[63]

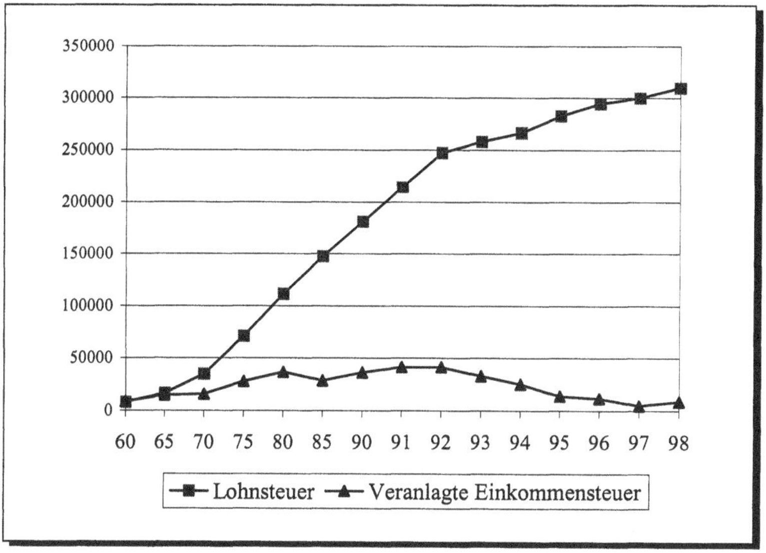

Neben den direkten Steuern und der allgemeinen Umsatzsteuer existieren zusätzlich eine Vielzahl spezieller Verbrauchsteuern im deutschen Steuersystem.[64] Die Mineralölsteuer stellt aus fiskalischer Sicht die wichtigste spezielle Verbrauchsteuer mit dem insgesamt drittgrößten Steueraufkommen dar. Ihre Aufkommensentwicklung ist in erster Linie der geringen Preiselastizität der Nachfrage geschuldet, weshalb die Mineralölsteuer von Seiten der Politik auch häufig zur Erhöhung staatlicher Einnahmen und der Kompensation defizitärer Haushalte genutzt wird.[65] Der Mineralölsteueranteil an den gesamten Steuereinnahmen betrug im Jahre 1950 lediglich 0,34%. Über einen Anstieg von 3,9% im Jahre 1960 und 5,8% im Jahre 1980 hat er

62 Vgl. Bundesministerium der Finanzen (1997), a.a.O., S. 11.

63 Vgl. Bundesministerium der Finanzen (1997), a.a.O., S. 43 f. und Schaft, W. (1997), a.a.O., S. 667: Lohnsteuer 1996/97 incl. Kindergeld.

64 Exemplarisch sei hier die Mineralöl-, Tabak-, Kfz-, Bier- oder Branntweinsteuer genannt. Bei diesen Steuern wird zusätzlich zur Umsatzsteuer eine spezielle Steuer erhoben, die teilweise Zweckbindungs- (z.B. Straßenbau) bzw. lenkungspolitischen Charakter haben (z.B. Tabaksteuer).

65 Zur Preiselastizität vgl. Mauch, S. P., Iten, R., Weizsäcker, E. U. von, Jesinghaus, J. (1995²), Ökologische Steuerreform - Europäische Ebene und Fallbeispiel Schweiz, Chur, Zürich, Teil 1, Kap. 6 und Althammer, W. (1994), Optimale Struktur von Verbrauchsteuern - Einige Regeln, in: WiSt, Heft 3, S. 132-134 und Homburg, S. (1997), Allgemeine Steuerlehre, München, S. 106 f.

sich auf 8,5% im Jahre 1996 erhöht.[66] Das Steuervolumen ist allein in den sechs Jahren 1990-1996 von 35,19 Mrd. DM auf 62,33 Mrd. DM angewachsen. Geringe Erhebungskosten und leichte Überwälzungsmöglichkeiten[67] haben letztlich dazu geführt, daß ca. 77% des Benzinpreises Mineralöl- und Mehrwertsteueranteile sind.[68] Die folgende Abbildung zeigt die Aufkommensentwicklung wichtiger Verbrauchsteuern.

Abb. 6: Die Aufkommensentwicklung spezieller Verbrauchsteuern (in Mio. DM)[69]

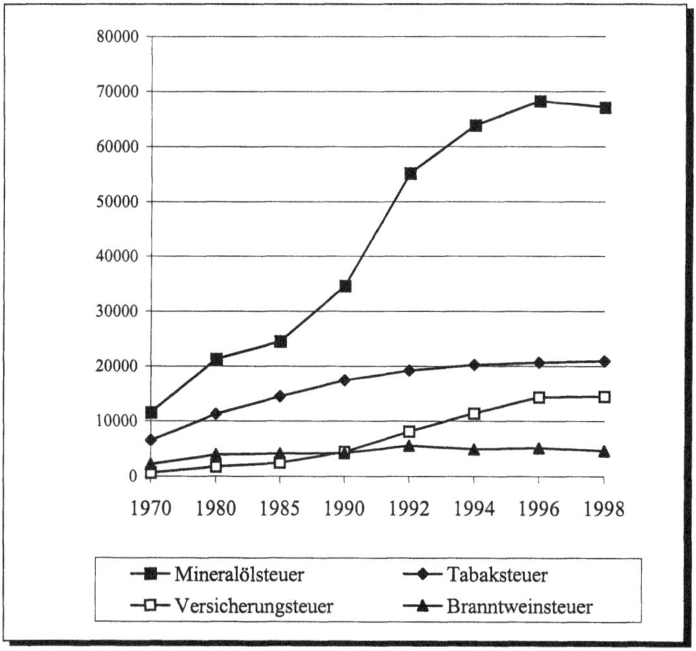

Die vorhergehende Analyse der öffentlichen Finanzierungsinstrumente offenbart, daß der Staat fast alle Mittel und Möglichkeiten ausschöpft, seine fiskalischen Einnahmen zu optimieren. Steuern und steuerähnliche Abgaben treten überall dort auf, wo sich eine Form. hoheitlicher Gewalt herausgebildet hat. Die Vielzahl unterschiedlicher Einnahmeformen ist zum einen kennzeichnendes Spiegelbild differierender staatlicher

66 Vgl. Bundesministerium der Finanzen (1997), a.a.O., S. 234 f.

67 Vgl. Bohnet, A. (1994), Finanzwissenschaft: Staatliche Verteilungspolitik, München, S. 147 f.

68 Dieser Prozentsatz bezieht sich auf einen Liter Super bleifrei im Monat September 1997.

69 Vgl. Bundesministerium der Finanzen (1996), a.a.O., S. 43 f.

Aktivitäten, zum anderen das Ergebnis erfindungsreicher fiskalpolitisch orientierter Politiker, die Abgabenwiderstände vermeiden und überwinden wollen.

1.1.3 Der öffentliche Kredit

Ausgangspunkt für die Betrachtung der öffentlichen Kreditaufnahme ist die Bestandsaufnahme, die sich aus der Analyse der staatlichen Finanzierungsinstrumente und der Staatsausgaben ergibt. Vor dem Hintergrund defizitärer Haushalte und im Zusammenhang mit der Erreichung bzw. Nachhaltigkeit der Maastrichter Konvergenzkriterien[70] steht die Staatsverschuldung - seit vielen Jahren - im Blickfeld der öffentlichen Diskussion.

Vergleicht man die Summe bundesstaatlicher Finanzströme miteinander, so zeigt sich, daß sich mit Beginn der 90er Jahre die Schere zwischen öffentlichen Ausgaben und Einnahmen immer weiter öffnet. Die im Laufe der 70er Jahre entstandenen und mit Beginn der 90er Jahre sich kontinuierlich ausweitenden Differenzbeträge kompensiert der Bund im Rahmen seiner staatlichen Verschuldungspolitik durch die Aufnahme öffentlicher Kredite am Kapitalmarkt.[71] Bedingt durch verminderte Staatseinnahmen (insbesondere steuerlicher Einnahmen) und gleichzeitig gestiegenen staatlichen Verpflichtungen nehmen die Staatsverschuldung im allgemeinen und die jährliche Nettoneuverschuldung im besonderen in der aktuellen finanzpolitischen Debatte einen besonderen Stellenwert ein. Die nachfolgende Abbildung verdeutlicht die Entwicklung der Finanzströme (Ausgaben versus Einnahmen) der öffentlichen Haushalte und die sich daraus ergebenden Fehlbeträge.

---

70 Vgl. Grosche, G. (1994), Die Konvergenzkriterien - Rolle, Erfüllungsstand und Perspektiven, in: Caesar, R., Scharrer, H.-E. (Hrsg.), Maastricht: Königsweg oder Irrweg zur Wirtschafts- und Währungsunion?, Europäische Schriften des Instituts für Europäische Politik, Band 72, Bonn, Hasse, Rolf H. (1994), Konvergenzkriterien des Maastricht-Vertrages: Können sie Glaubwürdigkeit erzeugen?, in: Franzmeyer, Fritz (Hrsg.), Das Konvergenzproblem - Wirtschaftspolitik im Europa von Maastricht, Deutsches Institut für Wirtschaftsforschung, Berlin und Schmidt, C., Straubhaar, T. (1995), Maastricht II: Bedarf es realer Konvergenzkriterien?, in: Wirtschaftsdienst, Heft 8, S. 434 f.

71 Vgl. Jüngling, M. (1990), Staatseinnahmen in säkularer Sicht - Eine kritische Studie, Göttingen, S. 11 und Musgrave, R. A., Musgrave, P. B., Kullmer, L. (1990[5]), Die öffentlichen Finanzen in Theorie und Praxis, Bd. 1, Tübingen, S. 1 f.

Abb. 7: Die Finanzströme der öffentlichen Haushalte (in Mrd. DM)[72]

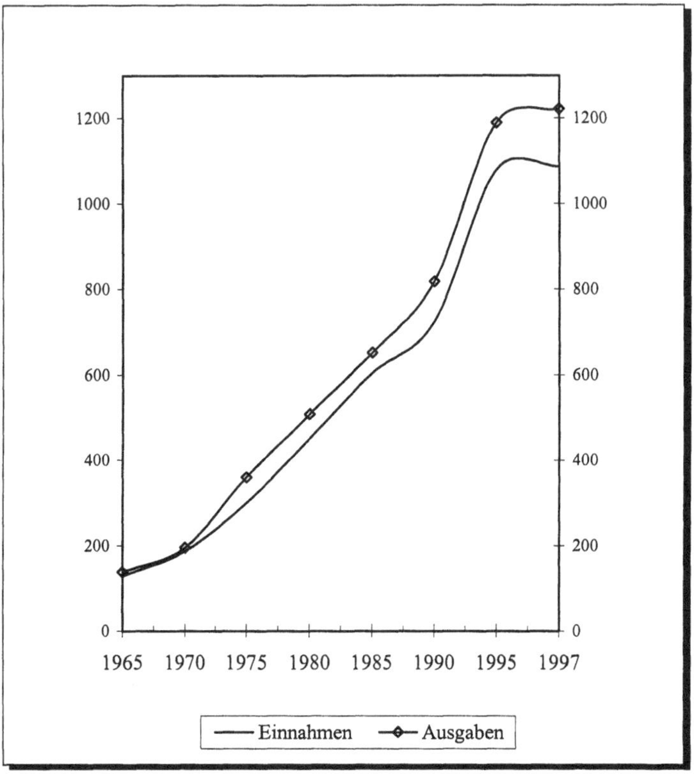

Im Jahre 1998 sind die öffentlichen Haushalte mit knapp 2,3 Billionen DM verschuldet.[73] Gegenüber 1990 (Schuldenstand: 900 Mrd. DM), dem Jahr der deutschen Wiedervereinigung, hat sich der Schuldenstand in den letzten acht Jahren mehr als verdoppelt.[74] Der rasante Anstieg der Staatsverschuldung ist in erster Linie der

72 Vgl. Bundesministerium der Finanzen (1997), Finanzberichte 1996-1997. Das Jahr 1990 einschließlich des übergeleiteten Haushalts der ehemaligen DDR für das 2. Halbjahr (Ausgaben: 72,1 Mrd. DM, Einnahmen: 47,9 Mrd. DM, Nettokreditaufnahme: 14,9 Mrd. DM). Vgl. Bundesministerium der Finanzen (1995), Finanzbericht 1996, Bonn, S. 156 ff.

73 Vgl. Bundesministerium der Finanzen (1996), Finanzbericht 1997, Bonn, S. 102; Boss, A., Lorz, J. O. (1995), Die öffentliche Verschuldung in der Bundesrepublik Deutschland - Ausmaß und Belastungswirkung, Institut für Weltwirtschaft an der Universität Kiel, Nr. 669, Kiel.

74 Daß die deutsche Schuldenquote im OECD-Vergleich immer noch im unteren Mittelfeld rangiert, ist vornehmlich dem Umstand zu verdanken, daß sich Deutschland nach dem Zweiten Weltkrieg dank Währungsreform und Londoner Schuldenabkommen weitgehend entschulden konnte. Vgl. OECD (1995), Wirtschaftsausblick, 57, Paris, Tabelle A 34, Ottnad, A. (1996), a.a.O., S. 2 f.

kreditfinanzierten Integration der neuen Bundesländer und entsprechend hohen Transferzahlungen[75] geschuldet.[76] Nicht zuletzt sind die derzeitigen Rekordschuldenstände aber auch das Ergebnis konjunktureller Talsohlen sowie der daraus resultierenden strukturellen Anpassungserfordernisse, die in den 90er Jahren in hohem Maße über die öffentliche Kreditaufnahme kompensiert wurden.[77]

Die Schulden des Bundes betrugen zum Beginn des Jahres 1997 insgesamt 1.357,3 Mrd. DM. Dabei setzt sich der Gesamtschuldenbetrag aus der kumulierten jährlichen Nettoneuverschuldung (vgl. nächste Abbildung) und der Schuldenlast der dem Bund zugerechneten staatlichen Sondervermögen zusammen.[78] Im einzelnen umfassen diese Bundessondervermögen das ERP-Sondervermögen[79] (34,0 Mrd. DM), den Fonds Deutsche Einheit[80] (84,4 Mrd. DM), den Erblastentilgungsfonds[81] (324,9 Mrd. DM), das Bundeseisenbahnvermögen (77,8 Mrd. DM) sowie den Ausgleichsfonds Steinkohle (3,1 Mrd. DM). Der Bund ist für die Schuldenexplosion der letzten Jahre jedoch nicht allein verantwortlich, entfallen doch immerhin 681 Mrd. DM, also mehr als ein Drittel der Gesamtschulden, auf die Länder und Gemeinden.[82] Eng verbunden mit hohen Schuldenständen ist ein rasanter Anstieg der Zinslasten. Derzeit müssen jährlich mehr als 70 Mrd. DM des bundesstaatlichen Steueraufkommens für den Zinsendienst aufgewendet werden.[83] Die massive Zunahme der öffentlichen

---

75 Vgl. Fuest, W., Kroker, R. (1993), a.a.O., S. 7 f.

76 Die öffentlichen Transfers für Ostdeutschland (einschl. Sozialversicherung) werden nach Berechnungen des Bundesfinanzministeriums im Jahre 1998 (netto) um 3,4% auf 140 Mrd. DM zurückgehen. Dies bedeutet ein Nettotransfer von ca. 47-50 Mrd. DM. Vgl. o.V. (1997), Waigel hält Ost-Mittel für ausreichend, in: Hb. vom 26./ 27.7.1997, S. 5, Meinhardt, V., Seidel, B., Stille, F., Teichmann, D. (1995), Transferleistungen in die neuen Bundesländer und deren wirtschaftliche Konsequenzen, DIW, Sonderheft 154, Berlin.

77 Vgl. Ottnad, A. (1996), a.a.O., S. 5.

78 Bei den Schulden des Sondervermögens Deutsche Bundespost ist die Deutsche Telekom AG im Zuge der Umwandlung der Deutschen Bundespost in Gesellschaften des privaten Rechts zum 1.1.1995 an die Stelle des bisherigen Schuldners getreten. Der Bund trägt die Gewährleistung für die Erfüllung der zum Zeitpunkt der Eintragung der drei Postaktiengesellschaften in das Handelsregister bestehenden Verbindlichkeiten. Vgl. Bundesrechnungshof (1997), a.a.O., S. 26.

79 Dabei handelt es sich um Sondervermögen des Bundes, das für den Wiederaufbau der deutschen Wirtschaft gebildet wurde. Vgl. Coffey, P. (1995), The Future of Europe, Aldershot, S. 2 f., Bischof, G. (1997), Der Marshall-Plan in Europa 1947-1952, in: Aus Politik und Zeitgeschichte, Beilage zur Wochenzeitung Das Parlament, Bonn, S. 3 f. und Schröder, H.-J. (1997), 50 Jahre Marshall-Plan in Deutschland, in: Aus Politik und Zeitgeschichte, Beilage zur Wochenzeitung Das Parlament, Bonn, S. 18 f.

80 Vgl. Carl, D. (1995), Bund-Länder-Finanzausgleich im Verfassungsstaat, Baden-Baden.

81 Die Gesamtschulden der Treuhandanstalt und des Kreditabwicklungsfonds sind 1995 auf den Erblastentilgungsfonds übergegangen. Vgl. Bundesrechnungshof (1997), a.a.O., S. 26.

82 Vgl. Bundesministerium der Finanzen (1993), Die neue Finanzverteilung, Bonn, S. 29.

83 Vgl. Bundesrechnungshof (1997), a.a.O., S. 24.

Verschuldung hat die staatliche Finanzpolitik an den Rand ihrer Handlungsfähigkeit gedrängt und den Druck zur Konsolidierung der öffentlichen Haushalte von Bund, Ländern und Gemeinden erhöht. Eine Rückführung der staatlichen Defizite ist allein schon deshalb notwendig, damit zukünftig nicht ein noch größerer Teil der staatlichen Einnahmen durch Zinszahlungen aufgezehrt wird.[84] Die folgende Abbildung zeigt die Entwicklung der Nettoneuverschuldung des Bundes für die letzte Dekade.

Abb. 8: Nettoneuverschuldung des Bundes 1988-1998 (in Mrd. DM)[85]

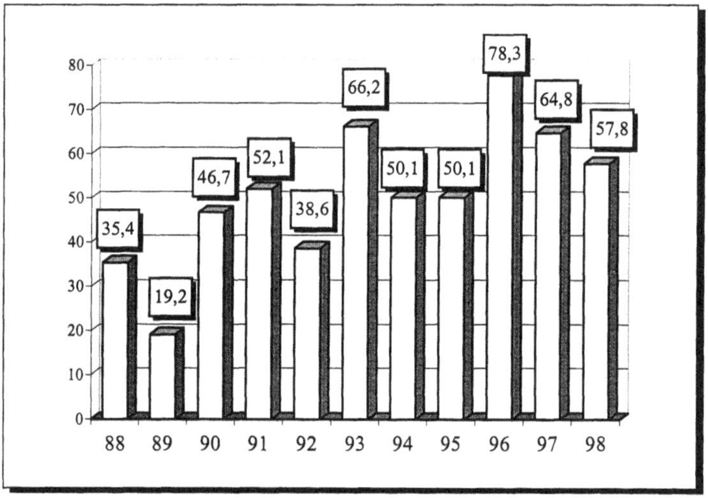

Im Vollzug des Haushaltes 1996 wurde die im Haushaltsplan veranschlagte Nettokreditaufnahme von 59,9 Mrd. DM um 18,4 Mrd. DM überschritten.[86] Damit war sie mit insgesamt 78,3 Mrd. DM im Jahre 1996 um 17,3 Mrd. DM höher als die investiven Ausgaben (61 Mrd. DM) des Jahres.[87] Im Zuge dieser Entwicklung wurde im Vollzug des Haushaltes die verfassungsrechtliche Kreditobergrenze nach Artikel 115 Abs. 1 Satz 2 GG, wonach die Einnahmen aus Krediten die Summe der im

84 Vgl. Deutsches Institut für Wirtschaftsforschung (1996), a.a.O., S. 585.

85 Vgl. Bundesministerium der Finanzen (1997), a.a.O., S. 104 f.; Zahlen für 1998 sind geplant.

86 Hierfür nahm das Bundesfinanzministerium die gemäß § 18 Abs. 3 BHO fortgeltende Kreditermächtigung aus dem Vorjahr in Höhe von 21,47 Mrd. DM in Anspruch. Vgl. Bundesministerium der Finanzen (1997), a.a.O., S. 13 f.

87 Die gleiche Problematik zeigt sich auch für das Jahr 1997 und - höchstwahrscheinlich - auch im Jahre 1998. Vgl. Bundesrechnungshof (1997), a.a.O., S. 15, Schaft, W. (1997a), a.a.O., S. 664 und Bundesministerium der Finanzen (1997), a.a.O., S. 13.

Haushaltsplan veranschlagten Investitionen nicht überschreiten dürfen (Schuldendeckel), nicht eingehalten. Eine Legitimation dieser Überschreitung, die verfassungskonform nur zulässig zur Abwehr einer Störung des gesamtwirtschaftlichen Gleichgewichtes ist, wurde durch eine entsprechende Erklärung einer solchen Gleichgewichtsstörung - in Folge der historischen Arbeitslosenhöchstzahl - erreicht.[88]

Die staatliche Verschuldung als Finanzierungsalternative ist von besonderem politischen Interesse,[89] da sie Handlungsspielräume im Sinne von Ausgabenspielräumen schafft. Die Merklichkeit und der daraus zu erwartende Widerstand wird geringer als bei der Steuerfinanzierung eingeschätzt.[90] Die kurzfristige Orientierung der Nutzung des öffentlichen Kredits vernachlässigt jedoch zukünftige Zins- und Tilgungsverpflichtungen, die langfristig eingeschränkte Handlungsspielräume bedeuten. Das fiskalpolitische Verschuldungsdilemma läßt sich damit auf einen einfachen Nenner bringen. Defizitfinanzierung kann kurzfristig eine stabilisierende Wirkung auf Beschäftigung und Gewinne entfalten, langfristig wirkt sie jedoch wegen der notwendig werdenden Erhöhung der Steuerlastquote - bzw. in Abhängigkeit der Verwendung der Kredite sowie der damit erzielten Impulse auf den Privatsektor - destabilisierend.[91] Über Parteigrenzen hinweg besteht Einigkeit darüber, daß ein großer Teil des Haushaltsdefizits struktureller Natur ist und daß eine weitere Einschränkung finanzpolitischer Gestaltungsspielräume durch eine überproportional wachsende Zinsbelastung öffentlicher Haushalte nicht weiter hingenommen werden kann. Der Abbau der strukturellen Überlastung öffentlicher Haushalte muß mittel- bis langfristig auf der politischen Tagesordnung bleiben, will man sich nicht völlig der Möglichkeit berauben, auch zukünftig konjunktur- und wachstumsstimulierende Impulse setzen zu können.

1.1.4 Erkenntnisse und Ausblick

Als Ergebnis der im Vorfeld dargestellten aktuellen Situation der öffentlichen Finanzen, mit besonderer Betonung ausgewählter Ausgaben- und Finanzierungsströme, zeigt sich, daß vor dem Hintergrund der derzeitigen wirtschaftlichen Situation

88 Die Erklärung basiert auf Art. 115 Abs. 1, S. 2 durch den Bundesfinanzminister.

89 Von Weizsäcker führt für das gewaltige Ausmaß der öffentlichen Verschuldung politökonomische Faktoren an, die nicht zuletzt mitverantwortlich für die entstandenen Schuldenberge in repräsentativen Demokratien sind. Vgl. Weizsäcker von, R. K. (1992), Staatsverschuldung und Demokratie, in: Kyklos, Vol. 45, Basel, S. 67.

90 Vgl. Brümmerhoff, D. (1990^5), Finanzwissenschaft, München, Wien, S. 376.

91 Vgl. Matzner, E. (1978), Wohlfahrtsstaat und Wirtschaftskrise, Hamburg, S. 77.

kein Zweifel daran besteht, daß die öffentlichen Finanzen in der Bundesrepublik Deutschland in höchstem Maße angespannt sind. Die Integration der fünf neuen Bundesländer in das wirtschaftliche und soziale Ordnungssystem der Bundesrepublik Deutschland, chronische Haushaltsdefizite, steigende Gesamtschuldenstände, fortwährend hohe und steigende Arbeitslosigkeit sowie nicht zuletzt wiederholt auftretende Finanzierungssalden haben die öffentlichen Haushalte in eine Schieflage gebracht und stellen tendenziell ein wesentliches Hindernis für die Modernisierung und den Aufbau des volkswirtschaftlichen Kapitalstocks dar.

Wer zur Regulierung dieser prekären Situation auf eine Selbstalimentierung der Finanzmärkte, eine selbst auferlegte Konsolidierung der Staatshaushalte oder gar ein Crowding-In eines geschickten Debt Managements im Zusammenhang mit einer laxen Geldpolitik setzt, der irrt. Dies wiegt um so schwerer, als man nach den schlechten Erfahrungen - namentlich in den siebziger Jahren und zu Beginn der achtziger Jahre - nicht mehr leichter Hand und mit gutem Gewissen auf erhoffte Ertragsverbesserungen im Gefolge einer schuldenfinanzierten Finanzpolitik setzen kann, zumal sich die vielfach vermuteten Wachstumseffekte höherer Staatsausgaben oftmals auch als Trugbild entpuppen können. Das ursprüngliche Ziel der Finanzpolitik, die Belastung der Zensiten, wenn auch nicht deutlich, so zumindest tendenziell zu senken und damit die Bedingungen für mehr Wachstum und Beschäftigung zu verbessern, droht mehr und mehr ins Hintertreffen zu geraten.[92] Die Debatten um Jahressteuergesetze, die kontroverse Diskussion um die kurzfristige Senkung und langfristige Abschaffung des Solidaritätszuschlags sowie die gescheiterten Verhandlungen über die geplanten Steuerreformen und deren Finanzierung hat die Verunsicherung in Wirtschaft und der Bevölkerung eher vergrößert als verringert und die Konjunktur belastet statt belebt.

Für eine gestaltende Politik ist es langfristig nicht hinnehmbar, wenn ein immer größerer Teil der staatlichen Einnahmen für Zinsaufwendungen, weniger zur Tilgung, sondern vielmehr als reine Zinszahlungen, gebunden wird. Diese finanzpolitische Entwicklung einzudämmen und den Trend wieder umzukehren, muß das Ziel einer langfristig angelegten Gesundung der öffentlichen Haushalte sein. Aus finanzpolitischer Sicht ist eine ausgewogene Steuerpolitik insofern ein wichtiges Korrektiv schuldenpolitischer Verfehlungen und Versäumnisse im Hinblick auf einen ausgewogenen Interessenausgleich zwischen den Generationen.[93] Auch aus diesem Grunde empfiehlt sich vornehmlich eine Rückführung der Staatsquote, die langfristig alterna-

---

92 Vgl. Schaft, W. (1997b), a.a.O., S. 2 f.

93 Vgl. Gandenberger, O., (1981), Die Theorie der öffentlichen Verschuldung, in: Handbuch der Finanzwissenschaft, Band III, Tübingen, S. 27-43 und Caesar, R. (1991), Theoretische Grundfragen der Staatsverschuldung, Wissenschaftliche Beiträge, in: WiSt Heft 5, S. 218-224.

tive Perspektiven für einen Abbau der Schulden- und Steuerlastquote impliziert. Vor diesem Hintergrund wird die weitere Vorgehensweise dieses Kapitels spezifiziert.

Abb. 9: Zum Aufbau des ersten Kapitels

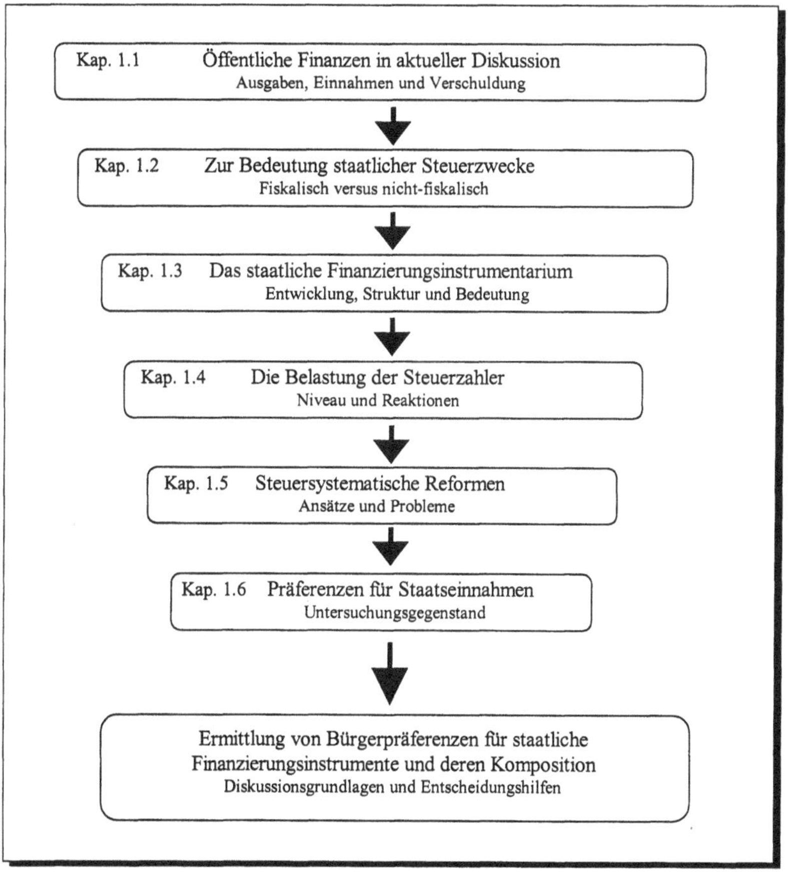

Basierend auf den bisherigen Erkenntnissen stellt sich die grundsätzliche Frage der Bedeutung fiskalischer und nicht-fiskalischer Steuerzwecke sowie - daraus abgeleitet - die sich ergebenden Belastungshöhen und diesbezüglichen Reaktionen der Zensiten. Nicht zuletzt erzeugen objektive und subjektive Belastungsgrenzen ein Reformpotential des Steuersystems, das es vor dem Hintergrund der seit einigen Jahren geführten Steuerreformdiskussion näher zu beleuchten gilt. Die Ermittlung von Bürgerpräferenzen und eine entsprechende Orientierung an den individuellen Vorstellungen der Steuerzahler kann dabei einer systemkonformen und im Bewußtsein der Bevölkerung akzeptierten zukünftigen Steuerreform bzw. -umgestaltung dienlich sein.

1.2 Zur Bedeutung staatlicher Steuerzwecke

Unterzieht man Steuersysteme im allgemeinen und das deutsche Steuersystem im besonderen einer kritischen Betrachtung, so ist festzustellen, daß Steuern und steuerähnliche Abgaben niemals Selbstzweck im eigentlichen fiskalischen Sinne sind, verfolgen sie doch ihrerseits eine Vielzahl von Zielen und Absichten. Die Erhebung von Steuern, die als „[...] *Wegnahme des Selbsterwirtschafteten durch den Staat* [...]“[94] definiert werden kann, erlangt ihre ausdrückliche Legitimation über das Äquivalenzprinzip[95] (*benefit principle*), wonach der Bürger - ohne endgültigen Nutzenverlust - eine Leistung für eine entsprechende Gegenleistung des Staates zu erbringen hat. In ähnlicher Weise eignet sich aber auch das Leistungsfähigkeitsprinzip (*ability to pay principle*) als allgemeiner und besonderer Steuerrechtfertigungsgrundsatz.[96] Auf der Basis dieser Prinzipien muß die Steuerzwecklehre aus wissenschaftlicher Sicht drei wesentliche Fragen beantworten:[97] Neben der grundsätzlichen Schwierigkeit der Identifikation des eigentlichen Steuerzwecks handelt es sich dabei um die Bestimmung der jeweiligen Rangfolge sowie die konfliktgeladene Verfolgung unterschiedlicher Steuerzwecke.[98] Der nächste Abschnitt wird sich der steuerpolitischen Zweckausrichtung und der Beantwortung der sich zuvor ergebenden Fragen widmen.

1.2.1 Ziele und Zwecke der Besteuerung

Zur Beantwortung der Frage, welchen Zielen und Zwecken die Steuererhebung dienen soll, haben sich im Laufe der Steuergeschichte bestimmte Besteuerungsgrundsätze

---

94 Vgl. Vogel, K. (1986), Rechtfertigung der Steuern: Eine vergessene Vorfrage: Der Staat, München, S. 481, Tipke, K. (1993), Die Steuerrechtsordnung, Band III: Föderative Steuerverteilung, Rechtsanwendung und Rechtsschutz, Gestalter der Steuerrechtsordnung, Köln, S. 1070 ff.

95 Vgl. Brümmerhoff, D. (1992[6]), a.a.O., S. 236 f., Olson, M. (1977), Das Prinzip fiskalischer Gleichheit: Die Aufteilung der Verantwortung zwischen verschiedenen Regierungsebenen, in: Kirsch, G. (Hrsg.), Föderalismus, Stuttgart, S. 66 f., Hessler, H. D. (1983), Die Fundamentalprinzipien der Besteuerung (I + II), in: Wisu, Heft 6, S. 281-285 und Heft 7, S. 329 - 334.

96 Vgl. Homburg, S. (1997), a.a.O., S. 9 ff.

97 Vgl. Schmidt, K. (1980[3]), a.a.O., S. 130 ff.

herausgebildet, die vornehmlich durch von Justi[99], Smith[100], Wagner[101] und letztlich Fritz Neumark[102] geprägt wurden. Beschränkte sich die finanzwissenschaftliche Forschung in der jüngeren und älteren Vergangenheit auf die Aufstellung und Formulierung von reinen Besteuerungsgrundsätzen, so stehen heutzutage die als gleichbedeutend angesehenen Ziel- bzw. Zweckbestimmungen von Steuern im Mittelpunkt des Interesses, wobei sich im Laufe der Zeit, neben der weiterhin bestehenden (unverzichtbaren) fiskalischen Funktion, verstärkt nicht-fiskalische Motive durchgesetzt haben.[103] Aus der steuergeschichtlichen Entwicklung lassen sich vier Etappen mit ihren inhärenten Zweckzuordnungen zu den öffentlichen Einnahmen beobachten.[104] Nach zu Beginn rein fiskalpolitisch ausgestalteten Abgaben haben sich redistributive (Korrektur der Einkommensstruktur) und stabilitäts- bzw. konjunkturpolitische Abgabenzwecke herausgebildet. Seit Mitte der 80er Jahre stehen insbesondere Umweltabgaben als reine Wirkungszweckabgaben im Mittelpunkt der steuerpolitischen Diskussion.[105]

---

98 Vgl. Schmidt, K. (1969), a.a.O., S. 363 f.

99 Vgl. Justi, J. H. G. von (1762/1977), Ausführliche Abhandlung von denen Steuern und Abgaben nach ächten, aus dem Endzweck der bürgerlichen Gesellschaften abfließenden Grundsätzen, und zur Wohlfarth der Völker dienlichen Maaßregeln, Königsberg u.a., Wiesbaden, Justi, J. H. G. von (1761/1970), Gesammlete Politische und Finanzschriften über wichtige Gegenstände der Staatskunst, der Kriegswissenschaft und des Cameral- und Finanzwesens, Band 1-3, Kopenhagen u.a., Aalen, S. 385 ff., Justi, Johann Heinrich Gottlob von (1762/1977), Ausführliche Abhandlung von denen Steuern und Abgaben nach ächten, aus dem Endzweck der bürgerlichen Gesellschaften abfließenden Grundsätzen, und zur Wohlfarth der Völker dienlichen Maaßregeln, Königsberg u.a., unveränderter Nachdruck, Wiesbaden: Gabler und Justi, J. H. G. von (1766/1969), System des Finanzwesens, [...] Einkünfte des Staates hergeleiteten Grundsätzen und Regeln, Halle, Aalen.

100 Vgl. Smith, A. (1938^{11}), The Wealth of Nations, Vol. 2, London u.a., S. 307 f.

101 Vgl. Wagner, A. (1910^{2}/1973), Steuergeschichte vom Altertum bis zur Gegenwart, Lehrbuch und Handbuch der politischen Ökonomie, Band 1, hrsg. von Adolf Wagner, Leipzig.

102 Vgl. Neumark, F. (1970), Grundsätze gerechter und ökonomisch rationaler Steuerpolitik, Tübingen.

103 Den Schlußpunkt der Entwicklung stellt die in der Tradition der keynesianischen Lehre stehende Neumarksche Einteilung dar, wobei (a) fiskalisch-budgetäre, (b) ethisch-sozialpolitische, (c) wirtschaftspolitische und (d) steuerrechtliche und steuertechnische Besteuerungsgrundsätze differenziert werden. Vgl. Neumark, F. (1970), a.a.O. und Schmidt, K. (1980^{3}), a.a.O., S. 129.

104 Vgl. Frick, S., Grunow, D. (1996), Der Steuerstaat als Wohlfahrtsstaat, Diskussions-Survey und Darstellung des finanzwissenschaftlichen „state of the art", Duisburg, S. 23.

105 Vgl. Becker, H. (1995), Fiskalstaat Deutschland: Entwicklung - Zustand - Perspektiven, München, S. 34, Franke, S. F. (1991), Umweltabgaben und Finanzverfassung, in: Steuer und Wirtschaft, Heft 1, S. 93 f., Hansjürgens, Bernd (1992), a.a.O., S. 33 f, Ewringmann, D. (1994), Umweltsteuern konzeptioneller Wandel des Abgabensystems und instrumentelle Folgen, in: Mackscheidt, K., Ewringmann, D., Gawel, E. (Hrsg.), Umweltpolitik mit hoheitlichen Zwangsabgaben?, Berlin, S. 273-286, Gottfried, P., Wiegard, W. (1995), Wunderwaffe Ökosteuern? Eine finanzwissen-schaftliche Betrachtung, in: WiSt, Heft 10, S. 500-508.

1.2.2 Fiskalische und nicht-fiskalische Steuerzwecke

Die moderne Steuerpolitik differenziert uneingeschränkt zwischen fiskalischen und nicht-fiskalischen Steuerzwecken. Die fiskalische Zielsetzung dient entweder der Finanzierung staatlicher Ausgaben aller Art, die ihrerseits wiederum eine Vielzahl öffentlicher Güter bereitstellen helfen, oder aber der Verfolgung direkter staatlicher Ziele im allokativen, distributiven oder stabilisierungspolitischen Sinne.[106] Die Orientierung an der öffentlichen Mittelbeschaffung[107] entspricht dabei dem ursprünglichen Ziel der Besteuerung, das bereits im vorherigen Jahrhundert die Steuerzwecklehre dominierte.[108]

In der Legaldefinition[109] der Steuer wird als ursprünglicher Zweck die Erzielung von Einnahmen bestimmt; in einem Nachsatz wird eingeräumt, daß dies auch ein Nebenzweck[110] sein kann.[111] Die beiden Funktionen von Steuern, die Finanzierungs- und Lenkungsfunktion, stehen insofern in einem Konkurrenzverhältnis zueinander, da die effiziente lenkungspolitische Ausgestaltung einer Steuer häufig deren fiskalisches Aufkommen mindert.[112] Der reine Finanzcharakter ist in den letzten Dekaden etwas in den Hintergrund getreten, weil nichtfiskalische Steuerzwecke an Bedeutung gewonnen haben. Nichtfiskalische Steuerzwecke verstehen sich grundsätzlich im Sinne einer funktionalen Betrachtung öffentlicher Einnahmen im Dienste der Allokation, Distribution und Stabilisierung.[113] Die Notwendigkeit der Verfolgung allokativer Ziele begründet sich in der fehlenden marktlichen Bereitstellung bestimmter Güter (z.B. öffentliche Güter). Die Allokationsfunktion löst sich dabei unweigerlich vom Marktprozeß, behandelt aber gleichwohl die Art von Problemen, mit der sich die ökonomische Analyse traditionell beschäftigt[114],

---

106 Vgl. Hansmeyer, K.-H. (1979), Das System der öffentlichen Einnahmen (I), in: Wisu, S. 303.

107 Vgl. Schmidt, K. (1969), a.a.O., S. 361.

108 Vgl. Schultz, U. (1986), a.a.O., S. 12 f.

109 Vgl. BGBl. (1993), Abgabenordnung (AO) vom 16.03.1976 in der Fassung der Bekanntmachung vom 23.06.1993, S. 944 f.

110 Vgl. Recktenwald, H. C. (1983), Lexikon der Staats- und Geldwirtschaft, München, S. 600.

111 Die Erweiterung der Einsatzbereiche steuerlicher Eingriffsinstrumente auf staatliche Lenkungszwecke besteht seit der Neufassung der Abgabenordnung im Jahre 1976. Siehe BGBl I 613, ber. 1977 I 269 und Dickertmann, D., Gelbhaar, S. (1994), a.a.O., S. 216.

112 Der Zielkonflikt entsteht dadurch, daß Lenkungszwecksteuern auf ein Unterlassen gerichtet sind. Vgl. Homburg, S. (1997), a.a.O., S. 6

113 Vgl. Musgrave, R. A., Musgrave, P. B., Kullmer, L. (1990^5), a.a.O., S. 6.

114 Im Mittelpunkt steht der Einsatz und die Verwendung der volkswirtschaftlichen Ressourcen, so daß es zu einem anderen Ergebnis kommt als es die privaten Aktivitäten im marktwirtschaftlichen Abstimmungsprozeß hervorgebracht hätten. Vgl. Weimann, J. (1996), Wirtschaftspolitik - Allokation und kollektive Entscheidung, Berlin, S. 1 f.

vornehmlich der effizienten Bereitstellung von Ressourcen bei gegebener Einkommensverteilung und vorhandenen Konsumentenpräferenzen.[115] Der nichtfiskalische Steuerzweck besteht darin, durch die staatliche Einnahmeerzielung Unvollkommenheiten des Marktes auszugleichen.[116]

Weitaus schwieriger als die Allokationsproblematik ist die Frage der gesellschaftlich pareto-optimalen[117] Distribution zu beantworten. Verteilungspolitische Probleme stellen eine der häufigsten Kontroversen bei der Bestimmung einer ausgewogenen Finanzpolitik dar. Das Distributionsziel soll im Rahmen einer Sekundärverteilung die Primärverteilung mittels Einnahmen und Ausgaben korrigieren bzw. nivellieren und kann durch geeignete wirtschaftspolitische Staatseingriffe realisiert werden.[118] Dies geschieht in erster Linie durch Steuer-Transfermechanismen in Form einer progressiven Einkommensbesteuerung der oberen und subventionierten Maßnahmen bezüglich der unteren Einkommen, wobei jede vorgesehene Verteilungsänderung mit den geringsten Effizienzverlusten bei einem Ausgleich konfligierender Gerechtigkeits- und Effizienzzielsetzungen erreicht werden soll.[119] Verteilungsziele stehen jedoch in ständigem Konflikt mit Wachstums- und Stabilitätszielen.[120]

Das Stabilisierungsziel verfolgt in Anlehnung an den §1 des Gesetzes zur Förderung der Stabilität und des Wachstums der Wirtschaft[121] rein makroökonomische Zielsetzungen. Die steuerzweckgerichtete Orientierung besteht darin, für eine Glättung der mit der marktwirtschaftlichen Ordnung verbundenen Schwankung der wirtschaftlichen Aktivität (d.h. überwiegend Konjunktur- und Wachstumsschwankungen) sowie für eine normale Auslastung des Produktionspotentials und ein stabiles Preisniveau Sorge zu tragen.[122] Die Sicherung der Stabilität wird heutzutage als eine staatliche Aufgabe angesehen, die zwar nicht nur, aber auch mit finanzpolitischen Mitteln betrieben wird.[123] Bei der Beantwortung der Frage, wie die

---

115 Vgl. Musgrave, R. A., Musgrave, P. B., Kullmer, L. (1990^5), a.a.O., S. 10.

116 Vgl. Brümmerhoff, D. (1992^6), a.a.O., S. 49 f. und Fritsch, M., Wein, T., Ewers, H.-J. (1993), Marktversagen und Wirtschaftspolitik, München, Teil II u. III.

117 Vgl. Weimann, J. (1996), a.a.O., Kap. 5.1 und Brümmerhoff, D. (1992^6), a.a.O., S. 40 f.

118 Vgl. Andel, N. (1992^3), Finanzwissenschaft, Tübingen, S. 15 ff.

119 Vgl. Musgrave, R. A., Musgrave, P. B., Kullmer, L. (1990^5), a.a.O., S. 13.

120 Vgl. Schmidt, K. (1969), a.a.O., S. 367 f.

121 Der erste Paragraph beinhaltet Erfordernisse, die die Wirtschaftspolitik im Rahmen des sog. magischen Vierecks zu erfüllen hat. Vgl. Gesetz zur Förderung der Stabilität und des Wachstums der Wirtschaft vom 8. Juni 1967, in: Bundesgesetzblatt 1967, Teil I, S. 582.

122 Vgl. Musgrave, R. A., Musgrave, P. B., Kullmer, L. (1990^5), a.a.O., S. 13 f.

123 Als Instrumentarium dient dabei die antizykliche Fiskalpolitik. Vgl. Begg, D., Fischer, S., Dornbusch, R. (1994^4), Economics, London u.a., Part 4, Dornbusch, R., Fischer, S. (1994^6), a.a.O., Kap. 1 und Blejer, M. I., Ter-Minassian, T. (1997), a.a.O., S. 5 f.

Vielfalt und derweil auch Komplexität der öffentlichen Einnahmen zu erklären ist, könnte der Hinweis auf das Spektrum unterschiedlicher staatlicher und wirtschaftspolitischer Ziele sowie die Berücksichtigung der großen Streubreite der Theorie öffentlicher Güter bereits als Erklärung hilfreich sein. Unterstellt man dennoch, daß der Staat lediglich rein öffentliche Güter produziert, die den Musgrave'schen Kriterien[124] genügen, so müßte der öffentliche Sektor auf ein analoges Einnahmesystem zurückgreifen, das niemanden ausschließt und damit weder personell noch regional differenziert. Bedenkt man jedoch, daß auch rein öffentliche Güter mit Einschränkung einen relativ begrenzten Benutzerkreis haben, weil beispielsweise öffentliche Einrichtungen ihre Leistungen nur regional abgeben, so sind durchaus Steuern und kommunale Abgaben denkbar, deren Belastungseffekte ebenfalls regional begrenzbar sind. Diese Überlegung erklärt die gestaffelte Aufgliederung des Steuersystems hinsichtlich regional unterschiedlicher Inzidenzen.[125] Hinterfragt man das System der Staatsfinanzierung dagegen nach rational und steuersystematisch ermittelbaren Gründen, hat man wenig Aussicht auf Erfolg. Zeigen die zuvor dargelegten Aspekte bereits einen ersten Einblick in die Vielfalt der staatlichen Tätigkeit, daß es insbesondere polymorphe Gründe für eine Vielfalt staatlicher Einnahmen gibt, so bietet die historische Entwicklung des Steuer- und Einnahmesystems hierfür eine weitere dienliche Erklärung.

Real existierende Steuersysteme sind das Ergebnis historischer Entwicklungen[126] und politischer Kompromisse und werden maßgeblich von epochalen, geographischen sowie kulturellen Verhältnissen beeinflußt. Vor dem Hintergrund einer differenzierten Ausgestaltung unterschiedlichster Steuerzwecke kann in bezug auf die aufgezeigten Zweckkollisionen zum gegenwärtigen Zeitpunkt nicht von einer abgestimmten steuerpolitischen Zielfokussierung gesprochen werden. Zudem liefert die Steuerzwecklehre keine befriedigende Antwort darauf, wie individuelle Steuerlasten bemessen sein sollen oder wie der wachsende Mittelbedarf des öffentlichen Sektors zu begründen ist.[127] Vielschichtige Zielvorstellungen haben vielmehr zu einem unsystematischen Nebeneinander unterschiedlichster Besteuerungsarten geführt, die, Ungereimtheiten und Widersprüchen zum Trotz, weithin das Ergebnis einer Einnahmepolitik „*um jeden Preis*" darstellen.[128]

---

124 Gemeint sind damit die abgeleiteten finanzpolitischen Zielsetzungen der Allokation, Distribution und Stabilisierung. Vgl. Musgrave, R. A., Musgrave, P. B., Kullmer, L. (1990^5), a.a.O., S. 6 f.

125 Zu Behandlung der Inzidenzen vgl. Bohnet, A. (1994), a.a.O., S. 163 f.

126 Vgl. Zimmermann, H., Henke, K.-D. (1990^6), a.a.O., S. 168 f.

127 Vgl. Schmidt, K. (1969), a.a.O., S. 361.

128 Vgl. Schmidt, K. (1969), a.a.O., S. 370.

Durch einen unterschiedlich motivierten Steuerdirigismus werden im gegenwärtigen Abgabensystem die verschiedensten Wirtschaftsakteure begünstigt, belastet und erheblich durch die Komplizierung des Steuerrechts beeinträchtigt.[129] Ungeachtet dessen, daß sich lenkungspolitische Abgaben mit fiskalischen Parametern vermischen oder gar kollidieren, wird mit Blick auf die Erfüllung von Umweltzielen oder den Lenkungszweckcharakter von Bußgeldern und Geldstrafen deutlich, wie wichtig außerfiskalische Zielsetzungen in der Steuerpolitik sind. Erscheint deren Wirksamkeit in diesen Fällen doch zweckmäßiger als die Normierung ordnungsrechtlicher Auflagen und Verbote. Im folgenden wird dargestellt, wie das staatliche Finanzierungsinstrumentarium strukturiert ist und in welcher Art und Weise es in den Wirtschaftsprozeß eingreift.

1.3 Das staatliche Finanzierungsinstrumentarium in klassifikatorischer Sicht

Vor dem oben skizzierten Hintergrund wollen wir uns nun der systematisch-klassifikatorischen Betrachtung verschiedener staatlicher Finanzierungsinstrumente, also Steuern, Gebühren, Beiträgen, Zuweisungen, Erwerbseinkünften, Sonderabgaben sowie - budgetausgleichend - durch der öffentlichen Kreditaufnahme zuwenden.

1.3.1 Entwicklungslinien und Systematisierungsansätze

Die Betrachtung öffentlicher Finanzierungsinstrumente bedarf zunächst der Überlegung, welcher Ordnungskriterien bzw. welcher Systematik man sich bedient. Neumark formuliert dazu, daß „[...] *selbst dann, wenn man sich auf die (wichtigsten) Steuern der Gegenwart beschränkt, sich ein umfassender Klassifikationsversuch als äußerst komplex und schwierig* [...]“[130] erweist. Während die Entwicklung der Staatsausgaben und die sie bestimmenden Ursachen seit über 100 Jahren[131] Gegenstand finanzwissen- und volkswirtschaftlicher Forschung sind, schenkte man den staatlichen Einnahmen vergleichsweise wenig Aufmerksamkeit.[132] Geschlossene

---

129 Vgl. Homburg, S. (1997), a.a.O., S. 8.

130 Vgl. Neumark, F. (1980), Steuern I, in: HdWW, Band 7, Stuttgart, S. 298.

131 Vgl. Wagner, A. (1892^3), a.a.O., S. 895 ff und Leineweber, N. (1988), Wagners Gesetz - eine erweiterte Analyse, in: Ökonomische Faktoren und wachsende Staatsausgaben. Eine historische Analyse, Göttingen.

132 Das gilt sowohl für die theoretische als auch für die empirische Analyse. Vgl. Jüngling, M. (1990), a.a.O., S. 1 und Hedtkamp, G (1980), Klassifikation der öffentlichen Einnahmen, in: Handbuch der Finanzwissenschaft, Band 2, Tübingen, S. 63.

Entwicklungstheorien zum Einnahmesystem als Ganzem fehlen. Lediglich für einzelne Einnahmearten, allen voran mit weitem Abstand die Steuern, finden sich entsprechende Theorien.[133] Besteuerungshöhe und die Struktur einzelner staatlicher Einnahmen sind letztlich gleichermaßen das Ergebnis eines politischen Prozesses wie das staatlich bereitgestellte Angebot an öffentlichen Gütern und damit entsprechend auch die staatlichen Ausgaben. Eine umfassende normative und positive Theorie zu entwickeln, die sämtliche Einflußfaktoren integriert, also auch ihre Gewichtung jeweils erfaßt, ist daher allein schon aus diesem Grunde äußerst schwierig.[134]

Traditionell bestehende Systematisierungsansätze öffentlicher Finanzierungsinstrumente[135] unterscheiden eine Vielzahl unterschiedlicher Einnahmekategorien.[136] In der finanzwissenschaftlichen Literatur finden sich eine Vielzahl unterschiedlicher Klassifikationen staatlicher Einnahmen[137], die, teilweise ausschließlich, die Systematik des Steuersystems in den Mittelpunkt ihrer Betrachtung stellen.[138] Viele finanzwissenschaftlichen Lehrbücher ordnen die staatliche Einnahmearten nach dem Maß der staatlichen Zwangsausübung und bilden ausgehend von der viergeteilten

133 Vgl. Blankart, C. B. (1994²), a.a.O., S. 247 f., Brümmerhoff, D. (1990⁵), a.a.O., S. 285 f., Bundesministerium der Finanzen (1996), Unsere Steuern von A - Z, Bonn, S. 40 f.

134 Vgl. Recktenwald, H. C. (1983), a.a.O., S. 497 f. und Jüngling, M. (1990), a.a.O., S. 68.

135 Vgl. Schmölders, G. (1970³), Finanzpolitik, Berlin, u.a., S. 292, Nöll von der Nahmer, R. (1964), Lehrbuch der Finanzwissenschaft, Band 1, Köln, Opladen, S. 204 ff., Wittmann, W. (1971), Einführung in die Finanzwissenschaft, II. Teil: Die öffentlichen Einnahmen, Stuttgart, S. 1 ff. oder Andreae, C. A., Mauser, S. (1969), Finanztheorie, Stuttgart, S. 33 ff., Terhalle, F. (1930), Finanzwissenschaft, S. 63 ff., Gerloff, W. (1926), Grundlegung der Finanzwissenschaft, in: Handbuch der Finanzwissenschaft, Band 1, Tübingen, S. 41 ff., Moll, B. (1929), Klassifikation der ordentlichen öffentlichen Einnahmen, in: Finanzarchiv, Jg. 46, Band II, S. 1 f. Die traditionelle angelsächsische finanzwissenschaftliche Literatur wurde geprägt durch: Hicks, U. K. (1971³), Public Finance, Cambridge, S. 133, Musgrave, R. A., Musgrave, P. B. (1973), Public Finance in Theory and Practice, New York, S. 207 (Orientierung ebenfalls am Wirtschaftskreislauf) sowie Due, J. F. (1954), Government Finance, Economics of the Public Sector, Homewood, S. 73 ff.

136 Vgl. Musgrave, R. A., Musgrave, P. B., Kullmer, L. (1990⁵), a.a.O., S. 1. Bei Musgrave fehlen die Erwerbseinkünfte, obgleich diese historisch betrachtet die anderen Einnahmearten bei weitem übertrafen. Zur Bedeutung der Erwerbseinkünfte in den deutschen Staaten des 19. Jahrhundert siehe Jüngling, M. (1990), a.a.O., S. 130 f. und Petersen, H.-G. (1990²), Finanzwissenschaft I, Stuttgart u.a., S. 34.

137 Neueste finanzwissenschaftliche Veröffentlichungen sind: Zimmermann, H., Henke, K.-D. (1994⁷), a.a.O., S. 132-138, Dickertmann, D., Gelbhaar, S. (1994), a.a.O., S. 214-227, Brümmerhoff, D. (1992⁶), a.a.O., S. 229 f., Birk, D. (1994²), a.a.O., S. 50 f., Tiepelmann, K., Dick, G., (1995³), Grundkurs Finanzwissenschaft, Hamburg, S. 95, Hedtkamp, G. (1980), a.a.O., S. 63-80 und Bundesministerium der Finanzen (1996) (Hrsg.), a.a.O., S. 40-41 (u.a.) und Hedtkamp, G. (1980), a.a.O., S. 74.

138 Die Mehrzahl der Ansätze zur Differenzierung staatlicher Einnahmen stehen in Affinität zu staatlichen Ausgaben und sind originär politischer, technischer und wirtschaftlicher Art. Vgl. Recktenwald, H. C. (1983), a.a.O., S. 564.

Systematik die Reihung Steuern, Gebühren und Beiträge, Kreditmittel und Erwerbseinkünfte.[139]

Für Hedtkamp zeigt die Klassifikation von Staatseinnahmen ein Abbild des Grades der „[...] *abnehmenden marktlichen beziehungsweise zunehmenden politischen Determinierung*".[140] Um die verschiedenen Einnahmearten voneinander abzugrenzen, unterteilt Wittmann die Einnahmen des Staates in laufende (ordentliche) und einmalige (außerordentliche) Einnahmen.[141] In anderer Weise differenzieren Dickertmann und Gelbhaar[142] in der von ihnen gewählten Klassifikation von staatlichen Einnahmen. Bei ihrer Anordnung werden zunächst Erwerbseinkünfte, daran anschließend Entgeltabgaben und schließlich besondere Geldleistungspflichten bis hin zu Steuern - differenziert in direkte und indirekte Steuerarten - in dem Sinne spezifiziert, daß bei Steuern tendenziell die Bedeutung des Leistungsfähigkeitsprinzips zunimmt und umgekehrt die Bedeutung des Äquivalenzprinzips abnimmt, et vice versa.

Im Gegensatz zu den zuvor dargestellten Kategorisierungsansätzen orientiert sich Hansmeyer in seiner Systematisierung der staatlichen Einnahmen pragmatisch an ihrem Bezug zum marktlichen System.[143] Es zeigt sich eine weite Spannbreite, die von „[...] *voll in den Markt integrierten Einnahmen* [...]"[144] bis zu solchen reicht, bei denen sich der Staat zur Einnahmeerzielung seiner hoheitlichen Zwangsmittel bedient. In modifizierter Form differenziert das Statistische Bundesamt in seinen jährlichen amtlichen Statistiken in Steuern und steuerähnliche Abgaben, Gebühren und sonstige Entgelte, Einnahmen aus wirtschaftlicher Tätigkeit, Einnahmen der Kapitalrechnung und in die Nettokreditaufnahme.[145] Bezug nehmend auf die Klassifikationsvielfalt öffentlicher Einnahmen, beklagt Schmölders, daß „[...] *jede formale Einteilung der Staatseinnahmen schnell versage, wolle man die öffentlichen Einnahmen nach Eigenart und instrumentaler Bedeutung in der Finanzpolitik zutreffend einordnen.*"[146]

---

139 Vgl. Hedtkamp, G. (1977²), a.a.O., S. 268 und Kolms, H. (1976), a.a.O., S. 7.

140 Vgl. Hedtkamp, G. (1977²), Lehrbuch der Finanzwissenschaft, Neuwied, S. 268.

141 Die ordentlichen Einnahmen gliedert Wittmann in Nicht-Steuern, zu denen Erwerbseinkünfte und Gebühren sowie Beiträge zählen, und in Steuern. Zu den außerordentlichen Einnahmen zählt er vornehmlich den öffentlichen Kredit. Vgl. Wittmann, W. (1976), Einführung in die Finanzwissenschaft, Teil 2: Die öffentlichen Einnahmen, Stuttgart, S. 2.

142 Vgl. Dickertmann, D., Gelbhaar, S. (1994), a.a.O., S. 225.

143 Vgl. Hansmeyer, K.-H. (1979), a.a.O., S. 304.

144 Vgl. Hansmeyer, K.-H. (1979), a.a.O., S. 305.

145 Vgl. Statistisches Bundesamt (1996) (Hrsg.), Statistisches Jahrbuch 1996 für die Bundesrepublik Deutschland, Wiesbaden, S. 486 f.

146 Vgl. Schmölders, G. (1965²), Finanzpolitik, Berlin, S. 66 und Schmölders, G. (1970³), a.a.O., S. 292.

Eine erste grundlegende Theorie zur Struktur von Staatseinnahmen stellte Hinrichs[147] auf. Er untersuchte anhand von Quer- und Längsschnitt-Analysen, wie sich der Umfang und die Struktur staatlicher Einnahmesysteme aufgrund sozio-ökonomischer Entwicklungen verändert.[148] Es zeigt sich, daß Steuern - bis auf wenige Ausnahmen - schon lange vor Beginn des 20. Jahrhundert die wichtigsten regelmäßigen Einnahmequellen des Staates in Europa (Frankreich, Großbritannien u.a.) waren.[149] Kullmer formuliert dazu, daß Finanzierungstheorien allgemein gelten sollen, insbesondere losgelöst von Zeitangaben und nicht für die Entwicklung der europäischen Industriestaaten vom Feudalismus hin zur modernen Gesellschaft.[150]

1.3.2 Die Einnahmen des Staates

Die wesentliche Struktur heutiger Staatseinnahmen ist das Ergebnis historischer Entwicklungen.[151] Die nachfolgende Klassifikation unterscheidet originär hoheitliche Abgaben, Erwerbseinkünfte und öffentliche Kredite. Bei den hoheitlichen Abgaben wird in einem zweiten Schritt zwischen Abgaben *mit* (Kausalabgaben) und *ohne* besonderen rechtfertigenden Verpflichtungsgrund unterschieden. Die Kausalabgaben untergliedern sich wiederum in Entgeltabgaben und besondere Geldleistungspflichten, womit einerseits Gebühren und Beiträge und andererseits Sonderabgaben, monetäre Sanktionen und Zwecksteuern gemeint sind.[152]

---

147 Die Kernaussagen seiner allgemeinen Theorie finden sich in: Hinrichs, H. H. (1966), A General Theory of Tax Structure Change during Economic Development, Cambridge, S. 98 ff.

148 Vgl. Hinrichs, H. H. (1966), a.a.O., S. 1.

149 Vgl. Timm, H. (1987), Wandlungen der Besteuerung seit dem vorigen Jahrhundert, in: Häuser, K. (Hrsg.), Wandlungen der Besteuerung, Schriften des Vereins für Socialpolitik, Berlin, S. 11-57.

150 Vgl. Kullmer, L. (1980), a.a.O., S. 87.

151 Vgl. Hedtkamp, G. (1980), a.a.O., S. 65.

152 Vgl. Dickertmann, D., Gelbhaar, S. (1994), a.a.O., S. 214.

Abb. 10: Das öffentliche Finanzierungsinstrumentarium

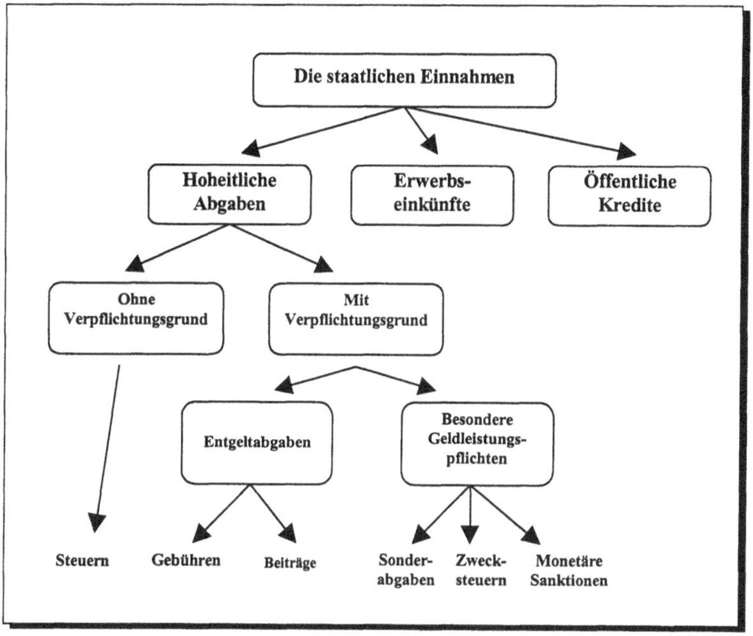

1.3.2.1 Hoheitliche Abgaben

Hoheitliche Abgaben haben eine herausragende Bedeutung für die Finanzierung der öffentlichen Auf- und Ausgabenerfüllung, da sie zusammen mehr als 90% des gesamten öffentlichen Aufkommens erzielen. Dabei kommen den Steuern als Abgaben ohne besonderen Verpflichtungsgrund und den Gebühren bzw. Beiträgen als Entgeltabgaben mit besonderem Verpflichtungsgrund die größte Bedeutung zu.

Abgaben ohne besonderen Verpflichtungsgrund

Erscheint die Systematisierungsvielfalt der gesamten staatlichen Einnahmen noch recht überschaubar, so ergibt sich bei der Betrachtung von Steuern als Abgaben ohne besonderen Verpflichtungsgrund eine kaum überschaubare Variationsbreite, Mannigfaltigkeit und Uneinheitlichkeit.[153] Steuersysteme sind heutzutage nach bestimmten Ordnungsprinzipien gegliedert, aus denen mögliche Ansatzpunkte zur Besteuerung abgeleitet werden.[154] Das Grundgesetz regelt eindeutig die steuerlichen Gesetzgebungs-, Ertrags- und Verwaltungskompetenzen[155], definiert den Steuerbegriff selbst jedoch nicht, da von einer vorgegebenen Begriffsbestimmung ausgegangen wird.[156]

Innerhalb der finanzwissenschaftlichen Theorie sind Steuern „[...] *Zwangsabgaben ohne Gegenleistungscharakter.*“[157] In der Systematik öffentlicher Finanzierungsinstrumente stellen sie dementsprechend Abgaben ohne einen besonderen rechtfertigenden Verpflichtungsgrund[158] dar, die zur Finanzierung staatsübergreifender Aufgaben in öffentlichen Haushalten verwendet werden.[159] Steuern dienen als besondere Geldleistungspflichten in erster Linie der Erstellung von Kollektivgütern[160] und haben grundsätzlich eine doppelte Funktion. Auf der einen Seite entzieht der Staat den Bürgern über den Erlaß entsprechender Gesetze in vielfältiger Weise monetäre Mittel[161] und verwendet dieses Aufkommen für seine mannigfaltigen Ausgaben (Finanzierungsfunktion), auf der anderen Seite belastet er aufgrund lenkungspolitischer Absichten unterschiedliche Gruppen von Personen und Wirtschaftseinheiten durch die jeweilige Wahl von zu besteuernden Gütern und Produkten (Lenkungsfunktion). Der dritte Paragraph[162] der Abgabenordnung formuliert die Doppelfunktion der Besteuerung in deutlicher Abstufung ihrer beiden

---

153 Vgl. Geigant, F. (Hrsg.), Sobotka, D., Westphal, H. M. (1987^5), Lexikon der Volkswirtschaft, Landsberg/ Lech, S. 638.

154 . Vgl. Neumark, F. (1970), a.a.O. und Haller, H. (1971^2), Die Steuern - Grundlinien eines rationalen Systems öffentlicher Abgaben, Tübingen, S. 23 f.

155 Vgl. Artikel 105, 106 und 108 GG.

156 Vgl. Zimmermann, F. (1988), Das System der kommunalen Einnahmen und die Finanzierung der kommunalen Aufgaben in der Bundesrepublik Deutschland, Köln, S. 53. Konkret geht es darum, ob das Grundgesetz die fiskalisch orientierte Steuerdefinition der damals geltenden § 1 der Reichsabgabenordnung übernommen oder aber einen durch die steuerrechtsgeschichtliche Entwicklung tradierten allgemeinen instrumentellen Steuerbegriff rezipiert hat. Vgl. Urteil des Bundesverfassungsgerichtes: BVerfGe 7, 244/ 251.

157 Vgl. Becker, H. (1995), a.a.O., S. 17.

158 Vgl. Dickertmann, D., Gelbhaar, S. (1994), a.a.O., S. 215.

159 Vgl. Birk, D. (1994^2), Steuerrecht I: Allgemeines Steuerrecht - Ein Studienbuch, München, S. 28.

160 Vgl. Dickertmann, D., Gelbhaar, S. (1994), a.a.O., S. 215.

161 Das Grundgesetz gewährt dem Bundes- und Landesgesetzgeber die Erhebung von bestimmten Steuern (Art. 105) und die Vereinnahmung der Erträge von bestimmten Steuerarten (Art. 106).

162 Die Abgabenordnung stellt ein Steuergrundgesetz dar, das für alle bundes- und EU-rechtlich geregelten Steuern gilt. Vgl. BGBl. (1993), Abgabenordnung (AO) vom 16.03.1976 in der Fassung der Bekanntmachung vom 23.06.1993, S. 944 f. Das Einführungsgesetz zur AO vom 14. 12. 1976 (BGBl I 3341) regelt den Übergang von der Reichsabgabenordnung zur AO und nimmt die erforderliche Anpassung anderer Gesetze an das neue Recht vor. Der Einführungserlaß zur AO (BStBl I 1976) erläutert die AO einführend aus der Sicht der Finanzverwaltung.

Aufgaben. In der Legaldefinition nach § 3 Abs. 1, Satz 1 der Abgabenordnung[163] heißt es: *„Steuern sind Geldleistungen, die nicht eine Gegenleistung für eine besondere Leistung darstellen und von einem öffentlich-rechtlichen Gemeinwesen zur Erzielung von Einnahmen allen auferlegt werden, bei denen der Tatbestand zutrifft, an den das Gesetz die Leistungspflicht knüpft; die Erzielung von Einnahmen kann Nebenzweck sein. Zölle und Abschöpfungen sind Steuern im Sinne dieses Gesetzes.*"[164]

Charakteristisch für den Terminus Steuer können basierend auf der vorherigen Legaldefinition fünf Wesensmerkmale herausgestellt werden, die eine Abgabe als Steuer charakterisieren.[165] Die Formulierung *Geldleistung* besagt, daß Steuern in Form von Geld geleistet werden müssen[166], d.h. das mit Sach- und Dienstleistungen keine Steuern beglichen werden können.[167] Den Steuerleistungen steht zudem weder eine Gegenleistung noch der Anspruch auf eine Gegenleistung des Staates - anders als bei Gebühren und Beiträgen - gegenüber, was dem haushaltsrechtlichen Grundsatz der Non-Affektation[168] entspricht.[169] Als drittes Kriterium werden Steuern den Steuerzahlern ausschließlich von einem *öffentlich-rechtlichen Gemeinwesen* auferlegt, womit die Gebietskörperschaften (Bund, Länder, Gemeinden) und als öffentlich-rechtliche Körperschaften anerkannte Religionsgemeinschaften (Kirchen) gemeint sind.[170]

Der Hauptzweck der Steuern besteht in ihrer fiskalischen Funktion.[171] Aus der Legaldefinition des Steuerbegriffs wird zudem die Doppelbedeutung der Steuern deutlich. Einerseits werden Steuern aus fiskalischen Gründen „[...] *zur Erzielung von Einnahmen* [...]" erhoben[172], andererseits dienen sie im Rahmen wirtschaftspolitischer Maßnahmen (u.a.) zur Lenkung des Wirtschaftsgeschehens („[...] *die Erzielung von*

---

163 In einer engeren Betrachtung des Steuerbegriffs fehlt ein besonders legitimierender Grund zur Wahrnehmung von Finanzierungsfunktionen im Rahmen reiner und allgemeiner Staatszwecke, bei Steuern im weiteren Sinne existieren zusätzlich Zwecksteuern.

164 Vgl. BGBl. (1993), a.a.O., S. 944 ff.

165 Vgl. Bornhofen, M., Busch, E. (1991^{12}), Steuerlehre 1, Wiesbaden, S. 2.

166 Vgl. Tipke, K. (1993), a.a.O., S. 1056.

167 Eine Ausnahme bildet unter bestimmten Voraussetzungen die Tilgung bzw. Hingabe von Kunstgegenständen (Sachleistung) an ausgewählte öffentliche Einrichtungen.

168 Der Grundsatz der Non-Affektation besagt, daß öffentliche Einnahmen prinzipiell an keinen ausdrücklichen Ausgabezweck gebunden werden dürfen. Vgl. Recktenwald, H. C. (1983), a.a.O., S. 408; zudem fixiert in § 8 der BHO und in § 7 des HGrG.

169 Vgl. Neumark, F. (1959), Steuer I - Theorie der Besteuerung, in: Handwörterbuch der Sozialwissenschaften, Band 10, Tübingen, S. 94.

170 Vertraglich vereinbarte Leistungen und Spenden zählen hierbei nicht zu den Steuern. Vgl. Birk, D. (1994^{2}), a.a.O., S. 28 und Tipke, K. (1993), a.a.O., S. 1057.

171 Sie dienen als Einnahmequelle, um die vielfältigen staatlichen Ausgaben zu finanzieren. Vgl. Neumark, F. (1970), a.a.O., S. 47 f.

172 Vgl. Birk, D. (1994^{2}), a.a.O., S. 30 und Kruse, H. W. (1991), Lehrbuch Steuerrecht, Band 1. Allgemeiner Teil, München, S. 28.

Einnahmen kann Nebenzweck sein").[173] Schließlich müssen die zu entrichtenden Geldleistungen allen am Wirtschaftsprozeß Beteiligten auferlegt werden, bei denen der steuerliche Tatbestand erfüllt ist. Dieses Merkmal[174] beinhaltet den Grundsatz der Tatbestandsmäßigkeit[175] und das Axiom der Gleichmäßigkeit.[176]

Das deutsche Steuersystem ist in seiner Klassifizierung nicht immer eindeutig und läßt sich nach unterschiedlichen Ordnungskriterien bzw. Anknüpfungspunkten aufgliedern. Die Steuerordnung impliziert die Gesamtheit der erhobenen bzw. mit einem bestimmten Sinngehalt zu erhebenden Steuern. Da kein Steuergesetzbuch[177] existiert, sind die elementaren Aussagen hinsichtlich der verfassungsrechtlichen[178] Steuergesetzgebungshoheit, -ertragshoheit sowie der -verwaltungshoheit in den Artikeln 105 ff. des Grundgesetzes geregelt.[179] Eine Steuerklassifikation kann vielschichtig gestaltet sein und nach unterschiedlichen Gesichtspunkten vorgenommen werden.[180] Die Wahl der Einteilungskriterien ist von dem jeweiligen Untersuchungszweck abhängig, weshalb es auch eine große Anzahl differierender Steuerklassifikationen gibt.[181] Als Anknüpfungspunkte der Besteuerung werden im folgenden die in Deutschland gebräuchlichen Systematisierungsansätze dargestellt.

---

173 Vgl. Dickertmann, D., Gelbhaar, S. (1994), a.a.O., S. 216.

174 Dieses in der Legaldefinition aufgenommene Merkmal ist strenggenommen kein Begriffsmerkmal einer Steuer. Vgl. Birk, D. (1994²), a.a.O., S. 28 und Kruse, H. W. (1991), a.a.O., S. 42; Birk, D., Eckhoff, R. (1992), Kommentierung von §3 AO, in: Hübschmann, W., Hepp, E., Spitaler, A. (1987⁹) (Hrsg.), Kommentar zur Abgabenordnung und Finanzgerichtsordnung, Köln, § 3, Randnummern 101, 102.

175 Der Grundsatz der Tatbestandsmäßigkeit der Besteuerung besagt, daß „[...] *der Gesetzgeber die wesentlichen Bestimmungen über den Belastungsgrund* [...]" trifft. Vgl. Kirchhof, P. (1989⁷), Steuerrecht, in: Staatslexikon, Band 5, Freiburg u.a., S. 314.

176 Vgl. Schemmel, L. (1995), Zur Aufnahme des Leistungsfähigkeitsprinzips und anderer Grenzen für den Steuerstaat in das Grundgesetz, in: Steuer und Wirtschaft, Nr. 1, S. 39; Roloff, O. (1978), Theorie und Praxis der Besteuerung, Opladen, S. 68.

177 Vgl. Lang, J. (1993), Entwurf eines Steuergesetzbuchs, Schriftenreihe des Bundesministeriums der Finanzen, Heft 49, S. 125 f.

178 Vgl. Rosen, H. S., Windisch, R. (1992), Finanzwissenschaft I, München, S. 46 f.

179 Vgl. Lang, J., Tipke, K. (1989¹²), Steuerrecht, Köln, S. 15.

180 Vgl. Tiepelmann, K., Dick, G., (1995³), a.a.O., S. 95 und Bundesministerium der Finanzen (1996), a.a.O., S. 40 ff.

181 Zimmermann und Henke orientieren sich an der Gruppierung des Finanzberichts (Neufassung v. 11. Juni 1980, BGBl. I, S. 673) und unterscheiden Steuern auf Einkommen und Vermögen, Steuern auf den Vermögensverkehr und Steuern auf die Einkommensverwendung. Vgl. Zimmermann, H., Henke, K.-D. (1994⁷), a.a.O., S. 132-138. Ähnlich Schmölders, G., Hansmeyer, K.-H. (1980⁵), a.a.O., S. 287 ff.). Birk gestaltet nach Gesichtspunkten der steuerlichen Leistungsfähigkeit, wobei er die steuerliche Leistungsfähigkeit nach dem Vermögenszugang, die steuerliche Leistungsfähigkeit nach dem Vermögensbestand und die steuerliche Leistungsfähigkeit nach der Einkommensverwendung unterscheidet. Vgl. Birk, D. (1994²), a.a.O., S. 50 ff.

Abb. 11: Ordnungskriterien zur Klassifikation von Steuern

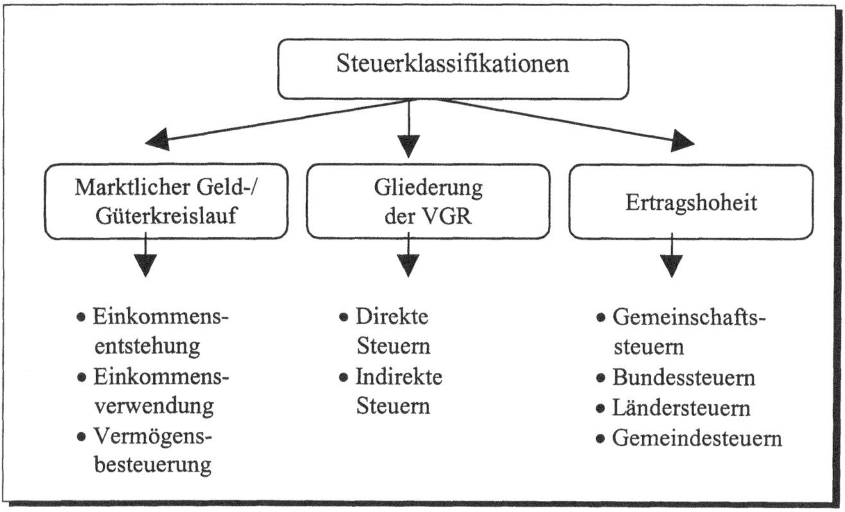

Im Rahmen des gesamtwirtschaftlichen Güter- und Geldkreislaufs können - für Unternehmen und private Haushalte - bei der Einkommensentstehung die Besteuerung der Produktionsergebnisse (z.B. Körperschaftsteuer) und Faktorentgelte (Lohn- u. Einkommensteuer) sowie bei der Einkommensverwendung die Mehrwertsteuer für produzierte Sachgüter und Dienstleistungen unterschieden werden. Charakteristisch zur Vermögensbesteuerung zählt die Grundsteuer zur Besteuerung des Vermögensbestands sowie die Erbschaftsteuer zum Vermögensverkehr.

Eine an Überwälzungsvorgängen orientierte Gliederung gemäß der Volkswirtschaftlichen Gesamtrechnung unterscheidet zwischen Tatbeständen der direkten und indirekten Besteuerung. Die Kategorisierung orientiert sich dabei an formalen (rein buchungstechnischen) Kriterien und ist vergleichsweise willkürlich gewählt. Kennzeichnendes Element für indirekte Steuern ist, daß Steuerschuldner und Steuerträger im allgemeinen nicht identisch sind. Indirekte Steuern (z.B. Mehrwertsteuer) werden in der Regel vom Steuerschuldner auf den Steuerträger überwälzt.[182] Konträr knüpfen direkte Steuern an der wirtschaftlichen

---

182 Indirekte Steuern sind unter dem Gesichtspunkt der Lastengerechtigkeit problematisch. Vgl. Birk, D. (1991), Verfassungsrechtliche Grenzen der Konsumbesteuerung, in: Rose, M. (Hrsg.), Konsumorientierte Neuordnung des Steuersystems, Berlin, S. 362.

Leistungsfähigkeit des Steuerschuldners an, der zugleich auch[183] Steuerträger sein soll. Ungeachtet der zuvor dargelegten Unterscheidungskriterien kann eine Einteilung in direkte und indirekte Steuern jedoch nicht immer eindeutig und überschneidungsfrei vorgenommen werden.

Die Unterteilung der Steuern nach der Ertragshoheit basiert auf der Grundlage der Artikel 106 und 107 des Grundgesetzes.[184] Differenziert werden können gemeinschaftliche Steuern sowie Bundes-, Länder- und Gemeindesteuern. Gemeinschaftliche Steuern, deren Aufkommen entsprechend vorher festgelegter Verteilungsschlüssel den Gebietskörperschaften anteilig zustehen, umfassen die Lohn- und Einkommensteuer, die Körperschaftsteuer sowie die Umsatz- und Einfuhrumsatzsteuer.[185] Als typische Bundessteuern gelten die Tabak-, Kaffee-, Mineralöl- und Versicherungsteuer, als Ländersteuern die Erbschaft- und Kfz-Steuer[186] sowie als Gemeindesteuern die Gewerbe-[187], Grund- und örtliche Verbrauch- und Aufwandsteuern (z.B. Hunde- und Vergnügungssteuer). Die in Wissenschaft und Praxis entwickelten Einteilungen sind angesichts der Vielfalt der tatsächlichen und der denkbaren Erscheinungsformen der Steuern meist unvollkommen und erlauben in keinster Weise eine eindeutige Zuordnung.[188]

Abgaben mit besonderem Verpflichtungsgrund

Öffentliche Abgaben mit besonderem rechtfertigenden Verpflichtungsgrund unterscheiden originär Entgeltabgaben, die dadurch gekennzeichnet sind, daß sie zwangsweise für spezielle öffentliche Leistungen erhoben werden und Geldleistungspflichten darstellen, die zur Realisierung ordnungs- oder prozeßpolitisch angelegter Lenkungswirkungen eingesetzt werden.

Neben Steuern zählen Kausalabgaben in Form von Gebühren und Beiträge zu den wesentlichsten Einnahmeposten der öffentlichen Hand. Definitorisch sind Entgelt-

---

183 Vornehmlich ist dies insbesondere bei der Lohn- und Einkommensteuer der Fall.

184 Der Vorteil dieser Gruppierung wird den Anforderungen der Ausschließbarkeit und Vollständigkeit gerecht. Vgl. Postlep, R. D., (1996), Aktuelle Fragen zum Föderalismus, Marburg.

185 Zur Verteilung der Steueraufkommen vgl. Blankart, C. B. (1994^2), a.a.O., S. 527.

186 Typische Bundessteuern sind auch Zölle, die seit 1975 bzw. 1988 (EGKS-Zölle) jedoch voll der EU zufließen. 10% des jährlichen Aufkommens an Zöllen und Agrarabgaben dürfen als pauschale Abgeltung für Erhebungskosten vom Bund einbehalten werden. Vgl. Bundesministerium der Finanzen (1996), a.a.O., S. 44 ff.

187 Vgl. Art. 106 Abs. 6 Sätze 4 und 5 GG.

188 So insbesondere die Unterscheidung in Verbrauch- und Verkehrsteuern.

abgaben näher zu spezifizierende besondere staatliche Leistungen[189], die zwangsweise mit dem Hinweis auf die Begünstigung des Abgabenpflichtigen[190] (Gegenleistung im Mittelpunkt) für spezielle öffentliche Leistungen erhoben werden.[191] Gebühren stellen insofern eine individuelle Entgeltabgabe dar, die von denjenigen Bürgern erhoben werden, die eine öffentliche Leistung in Anspruch nehmen und daraus einen unmittelbaren, direkten und persönlich zurechenbaren Vorteil ziehen (strenges Quid-Pro-Quo-Prinzip[192]). Maßgeblich ist hierbei der Tatbestand der individuellen Nutzung öffentlicher Leistungen, wobei diese Leistung zwar im öffentlichen Interesse, zugleich aber auch erzwungenermaßen und zum subjektiven Nachteil des Betroffenen erfolgen kann.

Eine Gebühr[193] ist ein individuell veranlaßtes Nutzungsentgelt eines eher privaten Gutes, wobei die Höhe der Gebühr in zumindest grundsätzlich erkennbarer Beziehung zu den (Grenz-) Kosten der Leistungserstellung und/ oder zur Häufigkeit sowie zur Art der Inanspruchnahme stehen sollte.[194] Aus finanzwissenschaftlicher Sicht realisieren Gebühren eine Rechtfertigungsalternative der Staatsfinanzierung, die eng mit dem Begriff des Äquivalenzprinzips (*do ut des* oder *benefit principle*)[195] zu verbinden ist. Innerhalb des Gebührenbegriffs können drei Gebührenarten[196] entsprechend der Art der staatlicherseits erbrachten Leistungen unterschieden werden. Preisähnliche Benutzungsgebühren[197] (z.B. Kanal-, Müllabfuhr- oder Autobahngebühren) werden in der Regel für die Inanspruchnahme einer öffentlichen Einrichtung oder Anlage bzw. für die Leistung eines primär sachgebundenen Produktions- und

---

189 Vgl. Bohley, P. (1976), Gebühren und Beiträge, in: Handbuch der Finanzwissenschaft, Band 2, Tübingen, S. 916 und Bohley, P. (1977), Gebühren und Beiträge - Ihre wirtschaftspolitischen Funktionen und ihr Platz im System der öffentlichen Einnahmen, Tübingen.

190 Vgl. Recktenwald, H. C. (1959³), Beitrag „Gebühren und Beiträge", in: Staatslexikon, Band 3, Freiburg, S. 650 ff.

191 Vgl. Birk, D. (1994²), a.a.O., S. 30 und Kruse, H. W. (1991), a.a.O., S. 39.

192 Vgl. Jüngling, M. (1990), a.a.O., S. 73 und M., K. N. (1976), Kollektive Güter und Gebühren - Elemente einer Gebührentheorie für Kollektivgüter, Göttingen, S. 112.

193 Gebühren haben sich als öffentliche Zwangsabgaben erst in jüngerer Vergangenheit allmählich aus den den Amtsträgern für bestimmte Amtshandlungen persönlich zufließenden „Gebühmissen" oder „Sporteln" entwickelt. Vgl. Zimmermann, F. (1988), a.a.O., S. 90. Dennoch gibt auch heute noch zahlreiche „Gebühren" an Privatpersonen oder -institutionen (z.B. Garderobengebühr, Kontoführungsgebühr), die keine öffentlichen Abgaben im Rechtssinne sind. Vgl. Elsner, H. (1979), Das Gemeindefinanzsystem - Geschichte, Ideen, Grundlagen, Köln, S. 171 ff.

194 Vgl. Dickertmann, D., Gelbhaar, S. (1994), a.a.O., S. 215.

195 Vgl. Brümmerhoff, D. (1992⁶), a.a.O., S. 236 f.

196 Vgl. Becker, H. (1995), a.a.O., S. 32. Eine breite Diskussion unterschiedlicher Gebührenarten findet sich auch bei Zimmermann, F. (1988), a.a.O., S. 93 f.

197 Diese Form der Gebührenerhebung findet man insbesondere in Frankreich und Spanien.

Dienstleistungsapparates erhoben.[198] Verwaltungsgebühren sind demgegenüber als Gegenleistung für die Vornahme von Amtshandlungen oder sonstigen Tätigkeiten der Verwaltung, für im wesentlichen vom personell bestimmten Verwaltungsapparat bereitgestellte staatliche Leistungen (Beamte, Staatsdiener) zu entrichten.[199] Weniger bekannt, aber in Ihrem Aufkommen nicht unbedeutend, sind Verleihungsgebühren (Erhebung eines Förderzinses bzw. die Entrichtung von Konzessionsabgaben[200]). Sie bezeichnen Entgelte, die der Staat für die Verleihung bestimmter Nutzungsrechte erhebt, die er privaten Wirtschaftssubjekten einräumt. Verleihungsgebühren stellen Benutzungs- und Verwaltungsgebühren gegenüber einen nicht faktischen Vorteil dar; sie gestehen dem Vorteilsnehmer vielmehr ein Nutzungsrecht zu. xxx

In Analogie zu Gebühren sind Beiträge ebenfalls dazu bestimmt, den Bürger für die Einräumung einer bestimmten Rechtsposition bezahlen zu lassen[201], wonach diesem die Gelegenheit zur Inanspruchnahme einer öffentlichen Einrichtung eröffnet wird.[202] Kennzeichnend für die Erhebung von Beiträgen ist jedoch nicht die tatsächliche (individuelle) Inanspruchnahme einer öffentlichen Leistung, sondern vielmehr der Umstand, einem abgegrenzten Personenkreis die Möglichkeit zur Wahrnehmung eines Vorteils zu geben, weshalb man auch von einer „[...] *kollektiven Veranlassung des beitragspflichtigen Vorgangs* [...]“[203] spricht.[204] Die Höhe von Beiträgen richtet sich dabei grundsätzlich nicht nach dem Prinzip der (Voll-)Kostendeckung, sondern es wird vielmehr ein Kostenbeitrag geleistet, weil mit den bereitgestellten Leistungen gleichzeitig auch Kollektivbedürfnisse gedeckt werden, die deswegen anteilig aus Steuermitteln zu finanzieren sind. Den einzelnen Individuen zukommende Vorteile und damit verbundene Aufwendungen sind in der Regel nicht individuell zurechenbar, was eine kollektive Umlage der Kosten erfordert, wie es explizit bei der Kanalisation, Anliegerbeiträgen, dem Straßenbau und Kurtaxen in der Bundesrepublik Deutschland realisiert wird.

---

198 Vgl. Bohley, P. (1976), a.a.O., S. 923.

199 Exemplarisch sind hier Ausstellungsgebühren für Urkunden, Patente sowie Justiz- und Standesamtgebühren zu nennen. Zu den differierenden Gebührenarten vgl. Kirchhof, F. (1991), Grundriß des Abgabenrechts: Steuern, Gebühren, Beiträge, EG- und Sonderabgaben, Heidelberg, S. 8 und Kirchhof, F. (1983), Die Finanzierung des Leistungsstaates, in: Juristische Ausbildung, 10. Jg., S. 505 und 511.

200 Vgl. Dickertmann, D., Gelbhaar, S. (1994), a.a.O., S. 218.

201 Im Unterschied zur Gebühr ist es für die Entstehung von Beiträgen unerheblich, ob der Abgabenpflichtige die Leistung tatsächlich in Anspruch nimmt, d.h. sie wirtschaftlich für sich verwertet. Vgl. Kirchhof, F. (1991), a.a.O., S. 9 und Kruse, H. W. (1991), a.a.O., S. 41.

202 Vgl. Dickertmann, D., Gelbhaar, S. (1994), a.a.O., S. 219.

203 Vgl. Dickertmann, D., Gelbhaar, S. (1994), a.a.O., S. 219.

204 Vgl. Bohley, P. (1976), a.a.O., S. 41 ff.

Als besondere Entgeltformen können Vorteils- und Veranlassungsentgelte (in Form beitragsähnlicher Entgelte) unterschieden werden. Bei beiden Entgelten richtet sich die Höhe der Zahlung nach den Bereithaltungskosten eines Kollektivgutes. Während bei den Vorteilsentgelten als Bemessungsgrundlage der für die Beitragspflichtigen persönlich und nach einem Wahrscheinlichkeitsmaßstab zu erwartende potentielle Vorteil, den sie aus der öffentlichen Leistung ziehen können, herangezogen wird, müssen die Abgabenpflichtigen bei Veranlassungsentgelten in dem Maße eine Vergütung zahlen, wie sie zur Erstellung der öffentlichen Leistung Anlaß gegeben haben.[205]

Wegen ihres Zwangscharakters bei der Erhebung lassen sich Sozialversicherungsbeiträge - in weiterem Sinne - auch dem System der staatlichen Abgaben zurechnen, zumal sie als Äquivalenzsteuern[206] begriffen werden können. Sozialversicherungsbeiträge sind eine Finanzierungsform der Daseinsvorsorge im Sozialstaat, die von Sozialversicherungsträgern als Parafiski wahrgenommen werden und zwischen dem Äquivalenz- und Leistungsfähigkeitsprinzip angesiedelt sind.[207] Sozialversicherungsbeiträge haben einen steuerähnlichen Charakter, weil die Beziehung zwischen Leistung und Gegenleistung auf der Basis bestimmter Wahrscheinlichkeiten für den Versicherungsfall, insbesondere durch das Umlageverfahren, durch Staatszuschüsse und durch die Übernahme versicherungsfremder Risiken individuell (und gruppenmäßig) durchbrochen ist.[208] Im Gegensatz zu Entgeltabgaben bewirken besondere Geldleistungspflichten die Realisierung einer ordnungs- oder prozeßpolitisch angelegte Lenkungswirkung. Im Mittelpunkt steht die spezifizierte Lenkungsabsicht des Staates auf der Grundlage von Anreizfunktionen. Aus fiskalischer Sicht resultieren aus der Verordnung monetärer Sanktionen beachtliche Einnahmen, die sich insbesondere in den Länderhaushalten widerspiegeln.[209] Besondere Geldleistungspflichten können in drei Kategorien eingruppiert werden: (1) Sonderabgaben, (2) monetäre Sanktionen und (3) Zwecksteuern.

---

205 Vgl. Brümmerhoff, D. (1992^{6}), a.a.O., S. 222.

206 Dies gilt sofern die Rentenformel nicht redistributiv ist und die späteren Rentenzahlungen ausschließlich in direkter Beziehung zu den Beiträgen stehen, was allerdings auf das gegenwärtige deutsche Sozialversicherungssystem nicht zutrifft. Vgl. Becker, H. (1995), a.a.O., S. 34 und Franke, S. F. (1991), a.a.O., S. 93 f.

207 Vgl. Tiepelmann, K., Beek van der, G. (Hrsg.) (1992), Theorie der Parafiski, I. Teil: Marksteine der theoretischen Parafiskiforschung, Berlin und Weigel, W. (1992), Ökonomie des öffentlichen Sektors - Eine Einführung in die Finanzwissenschaft, Wien, New York, Kapitel 8.

208 Vgl. Brümmerhoff, D. (1992^{6}), a.a.O., S. 222.

209 Vgl. Bundesministerium der Finanzen (1997), a.a.O., S. 138 f.

(1) Bei Sonderabgaben besteht für die privaten Wirtschaftssubjekte eine zusätzliche Zahlungsverpflichtung, die neben die allgemeine Steuerlast tritt. Das erzielte zweckgebundene Aufkommen unterliegt jedoch nicht der periodischen Haushaltsentscheidung des Parlaments, weshalb Sonderabgaben auch als Fremdkörper[210] im System der öffentlichen Abgaben angesehen werden.[211] Sie sind zudem der finanzverfassungsrechtlichen Aufteilung bezüglich der Gesetzgebungs-, Verwaltungs-, und Ertragshoheit[212] nicht unterworfen und belasten nur bestimmte Bevölkerungsteile.[213] Definitionsgemäß[214] handelt es sich um nichtfiskalische Abgaben, die nicht der Erzielung von Einnahmen, sondern der Wirtschaftslenkung dienen.[215]

(2) Monetäre Sanktionen umfassen alle unmittelbaren finanziellen Nachteile, die staatlicherseits bei der Übertretung rechtlicher Normen durchgesetzt werden. Mit monetären Sanktionen soll eine Normverletzung mittels einer Verschlechterung der Einkommens- und Vermögenslage beim Normadressaten geahndet werden.[216] Klassische monetäre Sanktionen sind Geldstrafen und Geldauflagen, deren Einziehung und Verfall nach dem Strafgesetzbuch geahndet werden sowie Geldbußen und Verwarnungsgelder, die nach dem Ordnungswidrigkeitenrecht auferlegt werden, womit namentlich Verwarnungs- oder Bußgelder - beispielsweise bei der Überschreitung zulässiger Höchstgeschwindigkeiten im Straßenverkehr - gemeint sind.[217]

Bei (3) Zwecksteuern kann zwischen Wirkungszwecksteuern und Beitrags- bzw. Verwendungszwecksteuern differenziert werden. Mit Wirkungszwecksteuern werden Zwangsabgaben bezeichnet, die aus nicht-fiskalischen Zielen der Besteuerung

---

210 Vgl. Dickertmann, D., Gelbhaar, S. (1994), a.a.O., S. 220.

211 Vgl. Arndt, H.-W. (1988), Grundzüge des Allgemeinen Steuerrechts, Lernbuch für Wirtschaft und Recht, München, S. 14.

212 Als Beispiel können hier Schwerbehinderten- und Abwasserabgaben genannt werden. Zur Gesetzgebungs-, Verwaltungs-, und Ertragshoheit vgl. Zimmermann, H., Henke, K.-D. (1990[6]), a.a.O., S. 109.

213 Vgl. Birk, D. (1994[2]), a.a.O., S. 33 und Tipke, K. (1993), a.a.O., S. 1071.

214 Vgl. Dickertmann, D., Gelbhaar, S. (1994), a.a.O., S. 220.

215 So wurde in den siebziger Jahren ein zurückzuzahlender Konjunkturzuschlag erhoben, um das starke Wirtschaftswachstum zu dämpfen. Zu Sonderabgaben zählt Becker auch die Lastenausgleichsabgaben, die von 1952-1979 als Vermögens-, Hypothekengewinn- und Kreditgewinnabgabe erhoben wurden. Vgl. Becker, H. (1990), a.a.O., S. 11 f.

216 Vgl. Dickertmann, D., Gelbhaar, S. (1994), a.a.O., S. 220.

217 Neben Ordnungsgeldern nach prozessualem Verfahrensrecht und Zwangsgeldern bzw. Zahlungen im Rahmen der Ersatzvornahme nach den Verwaltungsvollstreckungsgesetzen zählen zusätzlich Mahngebühren, Säumniszuschläge und Konventionalstrafen zu den erhobenen monetären Sanktionsmechanismen. Vgl. Dickertmann, D., Gelbhaar, S. (1994), a.a.O., S. 219.

abgeleitet sind. Die Bedeutung ihrer Erhebung liegt weniger in der Erzielung staatlicher Einnahmen, als vielmehr in der politisch gewollten Verminderung ihrer jeweiligen Bemessungsgrundlage. Beitrags- bzw. Verwendungszwecksteuern (z.B. der Solidaritätszuschlag) sind dagegen zwangsabgabenähnliche Zwecksteuern, deren Erhebung über eine zweckgebundene Verwendung ihres fiskalischen Aufkommens unter Verletzung des Non-Affektationsprinzips[218] legitimiert wird.[219]

1.3.2.2 Erwerbseinkünfte und öffentliche Kreditaufnahme

Weitere staatliche Einnahmequelle neben den zuvor dargelegten hoheitlichen Abgaben sind die Erwerbseinkünfte und die öffentliche Kreditaufnahme.[220] Bei Erwerbseinkünften findet eine staatliche Beteiligung an der Wertschöpfung der Volkswirtschaft statt, ohne daß der öffentliche Sektor von seiner Hoheitsgewalt Gebrauch macht. Erwerbseinkünfte stellen insofern wirtschaftliche Transaktionen des Marktes dar, die das Ergebnis freiwilliger Handlungen sind.[221]

Als Formen des staatlichen Erwerbsvermögens unterscheidet man das Kapitalvermögen des Staates, öffentliches Grundvermögen sowie marktliche Entgelte für die Überlassung von Geldvermögen. Bei staatlichem Kapitalvermögen ist die öffentliche Hand - ganz oder teilweise - Eigentümerin von Unternehmen unterschiedlichster Rechtsformen, die sich am üblichen Wirtschaftsgeschehen beteiligen. Staatliches Grundvermögen entsteht außerhalb der Nutzung durch die Verwaltung, in Form von Bauten sowie bei unbebauten Grundstücken durch Vermietung und Verpachtung. Bei marktlichen Entgelten handelt es sich für die Überlassung von Geldvermögen um Einlagen- und Darlehenszinsen auf Forderungen der öffentlichen Hand gegenüber privaten Wirtschaftssubjekten. Die Ertragsbegrenzung von Erwerbseinkünften ist durch rechtliche und politische Vorgaben begrenzt. Bei Betrieben ohne Gewinnlimitierung ist prinzipiell kein Staatszweck erkennbar und das Aufkommen richtet sich nach den Absatz- und Gewinnchancen des staatlichen Unternehmens. Bei Betrieben mit Gewinnlimitierung wird die öffentliche Aufgabe als strenge Nebenbedingung unternehmerischer Tätigkeit erkennbar und das Aufkommen ergibt sich aus Absatz- und Gewinnchancen, die ihrerseits durch gewinnlimitierende finanzpolitische Zielsetzungen korrigiert werden können.

---

218 Vgl. Recktenwald, H. C. (1983), a.a.O., S. 408 und § 8 BHO bzw. § 7 HGrG.
219 Vgl. Dickertmann, D., Gelbhaar, S. (1994), a.a.O., S. 221 ff.
220 Vgl. Bundesministerium der Finanzen (1997), a.a.O., S. 49.
221 Vgl. Zimmermann, H., Henke, K.-D. (1990[6]), a.a.O., S. 16.

Die Zielsetzung kostendeckender Betriebe erstreckt sich auf die Bedarfs-deckung individuell zurechenbarer Bedarfe im nicht-hoheitlichen Bereich, wobei das Aufkommen durch die Kostendeckung und die nachgefragte Menge begrenzt wird.[222] Die Einkünfte aus Erwerbseinkünften sind - vornehmlich beim Bund - tendenziell rückläufig, da sich der öffentliche Sektor aufgrund von Privatisierungsbemühungen von vielen marktlichen Anteilen trennt (z.B. Lufthansa, Telekom, Bundesbahn), was langfristig zu einem Erliegen dieser Einnahmequelle führen wird. Als sonstige Einnahmen werden die Erwerbseinkünfte durch die dem Bund zustehenden Einnahmen aus seinem Münzregal sowie dem Bundesbankgewinn ergänzt.

Tritt der öffentliche Sektor als Nachfrager auf Kreditmärkten auf, so geschieht dies in der Regel zur Finanzierung öffentlicher Defizite in Form einer Ausweitung der Staatsverschuldung über öffentliche Kredite.[223] Im Unterschied zu allen anderen öffentlichen Einnahmeformen haben die Mittelaufkommen aus der Schuldenaufnahme prinzipiell einen zeitlich befristeten Charakter.[224] Die Überlassung von Kapital an den Staat durch eine marktliche Verzinsung ist letztlich Ausdruck freiwilliger Disposition der Eigentümer von Liquidität, wenn von dem Fall einer Zwangsanleihe abgesehen wird. Die aufgenommenen Kredite sind gewöhnlich mit einer Rückzahlungs- und Verzinsungspflicht verbunden.[225] Mit vielfältigen Erscheinungsformen der Kreditaufnahme und ihren unterschiedlichen Ausstattungsmerkmalen versucht der öffentliche Schuldner den wechselnden Gläubigerinteressen entgegenzukommen, um die benötigten Mittel auf dem Kapitalmarkt zu günstigen Konditionen im Sinne einer hohen Nettoergiebigkeit und unter praktikablen Liquiditätsdispositionen aufzunehmen.[226]

Die „[...] *Finanzierung durch Kredite (anstelle höherer) Steuern läuft [...] auf einen Austausch gegenwärtiger Steuerverpflichtungen gegen zusätzliche Ausgaben- und damit auch Finanzierungsverpflichtungen in der Zukunft hinaus.*“[227] Wer in der

---

[222] Vgl. Dickertmann, D., Gelbhaar, S. (1994), a.a.O., S. 223 ff.

[223] Vgl. Franz, G. (1984), Wahrnehmung der wirtschaftlichen Lage und ökonomisches Verhalten in Zeiten öffentlicher Verschuldung, in: Forschungsinstitut für öffentliche Verwaltung, Speyer, S. 2 f. und Franz, G. (1985), Staatsverschuldung in der Konkurrenzdemokratie aus der Sicht von Wählern und Gewählten, in: König, R., Neidhardt, F., Lepsius, R. M. (Hrsg.), Kölner Zeitschrift für Soziologie und Sozialpsychologie, Heft 3, S. 478 f.

[224] Vgl. Jüngling, M. (1990), a.a.O., S. 200.

[225] Vgl. Petersen, H.-G. (1988), Finanzwissenschaft II. Spezielle Steuerlehre – Staatsverschuldung – Finanzausgleich – makroökonomische Finanzwissenschaft und Finanzpolitik, Stuttgart, S. 87.

[226] Dies können Schuldscheindarlehen, Bundesschatzbriefe, Anleihen, Bundesobligationen, Kassenob-ligationen, Schatzanweisungen oder Schatzwechsel sein. Vgl. Tiepelmann, K., Dick, G., (1995^3), a.a.O., S. 142 f. und Zimmermann, H., Henke, K.-D. (1990^6), a.a.O., S. 157 f.

[227] Vgl. Gandenberger, O. (1988), Was kann die Staatsverschuldung in der Zukunft leisten? - Pessimistische Neubewertung eines wirtschaftspolitischen Instruments, in: Zimmermann, H. (Hrsg.), a.a.O., S. 173.

Gegenwart spart, leistet einen Verzicht auf Gegenwartskonsum in der Erwartung vermehrter Konsummöglichkeiten in der Zukunft. Umgekehrt verhält es sich beim öffentlichen Kredit, dem ein heutigen Vorteil ein Nachteil in der Zukunft gegenübersteht.[228] Bei Politikern und Bürgern ist heutzutage die Ansicht verbreitet, daß durch die Verschuldung Belastungen in die Zukunft verschoben werden.[229] Ob und inwieweit dies zutrifft, haben Ökonomen allerdings je nach Lastbegriff[230] den spezifischen Bedingungen der Kreditaufnahme und vor allem abhängig von ihrem eigenen theoretischen Standpunkt lange kontrovers diskutiert. Der Terminus der öffentlichen Verschuldung bedarf ebenso wie der Lastbegriff in Anbetracht einer ganzen Reihe unterschiedlicher Abgrenzungsmöglichkeiten somit stets einer näheren Spezifikation in sachlicher, institutioneller und zeitlicher Hinsicht.[231]

1.3.3 Zwischenfazit

Die vielfältigen Systematisierungsansätze öffentlicher Einnahmen offenbaren ein polymorphes Bild der staatlichen Intervention in den Wirtschaftsprozeß. Ein solcher Prozeß der Disposition eines sinnvoll abgestimmten Systems staatlicher Einnahmen ist infolge sich ständig ändernder Anforderungen und Umstände staatlicher Finanzierungsvorgaben aufgrund der dabei zu beachtenden wirtschafts- und finanzpolitischen Rahmenbedingungen niemals abgeschlossen und ständig in Entwicklung begriffen.[232] Auf der Suche nach den zweckmäßigsten Finanzierungsformen und deren Komposition sind grundsätzlich Anforderungen zu berücksichtigen,

---

228 So müssen etwa die Staatsbürger für eine angenommene kreditfinanzierte Steuerentlastung eine einkommensschmälernde Zinssteuer in den Folgeperioden zur Abdeckung des Schuldendienstes tragen. Unter welchen Aspekten die Staatsverschuldung auch betrachtet wird, immer scheint auch ihre zeitliche Dimension in der einen oder anderen Form durch, sei es etwa in Gestalt der Zins- oder der Inflationssteuer, sei es in Form von Veränderungen des Leistungsbilanzsaldos, Verschiebungen im Wechselkursgefüge oder des Crowding-Out Phänomens in seinen verschiedenen budgetären und außerbudgetären Varianten. Vgl. Schlesinger, H., Weber, M., Ziebarth, G. (1993), Staatsverschuldung - Ohne Ende? - Zur Rationalität und Problematik des öffentlichen Kredits, Darmstadt, S. 217.

229 Durch die Verschiebung in die Zukunft soll die Zahllast auf die Nutzungsdauer der Investition und damit auf die künftigen Nutzer verteilt werden. Zum Pay-as-you-use Prinzip vgl. Zimmermann, F. (1988), a.a.O., S. 143 und Schlesinger, H., Weber, M., Ziebarth, G. (1993), a.a.O., S. 218 f.

230 Zur Diskussion der Lastverschiebungsdebatte vgl. Blankart, C. B. (1994²), a.a.O., Kapitel 17, Gandenberger, O. (1981), a.a.O., S. 27-43 und Caesar, R. (1991), a.a.O., S. 218-224.

231 Vgl. Blejer, M. I., Cheasty, A. (1991), The Measurement of Fiscal Deficits: Analytical and Methodological Issues, in: Journal of Economic Literature, Vol. 29, S. 1644-1678.

232 Vgl. Dickertmann, D., Gelbhaar, S. (1994), a.a.O., S. 214.

die an jede Steuer bzw. jede Finanzierungsform zu stellen sind. Neben fiskalischen Zielsetzungen sind dies vornehmlich die Funktionsfähigkeit des Marktes, die Ausrichtung an wirtschafts- und sozialpolitischen Zielen, eine Verbesserung der individuellen wirtschaftlichen Lage sowie eine gerechte Distribution und Stabilisierung.

Die Finanzbeziehungen zwischen den Gebietskörperschaften werden aber nicht primär von der Einnahmen-, sondern auch von der Ausgabenseite her bestimmt, ist es doch letztlich der aus der Aufgabenerfüllung resultierende Finanz- bzw. Ausgabenbedarf, der durch die Erhebung von Staatseinnahmen gedeckt werden muß.[233] Eine Einschränkung der Ausgabentätigkeit könnte eine Rückführung der notwendigen Einnahmen bedeuten. Faktisch bestehen jedoch nur geringe Einsparpotentiale auf der Ausgabenseite, da der überwiegende Teil der Ausgaben durch frühere gesetzliche Entscheidungen und Verpflichtungen normativ gebunden ist. Unbeantwortet bleibt zunächst jedoch die Frage, warum überhaupt eine derartige Vielfalt an staatlichen Einnahmeformen existiert. Die in der haushaltspolitischen Realität anzutreffende Fülle unterschiedlicher Finanzierungsinstrumente ist zum einen sicherlich ein kennzeichnendes Spiegelbild einer differierenden Staatstätigkeit, zum anderen aber auch das Ergebnis erfindungsreicher, fiskalpolitisch orientierter Politiker, die Abgabenwiderstände und steuerliche Verdrossenheiten vermeiden bzw. überwinden wollen. Doch gerade die Überwindung von Steuer- und Abgabenwiderständen stößt in Zeiten belastungsmäßiger Rekordquoten auf immer größere Probleme, wie die Überlegungen im nachfolgenden Abschnitt zeigen werden.

1.4 Die Belastung der Bürger

Die Struktur des öffentlichen Finanzierungsinstrumentariums zeigt, daß der Staat fast alle Mittel und Möglichkeiten ausschöpft, seine Einnahmen zu maximieren. Höhere Steuer- und Abgabenerhebungen sind heutzutage jedoch nur noch in den Bereichen sinnvoll zu verwirklichen, in denen für die Zensiten geringe Möglichkeiten zur Umgehung des staatlichen Zugriffs bestehen.[234] Die sich aus der hoheitlichen Abgabenreglementierung ergebende individuelle Steuerlast wird in der Regel anhand des Steueraufkommens oder der Steuerzahlung erfaßt.[235] Während die steuerliche Belastung für den einzelnen Zensiten eine konkrete und immer wiederkehrende

233 Vgl. Zimmermann, F. (1988), a.a.O., S. 5.

234 Vgl. Brennan, G., Buchanan, J. M. (1988), Besteuerung und Staatsgewalt, Analytische Grundlagen einer Finanzverfassung, Hrsg. von Cay Folkers, Hamburg, S. 16-42.

235 Vgl. Recktenwald, H. C. (1983), a.a.O., S. 596.

Erfahrung darstellt, werden die mit den staatlichen Einnahmen finanzierten öffentlichen Leistungen[236] und deren positive Effekte nur recht verschwommen und unspezifisch wahrgenommen.[237] Vielfach herrscht sogar die Vorstellung, daß öffentliche Güter gewissermaßen zum Nulltarif erhältlich sind. Aus volkswirtschaftlicher und finanzpolitischer Sicht ist dies jedoch unzutreffend, entsprechen die Kosten des öffentlich bereitgestellten Leistungsangebotes *per definitionem* dem Quantum der Belastungen öffentlicher Abgaben.[238]

Das an dieser Stelle beschriebene Mißverhältnis des öffentlichen Güter- und Leistungsangebotes sowie der staatlichen Abgabenerhebung wird in der finanzwissenschaftlichen Theorie mit dem Begriff Fiskalillusion umschrieben.[239] Fiskalillusion versteht sich dabei als eine im subjektiven Empfinden der Steuerzahler liegende Verletzung des fiskalischen Äquivalenzgrundsatzes[240], bei der eine systematische Fehleinschätzung mindestens eine der beiden Seiten gegeben ist.[241] Eine Fehleinschätzung der Steuerlast entspricht einer Einnahmen-, eine Fehleinschätzung der Nutzen aus öffentlichen Leistungen einer Ausgabenillusion.[242] Untersucht man dahingehend die Frage der objektiven und subjektiven Steuerlast der Zensiten, so offenbart sich gleichermaßen eine systematische Unterschätzung der Steuerpreise[243] öffentlicher Leistungen und eine Überschätzung der steuerlichen Belastung.[244]

---

236 Bereits 1957 erkannten Graumann und Fröhlich, daß das Zahlen von Steuern für die Individuen ein „[...] *weitgehend unmotiviertes Verhalten*" darstellt. Vgl. Graumann, C.-F., Fröhlich, W. D. (1957), Ansätze zu einer psychologischen Analyse des sogenannten Steuerwiderstandes, in: Finanzarchiv, N.F., Band 17, S. 48 ff.

237 Vgl. Buchanan, J. M., Wagner, R. E. (1977), Democracy in Deficit, N.Y., S. 129.

238 Vgl. Bundesrechnungshof (1997), a.a.O., S. 27.

239 Vgl. Buchanan, J. M. (1967), Public Finance, in: Democratic Process, Chapel Hill, S. 137 ff.

240 Vgl. Olson, W. E. (1977), a.a.O., S. 66 ff.; Olson, M. (1968), Die Logik des kollektiven Handelns, Tübingen, S. 38 f.

241 Vgl. Pommerehne, W. W., Schneider, F. (1978), Fiscal Illusion, Political Institiutions, and Local Public Spending, in: Kyklos, Vol. 31, S. 384 ff.

242 Vgl. Hildebrandt, A. (1995), Politisch-ökonomische Ursachen und ökonomisch-institutionelle Restriktionen der Entwicklung öffentlicher Finanzen. Ein Beitrag zur Theorie des Staatshaushalts, Europäische Hochschulschriften, Reihe V, Vol. 1744, Frankfurt (u.a.), S. 40 und 46 f.

243 Vgl. Buchanan, J. M., Wagner, R. E. (1977), a.a.O., S. 129.

244 Dies führt in dieser Sichtweise zu einem überhöhten öffentlichen Budget. Prinzipielle Zweifel an der Überausdehnungsthese äußert Downs, wonach Fiskalillusion zu einem zu kleinen Budget führt, da öffentliche Leistungen noch stärker unterschätzt würden als Steuern. Vgl. Downs, A. (1960), Why the Government is too small in a Democrazy, in: World Politics, Vol. 13, S. 541-563. Carter zeigt hingegen, daß sich die Unterschätzung von Preis und Nutzen sogar gegenseitig verstärken können. Demnach kann die Aufblähung des Budgets bei Unterschätzung des Nutzens größer sein, als wenn nur eine Unterschätzung der Steuern vorliegt. Carter, R. (1982), Beliefs and Errors in Voting Choices: A Restatement of the Theory of Fiscal Illusion, in: Public Choice, Vol. 39, S. 343-360.

1.4.1 Die objektive und subjektive Belastung

„Die älteste und vermutlich jedem bekannte Erfahrung ist die, daß der Steuerwiderstand mit wachsender Steuerbelastung zunimmt.“[245] Das gilt sowohl für einzelne Steuern als auch für das gesamte Steuersystem. Das Augenmerk richtet sich dabei aber nicht nur auf einzelne Steuersätze oder die Ausgestaltung einzelner Steuerarten wie beispielsweise die Progression der Einkommensteuer oder die Gestaltung von Steuertarifen, sondern auch auf die Summe der durch die Abgaben entstehenden Gesamtbelastung.[246]

Steuern sind in modernen Industriestaaten die wichtigsten staatlichen Einnahmequellen. Die volkswirtschaftliche Bedeutung der Steuern wird im allgemeinen anhand der Steuerquote, d.h. des Verhältnisses von Steuereinnahmen zur Höhe des Bruttoinlandsprodukts gemessen.[247] Je höher der Anteil der progressiv wirkenden Steuern am Gesamtsteueraufkommen ist, um so rascher wächst die Steuerquote, et vice versa. Das Niveau der Steuerquote hat sich in den letzten Dekaden jedoch nur unwesentlich verändert. Ungeachtet marginaler Veränderungen[248] ist die Höhe der Steuerquote im Jahre 1998 mit einem Wert von 24,3% nur geringfügig höher als im Jahres 1975 mit 23,6%.[249] Neben Steuersatzänderungen ist in der Bundesrepublik Deutschland jedoch vor allem die hohe Elastizität der Lohnsteuer - in Verbindung mit ihrer inflationären Aufblähung (kalte Progression[250]) - für diese Konstanz verantwortlich.[251]

Im Gegensatz zur volkswirtschaftlichen Steuerquote ist die Abgabenquote in den letzten Jahren deutlich gestiegen.[252] Die Zunahme der Sozialabgaben macht es

---

245 Vgl. Mackscheidt, K. (1994), Die Entwicklung der Kölner Schule der Finanzpsychologie, in: Smekal, C., Theurl, E. (Hrsg.), Stand und Entwicklung der Finanzpsychologie, Baden-Baden, S. 52.

246 Vgl. Mackscheidt, K. (1994), a.a.O., S. 53 f.

247 Die Steuerquote ist ein häufig verwendeter Maßstab zur Messung der steuerlichen Gesamtbelastung. Vgl. Becker, H., (1990), Finanzwissenschaftliche Steuerlehre - Steuerwirkung, Steuerfinanzierung, Steuerpolitik, München, S. 129.

248 Vgl. Bundesministerium der Finanzen (1997), a.a.O., S. 345 und OECD (1996), Revenue Statistics 1965-1995, Paris.

249 Vgl. Bundesministerium der Finanzen (1997), a.a.O., S. 345.

250 Vgl. Körner, J. (1993), Fiskus profitiert von heimlichen Steuererhöhungen, in: IFO-Schnelldienst, Nr. 3, S. 3 f. und Zimmermann, H., Henke, K.-D. (1990[6]), a.a.O., S. 258 f.

251 Vgl. Ehrlicher, W. (1988), Finanzwirtschaft, öffentliche II, in: HdWW, Band 3, S. 180.

252 Definiert wird die Abgabenquote nach den Abgrenzungsmerkmalen der OECD als Summe der Steuern und Sozialabgaben im Verhältnis zum Bruttoinlandsprodukt auf der Basis der Finanzstatistik, die ihrerseits nicht mit Daten der volkswirtschaftlichen Gesamtrechnung vergleichbar ist. Vgl. Bundesministerium der Finanzen (1997), a.a.O., S. 345.

notwendig, bei der Erörterung der Auswirkung hoher Staatseinnahmen nicht dezidiert auf die immer wieder zitierte Steuerbelastung abzustellen, wenn von der finanziellen Belastung der Bevölkerung die Rede ist, sondern explizit die Belastung mit Sozialversicherungsbeiträgen zu berücksichtigen. Die Abgabenentwicklung zeigt in den letzten Jahren eine aufwärtsgerichtete Entwicklung. Während sie im Jahre 1970 noch bei 34,4% lag, stieg sie über 40,4% (1990) auf 42,9% im Jahre 1997, was letztlich zu einer erheblichen Erhöhung der Lohnzusatzkosten geführt hat.[253]

Abb. 12: Entwicklung der Steuer- und Abgabenquote (1970-1997)[254]

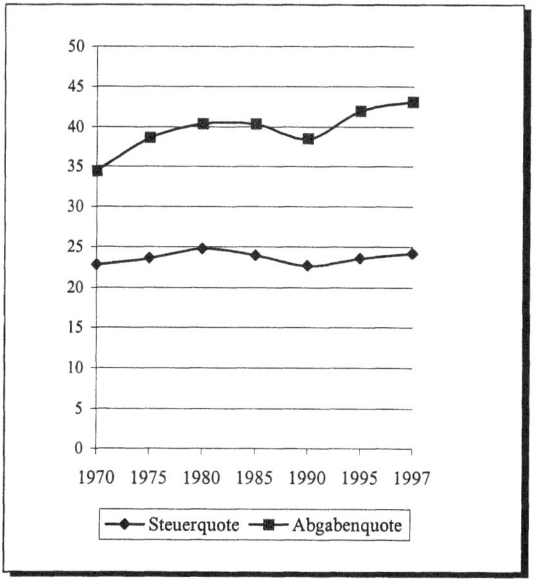

Die Belastung der Bevölkerung mit Steuern und Sozialversicherungsbeiträgen hat in der Bundesrepublik Deutschland einen historischen Höchststand erreicht, objektive Belastungsgrenzen scheinen erreicht, Erweiterungsspielräume nahezu ausgereizt und die Belastbarkeit der Wirtschaft ist bis zum Überdruß getestet. Wie die Steuer- und

253 Maßgeblich hierfür sind die Beitragserhöhungen der Jahre 1995/96 (Gesetzliche Renten- und Krankenversicherung) sowie die 1995 eingeführte Pflegeversicherung. Vgl. Deutsche Bundesbank (1997), a.a.O., S. 6 und Institut der deutschen Wirtschaft (1997), a.a.O., S. 78.

254 Eigene Berechnung aufgrund von Basisdaten des Bundesministeriums der Finanzen. Vgl. Bundesministerium der Finanzen (1997), a.a.O., S. 345.

Abgabenquoten der obigen Abbildung vermuten lassen, fühlen sich die Steuerzahler jedoch weniger aufgrund der - immer noch - sehr moderaten Steuerquote (24,3% in 1998) überfordert, als vielmehr durch die Ausweitung der sozialversicherungspflichtigen Beitragszahlungen.[255]

Ein weiteres Argument für das empfundene Hochbelastungsgefühl der Bevölkerung besteht darin, daß die tatsächliche Steuer- und Abgabenbelastung weitaus höher ist, als sie von den offiziellen Statistiken der OECD oder des Statistischen Bundesamtes ausgewiesen wird.[256] Die unterschiedliche Ausweisung der Steuer- und Abgabenquote begründet sich vornehmlich in der Wahl der Bezugsgröße, auf die sich die Gesamtausgaben beziehen. Die OECD und das Statistische Bundesamt verwenden zur Berechnung der Abgabenquote das Bruttoinlandsprodukt zu Marktpreisen (1996: 3541 Mrd. DM) als Bezugsgröße, wohingegen das Karl-Bräuer-Institut bei ähnlichen Berechnungen das Volkseinkommen (1996: 2667 Mrd. DM) heranzieht. Die Wahl des Volkseinkommens als Bezugsgröße wird damit begründet, daß das Volkseinkommen nur die tatsächlichen Einnahmen zugrunde legt, aus denen Steuern und Sozialversicherungsbeiträge zu leisten sind. Entsprechend diesen Ergebnissen lag die Abgabenquote im Jahre 1997 nicht bei der von der OECD ausgewiesene Quote von 42,9%, sondern effektiv bei 57%, womit der Staat mehr als die Hälfte des Einkommens über Steuern und Sozialversicherungsbeiträge für sich beansprucht.[257]

Es stellt sich vor dem hier skizzierten Hintergrund die Frage, wie die im Vorfeld sachlich zutreffenden Feststellungen hinsichtlich der Behandlung von Steuern und Sozialversicherungsbeiträgen zu bewerten sind. Hat die Steuer- und Abgabenbelastung in der Bundesrepublik in den letzten Jahren tatsächlich erschreckende Ausmaße angenommen und befinden wir uns auf dem Weg in den absoluten Steuerstaat[258], ein Begriff, der von dem österreichischen Nationalökonomen Joseph Schumpeter geprägt wurde?[259] Zur Beantwortung dieser Frage genügt es nicht, ausschließlich objektive Belastungsparameter näher zu betrachten. Die Berücksichtigung subjektiver Belastungsgrößen kann ein zweiter hilfreicher Ansatz sein, diese Fragestellung zu

---

255 Vgl. Lang, J. (1996), Vom Steuerchaos zu einem Steuersystem rechtlicher und wirtschaftlicher Vernunft, in: Baron, S., Handschuh, K. (Hrsg.), Wege aus dem Steuerchaos, S. 138.

256 Als Basis gelten die Berechnungen des Karl-Bräuer-Instituts. Vgl. Porwollik, U. (1997), Last aus Steuern und Abgaben bei 57 Prozent, in: Die Welt vom 12.10.1997, S. 42.

257 Vgl. Porwollik, U. (1997), a.a.O., S. 42.

258 Vgl. Ambrosius, G. (1990), a.a.O., S. 16-22, Backhaus, J. G. (1994), a.a.O., S. 249-282; Wolf, J. R. (1992), „... zur Einführung einer Gott wohlgefältigen Gleichheit auf ewig...“, in: Schultz, U. (Hrsg.), Mit dem Zehnten fing es an, Eine Kulturgeschichte der Besteuerung, München, S. 162 f.

259 Vgl. Schumpeter, J. A. (1918), Die Krise des Steuerstaats, Nachdruck der Erstausgabe, Graz, Leipzig, in: Hickel, R. (Hrsg.), Goldscheid, R., Schumpeter, J. A. (1976), Die Finanzkrise des Steuerstaats, Frankfurt, S. 76.

beantworten. Die Perzeption der Steuerbelastung ist neben der objektiven Belastungswirkung vornehmlich subjektiver Natur und kann deshalb nicht allein durch eine Analyse der Ausgestaltung des Steuersystems mit Steuersätzen und Progressionsverläufen bestimmt werden. Die Steuerpsychologie betont ausdrücklich die Subjektivität von Wahrnehmungen. Diese Subjektivität führt dazu, daß Zensiten in vergleichbaren Situationen zu unterschiedlichen Bewertungen kommen.[260]

Das Problem der Wahrnehmungsverzerrung wird in der Regel damit begründet, daß die „[...] *Gleichartigkeit der ökonomischen Ausgangssituation* [...]“[261] zur Beurteilung der horizontalen Gerechtigkeit für den Zensiten schwierig zu erkennen ist. Die Zensiten vergleichen ihre eigene zu entrichtende Steuerschuld mit der von ihnen abgeschätzten Steuerbelastung anderer Zensiten. Aus dem individuellen Vergleich ergibt sich in Relation zu der vermuteten Steuerbelastung ein Belastungsgefühl. Subjektiv mag ein Individuum eine Steuer oder Abgabe in Unkenntnis der eigenen Beanspruchung öffentlicher Leistungen als Last empfinden, die indes objektiv gesehen - im äquivalenten Vergleich - nicht vorhanden sein muß.[262] Insofern wird der Besteuerte, der sich absolut gesehen zu hoch besteuert fühlt, versuchen, seine Steuerlast zu reduzieren. Entscheidend für das Ergebnis dieses Vergleichsprozesses ist das subjektiv empfundene Steuerbelastungsgefühl, das sich letztlich aus der individuellen Steuermentalität und -moral sowie dem daraus resultierenden Steuerwiderstand ergibt.[263] Bestimmt wird das subjektive Belastungsgefühl zudem durch unzureichende Kenntnisse der Bürger über Steuern, die Komplexität des Steuersystems[264], die Art der Steuerwahrnehmung[265] sowie die zeitliche

260 Vgl. Recktenwald, H. C. (1983), a.a.O., S. 596.

261 Vgl. Mackscheidt, K. (1994), a.a.O., S. 54.

262 Vgl. Recktenwald, H. C. (1983), a.a.O., S. 596.

263 Vgl. Schmölders, G. (1970), a.a.O., S. 70 f.

264 Je komplexer das Einnahmesystem ausgestaltet ist, um so schwieriger wird es für die Zensiten, ein vollständiges Bild ihrer Steuerlast zu gewinnen. Vgl. Pommerehne, W. W., Schneider, F. (1978), a.a.O., S. 385.

265 In der Regel wird argumentiert, daß Steuern vom Lohn, Einkommen oder Vermögen wesentlich leichter fühlbar seien als indirekte Steuern, weil diese beim Einkauf - in der Regel ohne gesonderten Ausweis - zusammen mit dem Preis bezahlt werden. Vgl. Pommerehne, W. W., Schneider, F. (1978), a.a.O., S. 384, Hirai, G., (1988), Finanzpsychologische Aspekte der Staatsfinanzen, in: Zimmermann, H. (Hrsg.), a.a.O., S. 113 und Wiegard, W. (1984), Merkliche vs. unmerkliche Steuern - Eine Bestandsaufnahme, in: Bös, D., Rose, M., Seidl, C. (Hrsg.), Beiträge zur neuen Steuertheorie, Berlin, S. 111-119 die versuchen, gebräuchliche Charakterisierungen von merklichen und unmerklichen Steuern zu systematisieren.

Steuerlastverteilung.[266] Zudem ist der Einfluß von vormals Randbedingungen wie Merklichkeit oder Unmerklichkeit der Besteuerung bzw. Dauer und Rhythmus der Besteuerung auf die Akzeptanz oder Abwehr einer Steuer bekannt.[267] Trotz vielfältiger wissenschaftlicher Bestrebungen und empirischer Untersuchungen ist es jedoch bis heute nicht gelungen, dem gesuchten Ziel der Steuerwiderstandsforschung[268] Klarheit zu verschaffen.

1.4.2 Die Reaktion der Bürger

Die Erfahrung zeigt, daß seit der Erhebung von Steuern und Abgaben die Zahlung von Steuern als negativ und ungerecht empfunden wird, selbst dann, als die relative Steuerbelastung noch weit unter der heute üblichen Steuerbelastung lag.[269] Neuere empirische Untersuchungen belegen das objektive und subjektive Belastungsempfinden der Zensiten. Insgesamt gesehen ist das Steuerbelastungsgefühl der Bevölkerung in den letzten Jahren gestiegen. Empfanden 1987 noch 67% einer repräsentativen Bevölkerungsstichprobe eine zu hohe Gesamtbelastung, so waren es 1994 schon 72%. Im Jahre 1997 konnten zudem nur 46% der Befragten eine einigermaßen realistische Einschätzung ihrer objektiven Belastungshöhe angeben. Von den befragten Personen, die ihre Belastung richtig bewerteten, hielten insgesamt 81% die derzeitige Belastung für zu hoch.[270]

Die Ermittlung des subjektiven Belastungsgefühls basiert auf einem interindividuellen Vergleich, der das relative Belastungsgefühl der Steuerpflichtigen bestimmt. In einer Studie von 1994 bekundeten mehr als 50% der Befragten, zuviel Steuern zu zahlen, was als beunruhigendes Ergebnis in Hinblick auf das zu erwartende Ausmaß der Steuerhinterziehung zu werten ist. Zudem wird die Steuerbelastung im

---

266 Unabhängig vom direkten Ausweis des Steuerbetrages spielt auch die Zahlungsweise eine bedeutende Rolle. Eine Steuerlast gleicher Höhe kann man in größeren Zeitabständen in Form höherer Beträge oder in kurzen Intervallen in kleinen und kleinsten Beträgen begleichen. Generell wird unterstellt, daß sich die Zahlung größerer Steuerbeträge stärker einprägt als etwa die ständig versteckt überwälzten Mehrwert- oder sonstigen Verbrauchsteuern. Vgl. Pommerehne, Werner W., Schneider, F. (1978), a.a.O., S. 384 f. sowie Richter, H. (1993), Wer trägt die Mehrwertsteuerlast?: Eine empirische allgemeine Gleichgewichtsanalyse, Heidelberg.

267 Vgl. Mackscheidt, K. (1994), a.a.O., S. 52.

268 Vgl. Schmölders, G. (1981), Finanz- und Steuerpsychologie, in: HdWW, S. 131 f.

269 Vgl. Webley, P., Robben, H., Elffers, H., Hessing, D. (1991), Tax Evasion. An Empirical Approach, Cambridge. Zitiert nach: Kirchler, E. M. (1995), Wirtschaftspsychologie, Göttingen, S. 287.

270 Vgl. Niessen, H.-J., Haarland, H. P. (1994), a.a.O., S. 35 f.

Vergleich zu anderen Steuerzahlergruppen nach wie vor als zu hoch angesehen, empfanden doch 56% der Bevölkerung, daß sie zuviel zahlen würden.[271]

Hinsichtlich der Steuermoral zeigt sich in der Bevölkerung in den letzten Jahren eine deutliche Verschlechterung.[272] Der Aussage „*Wer bei der Steuer nicht mogelt, verdient nur Mitleid*" stimmten 1984 nur 26% zu, während es im Jahre 1994 immerhin schon 43% waren. Zudem meinen 80% der Befragten, daß Steuerehrlichkeit von niemandem honoriert wird und 44%, daß ehrliche Steuerzahler nur Mitleid verdienen.[273] Bezüglich der Steuerwiderstandsneigung gab rund ein Viertel der Befragten an, daß Steuerhinterziehung, also ein Straftatbestand, eine natürliche Form des Steuerwiderstandes sei.[274] Die empirischen Ergebnisse weisen die Deutschen als ein Volk potentieller Steuerhinterzieher aus, glauben doch 30,1%, daß '80% und mehr' der Steuerzahler auf die eine oder andere Art Steuern hinterziehen.[275]

Von der hohen Belastung gehen negative Anreize auf die Leistungsbereitschaft von Arbeitnehmern und Selbständigen auf die kaufkräftige Nachfrage der privaten Konsumenten und die Investitionsbereitschaft von Unternehmen aus.[276] Es ist evident, daß die Abgabenbelastung in der Bundesrepublik Deutschland verringert werden muß, so daß Leistungs- und Investitionsanreize entstehen, die Wachstumsraten erhöhen und Arbeitslosenquoten verringern helfen. Für den Staat besteht eine besondere Verantwortung, die Belastungen möglichst gerecht zu verteilen.[277]

Bei den Steuern kommt neben der hohen Belastung für Privatpersonen und Unternehmen zusätzlich ein als undurchschaubar, unsystematisch und ungerecht empfundenes Steuerrecht bzw. Steuersystem hinzu, so daß oftmals nur von einem

---

271 Vgl. Forschungsstelle für empirische Sozialökonomik e.V. (1997), a.a.O., S. 16.

272 Empfundene Steuerungerechtigkeiten führen im Bewußtsein der Bürger zu einer Verschlechterung der Steuermentalität und -moral, was letztlich zu steigenden Steuerwiderständen führt. Vgl. Forschungsstelle für empirische Sozialökonomik e.V. (1997), a.a.O., S. 8 und S. 26-31 und Schmölders, G. (1970), Finanz- und Steuerpsychologie, Erweiterte Auflage von: Das Irrationale in der öffentlichen Finanzwirtschaft, München, S. 70

273 Vgl. Niessen, H.-J., Haarland, H. P. (1994), a.a.O., S. 47 f.

274 Jüngere Bevölkerungsschichten zeigen hierbei eine (teilweise) stärkere Neigung zur Entkriminalisierung der Steuerverstöße als Ältere. Vgl. Forschungsstelle für empirische Sozialökonomik e.V. (1997), a.a.O., S. 23 und Niessen, H.-J., Haarland, H. P. (1994), a.a.O., S. 70.

275 Vgl. Niessen, H.-J., Haarland, H. P. (1994), a.a.O., S. 69.

276 Vgl. Kirchhof, P. (1995), Der Bürger wird überfordert - An der gerechten Verteilung der Steuerlast sind Zweifel angebracht. Ein Zeit-Gespräch mit Verfassungsrichter Paul Kirchhof, in: Die Zeit vom 22.09.1995, Nr. 39, S. 27 und 28.

277 Vgl. Baron, S., Handschuh, K. (1996) (Hrsg.), Steuerreform durch Steuersystemwechsel - ein Streitgespräch, in: Wege aus dem Steuerchaos, Aktueller Stand der steuerpolitischen Diskussion in Deutschland, Stuttgart, S. 9.

reinen „Steuerchaos“[278] gesprochen werden kann.[279] Das deutsche Steuerrecht ist zu einem scheinbar unbeherrschbaren Monstrum verkommen, in dem ständige Korrekturen das rechtsstaatliche Prinzip der Rechtssicherheit verletzen und dessen Regelungsdickicht nicht einmal mehr von Experten durchblickt wird.[280] Nicht ohne Grund fordert die große Mehrheit der Bevölkerung (87%) aus diesem Grund eine Steuerreform im Sinne einer Steuervereinfachung.[281] Als Kompromiß der Forderung einer Steuersystemvereinfachung kommt aus einsichtigen Gründen nur die Alternative einer aufkommensneutralen oder gar belastungsreduzierenden Steuerreform in Frage, wobei erheblicher Diskussionsbedarf hinsichtlich des Finanzierungsaspektes besteht. Eine gestaltende Finanzpolitik kann sich jedoch vor dem Hintergrund der derzeitigen öffentlichen Finanzkrise nicht länger einer tiefgreifenden Vereinfachung des Steuersystems auf der Basis einer umfassenden Steuerreform verschließen.

1.5 Steuersystematische Reformüberlegungen

Mit der generellen Forderung einer Vereinfachung bzw. grundlegenden Veränderung des Steuersystems stellt sich die Frage nach der Ausgestaltung und dem Design belastungssenkender bzw. neutraler Steuerreformen. Die bundesdeutsche Finanz- und Steuerpolitik entwickelte in der Vergangenheit einen ungewöhnlichen Erfindungsreichtum an steuerpolitischen Interventionsmechanismen, die die Steuerordnung in derartiger Weise durchdringen, daß aus wissenschaftlicher Sicht weniger von einem bundesdeutschen Steuersystem zu sprechen ist, als vielmehr die Bezeichnung „Steuerchaos“ angebracht scheint.[282]

---

278 Zur Diskussion des problematischen deutschen Steuersystems bzw. des deutschen Steuerchaos vgl. Baron, S., Handschuh, K. (1996), Wege aus dem Steuerchaos, Aktueller Stand der steuerpolitischen Diskussion in Deutschland, Stuttgart.

279 Die Einkommensteuer ist mit Lenkungsnormen derart (unerträglich) durchsetzt, daß die Gerechtigkeits- und Lastenausgleichsfunktion inzwischen völlig verloren gegangen ist. Vgl. Baron, S., Handschuh, K. (1996), a.a.O., S. 9.

280 Vgl. Baron, S., Handschuh, K. (1996), a.a.O., S. 3.

281 Und dies obwohl drei Viertel der Bürger mit solchen Reformen Ungerechtigkeiten verbinden. Vgl. Forschungsstelle für empirische Sozialökonomik e.V. (1997), a.a.O., S. 32 und Niessen, H.-J., Haarland, H. P. (1994), a.a.O., S. 20.

282 Vgl. Lang, J. (1996), Vom Steuerchaos zu einem Steuersystem rechtlicher und wirtschaftlicher Vernunft, in: Baron, S., Handschuh, K. (Hrsg.), a.a.O., S. 117 f., Faltlhauser, Kurt (1996), Reform des Steuersystems, in: Baron, S., Handschuh, K. (Hrsg.), a.a.O., S. 177 f., Baron, S., Handschuh, K. (1996) (Hrsg.), a.a.O., S. 1 f.

Das derzeitige Steuerrecht ist das Ergebnis einer langen Fehlentwicklung.[283] Das System der staatlichen Einnahmearten ist aufgrund seiner Komplexität undurchschaubar geworden, ein Zustand, der in der Bevölkerung zu gestiegenen Sensibilitäten bzw. Empfindlichkeiten hinsichtlich höchster Abgabenbelastungen[284] geführt hat. Wenn neuerdings ungeachtet der Abschaffung einzelner Steuern in der jüngeren Vergangenheit vermehrt Forderungen nach Vereinfachung und Formalisierung des Steuersystems durch Abschaffung von Bagatellsteuern wenig Erfolg haben[285], dann deshalb, weil ausfallende Steuereinnahmen nur durch eine - eher noch problematischere - Erhöhung der ohnehin aufkommensstärksten Hauptsteuern kompensiert werden können.[286] Der nachfolgende Abschnitt beleuchtet vor diesem Hintergrund - in einer Gesamtschau - aktuelle steuerreformpolitische Überlegungen und dokumentiert alternative Modellansätze im Hinblick auf umsetzbare Reformelemente.

1.5.1 Zur Notwendigkeit von Steuerreformen

Wenn in den letzten Jahren über die Reform des deutschen Steuer- und Abgabensystems diskutiert wird, dann standen die Einkommensteuer und die Unternehmensbesteuerung im Mittelpunkt des Interesses. Vorrangig sollten dabei durch den Abbau von Abschreibungsvergünstigungen, Freibeträgen, Tarifermäßigungen oder sonstigen Steuerbegünstigungen die Bemessungsgrundlagen verbreitert und im Gegenzug die Steuersätze gesenkt werden.[287] Die postulierte Komplexität und Intransparenz des Steuersystems äußert sich aus heutigem Blickwinkel vornehmlich darin, daß einzelne Steuerarten steuersystematisch unbefriedigend ausgestaltet und unzulänglich aufeinander abgestimmt sind.[288] Zusätzlich hat der Umfang, in dem Steuertarife in Form von Ausnahmeregelungen durchbrochen werden, in der Art zugenommen, daß es selbst für Experten kaum möglich ist, den Überblick zu bewahren.

---

283 Vgl. Tipke, K. (1980), Über Steuergerechtigkeit in Steuergesetzgebung, Steuerverwaltung und Steuergerichtsbarkeit, in: Steuer und Wirtschaft, S. 287 ff.; Tipke, K. (1993), a.a.O., S. 1442 ff.

284 Vgl. Ritter, W. (1996), Notwendigkeit und Ziele einer Reform unseres Steuersystems, in: Baron, S., Handschuh, K. (1996), a.a.O., S. 29 f.

285 Vgl. Bach, S. (1994), Warum sind alte Steuern gute Steuern? Canard'sche Steuerregel und neue Theorieansätze, in: Wirtschaftsdienst, Nr. 3, Hamburg, S. 151. Vgl. auch: Canard, N.-F. (1958), Grundsätze der Staatswirtschaft, Stuttgart, Tz. 107.

286 Hier wirkt sich der Wegfall der Vermögensteuer (7,4 Mrd. DM) aus, der nicht durch die Erhöhung der Kfz-, Erbschaft- und Grunderwerbsteuer auszugleichen war. Vgl. Bundesministerium der Finanzen (1996), a.a.O., S. 43.

287 Vgl. Bach, S. (1997), a.a.O., S. 291.

288 Vgl. Baron, S., Handschuh, K. (1996) (Hrsg.), a.a.O., S. 3.

Versuche, rationale oder optimale Steuersysteme zu entwerfen, haben in der Finanzwissenschaft Tradition.[289] Dabei erkannte man schnell, daß die Vielfalt und Variabilität jener Faktoren, die für die Besteuerung und ihre Wirksamkeit relevant waren, schon das Ziel unerreichbar machten, auch nur für ein einziges konkretes Normen- oder Zielsystem ein zielgerechtes Steuersystem abzuleiten.[290] Der Gedanke, wissenschaftsmethodisch fundiert, ein System aufeinander abgestimmter Steuern zu entwerfen, das vorgegebenen Zielen genügt, ist derweil nie aufgegeben worden.[291] Der Versuch, auf der Basis von bestimmten Grundsätzen und Idealen der Besteuerung ein rationales Steuersystem zu entwerfen, hat die finanzwissenschaftliche Steuerlehre und zuweilen auch die Steuerpolitik früherer Jahrhunderte intensiv beschäftigt und führte im Extrem zur Idee der Alleinsteuer.[292] Die heute zeitgemäßen Steuersysteme müssen auf föderalistische Strukturen und verschiedenste allokative, distributive und stabilisierungspolitische Zielsetzungen Rücksicht nehmen, so daß die Gestaltung rationaler Steuersysteme nur als theoretische Aufgabe bzw. - sofern überhaupt möglich - als Maßstab für eine permanente Steuerreform denkbar ist. Die Suche nach einem richtigen Steuersystem wirft grundsätzlich eine Vielzahl von Fragen[293] rechtlicher und wirtschaftlicher Vernunft auf, die untrennbar miteinander verknüpft sind.[294]

Aus heutiger Sicht werden als Reaktion auf ökonomische, politische und soziale Einflüsse höchst unterschiedliche Anforderungen an ein „gutes" Steuersystem gestellt.[295] Musgrave fordert diesbezüglich eine (1) gerechte Verteilung der Steuerlast,

---

289 Vgl. Rose, M., Wiegard, W. (1983), Zur optimalen Struktur öffentlicher Einnahmen unter Effizienz- und Distributionsaspekten, in: Pohmer, D. (Hrsg.), Zur optimalen Besteuerung, Schriften des Vereins für Socialpolitik, N.F., Band 128, Berlin, S. 11 und Haller, H. (1980), Rationale Steuersysteme und Bestimmungsgründe empirischer Steuerverfassungen, in: Neumark, F. (Hrsg.), a.a.O., S. 174.

290 Im 19. Jahrhundert waren es allein A. Wagner und A. Schäffle, die „[...] *so etwas wie Steuersysteme zu entwerfen* [...]" versuchten. Siehe Haller, H. (1980), a.a.O., S. 175.

291 Vgl. Hettich, W., Winer, S. L. (1984), A Positive Model of Tax Structure, in: Journal of Public Economics, Vol. 24, Amsterdam, S. 67 f.; Hettich, W., Winer, S. L. (1984), Economic and Political Foundations of Tax Structure, in: American Economic Review, Vol. 78, S. 701-712.

292 Vgl. Haller, H. (1980), a.a.O., 174 und Rose, M., Wiegard, W. (1983), a.a.O., S. 11. Zur Problematik rationaler Steuersysteme siehe Schmölders, G. (1988), Steuersysteme, in: Albers, W. et al. (1988), HdWW, New York, Tübingen u.a., S. 407 f.

293 Vgl. Kiesling, H. (1990), Economic and Political Foundations of Tax Structure: Comment, in: The American Economic Review, Vol. 80, S. 931-934.

294 Vgl. Lang, J. (1996), a.a.O., S. 129.

295 Vgl. Kirchhof, P. (1995), a.a.O., S. 27 ff.; Hanke, T. (1994), Einfach, gerecht und ergiebig - Finanzpolitik: Der Steuerdschungel zwingt zu radikalen Reformen, aber die Politiker zögern noch, in: Die Zeit, Nr. 26 v. 24.06.1994, S. 21; Wiegard, W. (1987), Was brachte - oder bringt - die Optimalsteuertheorie?, in: Rahmann, B., Roloff, O. (Hrsg.), Beschäftigungspolitik zwischen Abgabenwiderstand und Ausgabenwachstum, Regensburg, S. 118 und Krause-Junk, G., Oehsen, J. H. von (1988), Besteuerung, optimale, in: Albers, W. et al. (Hrsg.), a.a.O., S. 721.

ein (2) System, das die wirtschaftlichen Entscheidungen auf sonst effizienten Märkten möglichst wenig beeinträchtigt, ein (3) System, das den Einsatz der Fiskalpolitik für Stabilisierungs- und Wachstumsziele zuläßt, das (4) dem Steuerzahler verständlich ist und (5) effizient in den Verwaltungs- und Erhebungskosten ist, damit es mit anderen Zielen vereinbar ist.[296] Bezüglich des deutschen Steuersystems verdeutlicht Kirchhof (1995) die Notwendigkeit einer Neukonzeption, die durch „Typisierungen und Pauschalisierungen" das Vielsteuersystem auf wenige Einzelsteuern reduziert. Dabei gibt er zu bedenken, daß das Steuerrecht - aus heutiger Sicht - nicht mehr denjenigen belastet, der finanziell leistungsfähig ist, sondern denjenigen, der in der Steuerplanung und Handhabung ungeschickt ist.[297] In ähnlicher Weise verlangt Lang (1993) von einem rationalen Steuersystem, daß es lediglich die Einkommen-, Unternehmen-, Umsatz- und Verbrauchsteuern auf Mineralöl, Alkohol und Tabak sowie die Grundsteuer und Gewerbesteuer umfaßt. Dazu sieht er eine progressive Erbschafts- und Schenkungssteuer als sinnvolle Ergänzung des Systems an.[298] Die grundlegende Änderung in der Konzeption von Lang besteht darin, daß nicht das verfügbare, sondern das konsumierte Einkommen - im Sinne einer persönlichen direkten Ausgabensteuer - besteuert wird.

Mit der aktuellen Steuerreformdiskussion ist die grundsätzliche Zielsetzung verbunden, Aussagen über die allokations-, distributions- und stabilisierungspolitisch richtige Gesamtbesteuerung zu treffen, wobei bestimmte hypothetische Zielsysteme und Annahmen über faktische Bedingungen der Besteuerung vorliegen.[299] Dies geschieht nicht zuletzt vor dem Hintergrund der Diskussion um den Wirtschaftsstandort Deutschland, für den in einer sich internationalisierenden (globalisierenden) Wirtschaft zunehmende Gefahren ausgemacht werden.

1.5.2 Reformansätze und Implementationsprobleme

Die derzeitige Komplexität und Intransparenz des deutschen Steuersystems beruht weder auf einem „gottgewollten Naturgesetz", noch ist sie verfassungsrechtlich

---

296 Vgl. Musgrave, R. A., Musgrave, P. B., Kullmer, L. (1990[5]), a.a.O., S. 8 ff.

297 Vgl. Kirchhof, P. (1995), a.a.O., S. 28.

298 Vgl. Lang, J. (1993), a.a.O., S. 12 f.

299 Vgl. Richter, W. F., Wiegard, W. (1993), Zwanzig Jahre „Neue Finanzwissenschaft", Teil I: Überblick und Theorie des Marktversagens, in: Zeitschrift für Wirtschafts- u. Sozialwissenschaften (ZWS) 113, Berlin, S. 176.

geboten. Es ergibt sich aus der Rechtsprechung des Bundesverfassungsgerichtes[300] aus dem Jahre 1992 vielmehr die Pflicht für den Gesetzgeber, das Steuer- und Abgabenrecht zu vereinfachen, weil es im Laufe der Zeit zu unübersehbaren Vollzugsdefiziten gekommen ist. Die Mängel[301], Unzulänglichkeiten[302] und Intransparenzen[303] des gegenwärtigen Steuersystems, Kritik an der Form klassischer steuerpolitischer Ideale und Forderungen stärker wachstumsorientiert ausgerichteter Steuerpolitiken begründen einen Reformbedarf[304] des Steuerstaates aus dem Steuersystem selbst.[305] Der analytische Hintergrund, vor dem die Argumentation geführt wird, besteht in der Definition der Hauptaufgabe der Steuerpolitik als Schaffung eines rationalen Steuersystems, das überschaubar ist und sich für den Zensiten als gerecht und transparent darstellt.

Hinsichtlich der Ausgestaltung möglicher Steuerreformalternativen können grundsätzlich zwei Ansatzpunkte unterschieden werden. Als Alternativen kommen die Veränderung des bestehenden Steuersystems oder ein Umbau des bestehenden Systems in Betracht. Während der Schwerpunkt bei der Veränderung des bestehenden Systems in einer tiefgreifenden Systembereinigung des Einkommensteuerrechts mit der Konsequenz einer vereinfachten Deklarationspraxis liegt[306], sehen systemverändernde Reformvorschläge im Ergebnis einen vollständigen Systemwechsel vor.[307] Hinsichtlich der Frage der Vorziehenswürdigkeit einzelner Alternativen merkt Rose an, daß „[...] *bevor man die Wagnisse einer umfassenden Neuorientierung der (Direkt-) Steuerpolitik eingeht,* [...] *zu fragen sein (*wird*), ob man sich nicht durch behutsame und revidierbare Schritte einhelligen Zielen nähern kann, ob denn nicht schon die Verbesserung der vorhandenen Besteuerungsinstrumente genügt.*“[308]

Die neuere Steuerreformdiskussion mit einer Vielzahl recht unterschiedlicher Modellansätze begann mit dem Urteil des Bundesverfassungsgerichts zur Besteuerung

300 Vgl. BVerfGE 36, 321/ 336 und 30, 250/ 271.

301 Vgl. Ritter, W. (1996), a.a.O., S. 105 f.

302 Vgl. Frick, S., Grunow, D. (1996), a.a.O., S. 122.

303 Vgl. Tiepelmann, K., Dick, G. (1995), a.a.O., S. 102 f.

304 Vgl. Bach, S. (1994), a.a.O., S. 156.

305 Vgl. Frick, S., Grunow, D. (1996), a.a.O., S. 156.

306 Vgl. Lang, J. (1996), a.a.O., S. 158.

307 Angedacht ist hier in erster Linie eine konsumbasierte Einkommensteuer. Vgl. Rose, M. (1996), Argumente für ein konsumbasiertes Einkommensteuersystem ohne Subventionselemente und die Schutzverzinsung des Kapitals, in: Baron, S., Handschuh, K. (1996), a.a.O., S. 65 f., Rose, M. (1989), Argumente zu einer „konsumorientierten Neuordnung des Steuersystems“, in: Steuer und Wirtschaft, Heft 2, Wuppertal, S. 191-193, Bareis, H. P. (1996), Steuerreform durch Steuersystembereinigungen, in: Baron, S., Handschuh, K. (1996), a.a.O., S. 50 f.

308 Vgl. Rose, M. (1996), a.a.O., S. 100.

des Existenzminimums im Jahre 1992, das eine Besteuerung von Einkommen unterhalb des Existenzminimums als verfassungswidrig ansah.[309] Der erste Ansatz zur Veränderung des bestehenden Steuersystems wurde durch die im Zuge der „*Steuerfreistellung des Existenzminimums*" eingesetzte unabhängige Expertenkommission[310] (Bareis-Kommission) vorgelegt, die Vorschläge zur Finanzierung der Freistellung des Existenzminimums sowie zur Reform der Einkommensteuer erarbeitete. Ergänzende Reformvorschläge sind das Uldall-Modell[311] (Januar 1995), das Modell des Karl-Bräuer-Instituts des Bundes der Steuerzahler[312] (September 1996), das Modell des Wissenschaftlichen Beirats beim Bundesministerium für Wirtschaft[313] (November 1996) und die sog. „Petersberger Steuervorschläge" der Steuerreform-Kommission der Bundesregierung[314] (Januar 1997). Kennzeichnendes Charakteristikum der zuvor genannten Modellansätze ist - bei steuerfreiem Existenzminimum - die Umstellung des derzeit weitgehend linear-progressiven Einkommensteuertarifs auf einen Stufentarif sowie die Abschaffung von Sonderregelungen. Als finanzpolitische und fiskalische Auswirkungen dieser Reformüberlegungen sieht ein vom Institut der deutschen Wirtschaft erstelltes Gutachten[315] darin verbesserte Allokationswirkungen des Steuersystems, mögliche Wachstumsimpulse der Wirtschaft und insgesamt eine tendenzielle Verbesserung der Position Deutschlands im internationalen Steuerwettbewerb.

Ungeachtet vielfältiger Reformbestrebungen muß zum gegenwärtigen Zeitpunkt moniert werden, daß die Realisierung einer organischen Fundamentalreform in der

---

309 Vgl. Bach, S. (1998), a.a.O., S. 298 f.

310 Vgl. Bundesministerium der Finanzen (1995), Auftrag der Einkommensteuer-Kommission erteilt durch BMF am 11.11.1993, in: Bundesministerium der Finanzen (Hrsg.) Thesen der Einkommensteuer-Kommission zur Steuerfreistellung des Existenzminimums ab 1996 und zur Reform der Einkommensteuer, Bonn, S. 7.

311 Vgl. Uldall, G. (1995), a.a.O., Bonn und Uldall, G. (1996), Vorschlag für eine vereinfachte Einkommen- und Körperschaftsteuer, in: Schriftenreihe des Vereins zur Förderung der Wettbewerbswirtschaft e.V., Heft 28, Bonn, Sankt Augustin.

312 Vgl. Karl-Bräuer-Institut des Bundes der Steuerzahler (1996), Steuerentlastung, Steuervereinfachung, Steuergerechtigkeit. Bausteine für eine umfassende Reform der Lohn- und Einkommensteuer, Sonderinformation Nr. 29, Wiesbaden.

313 Vgl. Wissenschaftlicher Beirat beim Bundesministerium für Wirtschaft (1996), Anstehende große Steuerreform. Gutachten des wissenschaftlichen Beirats beim Bundesministerium für Wirtschaft, in: Bundesministerium für Wirtschaft (Hrsg.), Studienreihe Nr. 94, Bonn.

314 Vgl. Steuerreformkommission (1997), Reform der Einkommensbesteuerung. Vorschläge der Steuerreform-Kommission vom 22. Januar 1997, in: Presse- und Informationsamt der Bundesregierung (Hrsg.). Aktuelle Beiträge zur Wirtschafts- und Finanzpolitik, Nr. 2, Bonn.

315 Vgl. Institut der deutschen Wirtschaft (1996), Evaluierung des Vorschlags von Gunnar Uldall für eine vereinfachte Einkommen- und Körperschaftsteuer, Köln.

Steuerpolitik bisher nicht verwirklicht werden konnte.[316] Reformvorschläge finden zuweilen zuwenig Beachtung, weil die steuerpolitische Diskussion in Deutschland mit unzähligen ideologischen und verteilungspolitischen Positionen durchsetzt ist.[317] Die Verwirklichung vielfach erhobener Forderungen hinsichtlich einer Vereinfachung bzw. Formalisierung des Steuersystems steht somit im ständigen Konflikt mit den Ansprüchen verschiedener Gruppen und Individuen mit ihren spezifischen Gegebenheiten und macht eine Beschränkung des Einsatzes von Steuern als Instrument der Wirtschaftspolitik erforderlich.[318] Vor dem Hintergrund unterschiedlicher Interessen, vielfältiger Modellansätze und divergierender Meinungen hinsichtlich der Umsetzung steuerpolitischer Reformanstrengungen muß danach gefragt werden, wie die Realisierungsmöglichkeiten im politischen Prozeß beschaffen sind. Es ist evident, daß politische Parteien die grundsätzliche Notwendigkeit einer durchgreifenden Steuerreform erkennen, jedoch unterschiedliche Akzente und nicht unerhebliche Gegenpositionen vertreten.[319] Voraussetzung für eine umfassende Steuerreform ist jedoch ein überparteilicher Konsens über Ziele und Vorhaben.[320]

Fraglich bleibt jedoch, ob alle die sich auf die Einnahmeseite des öffentlichen Haushalts beziehenden Argumente in einem langwierigen politischen Prozeß auch eine Steuerreform erzwingen können, oder ob der Steuerstaat nicht vielmehr ausgabenseitig unter starken Reformdruck gerät, wie dies der steigende Finanzierungsbedarf - insbesondere der Sozialversicherungsträger - offenbart.[321] Steigende finanzielle Bedürfnisse staatlicher Einrichtungen und Institutionen müssen dann, sofern sie befriedigt werden sollen, zwangsläufig zu einer Modifikation des Steuersystems führen. Wenngleich die Bürger im allgemeinen mit dem Rechtsstaat zufrieden zu sein scheinen, differenzieren sie bei der Bewertung der Steuerordnung.[322] Aus empirischen Untersuchungen wird deutlich, daß die Mehrheit der Befragten als Folge des komplizierten Steuersystems eine Steuerreform im Sinne einer Vereinfachung fordert, obwohl knapp drei Viertel der Bürger mit dieser Reform eher Ungerechtigkeiten in

---

316 Zu Übergangsproblemen bei Steuerreformen vgl. Kitterer, W. (1991), Übergangsprobleme bei Steuerreformen: Einige methodische Anmerkungen, in: Bea, F. X., Kitterer W. (Hrsg.), Finanzwissenschaft im Dienste der Wirtschaftspolitik, Tübingen, S. 285-304.

317 Vgl. Ritter, W. (1996), a.a.O., S. 109.

318 Vgl. Faltlhauser, K. (1996), a.a.O., S. 180.

319 Vgl. Bareis, H. P. (1996), a.a.O., S. 59, Baron, S., Handschuh, K. (1996) (Hrsg.), a.a.O., S. 1, Rose, M. (1996), a.a.O., S. 100.

320 Vgl. Baron, S., Handschuh, K. (1996) (Hrsg.), a.a.O., S. 6.

321 Vgl. Frick, S., Grunow, D. (1996), a.a.O., S. 113.

322 Vgl. Baron, S., Handschuh, K. (1996) (Hrsg.), a.a.O., S. 6.

Betracht ziehen.[323] Zusammenfassend charakterisieren fast ausschließlich Begriffe wie „Steuerchaos“ und „Steuerdschungel“ die Einstellungen der Bevölkerung zum derzeitigen Steuersystem und nicht weniger als 81% der Bevölkerung bezeichnen das Steuersystem als *„kompliziert“*, 48% davon als *„viel zu kompliziert“*.[324]

Es wird deutlich, daß bei allen steuer- und finanzpolitischen Entscheidungen die Interessen und Präferenzen der Bürger nur unzureichend berücksichtigt werden. Um jedoch politische Verdrossenheiten abzubauen und eine sinnvolle Umsetzung von Reformbemühungen zu realisieren, müssen sich kurz-, mittel und langfristig die Entscheidungen der politisch Handelnden an den Präferenzen der Bürger orientieren. Denn nur bei einer präferenzadäquaten Umgestaltung des bestehenden Steuersystems können Reformpotentiale genutzt, Irritationen abgebaut und notwendige fiskalische Aufkommen erzielt werden.[325] Nicht zuletzt daraus ergibt sich die Notwendigkeit der Ermittlung von Bürgerpräferenzen für die Ausgestaltung steuerpolitisch geprägter Finanzierungsinstrumente. Im Mittelpunkt des nächsten Abschnitts wird - basierend auf den Erkenntnissen der vorherigen Ausführungen - eine detaillierte Darstellung des Forschungsgegenstandes der vorliegenden Arbeit sowie eine konkrete Formulierung der Zielsetzung erfolgen.

1.6 Bürgerpräferenzen für Staatseinnahmen

Die Legitimation der Ermittlung von Bürgerpräferenzen für einzelne staatliche Finanzierungsinstrumente und deren Komposition - insbesondere der Steuerstruktur - begründet sich aufgrund der unzureichenden Orientierung der staatlichen Finanz- und Steuerpolitik an den Präferenzen der Bürger und Steuerzahler sowie der damit implizit verbundenen Minderschätzung bzw. Mißachtung bürgerspezifischer Interessen. Steuern werden zweifellos auch zukünftig die wichtigste öffentliche Finanzierungsquelle darstellen. Die Sicherstellung dieser Aufkommensgrößen erfordert deshalb eine an den Präferenzen der Bürger orientierte Erhebungsstruktur sowie die Durchsetzung steuerpolitischer Ideale und Grundsätze.

---

[323] Der Wunsch nach einem transparenten System ist also so stark, daß auch Ungerechtigkeiten akzeptiert werden. Vgl. Niessen, H.-J., Haarland, H. P. (1995), S. 22.

[324] Vgl. Niessen, H.-J., Haarland, H. P. (1995), S. 16.

[325] Vgl. Tiemann, S. (1993), Mit Steuern steuern ?, in: Mit Steuern steuern?, Einsatz der Besteuerung für finanzfremde Zwecke und seine Auswirkungen, Referate vom 7. Deutschen Steuer-zahlerkongreß, Wiesbaden, S. 7 f.

Die Diskussion um die Komposition öffentlicher Einnahmen ist in der Vergangenheit jedoch eher *„stiefmütterlich behandelt worden."* Dies ist „[...] *um so erstaunlicher, als die fundamentale Bedeutung dieses Fragenkomplexes nicht erkannt wurde, denn die Wahl des Kategoriensystems, aus dem (steuersystematische) Klassifikationen abgeleitet werden, bestimmt den wissenschaftlichen Standort.*"[326] Zur Frage der damit indirekt verbundenen idealen Besteuerung merkt *Neumark* an, daß eine Idealbesteuerung heutzutage nur bis zu einem gewissen Grad verwirklicht werden kann und zitiert den britischen Dichter-Philosoph Alexander Pope, der bereits Anfang des 17. Jahrhunderts formulierte: *„Wer sucht nach Steuern aller Mängel bar, sucht was nicht ist, noch sein wird, noch je war.*"[327] Es ist evident, daß sich eine vorbei an den Präferenzen der Steuerzahler betriebene staatliche Einnahmepolitik und eine einmal verlorene positive Steuermoral so leicht nicht wieder herstellen lassen, schon gar nicht, wenn versucht wird, die sinkende Steuerdisziplin und Steuermoral durch immer raffiniertere Steuersysteme und undurchlässige Steuergesetze wieder herzustellen.

Aus der Vielzahl der zuvor genannten Gründe steht die Erhebung von Bürgerpräferenzen für unterschiedliche staatliche Finanzierungsinstrumente und deren strukturelle Zusammensetzung im Mittelpunkt dieser Untersuchung. Die Arbeit unternimmt den Versuch, auf der Basis der Eruierung bürgerspezifischer Einstellungen und Präferenzen die Verhaltensweisen und Wahrnehmungsmechanismen in der Bevölkerung zu beleuchten und für das gesamte Spektrum öffentlicher Finanzierungsinstrumente Akzeptanzstandards, Finanzierungsperspektiven und einnahmeseitige Restriktionen aufzuzeigen. Die Spezifizierung von Bestimmungsfaktoren hinsichtlich des gesamten Spektrums staatlicher Finanzierungsformen verlagert sich damit von einem objektiven Betrachtungsverhalten zu den Präferenzen für staatliche Finanzierungsinstrumente.

Als Grundlage für die Erarbeitung aussagefähiger Ergebnisse dienen die repräsentativ ermittelten Präferenzstrukturen und Belastungsprofile. Es ist offensichtlich, daß unzureichende Orientierungen an den Präferenzen der Bürger zu vielfältigen Verdrossenheiten führen und sich in der Summe zu erheblichen gesellschaftlichen Wohlfahrtsverlusten addieren können. Eine Ausrichtung an den Präferenzen der Bürger zur Finanzierung öffentlicher Leistungen erscheint indes legitim, weil sie Vertrauen und Zuversicht in die staatliche Finanzpolitik schafft. Über die in der Bevölkerung vorhandenen Finanzierungspräferenzen sowie ihre bestimmenden Determinanten und Einflußfaktoren existieren zum gegenwärtigen Zeitpunkt vergleichsweise wenige Erkenntnisse. Die vorliegende Arbeit versucht diese Lücke zu schließen.

---

326 Vgl. Hedtkamp, G. (1980), a.a.O., S. 63 ff.

327 Vgl. Neumark, F. (1988), a.a.O., S. 60.

Zweites Kapitel

ATTITÜDEN, EINSTELLUNGEN UND PRÄFERENZEN

2.1 Präferenzen im Kontext finanzpsychologischer Forschung

Finanzpsychologische Forschungsansätze sind lange Zeit ihren traditionellen Leitlinien, einer in sozialwissenschaftlichem Kontext eingebetteten, mit ökonomischen, soziologischen und (sozial-)psychologischen Konzepten und Methoden untermauerten Erscheinungsform, treu geblieben. In der jüngeren Vergangenheit konnte sich die Finanzpsychologie jedoch aufgrund von Reflexionen und Erkenntnissen der „Neuen Finanzwissenschaft“[1] dem Mainstream zum ökonomischen Methodenmonismus nicht mehr entziehen.[2]

Die Finanzpsychologie versucht heutzutage dort Erklärungsansätze zu geben, wo die (neo)klassische Tradition mit ihrem restriktiven Rationalitätspostulat des Homo Oeconomicus in Erklärungsschwierigkeiten kommt, weil menschliches Handeln nicht mehr als rein rational (*vernünftig*) im Sinne einer Kosten-Nutzen-Maximierung erklärt werden kann.[3] Diese moderne Umorientierung der Finanz-psychologie[4] erscheint insbesondere im Bereich der neueren Steuerwiderstands-forschung[5] im Vergleich zur traditionellen Ideologie von Günter Schmölders[6] methodisch recht radikal, da sie weniger die allgemeine Steuergesinnung der Zensiten untersucht, sondern deren tatsächlichen Steuerhinterziehungsakt beobachtet, mit dem Versuch der Beantwortung, ob, wann und

1 Zur Geburtsstunde der „Neuen Finanzwissenschaft“ vgl. Diamond, P. A., Mirrlees, J. A. (1971), Optimal Taxation and Public Production I: Production Efficiency, in: American Economic Review, Vol. 61, S. 8-27 und Diamond, P. A., Mirrlees, J. A. (1971), Optimal Taxation and Public Production II: Tax Rules, in: American Economic Review, Vol. 61, S. 261-278.

2 Vgl. Smekal, C., Theurl, E. (1994), Stand und Entwicklung der Finanzpsychologie, Baden-Baden, S. 7.

3 Vgl. Wiesenthal, H. (1987), Die Ratlosigkeit des homo oeconomicus: Einleitung zu Subversion der Rationalität, in: Joas, H., Offe, C. (Hrsg.), Theorie und Gesellschaft, Frankfurt, S. 18.

4 Vgl. Frey, B. S. (1980), Ökonomie als Verhaltenswissenschaft, in: Jahrbuch für Sozialwissenschaft, Nr. 25, S. 24 f. Neuere Ansätze finden sich bei Akerlof, G. A. (1984), An Economic Theorist`s Book of Tales, Cambridge, Kahneman, D., Tversky, A. (1984), Choices, Values, and Frames, in: American Psychologist, Vol. 39, S. 341-350 und Etzioni, A. (1988), The Moral Dimension, Toward a New Economics, New York, London, S. 41 f.

5 Vgl. Allingham, M. G., Sandmo, A. (1972), Income tax evasion: A theoretical analysis, in: Journal of Public Economics, Vol. 1, S. 323-338 und Schmidtchen, D. (1994), Vom nichtmarginalen Charakter der Steuermoral, in: Smekal, C., Theurl, E., (1994), a.a.O., S. 185-211.

6 Vgl. Schmölders, G. (1951/52), Finanzpsychologie, in: Finanzarchiv, N.F. 13, S. 1-36, Schmölders, G. (1953), Ökonomische Verhaltensforschung, in: Ordo-Jahrbuch für Wirtschaft und Gesellschaft, Band 5, S. 203 f. und Schmölders, G., (1981), a.a.O., S. 121 f.

wie Steuern hinterzogen werden oder nicht.[7] Der Steuerzahler als Betrachtungsobjekt findet sich in einer neoklassischen Modellwelt wieder, in der er „[...] *ohne jede Spur von Moral, Zweifel oder Skrupel diejenige Steuerhinterziehungsstrategie wählt, die für* (ihn) [...] *den optimalen Ertrag (Einkommen) bedeutet.*“[8]

Die Beurteilung finanzpolitischer Entscheidungen kann damit letztlich nur unter wohlfahrtsökonomischen Effizienzgesichtspunkten getroffen werden.[9] Die Vertreter der „*New Public Finance*“[10] argumentieren, daß es dazu durchaus zweckmäßig ist, auf den neoklassischen Modellansatz des Homo Oeconomicus zurückzugreifen, um gleichermaßen eindeutige Ergebnisse und analytische Schärfen in der Modellierung zu gewinnen.[11] Daß durch die Konzentration auf mathematisch-analytische Konzepte eine methodische Einengung des Spektrums menschlicher Attitüden, Einstellungen und Verhaltensweisen entsteht, wird dabei bewußt in Kauf genommen.[12]

Für die Abbildung realer menschlicher Bedürfnisse, Wünsche und Präferenzen bedarf es jedoch der Überwindung des dabei zweifellos bestehenden verengten Blickwinkels, da diese Ausrichtung aufgrund ihres mangelnden Realitätsgehalts[13] und des ihr zugrunde liegenden Standardmodells[14] „[...] *dem tatsächlichen menschlichen Verhalten in keinster Weise gerecht* [...]“ wird.[15] Aus diesem Grund gilt es, für den vorliegenden Untersuchungsgegenstand und die damit verbundene empirische Präferenzerhebung, ganz im Sinne der Tradition der Kölner Schule[16] und auf den Spuren von

---

7 Vgl. Friedland, N., Maital, S., Rutenberg, A. (1978), A simulation of income tax evasion, in: Journal of Public Economics, Vol. 10, S. 107-116 und Brandstätter, Hermann (1994), Determinanten der Steuerhinterziehung: Ergebnisse der experimentellen Psychologie, in: Smekal, C., Theurl, E. (1994), a.a.O., S. 213 f. sowie Spicer, M. W., Becker, L. (1980), Fiscal inequity and tax evasion: an experimental approach, in: Finanzarchiv, N.F. 33, S. 171-175.

8 Vgl. Mackscheidt, K. (1994), a.a.O., S. 59.

9 Vgl. Richter, W. F., Wiegard, W. (1994), a.a.O., S. 208 f.

10 Vgl. Stiglitz, J. E., Boskin, M. J. (1977), Some Lessons from the New Public Finance, in: The American Economic Review, Vol. 67, S. 295-301, Bös, D. (1987), Die neue Finanztheorie: Revolution oder geschicktes Wissenschaftsmanagement? Wirtschaftspolitische Blätter 34, S. 253-258 und Sandmo, A. (1984), Some Insights from the „new“ Theory of Public Finance, in: Empirica, Vol. 11, S. 111-124.

11 Vgl. Richter, W. F., Wiegard, W. (1994), a.a.O., S. 171 ff.

12 Vgl. Schmölders, G. (1970), a.a.O., S. 15.

13 Vgl. Blankart, C. B. (1994), "Neue Finanzwissenschaft" - Eine alternative Sicht, in: Zeitschrift für Wirtschafts- und Sozialwissenschaften (ZWS) 114, Berlin, S. 254.

14 Vgl. Kirchgässner, G. (1991), Homo Oeconomicus: Das ökonomische Modell individuellen Verhaltens und seine Anwendung in den Wirtschafts- und Sozialwissenschaften, Tübingen, S. 17.

15 Vgl. Söllner, F. (1994), Die „neue“ Finanzwissenschaft - Fortschritt oder Rückschritt?, in: Zeitschrift für Wirtschafts- und Sozialwissenschaften (ZWS) 114, Berlin, S. 231-244, Richter, Wolfram F., Wiegard, Wolfgang (1994), Erwiderung zu den Kommentaren von C. B. Blankart und Fritz Söllner, in: Zeitschrift für Wirtschafts- und Sozialwissenschaften (ZWS) 114, S. 255 und Schmölders, G. (1973), Sozialökonomische Verhaltensforschung, Berlin, S. 45.

16 Vgl. Mackscheidt, K. (1994), a.a.O., S. 41 f.

Günter Schmölders sich das „*Menschlich-Allzumenschliche*“ zu vergegenwärtigen.[17] Eine Vernachlässigung der „[...] *Reaktionen des Bürgers auf die Staatswirtschaft, die Steuern und die öffentlichen Ausgaben, seine Steuermoral und Steuerdisziplin (sowie) die legalen und illegalen Steuerausweichhandlungen* [...]“[18] führt nämlich nicht nur zu einer einseitigen Orientierung der finanzpsychologischen Forschung, sondern auch zu unzureichenden Ergebnissen im Hinblick auf die Ermittlung von Bürgerpräferenzen. Die Etablierung der Finanzpsychologie wurde in der Bundesrepublik Deutschland aufbauend auf Arbeiten von F. K. Mann[19] vor mittlerweile fast einem halben Jahrhundert von Günter Schmölders[20] vorangetrieben.[21] Die Finanzpsychologie in diesem Sinne versteht sich als ein interdisziplinärer Forschungsansatz[22] im sozialwissenschaftlichen Bereich. Sie versucht sowohl das rationale als auch das irrationale Verhalten der Wirtschaftssubjekte näher zu beschreiben sowie wechselseitige Einflüsse von Individuen, Gruppen und sozialen Umfeldern zu untersuchen.[23] Besondere Beachtung finden hierbei Präferenzen (*choices*) und Handlungseinschränkungen (*constraints*) sowie deren situative Veränderung im Zeitablauf.

Aus heutiger Sicht reicht zur Beurteilung menschlicher Verhaltensweisen die rein quantitative Erfassung von Einflußgrößen und bestimmenden Determinanten bzw. Variablen jedoch nicht mehr aus. Viele finanzpsychologische Phänomene sind nicht mit ökonomischen Gesetzen beschreib- bzw. erklärbar, da sie von einer Vielzahl psychologischer Faktoren des menschlichen Handelns und Denkens geprägt sind, die

---

17 Vgl. Mackscheidt, K. (1994), a.a.O., S. 44.

18 Vgl. Schmölders, G., (1981), a.a.O., S. 122.

19 Vgl. Mann, F. K. (1972), Die drei Finanzwissenschaften, in: Finanzarchiv, N.F. 30, S. 10 und Mackscheidt, K. (1994), a.a.O., S. 41.

20 Vgl. Schmölders, G. (1951/52), a.a.O., S. 1-36. Seine Untersuchungen bezeichnete er als „Sozialökonomische Verhaltensforschung“. Diese Bezeichnung findet sich erstmals in: Schmölders, G. (1953), a.a.O., S. 203-244. Schmölders ging es vornehmlich darum, eine Verhaltensforschung in die Volkswirtschaftslehre zu integrieren, die Probleme nicht mehr nur rein ökonomisch erfaßt, sondern auch sozialwissenschaftlich verständlich macht. Vgl. Schmölders, G. (1973), a.a.O., S. 16 und Schmölders, G., Strümpel, B. (1968), Vergleichende Finanzpsychologie. Besteuerung und Steuermentalität in einigen europäischen Ländern, Wiesbaden.

21 Vergleichende Ansätze finden sich bei Jöhr, W. A. (1972), Zur Rolle des psychologischen Faktors in der Konjunkturtheorie, in: Ifo-Studien, Nr. 18, S. 157-184, Leibenstein, H. (1976), Beyond Economic Man: A New Foundation for Microeconomics, Cambridge und Scitovsky, T. (1976), The Joyless Economy: An Inquiry into Human Satisfaction and Consumer Dissatisfaction, Oxford.

22 Zur definitorischen Abgrenzung der Finanzpsychologie vgl. Schmölders, G., (1981), a.a.O., S. 122; Schmölders, G. (1975), Einführung in die Geld- und Finanzpsychologie, Darmstadt, S. 71 und Hansmeyer, K.-H., Mackscheidt, K. (1977), Finanzpsychologie, in: Handbuch der Finanzwissenschaft, Band 1, Tübingen, S. 556.

23 Vgl. Schmölders, G., (1981), a.a.O., S. 122.

(teilweise) bereits seit Generationen in den Menschen verankert sind und große Bedeutung für deren finanzwirtschaftliches Denken und Handeln haben.[24]

Fast völlig getrennt von der traditionellen Literatur hat sich die neuere finanzpsychologische Forschung[25] immer wieder mit der Frage der Wahrnehmung der Steuer- bzw. Finanzierungsseite des öffentlichen Budgets beschäftigt[26], da „kein anderer Bereich des öffentlichen Lebens so emotionsgeladen" und für jeden einzelnen Bürger von so großem Interesse ist wie die staatliche Besteuerung, respektive die daraus entstehende finanzielle Belastung, und deren psychologische Auswirkungen.[27] In erster Linie geht es dabei nicht nur um die Erfassung rationaler Beweggründe menschlichen Verhaltens, sondern gleichermaßen um die Ergründung irrationaler Motivationen.[28] Die Vorteilhaftigkeit der Kenntnis solcher Einstellungen, Erwartungen und Präferenzen ist für die politisch handelnden Akteure nur allzu offensichtlich, da eine an den Überzeugungen und Vorstellungen der Zensiten gestaltete Steuer- bzw. Finanzpolitik gleichermaßen eine positive Affinität zwischen Bürger und Staat entwickeln oder ein vorhandenes negatives Verhältnis verbessern kann.

2.2 Legitimation zur Ermittlung von Bürgerpräferenzen

In den letzten Jahren ist eine beträchtliche Unzufriedenheit der Bevölkerung mit der staatlichen Politik und dem öffentlichen Finanzgebaren festzustellen. Zwischen den im politischen Entscheidungsprozeß getroffenen Maßnahmen und den Vorstellungen der Bürger bestehen (oftmals) erhebliche Dissonanzen. Unmut und Mißbehagen der Bevölkerung äußern sich in Form von Abgabenwiderständen und politischen Verdrossenheiten. Die zunehmend wachsende Unzufriedenheit mit der staatlichen Politik weist darauf hin, daß die Präferenzen der Bürger durch das politische System nicht ausreichend berücksichtigt werden.[29] Steuer- und finanzpolitische Verhaltensweisen von

24 Vgl. Schmölders, G. (1973), a.a.O., S. 45.

25 Vgl. Schmölders, G. (1951), a.a.O., S. 3 f. und Hansmeyer, K.-H., Mackscheidt, K. (1977), a.a.O., S. 553 f.

26 Neben rein rationalen Aspekten, die bisher in der ökonomischen Theorie im Mittelpunkt standen, werden nun soziale, psychologische, emotionale und irrationale Aspekte berücksichtigt. Vgl. Mackscheidt, K. (1994), a.a.O., S. 44 f.

27 Vgl. Strümpel, B., Katona, G. (1983), Psychologie und Steuerwiderstand der deutschen Selbständigen - Ein Beitrag zur Lehre von Steuerwirkungen, Köln, Opladen, S. 226.

28 Vgl. Schmölders, G. (1960), a.a.O., S. 9 f.

29 Vgl. Bieta, V. (1992), Präferenzoffenbarung wirtschaftspolitischer Entscheidungsträger als Element der Politikgestaltung im Kontext der asymmetrischen Information, in: Jahrbücher für Nationalökonomie und Statistik, Stuttgart, Heft 5/6, Vol. 210, S. 457-477.

Bürgern und Steuerzahlern sind von tief in der Persönlichkeit des einzelnen verwurzelten Emotionen geprägt. Alte Erfahrungen, aber auch unverarbeitete Vorurteile begleiten die Entscheidungen von Individuen und fokussieren sich zu einem latenten, stets zum Aufflackern bereiten Mißtrauen gegenüber dem leviathanischen Zugriff.[30] Nicht zuletzt aus diesem Grund sind Erkenntnisse über die tatsächlichen Präferenzen der Bürger für staatliche Finanzierungs- und Ausgabenprogramme für die öffentliche Finanzpolitik von Bedeutung.[31]

Die Notwendigkeit der Ermittlung von Bürgerpräferenzen für staatliche Ausgabenprogramme resultiert vornehmlich aus allokativem Marktversagen bei öffentlichen Gütern.[32] Die Bürger enthüllen nicht ihre wahren Präferenzen durch die Leistung von Zahlungen, da sie als Schwarzfahrer[33] (*free rider*) gleichwertige Vorteile genießen können.[34] Wenn jedoch die politischen Entscheidungsträger daran interessiert sind, daß das von ihnen bereitgestellte öffentliche Leistungsangebot eine möglichst breite Zustimmung in der Bevölkerung finden soll, dann sind detaillierte Informationen über die Präferenzen unabdingbar. In gleicher Weise sind Erkenntnisse über Ausgabenpräferenzen sinnvoll, um Disharmonien zu deuten, die aus präferierten Ausgabenprogrammen und der Zustimmung zu deren mehr oder weniger ausgabenintensiven Erledigung entstehen. Letztlich ermöglicht die Berücksichtigung von Präferenzen die Erklärung von Steuerprotesten und Steuerwiderständen, die nicht wegen einer zu hohen finanziellen Belastung sui generis entstehen, sondern weil den zu leistenden Finanzierungsbeiträgen keine präferenzadäquate staatliche Gegenleistung entspricht.

Durch eine adäquate Orientierung an den Präferenzen der Bürger können die politischen Entscheidungsträger Informationspotentiale und Spielräume auf der Einnahmenseite nutzen, um politische Verdrossenheiten, bestehende Abgabenwiderstände und die real existierende Finanzierungsmüdigkeit zu überwinden. Neben einer Steigerung der damit verbundenen allokativen Effizienz des staatlichen Handelns, der Be-

---

30 Vgl. Brennan, G., Buchanan, J. M. (1988/1980), Besteuerung und Staatsgewalt, Analytische Grundlagen einer Finanzverfassung, hrsg. von C. Folkers, Hamburg; Originalausgabe: The Power to Tax - Analytical Foundations of a Fiscal Constitution, Cambridge, S. 16 ff. und Brennan, G., Buchanan, J. M. (1977), Towards a Tax Constitution for Leviathan, in: Journal of Public Economics, Vol. 8, S. 255-273.

31 Vgl. Buchanan, J. M. (1977), Freedom in Constitutional Contract, College Station, Frey, B. S. (1981), Theorie demokratischer Wirtschaftspolitik, München und Frey, B. S., Pommerehne, W. W. (1982), a.a.O., S. 397.

32 Vgl. Brümmerhoff, D. (1992^{6}), a.a.O., S. 79 und Luckenbach, H., (1991), Markt- und Staatsversagen - Ursachen und wirtschaftspolitische Gegenmaßnahmen, in: WiSt Heft 5, S. 225-230.

33 Vgl. Andreoni, J. (1988), Why Free Ride? Strategies and Learning in Public Goods Experiments, in: Journal of Public Economics, Vol. 37, S. 291-304.

34 Vgl. Thoma, M., (1985), Theorie der öffentlichen Güter, in: Wist, 14.Jg., S. 125-130.

wertung der individuellen Partizipationsmöglichkeit am politischen Entscheidungsprozeß und der zusätzlichen Beachtung von Umverteilungsaspekten bezüglich der Inzidenz personellen Nutzens, ergibt sich als Ergebnis der Ermittlung von Finanzierungspräferenzen für die Politik der notwendige Handlungsbedarf, die Lücken zwischen tatsächlichen und präferierten Strukturen zu schließen.

Das Wissen über die Präferenzen der Bürger - dies gilt insbesondere für die Finanzierungsseite - ist jedoch zum gegenwärtigen Zeitpunkt vergleichsweise gering. Dies ist nicht zuletzt die Konsequenz mehrerer Probleme (politische Relevanz, differierende Interessenlagen, Informationsstand, Realisierungsproblematik, etc.) die bei der Ermittlung von Bürgerpräferenzen eine bedeutende Rolle spielen. Aus theoretischer Sicht stellt sich zudem bei der Ermittlung von individuellen Präferenzen im Rahmen von Befragungstechniken eine nicht zu unterschätzende Strategieproblematik, und aus empirisch-analytischem Blickwinkel gilt es, die richtige Wahl des Erhebungsinstrumentariums zu treffen. Die Problematik der Strategiebildung stellt sich immer dann, wenn die Zensiten auf direkte Weise nach ihren Präferenzen befragt werden und Finanzierungs-, Gegenleistungs- und Restriktionskomponenten bei der Befragung eine explizite Berücksichtigung finden.[35] Methodische Unwägbarkeiten ergeben sich aus dem zugrunde liegenden Untersuchungsgegenstand, der Art und Weise der wissenschaftlichen Vorgehensweise sowie der Auswahl und Anwendung der Erhebungs- bzw. Verfahrenstechnik.[36] In der praktischen Anwendung finden oft nur wenige Methoden zur Präferenzerfassung Verwendung.[37] Wie Pommerehne anmerkt, „[...] *herrscht dabei fast unangefochten die Ansicht vor, daß verläßliche Aussagen über Präferenzen der Individuen nur aus ihrem beobachteten Verhalten abgeleitet werden können* [...]“[38], womit der Ansatz der geäußerten Präferenz (*„revealed preference“*) als maßgebliches Erhebungsinstrumentarium in den Mittelpunkt des Interesses tritt, der auch für die vorliegende Untersuchung ausgewählt wurde. Auch wenn in der gängigen

---

35 Individuen werden immer dann keinen Anreiz zur Offenbarung ihrer wahren Präferenzen haben, wenn sie einen Kostenbeitrag leisten müssen. Vgl. Becker, W., Gretschmann, K., Mackscheidt, K. (1992), Präferenzen für Staatsausgaben: Zur theoretischen und empirischen Bestimmung der Nachfrage nach öffentlichen Gütern, Baden-Baden, S. 82 f.

36 Zur Diskussion stehen Hochrechnungs-, Stichproben- und Repräsentativitätsfragen. Neben der Strategieproblematik verhindern zudem Zeitinkonsistenzen (d.h. das Antwortverhalten der Bürger ist nicht zeitstabil) fundierte Erkenntnisse über latente und konstitutive Präferenzen.

37 Vgl. Praag van, B. (1985), Linking Economics with Psychology - An Economist`s View, in: Journal of Economic Psychology, Vol. 6, No. 3, S. 289-311. Die empirischen Methoden zur Erfassung der Präferenzen stellen ein Hilfsmittel dar, die Konsensbereiche aufzuspüren und die zum Abschluß von Übereinkünften (Grundkonsens) notwendigen Kompromisse zu erarbeiten. Vgl. Raab, U. H. (1995), a.a.O., S. 397 f.

38 Vgl. Pommerehne, W. W. (1987), a.a.O., S. 171 f. und Becker, W., Gretschmann, K., Mackscheidt, K. (1992), a.a.O., S. 24 f.

Literatur in der Regel von der grundsätzlichen Erfassung von Präferenzen gesprochen wird, so bestehen über die prinzipielle Handhabung von Präferenzen im politischen Willensbildungs- und Entscheidungsprozeß doch recht konträre Ansichten. Während traditionelle Ansätze[39] versuchen, beobachtete Verhaltensunterschiede zumindest teilweise auf interindividuell unterschiedliche Präferenzen und auf solche Phänomene wie Gewohnheitsbildung und soziale Interdependenzen zurückzuführen, postulieren die Vertreter einer eher unorthodox orientierten Ausrichtung[40] dezidiert die Auffassung, daß von interindividuell gleichen und zeitlich unveränderten Präferenzen ausgegangen werden sollte, weil diese Handhabung die beste Voraussetzung für die Ableitung empirisch testbarer Verhaltenshypothesen über das menschliche Verhalten darstellt.[41]

Auch wenn es für die Erklärung menschlichen Verhaltens nicht zwingend erforderlich ist zu wissen, wie Ziele und Handlungspräferenzen entstehen, so schreibt Wiswede dennoch zutreffend, daß es „[...] *ein lange beklagtes Desiderat ökonomischer Forschung ist, [...] wie individuelle Präferenzen, die als gegebene Größen in wirtschaftstheoretische Überlegungen und Modelle eingehen, zustande kommen.*“ Und Tietzel fügt hinzu, daß die „[...] *meist spekulativen Annahmen über das Vorliegen nicht unmittelbar beobachtbarer Größen wie Präferenzen nicht nur sehr leicht falsch oder ad hoc* [...]“[42] sind, sondern, basierend auf den Erkenntnissen von Wiswede, auch ein „*Torso der Argumentation*“[43] darstellen, „[...] *verglichen mit den Aussagen über das Vorliegen von Präferenzen, die aus einer übergeordneten (...) und bewährten Theorie über die Entstehung von Präferenzen abgeleitet werden können.*“[44]

Zur Verdeutlichung der mit den vorhergehenden Ausführungen angeführten Problematik und Unbestimmtheiten beleuchtet der nachfolgende Abschnitt grundsätzliche Überlegungen zu einer möglichen Theorie der Präferenzen sowie die Form ihrer Handhabung, wobei zunächst die der eigentlichen Präferenzäußerung zugrunde liegende - zeitlich vorgelagerte - Attitüden- bzw. Einstellungsbildung näher betrachtet wird,

---

39 Vgl. Stroebe, W., Frey, B. S. (1981), Psychologische Aspekte des ökonomischen Verhaltensmodells, in: Tietz, R. (Hrsg.), Wert- und Präferenzprobleme in den Sozialwissenschaften, Berlin, S. 127 f.

40 Vgl. Stigler, George J., Becker, G. S. (1977), De gustibus non est disputandum, in: American Economic Review, Vol. 67, S. 77 f.

41 Vgl. Becker, G. S. (1982), Der ökonomische Ansatz zur Erklärung menschlichen Verhaltens, Tübingen, S. 162, Keller, R. R., McKean, J. R., Peterson, R. D. (1982), Preference and Value Formation: A Convergence of Enlightened Orthodox and Institutional Analysis?, in: Journal of Economic Issues, Vol. XVI, No. 4, S. 941.

42 Vgl. Tietzel, M. (1988), a.a.O., S. 52.

43 Vgl. Wiswede, G. (1981), Sozialpsychologische Aspekte der Präferenzbildung, in: Tietz, R. (Hrsg.), Wert- und Präferenzprobleme in den Sozialwissenschaften, Berlin, S. 84.

44 Vgl. Tietzel, M. (1988), a.a.O., S. 52.

um daran anschließend auf die Begriffsbestimmung von Präferenzen, deren zeitlichen Konsistenz und den eigentlichen Prozeß der Präferenzbildung einzugehen.

2.3 Zur Theorie der Präferenzen

Präferenzen sind in der Regel nicht direkt beobachtbar. Dennoch lassen sich eine Vielzahl von „*Spuren*“ erkennen, die nahe an den zu erfassenden Wünschen der Individuen angesiedelt sein können.[45] Nahe bei den Präferenzen auftretende Spuren liefern jedoch nicht notwendigerweise bessere Indikatoren, weil es durchaus möglich ist, daß die Präferenzen verzerrt wiedergegeben und weiter entfernte Spuren leichter empirisch erfaßbar sind. Offensichtlich gibt es jedoch eine Vielzahl von Hinweisen und Anhaltspunkten, von denen auf die Präferenzen der Individuen geschlossen werden kann. Entsprechend bieten sich viele unterschiedliche Ansätze und daraus abgeleitete Methoden zur direkten und indirekten Präferenzerfassung.[46]

Die Illustration von beobachtetem Verhalten und die Erklärung intentionaler Verhaltensweisen kann in der Regel nur Gegenstand einer allgemeinen Präferenztheorie sein. Es kann vorweggenommen werden, daß eine solche Theorie der Präferenzen, die jegliche Verhaltensanomalien[47], ihre zugrunde liegenden Handlungsmuster[48] und die damit verbundene Problematik intrapersonaler und präferenzethischer Nutzenvergleiche[49] zu erklären vermag, nicht existiert.[50] Bevor jedoch auf den Begriff der Präferenz eingegangen wird, werden die der Präferenzäußerung vor- bzw. nachgelagerten Wahrnehmungsfilter genauer betrachtet.

---

45 Vgl. Frey, B. S., Pommerehne, W. W. (1982), a.a.O., S. 400.

46 Vgl. Pommerehne, W. W. (1987), a.a.O., S. 20 f., Becker, W., Gretschmann, K., Mackscheidt, K. (1992), a.a.O., S. 24-84 und Pommerehne, W. W., Römer, A. U. (1992), Ansätze zu Erfassung der Präferenzen für öffentliche Güter: Ein Überblick, in: Jahrbuch für Sozialwissenschaft, Nr. 43, S. 171-210.

47 Vgl. Eichenberger, Reinhard (1992), Verhaltensanomalien und Wirtschaftswissenschaften, Herausforderung, Reaktionen, Perspektiven, Deutscher Universitäts Verlag, Wiesbaden, S. 39 f., Eichenberger, R., Frey, B. S. (1990), Entscheidungsanomalien, in: WiSt, Heft 6, S. 270 und Frey, B. S. (1989), Zur Bedeutung entscheidungstheoretischer Anomalien für die Ökonomik, in: Jahrbücher für Nationalökonomie und Statistik, Vol. 206, S. 81-101.

48 Es ist unbekannt, mit welcher relativen Gewichtung und Wirkungsdauer biologische, soziale und individuelle Faktoren die Präferenzen von Personen prägen. Vgl. Tietzel, M. (1988), a.a.O., S. 64.

49 Vgl. Tietzel, M. (1988), a.a.O., S. 67.

50 Vgl. Tietzel, M. (1983), Wirtschaftstheorie als allgemeine Theorie des menschlichen Verhaltens: Eine Analyse der New Home Economics, in: Zeitschrift für Wirtschaftspolitik, Vol. 32, S. 233 f.

2.3.1 Attitüden, Einstellungen und darüber hinaus

Die öffentliche Meinung wird in der Regel mehr durch vorgeprägte Formeln und Schlagworte als durch sachliche Informationen gesteuert. In der bereitwilligen Aufnahme derartiger vorgeprägter Ansichten und stereotyper Formeln zeigt sich die jedem Menschen innewohnende Scheu, vor sich selbst oder vor anderen, sein Nichtwissen einzugestehen. Dieser intrapersonelle Vorgang vollzieht sich dabei jedoch weder absichtlich noch bewußt. Die Individuen wiegen sich vielmehr in dem Gefühl, einen persönlichen Standpunkt zu einem Sachverhalt zu beziehen. Außerdem werden aufgrund von sogenannten selektiven Wahrnehmungsfiltern solche Informationen verstärkt aufgenommen, die die eigenen Vorstellungen und Vorurteile bestätigen.

Das Verhalten von Bürgern und Wirtschaftssubjekten wird vornehmlich mit Hilfe eines soziologischen bzw. sozio-psychologischen Analyseinstrumentariums ermittelt. Besondere Bedeutung kommt dabei den wechselseitigen Einflüssen von Individuen, Gruppen, Einstellungen und Motiven im sozialen Umfeld sowie den Eigengesetzlichkeiten sozialer Institutionen zu.[51] Auf dem Gebiet der Erfassung von Bürgerpräferenzen offenbart sich eine Verbindung von unterschiedlichen Forschungsfeldern: der Ökonomie[52] und der Psychologie.[53] D. Frey spricht in diesem Kontext von der *„Ökonomischen Psychologie"* bzw. *„Psychologischen Ökonomie"*[54], die in den vergangenen Jahren einen beachtlichen wissenschaftlichen Stand erreicht hat.[55]

Die neue methodische Ausrichtung psychologischer und ökonomischer Verhaltensforschung stellt einen geglückten Fall einer Interdisziplinarität dar, wie er auf anderen Gebieten der Sozialwissenschaft nur selten anzutreffen ist. Psychologisch-wissenschaftliche Erkenntnisse werden dadurch gewonnen, daß aus Beobachtungen Theorien und Hypothesen aufgestellt werden, die im Experiment oder einer kontrollierten empirischen Untersuchung geprüft und anhand ihrer Ergebnisse weiterentwickelt, modifiziert bzw. verworfen werden.[56] In der Psychologie ist der Verhaltensbegriff - insbesondere bezogen auf den Menschen - nicht eindeutig definiert. Vereinfacht be-

---

51 Vgl. Schmölders, G. (1960), a.a.O., S. 11 f. und Schmölders, G. (1969), Ansätze zu einer Finanzpsychologie, in: Recktenwald, H. C. (Hrsg.), Finanzpolitik, S. 78.

52 Vgl. Schmölders, G. (1962), Volkswirtschaftslehre und Psychologie, Berlin.

53 Vgl. Herkner, W. (1991[5]), Sozialpsychologie, Bern, Stuttgart, Toronto.

54 Vgl. Frey, B. S. (1994), Ökonomie und Psychologie: Die wirtschaftswissenschaftliche Perspektive, in: Smekal, C., Theurl, E. (Hrsg.), a.a.O., S. 108 f.

55 Vgl. Frey, D., Gülker, G. (1988), Psychologie und Volkswirtschaftslehre: Möglichkeiten einer interdisziplinären Zusammenarbeit, in: Boettcher, E., Herder-Dorneich, P., Schenk, K.-E. (Hrsg.), Jahrbuch für Neue Politische Ökonomie, Band 7, Tübingen, S. 168 f. und Kirsch, G. (1983[2]), Neue Politische Ökonomie, Fribourg.

56 Vgl. Frey, B. S. (1994), a.a.O., S. 109-114 f.; Praag, van, B. M. S. (1985), a.a.O., S. 289-311.

zeichnet Verhalten das, was der Organismus macht, tut oder sagt.[57] Der Mensch ist von Natur aus Nutzenmaximierer.[58] Er ist dies zu Hause genauso wie in seinem Büro oder in seiner Freizeit.[59] Nutzenmaximierende Individuen, die, *„[...] untechnisch gesprochen [...] genau wissen, was sie wollen und wie sie dies mit ihren Mitteln und in ihrer Umgebung so gut wie nur irgend möglich erreichen können [...]“*[60], spiegeln die formalen und inhaltlichen Prämissen[61] der deskriptiven ökonomischen Entscheidungstheorie wider.[62] Die Vorstellungen darüber, an welchen Stellen des individuellen Entscheidungsprozesses verhaltensbestimmende Faktoren angesiedelt sind, divergieren indes in der wissenschaftlichen Lehrmeinung.[63]

Das Verhalten von Individuen ist zunächst von allgemeinen Grundhaltungen (*Attitüden*) und verinnerlichten Haltungen (*Einstellungen*) gegenüber allen nur denkbaren sozialen, psychologischen, kognitiven und normativen Phänomenen, die auf das konkrete Verhalten und Handeln selektierend bzw. disponierend einwirken, bestimmt. Auf der Basis sich daraus ableitender Vorziehenswürdigkeiten und Bevorzugungen (*Präferenzen*), die „[...] *relative Bewertungen von Handlungsalternativen durch einen Handelnden im Lichte seiner Ziele [...]*“[64] darstellen, wird das Verhalten der Individuen aus der Bereitschaft, innerhalb eines bestimmten Zeitrahmens und unter Berücksichtigung spezieller situationaler Rahmenbedingungen, eine spezielle Verhaltensweise zu wählen (*Handlungsabsicht*), bestimmt. Hinsichtlich der Erklärung von individuellen Verhaltensweisen gilt es im folgenden die zuvor schemenhaft skizzierten verhaltensbestimmenden Größen menschlichen Handelns zu spezifizieren.

---

57 Vgl. Witte, E. H. (Hrsg.) (1992), Einstellung und Verhalten, Beiträge des 7. Hamburger Symposiums zur Methodologie der Sozialpsychologie, Braunschweiger Studien zur Erziehungs- und Sozialarbeits-Wissenschaft, Braunschweig.

58 Vgl. Neumann, J. V., Morgenstern, O. (1949), Theory of Games and Economic Behaviour, Princeton.

59 Vgl. Lewis, A., Webley, P., Furnham, A. (1995), The New Economic Mind: The Social Psychology of Economic Behaviour, Harvester Wheatsheaf , New York, S. 6 f., Tietzel, M. (1988), a.a.O., S. 40, Stigler, G. J. (1981), Economics or Ethics?, in: The Tanner Lectures on Human Values, Vol. II, Cambridge, S. 188.

60 Vgl. Tietzel, M. (1988), a.a.O., S. 40.

61 Zur Kritik dieser Prämissen vgl. Nisbett, R., Ross, L. (1980), Human Inference: Strategies and Shortcomings of Social Judgment, Englewood Cliffs (N. J.) und Simon, H. A. (1957), A Behavioral Model of Rational Choice, in: ders.: Models of Man, New York, S. 241-260.

62 Vgl. Eisenführ, Franz, Weber, Martin (1993), Rationales Entscheiden, S. 2.

63 Vgl. Schelling, T. C. (1984), Self-Command in Practice, in Policy, and in a Theory of Rational Choice, in: American Economic Review, Vol. 74, Papers and Proceedings, S. 8.

64 Vgl. Tietzel, M. (1988), a.a.O., S. 55 f.

Allgemeine Einstellungen von Individuen und Gruppen werden in der empirischen Sozialforschung als Attitüden bezeichnet.[65] Attitüden stellen bestimmte Haltungen oder innere Einstellungen dar, die das Verhalten eines Individuums in hohem Maße bestimmen.[66] In einer abgegrenzten Begriffsbestimmung sind Attitüden „[...] *durch Erfahrung geformte geistseelische Bereitschaftszustände, die die Reaktionen der Individuen auf Objekte und Situationen, mit denen sie konfrontiert werden, beherrschend oder dynamisch beeinflussen*".[67] Sie beschreiben damit die menschliche Gesinnung, die innerlich zu bestimmten Problemen, Chancen oder Situationen eingenommen wird.[68] Lewis formuliert dazu, *„[...] that attitudes are learned, that they are not ephemeral and that they constitute a disposition rather than an act in itself."* [69] Für ihn haben Attitüden grundsätzlich keine erklärende Funktion (*„[...] no explanatory function in their own right [...]"* [70]) und beinhalten stets kognitive, affektive und konotative Elemente. Die fehlende eindeutige Begriffsabgrenzung von Attitüden zu Präferenzen offenbart Unwägbarkeiten bezüglich einer definitorischen Abgrenzung, die noch weiterer Forschungsanstrengungen bedürfen.[71]

Konträr zu Attitüden umfassen Einstellungen eine Gesinnung, die eine verinnerlichte Haltung gegenüber allen nur denkbaren Prozessen darstellen, aber auf das

---

65 Vgl. Fishbein, M. (1967), A Consideration of Beliefs and Their Role in Attitude Measurement, in: Fishbein, M. (Hrsg.): Readings in Attitude Theory and Measurement, New York, S. 257-266, Fishbein, M. (1967), Readings in Attitude Theory and Measurement, New York und Thurstone, L. L. (1928), Attitudes Can Be Measured, in: American Journal of Sociology, No. 33. S. 529 f.

66 Eine Definition findet sich in: Summer, G. F. (1977), Attitude Measurement, London, S. 2.

67 Vgl. Allport, G. W. (1935), Attitudes, Handbook of Social Psychology, Worcester und Schmölders, G. (1981), a.a.O., S. 125.

68 Vgl. Tesser, A., Shaffer, D. R. (1990), Attitudes and Attitude Change, in: Rosenzweig, M. R., Porter, L. W. (Hrsg.), Annual Review of Psychology, Vol. 41, Palo Alto, S. 480 f., Hamman, P., Erichson, B. (1994^3), Marktforschung, Stuttgart, S.266 f., Stahlberg, D., Frey, D. (1990), Einstellungen I: Struktur, Messung und Funktionen, in: Stroebe, W., Hewstone, M., Codol, J.-P., Stephenson, G. M. (Hrsg.), Sozialpsychologie - Eine Einführung, Berlin u.a., S. 147; Trommsdorff, V. (1993^2), Konsumentenverhalten, hrsg. von Köhler, R., Meffert, H., Stuttgart, S. 142 ff.; Doll, J. (1992), Theoretische Überlegungen zur Bedeutung unterschiedlicher Einstellungsgrundlagen: Kognitiv-, affektiv-konstruktiv- und affektiv-erlebnis-basierte Einstellungen, in: Witte, E.-H. (Hrsg.), Einstellung und Verhalten, Beiträge des 7. Hamburger Symposiums zur Methodologie der Sozialpsychologie, Braunschweiger Studien zur Erziehungs- und Sozialarbeits-Wissenschaft, Braunschweig, S. 63.

69 Vgl. Lewis, A. (1982), The Psychology of Taxation, Oxford, S. 225.

70 Vgl. Lewis, A. (1982), a.a.O., S. 226 ff.

71 Vgl. Ajzen, I., Fishbein, M. (1980), Understanding Attitudes and Predicting Social Behavior, New Jersey. Siehe auch Ajzen, I., Madden, T. J. (1986), Prediction of goal directed behavior: attitudes, intentions and perceived behavioral control, in: Journal of Experimental Social Psychology, Vol. 22, S. 453-474.

konkrete Verhalten und Handeln einwirken.[72] Einstellungen sind somit einerseits das Ergebnis von Selektionsprozessen, die sich die Individuen im Sozialisationsprozeß aus der fast unendlichen Vielfalt möglicher Denk-, Kognitions- und Verhaltensweisen zu eigen machen, andererseits bilden sie aber auch die Basis dafür, relativ sicher reagieren und handeln zu können.[73] Insofern können Einstellungen *„[...] gegenstandsbezogene, erfahrungsbedingte und systemabhängige Verhaltensdeterminanten"*[74] umschreiben, die in empirischen Untersuchungen Urteils-, Leistungs- und *„Real-Life"*-Verhalten bestimmen.[75]

Aus finanzpsychologischer Sicht beschreiben Einstellungen wertende Einschätzungen durch Personen, die auf kognitive und emotionale Elemente zurückgeführt werden können.[76] Während das kognitive Element[77] ein verstandesmäßiges Urteil beinhaltet, sind emotionale Faktoren komplexe und schnell ablaufende Vorgänge bzw. Zustände.[78] Die Erforschung von Einstellungen zielt zum einen sowohl auf die Sondierung genetischer und anthropologischer Wurzeln der Wahrnehmungs- bzw. Verhaltenssteuerung, zum anderen aber auch auf die Herausbildung spezifischer Einstellungen im sozialen und kulturellen Wandel, die in verschiedenen Gesellschaftstypen, Sozialschichten und Altersstufen verankert sind.

---

72 Vgl. Six, B. (1980), Das Konzept der Einstellung und seine Relevanz für die Vorhersage des Verhaltens, in: Petermann, F. (Hrsg.), Einstellungsmessung-Einstellungsforschung, Göttingen, S. 55.

73 Vgl. Thurstone, L. L. (1928), Attitudes Can Be Measured, in: American Journal of Sociology, No. 33, S. 529-554 und Breitung, A. (1979), Kritische Analyse der Validitätsproblematik von Verfahren der Einstellungsmessung - Ein methodologischer Beitrag, in: Meffert, H., Steffenhagen, H., Freter H. (Hrsg.), Konsumentenverhalten und Information, Schriftenreihe Markt und Marketing, Wiesbaden, S. 209 und Tesser, A., Shaffer, D. R. (1990), a.a.O., S. 479 f.

74 Vgl. Roth, E. (1967), Einstellungen als Determinanten individuellen Verhaltens, Göttingen, S. 43 und Scott, W. A. (1968), Attitude measurement, in: Lindzey, G., Aronson, E. (Hrsg.), The Handbook of Social Psychology, Vol. II, Massachusetts, S. 204-273.

75 Vgl. Klapprott, J. (1975), Die Anatomie von Einstellungen - Empirische Ergebnisse zur Feinstruktur einer Einstellung, hrsg. von dem Sonderforschungsbereich Sozialisation- und Kommunikationsforschung, Band 2, Stuttgart, S. 1.

76 Vgl. Tesser, A., Shaffer, D. R. (1990), a.a.O., S. 480 f.; Hamman, P., Erichson, B. (1994[3]), a.a.O., S.266 f.; Stahlberg, D., Frey, D. (1990), a.a.O., S. 147; Trommsdorff, V. (1993[2]), a.a.O., S. 142 ff. Bei Berücksichtigung konativer Elemente handelt es sich um die „Drei-Komponenten-Theorie". Vgl. Doll, J. (1992), a.a.O., S. 63.

77 Vgl. Zeithaml, V. A., (1988), Consumer Perceptions of Price, Quality, and Value: A Means-End Model and Synthesis of Evidence, in: Journal of Marketing, Vol. 52, S. 5, Brockhoff, K. (1993[3]), Produktpolitik, Stuttgart S. 42 ff. Einen Überblick vermittelt Böcker, F. (1986), Präferenzforschung als Mittel marktorientierter Unternehmensführung, in: zfbf, Jg. 38, Nr. 7/8, S 555. Wechselbeziehungen finden sich bei Nieschlag, R., Dichtl, E., Hörschgen, H. (1988[15]), Marketing, Berlin, S. 110 und Stahlberg, D., Frey, D. (1990), a.a.O., S. 159.

78 Vgl. Fishbein, M. (1967) (Hrsg.), Readings in Attitude Theory and Measurement, New York, S. 257 ff. Einen Literaturüberblick findet sich bei Kroeber-Riel, W. (1992[5]), Konsumentenverhalten, München, S. 99 ff und Doll, J. (1992), a.a.O., S. 69 ff.

Konträr zu den zuvor betrachteten und definitorisch abgegrenzten Einstellungen bestimmen Präferenzen Vergleichsreaktionen, durch die ein Individuum unterschiedliche Zustände im Hinblick auf ihre subjektive Wünschbarkeit ordnet,[79] wobei die im Sozialisierungsprozeß entwickelten Wertvorstellungen[80] der Individuen implizit enthalten sind.[81] Im Kontext individueller Präferenzbestimmung handeln Individuen insofern stets eigennützig und wählen aus verschiedenen Handlungsalternativen anhand der sich ergebenden Implikationen diejenigen Alternativen aus, die ihnen aufgrund nutzenmaximierender Überlegungen am vorteilhaftesten erscheinen.[82] Sie handeln zudem rational[83], was im Sinne der traditionellen Wohlfahrtsökonomie bedeutet, daß ein Individuum in einer gegebenen Situation immer diejenige Verhaltensalternative wählen wird, die seinen Präferenzen am ehesten entspricht bzw. von der es erwartet, daß sie seinen Nutzen maximiert bzw. optimiert.[84]

In definitorischer Abgrenzung können Präferenzen als Bevorzugungen charakterisiert werden, die „[...] *relative Bewertungen von Handlungsalternativen durch einen Handelnden im Lichte seiner Ziele [...]*“[85] darstellen. Es handelt sich dabei um einen Begriff der modernen Wirtschaftstheorie für Verhaltensweisen von Nachfragern, die zur Differenzierung von an sich gleichen Gütern dienen.[86] Aus der Vorliebe eines Menschen gegenüber dem Nutzen aus verschiedenen Gütern ergibt sich somit für seine Entscheidung eine Rangordnung der Wünschbarkeit von Gütern, Maßnahmen oder Alternativen (Präferenzordnung).[87]

Nach der obigen Nominaldefinition reflektiert die Präferenz eines Individuums einen subjektiven mehrstelligen Relationsbegriff. Er kann als mehrstellig bezeichnet werden, weil ein Handelnder eine Vielzahl von Handlungsfolgen im Vergleich zu den Folgen einer oder mehrerer anderer Handlungen präferiert. Er ist subjektiv, weil der Maßstab für die Präferierung bestimmter Handlungen gegenüber anderen die jeweilige Wirkung auf die subjektive Zielsetzung widerspiegelt.[88]

79 Vgl. Lehner, F. (1981), Einführung in die Neue Politische Ökonomie, Königstein/ Taunus, S. 14.
80 Vgl. Lehner, F. (1981), a.a.O., S. 10 und Fritsch, M. et. al. (1993), a.a.O., S. 12.
81 Vgl. Kirchgässner, G. (1991), a.a.O., S. 13 f.
82 Vgl. Fritsch, M. et. al. (1993), a.a.O., S. 11.
83 Vgl. Kirchgässner, G. (1991), a.a.O., S. 17 und Kirsch, G. (1993[3]), Neue Politische Ökonomie, Düsseldorf, S. 6 ff.
84 Vgl. Fritsch, M. et. al. (1993), a.a.O., S. 247 f.
85 Vgl. Tietzel, M. (1988), a.a.O., S. 55 f.
86 Vgl. Fritsch, M. (1993), S. 247 f.
87 Vgl. Brösse, U. (1992[6]), Allgemeine Volkswirtschaftslehre - Mikroökonomie, Aachen, S. 141 f.
88 Vgl. Scherborn, G. (1981), Methoden und Chancen einer Beeinflussung der Konsumenten zur rationalen Überprüfung von Präferenzen, in: Tietz, R. (Hrsg.) (1981), Wert- und Präferenzprobleme in den Sozialwissenschaften, Berlin, S. 172.

In letzter Konsequenz bestimmen also Präferenzen Vergleichsreaktionen, durch die ein Individuum unterschiedliche Zustände im Hinblick auf ihre subjektive Wünschbarkeit ordnet. Grundsätzlich handeln die Individuen aufgrund eigener Interessen und die Bewertung von Handlungsalternativen erfolgt anhand einer taxierenden Nutzen- und Kostenabwägung.

Hinsichtlich einer umfassenden Begriffsbestimmung und spezifischen wissenschaftstheoretischen Einordnung von Präferenzen bedarf es einer ordinalen und kardinalen Abgrenzung des Präferenzbegriffs. Während die ordinale Präferenzbestimmung eine reine Rangordnung reflektiert, die nichts über das Ausmaß der Vorziehenswürdigkeit einer Alternative aussagt, liegen kardinale Präferenzausprägungen auf einem metrischen Skalenniveau vor und kennzeichnen, in welchem Ausmaß eine Alternative einer anderen vorgezogen wird. Ordinale Präferenzen sind somit als subjektive Vorziehenswürdigkeiten von Alternativen ohne große Probleme und ohne großen Aufwand valide, reliabel und objektiv auf direktem Wege meßbar.[89] Der größte Vorteil von ordinalen Präferenzurteilen liegt in dem relativ geringen Anforderungsprofil an die Befragten.[90] Kardinale Bewertungen können dagegen nur auf der Basis hoher Anforderungen an die Befragungsteilnehmer vorgenommen werden. Sie bestimmen in diesem Fall nicht nur die relative Vorziehenswürdigkeit, sondern die Respondenten müssen auch ein differenziertes Urteil mittels einer exakten Präferenzbekundung abgeben.

Auf der Basis von unterschiedlichen Einstellungen und Präferenzen lassen sich die Handlungsabsichten der Individuen ableiten. Handlungsabsichten kennzeichnen die Bereitschaft der Individuen, innerhalb eines bestimmten Zeitrahmens und unter Berücksichtigung spezieller situationaler Rahmenbedingungen, eine spezielle Verhaltensweise auszuwählen. Sie unterscheiden sich von Präferenzen durch die Berücksichtigung solcher Rahmenbedingungen, zu denen neben zeitlichen Faktoren, oft auch finanzielle Einschränkungen der Bürger gezählt werden (Budgetbeschränkung).[91] Die Bildung einer Handlungsabsicht ist in den traditionellen Darstellungen zwischen der Präferenzbildung und dem tatsächlichen Verhalten angesiedelt[92], wobei es jedoch

---

89 Vgl. Schnell, R., Hill, P. B., Esser, E. (1995[5]), Methoden der empirischen Sozialforschung, München, Wien, S. 132 f. und Dillon, W. R., Kumar, A., Smith de Borrero, M. (1993), Capturing Individual Differences in Paired Comparisons: An Extended BTL Model Incorporating Descriptor Variables, in: Journal of Marketing Research, Vol. 30, S. 42.

90 Vgl. Pan, Y., Lehmann, D. R. (1993), The Influence of New Brand Entry on Subjective Brand Judgements, in: Journal of Consumer Research, Vol. 20, S. 78 f. und Bortz, J. (1984), Lehrbuch der empirischen Forschung für Sozialwissenschaftler, Berlin u.a., S. 99.

91 Vgl. Olshavsky, R. W. (1985), Perceived Quality, in: Consumer Desicion Making: An Integrated Theoretical Perspektive, in: Jacoby, J., Olson, J. (Hrsg.), Perceived Quality, Lexington u.a., S. 17.

92 Vgl. Howard, J. A., Sheth, J. N. (1969), The Theory of Buyer Behavior, New York, S. 132, Bökker, F. (1986), a.a.O., S. 552 und Nieschlag, R, Dichtl, E., Hörschgen H. (1988), a.a.O., S. 162 f.

möglich ist, daß Handlungsabsichten unabhängig von Präferenzen entstehen. Dies wäre aus steuer- und finanzpsychologischer Sicht dann der Fall, wenn die Individuen eine Handlungsabsicht beispielsweise in der folgenden Weise äußern: „*Wenn ich meine staatliche Abgabenlast reduzieren könnte, dann würde ich dem Staat Steuern vorenthalten*", ohne bereits zu diesem Zeitpunkt eine genaue Präferenz für eine bestimmte Steuerart benannt zu haben, die sie dem Staat vorenthalten würden. In diesem Fall stehen zwar die wesentlichen Kriterien fest, eine endgültige Bindung erfolgt aber erst im konkreten Fall der legalen bzw. illegalen Steuerhinterziehung.

Resümierend ist festzustellen, daß in den letzten Jahrzehnten sozialpsychologischer Forschung detaillierte Kenntnisse darüber gewonnen wurden, unter welchen Bedingungen Einstellungen gute Prädiktoren tatsächlichen Verhaltens darstellen. Die populärsten Modelle über den Zusammenhang zwischen Einstellungen und Verhalten sind das Modell des überlegten Handelns von Fishbein und Ajzen (1975)[93] und das erweiterte Modell des geplanten Verhaltens von Ajzen und Madden (1986).[94]

2.3.2 Der Prozeß der Präferenzbildung

Im folgenden gilt es, den eigentlichen Prozeß der Präferenzentstehung näher zu analysieren und danach zu fragen, wie Präferenzen in ökonomischen Handlungserklärungen zu behandeln sind. Auch wenn für die Erklärung menschlichen Verhaltens detaillierte Kenntnisse über die Entstehung und Bildung von Präferenzen nicht unbedingt erforderlich sind, erscheint es dennoch sinnvoll zu ergründen, wie individuelle Präferenzen als gegebene Größen in wirtschaftstheoretische Überlegungen und Modelle eingehen[95] und inwieweit diese Erkenntnisse bei der Präferenzäußerung bedeutsam sind. Lewis fordert hierzu eine umfassende Berücksichtigung der Präferenztheorie und einen Rückbezug auf die Entstehung von exogenen und endogenen Präferenzen.[96]

---

93 Vgl. Fishbein, M., Ajzen, I. (1975), Belief, attitude, intention, and behavior: An introduction to theory and research, Massachusetts.

94 Vgl. Ajzen, I., Madden, T. J. (1986), Prediction of goal directed behavior: attitudes, intentions, and perceived behavioral control, in: Journal of Experimental Social Psychology, Vol.22, S. 453 f.

95 Vgl. Wiswede, G. (1981), a.a.O., S. 83.

96 Vgl. Lewis, A. (1982), a.a.O., S. 2 f.

2.3.2.1 Erklärungsansatz und Theoriebildung

In der Beurteilung ökonomischer und finanzpsychologischer Präferenztheorien schreibt Tietzel, daß intentionale Erklärungen individueller Handlungsentscheidungen „[...] *stets auf Annahmen über Ziele und daraus folgende Präferenzen der Handelnden Bezug nehmen* [...]“[97] müssen. Eindeutige Illustrationen und Interpretationen von Handlungserklärungen erscheinen insofern nur dann überzeugend und nachvollziehbar, wenn die ihnen zugrunde liegenden Präferenzen aus einer allgemeinen und bewährten Theorie der Präferenzen abgeleitet werden, mithin Präferenzen also nicht nur bekundet sind, sondern ihre Existenz auch implizit fundiert und gesichert ist.

Unterschiedliche Erklärungsansätze und Theoriegebäude zur Entstehung, Veränderung und Behandlung von Präferenzen ziehen in der Regel endogene und exogene erklärende Variablen heran.[98] Wenngleich eine grundlegende Theorie der Entstehung von Präferenzen nicht existiert, werden im folgenden die wesentlichen formalen und inhaltlichen Voraussetzungen und Axiome über Präferenzentstehungsmotive sowie die existierenden Ansätze zur Erklärung dieser Präferenzen betrachtet. Die Präferenzforschung beschäftigt sich vornehmlich mit dem Prozeß der informationsgestützten Präferenzbildung[99], um gleichermaßen Verhaltensentscheidungen, Handlungsmuster und Präferenzprofile erklären zu können.[100]

Die Entstehung von Präferenzen kann grundsätzlich auf die biologische Evolution, auf Einflüsse der sozialen Umgebung sowie auf individuelles Lernen und Entscheiden der Individuen zurückgeführt werden.[101] Entsprechende Theorien zur Entstehung und Veränderung von Präferenzen behandeln in erster Linie exogene und endogene erklärende Variablen, wobei zum gegenwärtigen Zeitpunkt jedoch weitgehend unbekannt ist, wie und mit welchem Gewicht diese Größen die individuellen Präferenzen determinieren.[102] Erkenntnisse über Entstehungsgründe können dennoch für die Wirtschaftstheorie im allgemeinen und die finanzpsychologische Verhaltensforschung im besonderen hilfreich und nützlich sein, um beobachtete und ermittelte Präferenzen und deren Profile als Folgen eines ganzen Spektrums von Handlungsmotiven, die von

---

97 Vgl. Tietzel, M. (1988), a.a.O., S. 67.

98 Vgl. Hadari, S. A. (1987), What are Preference Explanations? The Interpretetive Core of Economic Modeling, in: Social Science Quarterly, Vol. 68, No. 2, S. 353.

99 Vgl. Kroeber-Riel, W. (1992[5]), a.a.O., S. 405 ff, und Kardes, F. R, Kalyanaram, G., Chandrashekaran, M., Doroff, R. J (1993), Brand Retrieval, Consideration Set Composition, Consumer Choice, and the Pioneering Advantage, in: Journal of Consumer Research, Vol. 20., No. 1, S. 63.

100 Vgl. Böcker, F. (1986), a.a.O., S. 551.

101 Vgl. Hayek, F. A. von (1979), Die drei Quellen menschlicher Werte, Tübingen.

102 Vgl. Tietzel, M. (1988), a.a.O., S. 53 f.

angeborenen und unbewußten Trieben, bis hin zu selbstgewählten, vollständig bewußten Zielen reichen, zu analysieren.

Während bei der exogenen Präferenzbildung Einflüsse betrachtet werden, bei denen die erklärenden Größen von außen (exogen) auf die handelnden Personen einwirken, untersuchen Theorieansätze der endogenen Präferenzbildung die im Lern- und Entscheidungsverhalten der Handelnden angesiedelten kausalen Größen, womit eine Präferenzbildung aufgrund individueller Entscheidungen bezeichnet ist.[103]

2.3.2.2 Die exogene und endogene Präferenzbildung

Die exogene Präferenzbildung erlaubt, bisher nicht beobachtete Verhaltensweisen zutreffend vorherzusagen, da sie auf der Annahme einziger und immer gleicher Präferenzen für die individuelle Gesamteignung basiert, die genetisch angelegt ist und nicht eine bewußte Zielvorstellung darstellt.[104] Insofern ist jede Präferenzäußerung im Verlauf der biologischen Evolution durch einen sehr langfristigen Lernprozeß mit dem Ziel entwickelt worden, die Gesamteignung eines Individuums zu maximieren.[105] Vordergründig werden dabei bestimmte Situationen aufgrund neurologischer Zustände wie Schmerz, Durst, Hunger, Ärger, Freude oder Furcht positiv oder negativ bewertet und stellen als „primäre Verstärker" Verhaltensanreize dar.[106] Doch je seltener solche Mangellagen auftreten, die derartige primäre Verstärkungswirkungen auslösen, um so geringer wird die Verhaltenswirksamkeit „angeborener Präferenzen" und desto stärker wird der Einfluß anderer „Quellen menschlicher Werte".[107] Wie alle anderen *„[...] kaut der westliche Mensch kein Gras wie die Kühe, weil seine genetische Konstitution das ausschließt; er trinkt aber auch kein Tierblut, wie die Massai, weil seine kulturelle Konstitution dies verbietet.*"[108]

---

103 Vgl. Offe, C. (1987), Endogenous Preferences and Institutional Choice, S. 5 f.

104 Offenbar hat das Nachlassen des unmittelbaren Überlebensdrucks ermöglicht, daß Menschen sich den Luxus erlauben können, nicht nur ihren Trieben, sondern frei gesetzten Zielen zu folgen.

105 Für einfache und statische Subsistenzwirtschaften und Menschengruppen scheint es nachvollziehbar, bestimmte universale Verhaltenskonstanten zu geben, doch sind solche Konstanten für Kulturen, die der „Malthusianischen Falle" entronnen sind, nicht zu beobachten. Vgl. Tietzel, M. (1988), a.a.O., S. 54.

106 Vgl. Witt, U. (1987), Individualistische Grundlagen der evolutorischen Ökonomik, Tübingen, S. 113 f. und Stroebe, W., Frey, B. S. (1981), a.a.O., S. 113 f.

107 Vgl. Hayek, F. A. von (1979), a.a.O., S. 23.

108 Vgl. Hirshleifer, J. (1980), Privacy: Its Origin, Function, and Future, in: Journal of Legal Studies, S. 653.

Insgesamt existieren zum gegenwärtigen Zeitpunkt jedoch nur geringe und schemenhafte Erkenntnisse über eine informationshaltige und zugleich bewährte Theorie der sozialen Entstehung von Präferenzen.[109] Während die genetische Anlage und Sozialisation als traditioneller Forschungsansatz gilt, hat die Analyse der Präferenzbildung durch individuelle Entscheidungen, die sogenannte Endogenisierung der Präferenzen, noch eine recht kurze Vergangenheit.[110] Im Sinne endogener Präferenzbildungsansätze, die im Lern- und Entscheidungsverhalten des Handelnden angesiedelte kausale Größen untersuchen, übernimmt das Individuum Mensch in Form eines „*rule following animal*"[111] für sich selbst passive Wertmaßstäbe und schafft seinerseits aktive neue Wertvorstellungen.[112] Vornehmlich können zwei Theorien unterschieden werden, die eine endogene Präferenzbildung zum Gegenstand haben. Zu differenzieren sind Theorien der autonomen Präferenzbildung, die auch die Präferenzen der Menschen als Gegenstand seiner freien Willensentscheidung betrachten, und Theorien der opportunistischen Präferenzbildung, nach denen die Individuen ihre Präferenzen an bestimmten Bezugsgrößen ausrichten.

In der Theorie der autonomen Präferenzbildung erklärt sich die Existenz unmittelbar handlungsleitender Präferenzen - Präferenzen erster Ordnung - aus der Hypothese von Präferenzen „höherer Ordnung", respektive aus Präferenzen für verschiedene Egos.[113] Die Selbstbindung der Individuen erfolgt dabei entweder aus der Erkenntnis ihrer eigenen Willensschwäche bzw. der Unzulänglichkeit ihrer ersten Wahlhandlung, die aufgrund von gesellschaftlichen Moral- und Normvorstellungen unzulässig erscheint, oder aber durch die externe Verunmöglichung von Handlungsalternativen. Harmonisieren komplexe Präferenzsysteme miteinander, weist kein äußeres Anzeichen auf ihre Existenz hin. Erst dann, wenn mindestens zwei Präferenzsysteme in Konflikt miteinander geraten, könnte man bestimmte Verhaltensweisen oder Bekun-

---

109 Unbestritten prägt bzw. „konditioniert" die soziale Umwelt menschliches Verhalten in starkem Maße. Die Menschen sind in den Zwängen des sozialen Zusammenlebens in unglaublicher Weise prägbar, knetbar, modifizierbar, und sie können die unglaublichsten sozialen Prägeformen des „Homo Sapiens" kreieren." Vgl. Popitz, H. (1980), Die normative Konstruktion von Gesellschaft, Tübingen, S. 17.

110 Vgl. Frankfurt, H. H. (1971), Freedom of Will and the Concept of a Person, in: Journal of Philosophy, Vol. 68, S. 5-20 und Weizsäcker, C. C. von (1971), Notes on Endogenous Change of Tastes, in: Journal of Economic Theory, Vol. 3, S. 345-372. Ein Erwachsener, so die Grundidee in der Formulierung von Weizsäcker „[...] *mag über genug Einsicht verfügen, sich selbst zu erziehen und an seinen eigenen Präferenzen zu arbeiten.*"

111 Vgl. Hayek, F. A. von (1975), Die Irrtümer des Konstruktivismus, Tübingen, S. 10.

112 Vgl. Kubon-Gilke, G. (1995), Moralische Kosten und die Endogenisierung von Präferenzen in der Neuen Institutionenökonomik, in: Seifert, E. K., Priddat, B. P. (Hrsg.), Neuorientierungen in der ökonomischen Theorie: Zur moralischen, institutionellen und evolutorischen Dimension des Wirtschaftens, Marburg, S. 277 f.

dungen von Individuen als indirekte Indizien für ihre Existenz auffassen.[114] Insofern handelt es sich hierbei um die Idee der mehrfachen Persönlichkeit, bei der es um alltägliche innere Konflikte etwa der Art geht, daß man zwei Stücke Zucker zum Kaffee nehmen möchte, weil man dessen Süße genießt, zugleich aber auch darauf verzichten will, um die damit verbundenen Kalorien einzusparen.[115]

Schelling plädiert dafür, die Entscheidungstheorie, die erklärt, wie Menschen in Übereinstimmung mit ihren Präferenzen handeln, durch eine Theorie des Selbst-Managements (*Egonomics*[116]) zu erklären. Der einfachste Fall ist der zweier gleichrangiger Präferenzsysteme oder Egos[117], die zu unterschiedlichen Zeitpunkten handlungsleitend sind. In diesem Fall können Präferenzen zu jedem Zeitpunkt durchaus konsistent sein, auch wenn das Verhalten der Handelnden im Zeitablauf widersprüchlich erscheint. Es gibt zahlreiche Beispiele des Selbst-Managements, die zeigen, wie Individuen versuchen, nur eines ihrer Egos auf Dauer handlungsleitend zu machen.[118] So wirkt das Verhalten eines starken Rauchers widersprüchlich und willensschwach, der schwört, nie wieder eine Zigarette anzufassen, aber wenige Stunden später seinen guten Vorsatz aufgibt. Für den Betrachter, der eine solche Handlungsweise erklären will, ist es problematisch, das tatsächlich handlungsleitende Präferenzsystem zu spezifizieren.[119] Eine mögliche Lösung ergibt sich aus der Annahme hierarchisch aufgebauter Präferenzsysteme. Handlungsleitende Präferenzen „erster Ordnung" erfolgen hierbei unmittelbar aus den Vorstellungen der Handelnden vom eigenen „Ich" aus deren Meta- oder übergeordneten Präferenzen „zweiter Ordnung".[120] Verständigt man sich darauf, daß jede Präferenzäußerung bzw. jede gegebene Ebene von Präferenzen

---

113 Vgl. Tietzel, M. (1988), a.a.O., S. 56 ff.

114 Vgl. Winston, G. C. (1980), Addiction and Backsliding: A Theory of Compulsive Consumption, in: Journal of Economic Behavior and Organization, Vol. 1, S. 299. Beispielsweise ist ein Anzeichen die Existenz von „Anti-Märkten", in denen der Nicht-Konsum angeboten wird (Schlankheitsfarmen, Sucht- und Entwöhnungskliniken).

115 Vgl. Tietzel, M. (1988), a.a.O., S. 56.

116 Vgl. Schelling, T. C. (1978), Egonomics, or the Art of Self-Management, in: American Economic Review, Vol. 68, Papers and Proceedings, S. 290-294.

117 Vgl. Schelling, T. C. (1984), a.a.O., S. 6.

118 Vgl. Schelling, T. C. (1980), The Intimate Contest for Self-Command, in: Public Interest, Vol. 60, S. 94-118 und Elster, J. (1979), Ulysses and the Sirens, Cambridge (Mass.), S. 110 f und Boulding, K. E. (1979), Ethics of the Critique of Preferences, in: Finnin, W. M. J., Smith, G. A. (Hrsg.), The Morality of Scarcity, Louisiana, S. 103-111.

119 Für jemanden, der dem Handelnden helfen will, ist es dann ein Problem, zu wissen, welche Präferenzen gelten sollen: Soll er seiner Frau, die eine Schlankheitskur macht, die verlangte Eisbombe servieren oder nicht? Vgl. Tietzel, M. (1988), a.a.O., S. 55 ff.

120 Der passionierte Briefmarkensammler verzichtet darauf, in einem unbeobachteten Moment die blaue Mauritius zu stehlen, obwohl er sie brennend gern besitzen möchte, weil er eine Metapräferenz für Ehrlichkeit seines Verhaltens besitzt. Vgl. George, D. (1983), Meta-Preferences: Reconsidering Contemporary Notions of Free Choice, Philadelphia, S. 92-107.

deduktiv aus der nächsthöheren Präferenzebene vollständig erklärbar ist, dann entsteht ein unendlicher Begründungsregreß, der an irgendeiner Stelle willkürlich abgebrochen werden muß. [121] Eine Erklärung für derartige mehrstufige Präferenzhierachien des menschlichen Verhaltens findet sich bei Thaler und Shefrin in Form einer Theorie der Selbstkontrolle.[122] Individuen entscheiden demnach auf der Basis einer zweistufigen Hierarchie von konstanten Präferenzsystemen, wobei die Präferenzen erster Ordnung („*doer*") strikt egoistisch und kurzfristig orientiert sind, aber dem Einfluß der Formung durch die übergeordneten (langfristigen) Metapräferenzen („*planner*") unterliegen, die das aufgeklärte Eigeninteresse reflektieren.[123]

Im Gegensatz zur Suprarationalität der autonomen Präferenzbildung ist innerhalb der opportunistischen Präferenzbildungstheorie die Veränderung von Präferenzen von bestimmten Bezugsgrößen abhängig.[124] Die handelnden Akteure orientieren sich mit ihren Ansprüchen, Vorstellungen und Präferenzen an ihren tatsächlichen Möglichkeiten *(„Ich kann mir keinen Ferrari leisten, also will ich auch keinen*"). Im Gegensatz zum neoklassischen Modellansatz, in dem die Präferenzäußerung als Ausgangspunkt der Betrachtung nachfolgender Möglichkeitsräume („*constraints*" bzw. „*budget line*") gilt, passen sich die Individuen in diesem Fall per Rededefinition ihren (beschränkten) Möglichkeiten an.

Die Annahme, daß eine Person negative Erfahrungen machen könnte, die in bestimmten Situationen vorgelagerte Präferenzänderungen bedeuten, hat Boulding den „Effekt der Sauren Trauben"[125] genannt. Die Fabel vom Fuchs und den sauren Trauben erinnert daran, daß eine realisierbare Menge die Präferenzen in kausaler Weise bestimmen kann. Der Fuchs, der die süßen und reifen Trauben auf dem Baum nicht erreichen kann, verändert seine bekundete Präferenz dahingehend, daß er die Trauben überhaupt nicht haben möchte, da sie „angeblich" sauer sind. Das Verhalten des Fuchses zeigt, daß ein anscheinend rationales Verhalten auf einer tieferen Ebene durch ge-

---

121 Eine letzte Begründung für das Vorliegen bestimmter Präferenzen gibt es jedoch nicht, sondern nur den willkürlichen Abbruch der Begründungskette an irgendeiner Stelle. Vgl. Tietzel, M. (1988), a.a.O., S. 58. Das Problem zeigt sich wie folgt: Die Deduktion birgt hohe Kosten der Entscheidungsvorbereitung und eigentlichen Entscheidung. Ein Abbruch erfolgt in der Regel in der dritten oder vierten Stufe. Vgl. Elster, J. (1979), a.a.O., S. 110 und Boulding, K. E. (1979), a.a.O., S. 10.

122 Vgl. Thaler, R. H., Shefrin, H. M. (1981), An Economic Theory of Self-Control, in: Journal of Political Economy, Vol. 89, S. 392-406.

123 Der „Planner" setzt sich gegenüber dem „Doer" durch, weil er ihm Verhaltensregeln auferlegt oder bestimmte Verhaltensmöglichkeiten ausschließt. Es zeigt sich jedoch, daß auch unterschiedliche Verhaltensprognosen folgen können, je nachdem, ob man einstufige oder hierarchische Präferenzsysteme voraussetzt. Vgl. Thaler, R. H., Shefrin, H. M. (1981), a.a.O., S. 394 f.

124 Vgl. Tietzel, M. (1988), a.a.O., S. 60.

125 Vgl. Boulding, K. E. (1979), a.a.O., S. 15.

ringer geschätzte Mechanismen geprägt sein kann.[126] Dementsprechend wird sich ein Individuum auf Dauer die psychischen Kosten bzw. Frustrationen ersparen, Dingen nachzujagen, die es aufgrund seiner Möglichkeit persönlich nicht erreichen kann.[127]

Diese zuvor dargestellte „*Subversion der Rationalität*" stellt nach Tietzel eine „[...] *subtile Form des Selbstbetruges dar.*"[128] Grundlage für diesen individuellen Selbstbetrug ist die Theorie der kognitiven Dissonanz[129], die eine menschliche Neigung annimmt, sich in Übereinstimmung mit sich selbst und seiner Umgebung zu befinden. Die Theorie der kognitiven Dissonanz kann als eine der einflußreichsten sozialpsychologischen Theorien bezeichnet werden.[130] Tietzel selbst unterscheidet zwei Formen des Selbstbetruges. Zum einen sieht er den Selbstbetrug durch die selektive Wahrnehmung gemäß dem Grundsatz folgend, daß „[...] *nicht sein kann, was nicht sein darf* [...]"[131]; zum anderen neigen die Menschen seiner Meinung nach dazu, ihre Vergangenheitsentscheidungen als die „*richtigen*" zu rechtfertigen.[132] Die adaptive Präferenzbildung durch die selbstgewählte Definition und die Argumentation mit „psychischen" Kosten (Nutzen) sowie der dadurch entstehende Selbstbetrug führt in der Konsequenz bei den Individuen - und sei es nur im psychischen Bereich - zu Kostenersparnissen bzw. Nutzenerhöhungen und ist für die Erklärung von Verhaltensweisen und deren Behandlung in ökonomischen Handlungsmustern unumgänglich.[133]

---

126 Vgl. Brandt, R. (1979), A Theory of the Good and the Right, Oxford, Kap. 6.

127 Vgl. Windisch, R. (1985), Vermögensmaximierung als ethisches Prinzip?, in: Enderle, G. (Hrsg.), Ethik und Wirtschaftswissenschaft, Berlin, S. 231.

128 Vgl. Tietzel, M. (1988), a.a.O., S. 61.

129 Vgl. Frey, D., Gaska, A. (1993), Die Theorie der kognitiven Dissonanz, in: Frey, D., Irle, M. (Hrsg.), Theorien der Sozialpsychologie 1, Bern, S. 274, Festinger, L. (1957), A theory of cognitive dissonance, Stanford und Cooper, J., Worchel, S. (1970), Role of Undesired Consequences in Arousing Cognitive Dissonance, in: Journal of Personal Social Psychology, Vol. 16, S. 199-206.

130 Die Theorie geht von der Annahme aus, daß Personen ein Gleichgewicht ihres kognitiven Systems anstreben. Vgl. Frey, D. (1987), Kognitive Theorien in der Sozialpsychologie, in: Frey, D., Greif, S. (Hrsg.), Sozialpsychologie - Ein Handbuch in Schlüsselbegriffen, München, S. 50-67.

131 Das Auslöschen der Juden im Zweiten Weltkrieg konnte nicht von Millionen Menschen übersehen werden. Aber sie müssen gewußt haben, daß es irgendeine fürchterliche Erklärung dafür gab; aber solange sie keine Einzelheiten kannten, konnten sie sich sagen, daß sie wirklich nichts wußten. Vgl. Elster, J. (1979), a.a.O., S. 179.

132 Sie schätzen die Nettonutzen von Handlungen, die sie anstelle der tatsächlich vorgenommenen auch hätten durchführen können, systematisch zu niedrig ein. Vgl. Thaler, R. (1980), Toward a Positive Theory of Consumer Choice, in: Journal of Economic Behavior and Organization, Vol. 1, S. 519-539 und Tietzel, M. (1987/88), Zum Problem der Erfolgsbestimmung und der Erfolgsmessung in der Wirtschaftspolitik, in: List Forum 14, S. 23 f.

133 Ein Individuum, das selektiv wahrnimmt, aber vorhandene Informationen vernachlässigt, verzichtet freiwillig auf Realisierungschancen seiner Ziele. Der Affe, der keine realistische Wahrnehmung von dem Ast hatte, nach dem er sprang, war bald ein toter Affe. Vgl. Riedl, R. (1981[3]), Biologie der Erkenntnis - Die stammesgeschichtlichen Grundlagen der Vernunft, Berlin, Hamburg, S. 180.

Deutlich wird an dieser Stelle die Unterscheidung einer „schmalen" und „breiten" Konzeption von Rationalität.[134] In der schmalen Konzeption werden Wünsche und Präferenzen des Handelnden als gegeben betrachtet, so daß die Zielsetzung der Rationalitätstheorie einfach darin besteht, bei ihrer Erfüllung eine größtmögliche Effizienz zu erreichen.[135] In einer umfassenderen Konzeption von Rationalität unterliegen die individuellen Wünsche und Präferenzen einer gewissen Rationalitätsbedingung[136], wobei es vordergründig um die Frage der zugrunde liegenden Rationalität geht.[137] Während die neoklassische Ökonomie die Konstruktion des Homo Oeconomicus zur Erklärung menschlichen Verhaltens[138] in den Mittelpunkt stellt[139], bezieht sich die finanzpsychologische Rationalität[140] auf Einflüsse zwischen Individuen und Gruppen sowie ihre Einstellungen und Motive im sozialen Umfeld.[141]

Elsters Beitrag in der Rationalitätsdebatte kann unter dem Begriff der Selbstbeschränkung subsumiert werden, der auf die These der individuellen Wählbarkeit der Handlungseinschränkungen (*„constraints"*) hinausläuft.[142] Er versucht eine systematische Erkundung der Rationalitätschancen des individuellen und kollektiven Handels[143] und stellt dabei eine Reihe von Schwierigkeiten fest, die sich insbesondere in der Unmöglichkeit der Abschirmung der eigenen Präferenzordnung vor externen Einflüssen, endogenen Wandlungen und dem Problem der zeitlich konsistenten Nutzenverteilung

---

134 In der schmalen Konzeption von Rationalität werden Wünsche und Präferenzen des Handelnden als gegeben betrachtet, so daß das Ziel der Rationalitätstheorie einfach darin besteht, bei ihrer Erfüllung Effizienz zu erreichen. In der breiten Konzeption wird verlangt, daß die Wünsche und Präferenzen selbst einer gewissen Rationalitätsbedingung unterliegen. Vgl. Elster, J. (1983a), Sour Grapes, Studies in the Subversion of Rationality, Cambridge (Mass.), Kap. 1.

135 Vgl. Tietzel, M. (1981), Die Rationalitätsannahme in den Wirtschaftswissenschaften, in: Jahrbuch für Sozialwissenschaft, Vol. 32, S. 115-138.

136 Vgl. Elster, J. (1983), a.a.O., S. 5 f.

137 Vgl. Wiesenthal, H. (1987), a.a.O., S. 21 f. und Elster, J. (1991), Rationality and Social Norms, in: Archives Europėenes de Sociologie, Band 27, S. 109-129.

138 Vgl. Kirchgässner, G. (1993), Hält sich der Homo Oeconomicus an Regeln? Einige Bemerkungen zur Rolle von Normen und Regeln im Rahmen der Konzeption des ökonomischen Verhaltensmodells, in: Boettcher, E., Herder-Dorneich, P., Schenk, K.-E. (Hrsg.), Jahrbuch für Neue Politische Ökonomie, Band 7, Tübingen, S. 181.

139 Vgl. Schoemaker, Paul (1982), The expected utility model: its variances, purposes, evidence and limitations, in: Journal of Economic Literature, Vol. 20., S. 529-563. Zur Kritik vgl. Frey, B. S., Foppa, K. (1986), Human Behaviour: Possibilities explain action, in: Journal of Economic Psychology, No. 7, S. 137-160.

140 Vgl. Offe, C. (1991), Introduction: The Puzzling Scope of rationality, in: Archives Européennes de Sociologie, Band 27, S. 81-83.

141 Vgl. Offe, C. (1991), a.a.O., S. 82 f.

142 Vgl. Wiesenthal, H. (1987), a.a.O., S. 13.

143 Vgl. auch Arrow, Kenneth J. (1986), Rationality of self and others in an economic system, in: Journal of Business, Vol. 59, No. 4, S. 385-399.

äußern.[144] In diesem Zusammenhang zeigt die Episode von Odysseus und den Sirenen[145], daß ein rationaler Mensch manchmal die für ihn realisierbare Menge beschränken wird, um sicherzustellen, daß er sich selbst, wenn es an der Zeit ist, auch für die am meisten bevorzugte Alternative entscheidet.[146]

Der hier dargestellte Fall der adaptiven Präferenzbildung zeigt, daß die erste Präferenz von Odysseus darin besteht, die Sirenen zu hören. Seine zweite Präferenz besagt, daß er die Sirenen nicht hören möchte; folglich möchte er sie also lieber hören als nicht hören. Da er aber die Problematik kennt, *„er würde ins Wasser springen um dem Gesang der Sirenen zu folgen"*, läßt er sich an den Mast seines Schiffes binden. Damit entwickelt Odysseus eine sogenannte Überpräferenz (übergeordnete Präferenzordnung), die besagt, daß es besser ist, nicht dem Klang der Sirenen zu folgen, da er sonst durch den Sprung ins Wasser zu Tode käme. In der Konsequenz bedeutet dies, wenn Odysseus seine erste Präferenz wahrnehmen und gleichzeitig die negativen Folgen (Sprung ins Wasser) nicht tragen möchte, daß er nicht frei über seine eigene Verfügung - seine Präferenzen - entscheiden kann, sondern er muß sich an eine übergeordnete Präferenzordnung binden (hier: an den Mast). Insofern bettet er die freie Präferenzartikulation in eine bestimmte andere Strategie ein, um so seine ursprüngliche Präferenz zu erhalten und die negativen Begleitumstände zu verhindern. Die Vorsichtsmaßnahmen von Odysseus zeigen, wie man sich rational gegenüber seiner vorhersehbaren Irrationalität verhalten kann.[147]

Resümierend zeigt die Betrachtung von alternativen Präferenztheorien, daß bestimmte Verfahrensweisen und Anwendungen der neoklassischen Präferenztheorie zu nicht adäquaten Erklärungen des menschlichen Verhaltens führen.[148] Der neoklassische Ansatz muß als falsifiziert gelten, da seine inhaltlichen Axiome zu speziell sind[149] oder zu tautologischen Erkenntnissen führen. Die Theorien der exogenen und endogenen Präferenzbildung offenbaren dagegen eine Vielzahl von Ansätzen und Einflußgrößen zur Präferenzentstehung, obwohl auch sie nicht erklären können, wie und mit welcher Gewichtung diese Variablen Präferenzprofile determinieren. Offen bleiben zudem eine Reihe von Fragen, die sich aus der Analyse des Präferenzbildungsprozesses erge-

---

144 Vgl. Wiesenthal, H. (1987), a.a.O., S. 116.

145 Vgl. Elster, J. (1987), Subversion der Rationalität, New York, S. 67 f.

146 Vgl. Wiesenthal, H. (1987), a.a.O., S. 21.

147 Vgl. Eichenberger, Reiner, Frey, B. S. (1993), „Superrationalität" oder: Vom rationalen Umgang mit dem Irrationalen, in: Boettcher, E., Herder-Dorneich, P., Schenk, K.-E. (Hrsg.), Jahrbuch für Neue Politische Ökonomie, Band 12, Tübingen, S. 50 f.

148 Vgl. Tietzel, M. (1988), a.a.O., S. 67.

149 Gemeint sind dabei Belegungen der Prädikatvariablen von Nutzenfunktionen. Vgl. Tietzel, M. (1988), a.a.O., S. 67.

ben. So besteht weiterer Handlungsbedarf in der Erforschung von Problemen des intrapersonalen Nutzenvergleichs[150], der Präferenzethik[151] und der Frage, ob es tatsächlich lexikographische Präferenzen[152] gibt, womit qualitativ verschiedene Nutzenarten auf eine eindimensionale Nutzenfunktion zurückgeführt werden können.

2.3.3 Zur zeitlichen Konsistenz von Präferenzen

Üblicherweise wird in der Ökonomie unterstellt, daß individuelle Präferenzen zwar vorgegeben sind, jedoch interindividuell verschieden sind. Wie bereits im vorhergehenden Abschnitt skizziert wurde, versuchen traditionelle ökonomische Ansätze, beobachtete Unterschiede und Veränderungen im Verhalten des menschlichen Individuums zumindest teilweise auf unterschiedliche Präferenzen und auf solche Phänomene wie Gewohnheitsbildung und soziale Interdependenzen zurückzuführen. Diese Form der Verhaltenserklärung ist auf eine unterschiedliche Handhabung des dem Individuum zur Verfügung stehenden Möglichkeitsraums und seiner originären individuellen Präferenzen zurückzuführen.[153]

Konträr zu dieser orthodoxen Auffassung vertreten einige Ökonomen der Chicago-Schule - namentlich Gary S. Becker und George J. Stigler[154] - dezidiert die Auffassung, daß von interindividuell gleichen und zeitlich unveränderten Präferenzen ausgegangen werden sollte[155], weil eine solche Vorgehensweise die beste Voraussetzung für die Ableitung empirisch testbarer Verhaltenshypothesen über das menschliche Verhalten darstellt.[156] Auf der Basis dieser Argumentation erscheint eine Diskussion über Präferenzen somit nicht nur unnötig, sondern sogar schädlich, da sie letztlich nur

---

150 Neben das Problem der interpersonalen Vergleichbarkeit des Nutzens tritt dann auch das seiner intrapersonalen Unvergleichbarkeit sowie analoge Probleme wie das Arrow-Paradoxon für kollektive Abstimmungen. Vgl. Arrow, Kenneth (1951), Social Choice and Individual Values, New York und Arrow, Kenneth J. (1970), The Theory of Risk-Bearing, North-Holland.

151 Vgl. Tietzel, M. (1988), a.a.O., S. 67.

152 Vgl. Goetz, C. J. (1977), Fiscal Illusion in State and Local Finance, in: Borcherding, T. E., (Hrsg.), Budget and Bureaucrats: The Sources of Government Growth, Durham, S, 179.

153 Pommerehne schreibt, wenn „[...] *interindividuelle Präferenzunterschiede und Präferenzänderungen jedoch operationalisiert und besser erfaßt werden können, wäre dies ein großer Schritt, um das ökonomische Verhaltensmodell auch in empirischer Hinsicht zu verbessern.*" Vgl. Pommerehne, W. W. (1987), a.a.O., S. 9.

154 Vgl. Stigler, George J., Becker, G. S. (1977), a.a.O., S. 76 f.

155 Vgl. Becker, G. S. (1976), The Economic Approach to Human Behavior, Chicago und Stigler, George J., Becker, G. S. (1977), a.a.O., S. 77 f.

156 Vgl. Pollak, Robert A. (1978), Endogenous Tastes in Demand and Welfare Analysis, in: American Economic Review, Vol. 68, S. 374-279.

als Ausdruck intellektueller Trägheit zu verstehen ist.[157] Becker und Stigler manifestieren ihre Aussage mit dem Hinweis darauf, daß man über Präferenzen „[...] *aus dem selben Grund nicht diskutiert, aus dem man auch nicht über die Existenz der Rocky Mountains diskutiert*“ [158], beide sind existent und werden auch zukünftig existent sein. Präziser formuliert sind Präferenzen exogen und über alle Wirtschaftssubjekte, Kulturen und Zeiten inhaltlich gleich und konstant.[159] Becker und Stigler kommen zu dem Ergebnis, daß, solange es keine brauchbare Theorie über die Entstehung und Bildung von Präferenz gibt, die traditionelle Argumentation mit ihren unterschiedlichen Präferenzen eine Tautologisierung mikroökonomischer Aussagen darstellt, die durch Ad-hoc-Annahmen[160] über Änderungen von Präferenzen Widersprüche zur ursprünglichen Aussage verschleiert.[161]

In der zuvor geführten Diskussion über die Behandlung von Präferenzen wurde deutlich, daß offensichtlich recht unterschiedliche Ansichten darüber existieren, wie Auswirkungen von oder auf Präferenzen individuelle Verhaltensänderungen beeinflussen. Auch wenn auf der Grundlage einer taxierenden Berücksichtigung unterschiedlichster Argumente kein Grundkonsens über die Behandlung von Präferenzen besteht, so sollte man dennoch Kenneth Boulding zustimmen, der die Vorstellung von Becker und Stigler (die die Existenz exogen gegeben Präferenzen vertreten), die „*Doktrin der unbefleckten Empfängnis der Indifferenzkurve*“[162] als „[...] *eine der absonderlichsten Annahmen in der Ökonomie*“[163] bezeichnet hat.[164] Bestärkt wird die Aussage von Boulding mit einem Beispiel von Marshall[165], der eine Erklärung dafür suchte, warum eine Person im Laufe ihres Lebens tendenziell immer mehr ernste Musik hört.[166] Marshall argumentiert, daß die Präferenzen der Individuen nicht exogen à la Becker und Stigler gegeben sind, sondern daß sich die Hörer klassischer Musik durch ein aufgrund

157 Vgl. Tietzel, M. (1983), a.a.O., S. 225 f. und Becker, G. S. (1982), a.a.O., S. 187.

158 Vgl. Stigler, George J., Becker, G. S. (1977), a.a.O., S. 76.

159 Vgl. Becker, G. S. (1982), a.a.O., S. 162. Demnach besitzen alle Haushalte gleiche Nutzenfunktionen und Verhaltensunterschiede resultieren aus Unterschieden der relativen Preise und der Verfügung über reale Ressourcen. Vgl. Tietzel, M. (1988), a.a.O., S. 41.

160 Vgl. Blaug, M. (1980), The Methodology of Economics, Cambridge, Kapitel 14.

161 Vgl. Penz, Reinhard (1992) G. S. Becker „Economic Approach“ - Anmerkungen zum Nobelpreis 1992, in: Wirtschaftsdienst, Nr. XI, S. 603.

162 Vgl. Tietzel, M. (1988), a.a.O., S. 40.

163 Vgl. Boulding; Kenneth E. (1976), a.a.O., S. 124.

164 Siehe auch Tietzel, M. (1988), a.a.O., S. 41.

165 Vgl. Marshall, Alfred (1972^{8}), Principles of Economics, London, S. 79.

166 So formuliert Marshall: *„Je mehr gute Musik ein Mensch hört, um so stärker wird das Gefallen sein, das er an ihr findet.“* Vgl. Marshall, Alfred (1972^{8}), a.a.O., S. 79.

erhöhtem und vielfachem Musikgenuß gestiegenen „Musikhumankapitals“[167] von den anderen Hörern unterscheiden.[168]

Einen besonderen Stellenwert nimmt in diesem Zusammenhang die Diskussion über die Behandlung von Präferenzen in ökonomischen Handlungserklärungen im Hinblick auf die Durchführung empirischer Untersuchungen ein.[169] Während orthodoxen Ansätzen die Schwierigkeit einer deutlichen Trennung von individuellen Präferenzen und entsprechendem Möglichkeitsraum anhaftet[170], zeigen sich auf der Basis der von Becker und Stigler formulierten Hypothese konstanter Präferenzen erhebliche Vorteile bei der empirischen Präferenzerhebung, da nicht die Gefahr tautologischer Erklärungen besteht.[171] Zudem ermöglicht die Annahme identischer Präferenzen den „[...] *gehaltlosen Ausweg der orthodoxen Auffassung (zu) versperren und zu empirisch testbaren Hypothesen (zu) gelangen.*“[172] Entsprechend der hier skizzierten Polarität finden sich in der Literatur divergierende Ansätze und Verfahren (siehe dazu ausführlicher Kapitel 3) zur empirischen Erfassung von Präferenzen.[173]

Zusammenfassend kann formuliert werden, daß der Unterschied zwischen Bekker und Stigler einerseits und der orthodoxen Auffassung andererseits in der unterschiedlichen Ansiedlung der das Verhalten bestimmenden Präferenzen besteht. Während bei Becker und Stigler die Präferenzen höchst allgemein formuliert werden, meist nur im Sinne des Eigennutzprinzips, und tendenziell im Hintergrund verbleiben, ist es

---

167 Vgl. Tietzel, M. (1988), a.a.O., S. 41; Pollak, Robert A. (1970), Habit Formation and Dynamic Demand Functions, in: Journal of Political Economy, Vol. 78, Chicago, S. 745-763, Gorman, William M. (1967), Tastes, Habits and Choices, in: International Economic Review, Vol. 8, Tokyo, S. 218-222; Philips, Louis (1972), A Dynamic Version of the Linear Expenditure Model, in: The Review of Economics and Statistics, Vol. 54, Cambridge, S. 450 f. und Weizsäcker, C. C. (1971), a.a.O., S. 345 ff..

168 Entkräftend halten Becker und Stigler dagegen, daß die Ergebnisse der Soziobiologie ihre Annahmen verstärken. Vgl. Tietzel, M. (1983a), Wirtschaftstheorie als allgemeine Theorie des menschlichen Verhaltens: Eine Analyse der „New Home Economics“, in: Zeitschrift für Wirtschaftspolitik 32, S. 233 f. Zudem verweisen sie auf das Fehlen einer grundlegenden Theorie von Präferenzen. Vgl. Tietzel, M. (1988), a.a.O., S. 42. Eine damit verbundene Annahme, Modifikationen des ökonomischen Ansatzes würden vielfach an den erforderlichen Kenntnissen vieler Ökonomen scheitern, wird von Stroebe und Frey bestätigt. Vgl. Stroebe, W., Frey, B. S. (1981), a.a.O., S. 126 f.

169 Vgl. Sen, Amartya K. (1972), Behavior and the Concept of Preference, in: Economica, Vol. 40, S. 257.

170 Vgl. Pommerehne, W. W. (1987), a.a.O., S. 9.

171 In dem Fall würde interindividuell unterschiedliches Verhalten vorschnell und ad hoc auf Unterschiede in den Präferenzen zurückgeführt, wobei die an dieser Stelle beschriebenen Unterschiede, unabhängig von unterschiedlichem Verhalten, nicht feststellbar wären.

172 Vgl. Pommerehne, W. W. (1987), a.a.O., S. 9.

173 Vgl. Mitchell, Robert Cameron, Carson, Richard T. (1989), Using Surveys to Value Public Goods: The Contingent Valuation Method, Washington und Pommerehne, W. W. (1987), a.a.O., S. 11.

nach orthodoxer Auffassung dagegen sinnvoll, die individuellen Präferenzen konkret festzulegen, womit sie letztlich einen Beitrag zur Verhaltenserklärung leisten können. In der Konsequenz folgt daraus, daß bei Becker und Stigler nur eine Erfassung der individuellen Nachfrage von Präferenzen möglich ist, während nach orthodoxer Auffassung eine Erfassung der originären Präferenzen stattfindet.

Für die vorliegende Untersuchung werden die Prämissen der orthodoxen Auffassung als grundlegend angenommen, wohlwissend, daß die Axiome der Chicagoer Schule für die Auswertung der empirischen Resultate eine sinnvolle Erweiterung für die Interpretation und Aussagefähigkeit der Untersuchungsergebnisse darstellen. Es ist evident, daß für wissenschaftliche Erkenntnisse über die Entstehung von Präferenzen noch weiterer Forschungsbedarf besteht. Dies ist nicht zuletzt das Ergebnis einer Vielzahl ungeordneter Theorieansätze, Entstehungsmotive und Erklärungsmuster, womit auch der Versuch der Aufstellung einer grundlegenden und umfassenden Theorie der Präferenzen als gescheitert betrachtet werden muß.

Vor diesem - durchaus relativierenden - Hintergrund werden als Voraussetzung für die empirische Präferenzermittlung dieser Untersuchung die wesentlichen Ergebnisse der finanzpsychologischen Präferenzforschung der beiden letzten Dekaden dargestellt, wobei zwischen der Ermittlung von Ausgaben- und Steuer- bzw. Finanzierungspräferenzen unterschieden wird. Die für die nachfolgende Eigenuntersuchung entscheidenden Erhebungen über die Präferenzen der Bürger für staatliche Finanzierungsinstrumente werden aus theoretischer und empirischer Sicht präsentiert.

2.4 Ergebnisse bisheriger Studien

Finanzwissenschaftliche und insbesondere finanzpsychologische Studien zur Ermittlung von Bürgerpräferenzen für staatliche Einnahmen und Ausgaben beschäftigten sich mit der Überprüfung vorformulierter Hypothesen in stark verhaltenswissenschaftlich geprägten Theoriegebäuden.[174] Alle bisherigen Untersuchungen zu Finanzierungs- und Ausgabenpräferenzen weisen enge Beziehungen zueinander auf, hängt doch die Bereitstellung von staatlichen Leistungen nicht unwesentlich von Finanzierungsaspekten und umgekehrt die Akzeptanz der Steuer-, Beitrags- oder Gebührenzahlung in der Bevölkerung von der entsprechenden staatlich bereitgestellten Gegenleistung ab.

174 Vgl. Schmölders, G. (1970), a.a.O., Schmölders, G. (1981), a.a.O., S. 121 f. sowie Katona, G. (1975), Psychological Economics, Amsterdam.

Ein Blick zurück zeigt, daß die Dekade der 70er und Anfang der 80er Jahre überwiegend durch die Ermittlung von Bürgerpräferenzen für staatliche Ausgabenbereiche - Mueller (1963), Citrin (1979), Pommerehne (1987), Becker/ Mackscheidt/ Gretschmann (1992) - geprägt war. In der jüngeren Vergangenheit hat sich der Mainstream weg von der staatlichen Ausgabenseite hin zur Ermittlung von Bürgerpräferenzen für staatliche Finanzierungsinstrumente verlagert. Zur Berücksichtigung wesentlicher Erkenntnisse, Entscheidungsparameter und Determinanten der Präferenzbekundung bedarf es bei der Darstellung von Forschungsergebnissen einer Betrachtung der bekanntesten Studien zur Ermittlung von Bürgerpräferenzen. Basierend auf der Darstellung der grundlegenden Studien zur Ermittlung von Ausgabenpräferenzen und der sich daraus ergebenden Parallelen für die Finanzierungsseite, werden in den darauffolgenden Abschnitten die bekanntesten Untersuchungen für die staatliche Einnahmeseite betrachtet.

Der in der Vergangenheit lange Zeit bestehende „Nihilismus“ bezüglich der Möglichkeit der empirischen Erfassung von Präferenzen für öffentliche Güter erscheint aus heutiger Sicht übertrieben. Wenngleich kein Anlaß besteht, davon zu sprechen, daß die Präferenzen der Bürger eindeutig erfaßt werden können, so führen doch unterschiedliche Ermittlungsverfahren aus mehreren Gründen zu überzeugenden Ergebnissen.[175] Aus theoretischer Sicht führt die Separation spezifischer Einflußfaktoren sowie die Ermittlung von Präferenzprofilen für das staatliche Leistungsangebot zu abweichenden Tendenzen von tatsächlichen Ausgabenstrukturen. Die Aufdeckung „[...] *von Spuren, die zu den individuellen Präferenzen der Bürger führen* [...]“[176] gelingt in den bekanntesten Untersuchungen sogar, obwohl im „[...] *Umgang der Bürger mit öffentlichen Gütern* [...][177] nichtzahlende Nutznießer von der Inanspruchnahme eines öffentlichen Gutes nicht ausgeschlossen (Prinzip der Nicht-Ausschließbarkeit[178]) werden können.

Hinsichtlich der nachfolgend darzulegenden Untersuchungen über die Ermittlung von Präferenzen für die staatliche Ausgabenseite - respektive den wenigen Studien zur Ermittlung von Finanzierungspräferenzen - wird nicht der Anspruch auf Vollständigkeit aller existierenden Untersuchungen erhoben.

---

175 Eine gute Übersicht findet sich bei Pommerehne, W. W. (1987), a.a.O., S. 240 ff. und Becker, W., Gretschmann, K., Mackscheidt, K. (1992), a.a.O., S. 24-83.

176 Vgl. Pommerehne, W. W. (1987), a.a.O., S. 252.

177 Vgl. Pommerehne, W. W. (1987), a.a.O., S. 252.

178 Vgl. Brümmerhoff, D. (1992^6), a.a.O., S. 79.

2.4.1 Präferenzen für staatliche Ausgabenbereiche

Um geäußerte Präferenzen zu erklären, sind die Entscheidungen der Individuen auf mögliche determinierende Bestimmungsfaktoren zurückzuführen. Folgt man der ökonomischen Theorie, kommen hierfür spezifische Variablen wie das individuelle Einkommen, Steuerpreise, Alter, Geschlecht, Ausbildung, vermutete staatliche Ineffizienzen sowie eine Vielzahl weiterer Charakteristika in Frage, die die Präferenzäußerung aufgrund von Restriktionen und Möglichkeiten des befragten Personenkreises beeinflussen. Wenn der Einfluß dieser Einflußfaktoren hinreichend isoliert werden kann, ergeben sich Hinweise auf allfällige Unterschiede in den grundlegenden Präferenzäußerungen.[179]

Im folgenden werden die wesentlichen Untersuchungen zur Ermittlung von präferierten Ausgabewünschen erörtert. Die nachfolgend skizzierten Untersuchungen der Präferenzermittlung für staatliche Ausgabenprogramme sind in der folgenden Übersicht zusammengefaßt.

Abb. 13: Studien zur Ermittlung von Bürgerpräferenzen für Staatsausgaben

- Mueller (1963)
- Strauss/ Hughes (1976)
- Citrin (1979)
- Kessel/ Zimmermann (1983)
- Ferris (1983)
- Ferris (1985)
- Fisher (1985)
- Hewitt (1985)
- Pommerehne (1987)
- Schokkaert (1987)
- Becker/ Mackscheidt/ Gretschmann (1992)
- Gretschmann (1994)

179 Vgl. Lewis, A. (1991), Attitudes to public expenditure and their relationship to voting preferences, in: Political Studies, Vol. 28, S. 284-292.

Mueller (1963):

Die bekannteste ältere Studie auf dem Gebiet der Erforschung von Bürgerpräferenzen für staatliche Ausgabenprogramme stammt von Eva Mueller aus dem Jahre 1963.[180] Die Zielsetzung dieser Untersuchung bestand darin, durch die Eruierung von Einflußvariablen und bestimmenden Determinanten einen Einblick in die Hintergründe der Einstellungen von Bürgern zu Ausgabenprogrammen, Steuern und Defiziten zu erhalten. Aus der Analyse von Abhängigkeiten, Stabilitäten und Gruppendifferenzen wird als Erkenntnis dieser Arbeit ein aktiver, bewußt zweiseitiger Informationsfluß zwischen Bürgern und politischen Entscheidungsträgern gefordert.

Als wesentliches Ergebnis wies die Variable Einkommen bei einzelnen Ausgabenprogrammen, nicht aber bei der Betrachtung der gesamten Staatsausgaben einen signifikantem Einfluß aus.[181] Die Determinanten Parteizugehörigkeit und Alter hatten dagegen nur einen geringen Einfluß und ein im Vorfeld vermutetes Eigennutzstreben bestätigte sich nur teilweise. Als entscheidend für die teilweise unspezifischen Untersuchungsergebnisse erwies sich, daß die Befragten bei der von ihnen abverlangten Präferenzäußerungen überfordert schienen. Dieser Sachverhalt läßt sich bis in jüngste Untersuchungen wiedererkennen und ist primär auf den mangelnden Informations- und Kenntnisstand der Befragungsteilnehmer zu staatlichen Ausgabenprogrammen zurückzuführen.

Strauss/ Hughes (1976):

Strauss und Hughes[182] (1976) ermittelten in ihrer Studie auf der Basis einer Kuponumfrage[183] als signifikantesten Einflußfaktor die sozio-ökonomische Variable Alter.[184] Die Einflußvariablen Geschlecht und Einkommen zeigten nur für die Wahl einzelner Ausgabenbereiche signifikante Effekte. Ausbildungsstand und Wohnort hatten kaum

---

180 Vgl. Mueller, E. (1963), Public Attitudes toward Fiscal Programmes, in: Quarterly Journal of Economics, Vol. 77, S. 210-235. Die Grundlage bilden Daten nordamerikanischer Familien, die im Zeitraum 1960-1961 erhoben wurden

181 Zu ähnlichen Ergebnissen kam auch Fisher, R. C. (1985), Taxes and Expenditures in U.S.: Public Opinion Surveys and Incidence Analysis Compared, in: Economic Inquiry, Vol. 23, S. 526 f.

182 Vgl. Strauß, B., Hughes, G. (1976) Preferences and Demand for Local Public Spending, in: Journal of Public Economics, Vol. 6, S. 191-204.

183 In der Umfrage aus dem Jahre 1973 wurden 3517 Einwohnern im US-Bundesstaat North Carolina jeweils 15 Kupons zugesandt und danach in Interviews befragt. Die Kupons konnten Ausgaben- oder Steuersenkungskategorien zugeordnet werden. Durch die Mischung von Umfrage und Budgetspiel sowie die Einbettung des Fragebogens in einen Kontext mit reinem Informationscharakter sollte erreicht werden, daß die Wahl der Befragten ihre tatsächlichen Präferenzen widerspiegelten.

184 In 7 von 10 Bereichen führte zunehmendes Alter der Befragten zu einem Wunsch nach Erhöhung der Staatsausgaben.

Einfluß. Für die Autoren war es in erster Linie eine enttäuschende Feststellung, daß das Einkommen nur selten signifikant für die Wahl bestimmter öffentlicher Güter war. Die von Strauss und Hughes gewählte Form der Kuponumfrage wurde von Hockley und Harbour[185] (1983) in England und Wales im Jahre 1979 mit ähnlichen Ergebnissen wiederholt.

Citrin (1979):

Die Untersuchung von Citrin[186] aus dem Jahre 1979 untersucht gleichermaßen die Präferenzen der Bürger für die Bereiche der staatlichen Ausgaben- und Finanzierungsseite und zeigt Verbindungen in der Wahrnehmung bzw. Beurteilung der öffentlichen Gesamthaushalte auf. Als Ergebnis offenbart Citrin, daß die Bevölkerung nicht bereit ist, die bestehenden hohen Kosten der Abgabenbelastung zu tragen, gleichzeitig jedoch eine hohe Präferenzneigung für die Aufrechterhaltung bzw. tendenzielle Ausweitung der staatlichen Transfers und Ausgabenprogramme bekundet. Auf die weiteren wesentlichen Erkenntnisse dieser Untersuchung wird an dieser Stelle verzichtet, da sie als grundlegend für die Diskussion um Finanzierungspräferenzen gelten, und dementsprechend im nachfolgenden Abschnitt detailliert dargestellt werden.

Kessel/ Zimmermann (1983):

In einer Erhebung aus dem Jahre 1983 konfrontierten Kessel und Zimmermann[187] die Befragten für 14 Bereiche der öffentlichen Ausgabentätigkeit mit der Frage, ob dafür zu wenig, genug oder zu viel Steuergelder verausgabt werden.[188] Als Ergebnis zeigte sich, daß Einkommen, Alter und konservative bzw. alternative Grundeinstellungen der Bevölkerung die Zahlungsbereitschaft für spezielle Ausgabenbereiche nicht einheitlich beeinflussen. Die Variablen Einkommen und Alter wiesen zudem starke länderspezifische Unterschiede auf. Nicht unbedeutend ist die Beobachtung, daß in den USA zusätzliche Ausgabenbelastungen grundsätzlich abgelehnt wurden, während in der Bundesrepublik Deutschland und in Großbritannien zusätzliche Steuern durchaus eine erhöhte Akzeptanz fanden, wenn eine entsprechende präferenzadäquate Verwendung dieser Steuern gewährleistet wird.

185 Vgl. Hockley, G., Harbour, G. (1983), Revealed Preferences Between Public Expenditures and Taxation Cuts: Public Sector Choice, in: Journal of Public Economics, Vol. 22, S. 387-399.

186 Vgl. Citrin, J. (1979), Do People Want Something For Nothing: Public Opinion on Taxes and Government Spending, in: National Tax Journal, Vol. 32, Chicago, S. 113-129.

187 Vgl. Kessel, H., Zimmermann, K. (1983), Zur "Wert"-Schätzung öffentlicher Ausgaben, in: Zeitschrift für Parlamentsfragen, Nr. 14, S. 371-390.

188 Basierend auf Daten aus Deutschland, England und den USA ermittelten sie Zahlungsbereitschaften gruppiert nach Alter, Wohnort, Grundeinstellung.

Ferris (1983):

Ferris[189] (1983) entwickelte im Rahmen seiner Arbeiten ein konzeptionelles Modell für die Nachfrage nach staatlichen Ausgaben und demonstrierte die Gültigkeit seines Modells anhand von Survey-Daten[190] aus dem Jahr 1973. Er schätzte mit Hilfe von qualitativen Nachfragefunktionen die Nachfrage für sechs Staatsausgabenkategorien.[191] Vordergründig untersuchte er den Einfluß von ökonomischen Variablen, den persönlichen Nutzen der Befragten widerspiegelnde Faktoren sowie sozio-ökonomische Variablen. Während sich der Steuerpreis für bestimmte Ausgabenbereiche als signifikanter Faktor für die Präferenzäußerungen erwies, war die Ausprägung der Variable Einkommen selbst nicht signifikant. Der private Nutzen aus öffentlichen Transfers und Leistungen zeigte ebenso wie die Variablen Rasse, Geschlecht und Ausbildung signifikante Ausprägungen. Als Gesamtergebnis und in Affirmation zum aufgestellten Modell bestätigte sich, daß selbst in den Ausgabenkategorien, die den Befragten keinen individuellen Nutzen eingebracht hätten, der Wunsch nach Mehrausgaben bestand.

Ferris (1985):

Basierend auf den Daten der 83er Analyse untersuchte Ferris[192] im Jahre 1985 die Frage, welche Beziehungen zwischen den einzelnen Ausgabenbereichen bestehen. Diese abgewandelte Betrachtung sollte Aufschluß über die Bereitschaft von Individuen geben, innerhalb eines gegebenen Budgets die Finanzierung zusätzlicher öffentlicher Ausgaben in einer speziellen Kategorie durch Verzicht auf Ausgaben in einem anderen Bereich zu gewährleisten.[193] Als Ergebnis dieser Analyse sind die Befragten letztlich jedoch weitgehend nicht zu einem „trade-off" bereit, sondern plädieren eher für eine bereichsübergreifende Erhöhung der staatlichen Ausgaben.

---

189 Vgl. Ferris, J. M. (1983), Demands for Public Spending: An Attitudinal Approach, in: Public Choice, Vol. 40, S. 135-154.

190 Vgl. Survey of Consumer Attitudes and Behavior (1973), The Survey Research Center, Ann Arbor, Michigan.

191 Dabei handelt es sich um die Kategorien Ausbildung, Wohlfahrt, Wohnungsbau, Gesundheit, Autobahnen und Verteidigung.

192 Vgl. Ferris, J. M. (1985), Interrelationships among Public Spending Preferences: A Micro Analysis, in: Public Choice, Vol. 45, S. 139-153.

193 Anhand einer konditionalen Logit-Analyse ermittelte er zwischen den Ausgaben für Wohnungsbau und denen für Verteidigung die Möglichkeit einer „trade-off"-Beziehung. Sozial orientierte Ausgabenbereiche zeigten genau wie die Ausgabenbereiche Autobahnen und Verteidigung positive Abhängigkeitsverhältnisse.

Fisher (1985):

Fisher[194] (1985) untersuchte die Einstellung der Staatsbürger zur Regierung und zu Steuern in Abhängigkeit von ökonomischen und politischen Faktoren und bestätigte mit seiner Gesamtbewertung[195] die Ergebnisse von Citrin (1979). Ökonomische Variablen hatten insgesamt nur einen schwachen signifikanten Einfluß, während politische Einflüsse als substantiell signifikant ausgewertet wurden.

Hewitt (1985):

Im Jahre 1985 erforschte Hewitt[196] für die Variablen Rasse, Alter, Ausbildung, Wohngegend und Geschlecht einen signifikanten Einfluß für einzelne staatliche Ausgabenprogramme, wobei Modifikationen der Variablen Einkommen keine signifikanten Ergebnisse zeigten.[197] Lewis und Jackson[198] (1985) versuchten ihre Hypothesen, ob deutliche Abhängigkeiten zwischen Präferenzen für staatliche Ausgabenbereiche und der Unterstützung einer politischen Partei einerseits bzw. der generellen These der Zustimmung für mehr öffentliche Ausgaben bestehen, zu bestätigen. Als Gesamtergebnis zeigten sich für die beiden aufgestellten Hypothesen valide Resultate. Es existieren Abhängigkeiten zwischen Präferenzen für staatliche Ausgabenbereiche und der Unterstützung von politischen Parteien, und es ist zusätzlich eine Tendenz der Präferenzäußerungen für steigende Staatsausgaben zu erkennen.

Schokkaert (1987):

Schokkaert[199] (1987) stellte in einer empirischen Studie den von ihm befragten Personen Fragen zu konkreten Ausgabenprojekten und öffentlichen Ausgabenaspekten, wobei er sie jeweils mit entsprechenden Steuerkonsequenzen bzw. Finanzierungsmöglichkeiten konfrontierte. Auf lokaler Ebene zeigten die Variablen Alter, Ausbildungs-

194 Vgl. Fisher, R. C. (1985), a.a.O., S. 525-550.

195 Als signifikant evident deutete die politische Zugehörigkeit auf die Frage, ob Staatsleistungen und Steuern verändert werden sollen. Eigennutzstreben wurde durch die Variablen Einkommen und Anzahl der Kinder im Haushalt nicht durchgängig gestützt, Rasse, Geschlecht und Ausbildung zeigten nur geringe Einflüsse.

196 Vgl. Hewitt, D. (1985), Demand for National Public Goods: Estimates from Surveys, in: Economic Inquiry, Vol. 33, S. 487-506.

197 In einer Umfrage des National Opinion Research Center in den Jahren 1973-1978, 1980 und 1982 mit jeweils über 11.000 Befragten sollten die Respondenten zu sechs Ausgabenprogrammen mehr, gleichviel oder weniger Ausgabenwünsche äußern.

198 Vgl. Lewis, A., Jackson, D. (1985), Voting Preferences and Attitudes to Public Expenditures, in: Political Studies, Vol. 33, S. 457-466.

199 Vgl. Schokkaert, E. (1987), Preferences and Demand for Local Public Spending, in: Journal of Public Economics, Vol. 34, S. 175-188. Die mündliche Befragung einer repräsentativ ausgewählten Bevölkerungsgruppe in einer belgischen Stadt erfolgte nach brieflicher Ankündigung.

stand, Geschlecht und Anzahl der Kinder im Haushalt signifikante Einflüsse, hingegen erwies sich die Variable Einkommen als nicht signifikant. Bei einer zu treffenden Wahl zwischen privaten und öffentlichen Ausgaben in globaler Betrachtung waren die Faktoren Einkommen und Ausbildung von entscheidender Bedeutung.

Pommerehne (1987):

In einer etwas anderen Form befaßte sich Pommerehne[200] in einer vielbeachteten Arbeit aus dem Jahre 1987 mit Ansätzen zur Erfassung von Präferenzen für öffentliche Güter, wobei der Schwerpunkt seiner Analyse weniger in der detaillierten empirischen Erhebung von individuellen Bürgerpräferenzen liegt, als vielmehr eine Reihe von Verfahren und Methoden zur Aufdeckung der individuellen Nachfrage nach öffentlichen Gütern und deren Wertschätzung dargestellt werden. Pommerehne zielt mit seiner umfassenden Recherche auf eine Intensivierung des Wettbewerbs zwischen den politischen Anbietern zur Verbesserung des öffentlichen Leistungsangebotes. Insofern stellt er auch der heutigen Politikberatung ein umfangreiches Informationsinstrumentarium zur Verfügung, das ganz konkret dazu beitragen kann, daß im Rahmen politischer Entscheidungshilfen verstärkt adäquate Verfahren zur Präferenzerfassung herangezogen werden. Mit der Wahl und Darstellung geeigneter Ansätze und Verfahren finden deren bestimmende Komponenten Ausdruck und es gelingt auf dieser Basis eine stärker ausgewogene Beurteilung staatlicher Maßnahmen zu ermitteln.

Als wesentliches Ergebnis der Untersuchung von Pommerehne zeigt sich, daß die etablierte Behauptung, Bürger werden ihre wahren Präferenzen verheimlichen, wenn es keine Ausschlußmöglichkeit gibt, zu restriktiv ist und heute zunehmend in Frage gestellt werden muß. Konträr verdeutlicht Pommerehne die Möglichkeit der individuellen Präferenzerfassung mittels des beobachteten Verhaltens, da der Umgang mit öffentlichen Gütern stets eine Reihe von Spuren hinterläßt, die auf die eigentlichen Präferenzen schließen lassen.

Becker/ Gretschmann/ Mackscheidt (1992):

Becker/ Gretschmann/ Mackscheidt[201] erweitern in einer Studie aus dem Jahre 1992 die Erforschung von Bürgerpräferenzen für Staatsausgaben, indem sie, basierend auf den Erkenntnissen früherer Untersuchungen, zwei neue erklärende Variablen[202] - *Risikoaversion* und *vermutete staatliche Ineffizienz* - in ihr theoretisches Modell integrier-

200 Vgl. Pommerehne, W. W. (1987), a.a.O., S. 20 f.

201 Vgl. Becker, W., Gretschmann, K., Mackscheidt, K. (1992), a.a.O., S. 23 f.

202 Als weitere grundlegende unabhängige Variablen wurden Alter, Einkommen und die wahrgenommene Steuerlast ausgewählt.

ten. Im Mittelpunkt der Untersuchung[203] stand - wie bei vielen anderen Erhebungen - die traditionelle Frage, in separat betrachteten Ausgabenkategorien Kürzungs-, Konstanz- bzw. Mehrausgabenwünsche zu bekunden. Als Einzelergebnis zeigten die Variablen Alter und Einkommen signifikante Einflüsse, während die Variablen Risikoaversion, wahrgenommene Steuerlast und die Vermutung staatlicher Ineffizienz keine signifikant abhängige Bestätigung fanden.

In einem zweiten Schritt stellten die Autoren spezifische Nachfrageprofile für einzelne Ausgabenbereiche auf, um so die Anpassung der tatsächlichen Ausgabenentwicklungen an die von den Bürgern tatsächlich gewünschte Tendenz zu überprüfen. Über die wechselseitige Abhängigkeit der Ausgabenwünsche zu verschiedenen Ausgabenkategorien konnten eine Reihe von komplementären Beziehungen zwischen einzelnen Ausgabenbereichen aufgedeckt werden. Während ein Vergleich von Aufgaben- und Ausgabenprioritäten keine größeren Abweichungen in der gewünschten Rangfolge erbrachte, wurden in 9 von 15 Ausgabenbereichen Disharmonien hinsichtlich der tatsächlichen - durch den bundesstaatlichen Haushaltsplan dokumentierten Staatsausgaben - und den von den Bürgern gewünschten Ausgaben eruiert. Die ermittelten Nachfrageprofile signalisieren als Ergebnis für die einzelnen Ausgabenbereiche einen akuten Bedarf, die tatsächliche Ausgabenentwicklung der Haushalte an die von den Bürgern gewünschte Struktur bzw. Gewichtung anzupassen. Als Erkenntnis bleibt für die Politik ein notwendiger Handlungsbedarf, der vornehmlich darin besteht, die Lücke zwischen den tatsächlichen und den präferierten Ausgabenentwicklungen zu schließen.

Gretschmann (1994):

Die Ermittlung eines präferenzadäquateren Haushalts auf der Basis von Umfragedaten stand auch im Mittelpunkt einer Studie von Gretschmann[204] aus dem Jahre 1994. Bezug nehmend auf die Frage nach mehr oder weniger Staatsausgaben, konstruierte der Verfasser aus acht Ausgabenbereichen einen virtuellen Haushalt, der den Präferenzbekundungen der Bürger entsprach. Ordinale Mehr- bzw. Minderausgabenwünsche wurden dahingehend in kardinale Meßgrößen umgewandelt, daß den geäußerten Präferenzen[205] prozentuale Veränderungsgrößen zugeordnet wurden. Mit den als Gewichtungs-

---

203 Als Datenbasis dienten Umfrageergebnisse aus zwei deutschen Städten (Kiel, Recklinghausen), die anhand einer Logit-Analyse getestet und zur Erstellung von Nachfrageprofilen für Ausgabenkategorien genutzt wurden.

204 Vgl. Gretschmann, K. (1994), Die Struktur öffentlicher Ausgaben im Lichte der Bürgerpräferenzen, in: Smekal, C., Theurl, E. (Hrsg.), a.a.O., S. 153-169.

205 Ausgehend vom Status Quo (0%) wurde ein Mehrausgabenwunsch mit +10% und ein „Viel mehr"-Ausgabenwunsch mit +25% gewichtet; die Kürzungswünsche dementsprechend -10% bzw. -25%.

faktoren funktionierenden Veränderungsgrößen konnten sodann auf der Basis des zum Zeitpunkt der Umfrage beschlossenen bundesstaatlichen Ist-Haushaltes für die acht ausgewählten staatlichen Ausgabenkategorien anhand der jeweiligen Besetzungszahlen der Antwortkategorien und den Gewichtungsfaktoren Soll-Werte für den virtuellen Haushalt berechnet werden.

Als Resultat zeigten sich deutliche Unterschiede in den Bereichen Verteidigung, Umweltschutz und Gesundheit. Unter Berücksichtigung der betrachteten Präferenzäußerungen der Befragungsteilnehmer ergab sich für den Gesamtumfang des Haushaltes ein um 1,7 % niedrigerer Wert. Eine in der Vergangenheit oft postulierte These, der tatsächliche Haushalt gleiche sich mit Zeitverzögerung an die Präferenzen der Bürger an, konnte in der Untersuchung von Gretschmann nicht gestützt werden. Als Erkenntnis fordert Gretschmann weitere Anstrengungen zur Beseitigung des Informationsdefizits hinsichtlich der Erforschung von Bürgerpräferenzen und empfiehlt den politisch Handelnden, primäre Handlungsspielräume besser auszunutzen, die sich innerhalb des Budgets durch Verschiebungen der Ausgaben im Hinblick auf einen präferenzadäquateren Haushalt anbieten.

Resümierend zeigen die zuvor dargelegten unterschiedlichen Studien[206] durchweg die Bestrebung, die Präferenzen der Bürger für Staatsaufgaben zu erfassen. Es ergab sich als Resultat aller Untersuchungen, daß nicht unerhebliche Dissonanzen bzw. Disharmonien zwischen den Präferenzen der Bürger und den von der jeweiligen Regierung beschlossenen Haushaltsplänen bestehen. Als Ergebnis der Studien Gefolgert wird daraus ein Zustand wachsender Unzufriedenheit der Bevölkerung mit der staatlichen Effizienz hinsichtlich der Leistungs- und Kostenentwicklung, die sich auch in Politikverdrossenheit, Finanzierungsmüdigkeit und Abgabenwiderständen äußert.[207] Es besteht zweifellos weiterhin Forschungsbedarf, Bürgerpräferenzen und deren Bestimmungsfaktoren und Einflußvariablen zu ergründen. Umfragen scheinen sich dabei, das haben die bisher betrachteten Studien gezeigt, als Ermittlungsmethode zur Informationsgewinnung bewährt zu haben, da sie ein anpassungsfähiges und vergleichsweise preiswertes Instrument darstellen.

Nachdem die Erforschung von Bürgerpräferenzen für staatliche Ausgabenbereiche überwiegend die 80er Jahre bestimmt hat und konkrete Präferenzprofile der Befragten erkennbar sind, findet in der jüngeren Vergangenheit eine Verlagerung auf die staatliche Finanzierungsseite statt. Diese Umorientierung - mit der in der Erforschung von Bürgerpräferenzen wissenschaftliches Neuland betreten wird - ist in erster Linie

206 Eine umfassende Darlegung der älteren Untersuchungen zur Ermittlung von Präferenzen für staatliche Ausgabenprogramme findet sich bei Pommerehne, W. W. (1987), a.a.O.

der geringen Popularität und Akzeptanz von öffentlichen Finanzierungsinstrumenten sowie der mangelnden Berücksichtigung von Bürgerpräferenzen bei der Festlegung bzw. Veränderung von Staatseinnahmen geschuldet. Die Wandlung vollzieht sich letztlich an scheinbar erreichten objektiven Belastungsgrenzen der Bevölkerung mit Steuern und Abgaben sowie einem entsprechend stark ausgeprägten subjektiven Belastungsgefühl. Die Ermittlung von Bürgerpräferenzen für staatliche Finanzierungsinstrumente bildet damit gleichermaßen eine Voraussetzung und eine Entscheidungshilfe für Kosten-Nutzen-Analysen einnahmeseitiger Maßnahmen, die gerade im Fall öffentlicher Entscheidungen über steuerpolitsche Veränderungen, vornehmlich bei Steuererhöhungen, vor beträchtlichen Schwierigkeiten stehen, individuelle und gesamtwirtschaftlich aggregierte Nutzen und Kosten im einzelnen zu erfassen.[208]

2.4.2 Die Diskussion um Finanzierungspräferenzen

Spätestens seit Schumpeters[209] Betrachtungen zur Entwicklung von Steuerstaaten sieht die finanzpsychologisch orientierte Forschung die Struktur von staatlichen Finanzierungsinstrumenten nicht mehr nur als das Ergebnis ökonomischer Faktoren wie etwa der Aufkommenselastizität einzelner Steuerarten oder der Entwicklung entsprechender Bemessungsgrundlagen an. Heutzutage rücken mit fortschreitendem wissenschaftlichen Stand, insbesondere im Bereich der Neuen Politischen Ökonomie[210], zunehmend ökonomische, finanzpsychologische und politische Determinanten für die Komposition der Staatseinnahmenstruktur in den Mittelpunkt neuerer Analysen.

Im folgenden wird gezeigt, welche modelltheoretischen Ansätze und neueren empirischen Untersuchungen vorliegen, die grundlegende Hinweise und Anhaltspunkte für die Aufdeckung von Finanzierungspräferenzen und die sie bestimmenden Determinanten liefern. Die Untersuchungen werden in erster Linie hinsichtlich ihrer empiri-

207 Vgl. Gretschmann, K., (1994), a.a.O., S. 153.

208 Vgl. Pommerehne, W. W. (1987), a.a.O., S. 253.

209 Vgl. Schumpeter, J. (1918/1976), a.a.O., S. 352.

210 Vgl. Schmidtchen, D., Neue Politische Ökonomie von Normen und Institutionen, in: Boettcher, E., Herder-Dorneich, P., Schenk, K.-E. (Hrsg.), Jahrbuch für Neue Politische Ökonomie, Band 12, Tübingen, S. 1-10, Frey, B. S., Kirchgässner, G. (1978), Wirtschaftspolitik aus der Sicht der Neuen Politischen Ökonomie, in: Lührs, G. (Hrsg.), Theorie und Politik aus kritisch-rationaler Sicht, Berlin, S. 143-158, Frey, B. S., (1988), Ökonomische Theorie der Politik, in: HdWW, Band 5, Stuttgart, S. 658 f. und Frey, B. S. (1990), Ökonomie ist Sozialwissenschaft, München.

schen Relevanz und der daraus abgeleiteten Erkenntnisse präzisiert.[211] Die wichtigen Untersuchungen sind nachfolgend zusammengefaßt.

Abb. 14: Studien zur Ermittlung von Präferenzen für staatliche Finanzierungssysteme

- Citrin (1979)
- Franz (1984)
- Darnell/ Gallagher/ Smith (1987)
- Gretschmann (1988)
- Tompkinson/ Bethwaite (1991)
- Sauser (1993)
- Niessen/ Haarland (1994)
- Niessen/ Haarland (1995)
- Forschungsstelle für empirische Sozialökonomik (1997)

2.4.2.1 Modelltheoretische Ansätze

Die wohl bekanntesten Ansätze zur Ermittlung von Attitüden, Einstellungen und Präferenzen bezüglich des staatlichen Finanzierungsinstrumentariums stammen von Günter Schmölders. Ab den späten Fünfziger Jahren untersuchte er in der damals noch jungen Disziplin der Finanzpsychologie in einer Reihe von empirischen Erhebungen die individuellen Steuerreaktionen der Bevölkerung, deren moralische Orientierung, ihre Normabhängigkeit und ihre spezifischen Einstellungen zum Staat.[212] Die Arbeiten von Schmölders werden für die Darstellung der nachfolgenden Studien als grundlegend vorausgesetzt, da alle jüngeren finanzpsychologischen Untersuchungen auf die ein oder andere Weise auf diesen Erkenntnissen aufbauen.

---

211 Vgl. Lewis, A. (1982), Public expenditure: perceptions and preferences, in: Journal of Economy Psycholog, Vol. 3, North-Holland, S. 159-167.

212 Vgl. Schmölders, G. (1966), Psychologie des Geldes, Reinbek bei Hamburg, Schmölders, G. (1960), a.a.O., S. 23 f. und Schmölders, G. (1975), Einführung in die Geld- und Finanzpsychologie, Darmstadt, S. 69.

Citrin (1979):

Die neuere Diskussion über die Erforschung von Präferenzprofilen der Bevölkerung für staatliche Finanzierungsmaßnahmen begann mit einer Untersuchung von Citrin[213] aus dem Jahre 1979, die vor dem Hintergrund der Steuerrevolte („Proposition 13“) in Kalifornien[214] im Jahre 1978 und den daraus folgenden Steuerwiderstandsbewegungen[215] der Bevölkerung in den USA entstanden ist. Sie nimmt auf dem Gebiet der Erforschung von Bürgerpräferenzen eine hervorgehobene Stellung ein, da Citrin erstmals eine taxierende Abschätzung von Ausgaben und Einnahmen vornahm und damit ein Verbindung (*link*) zwischen Ausgaben- und Finanzierungsbekundungen schaffte.

Im Mittelpunkt der Studie stand die Frage, inwieweit sich die Präferenzen der Bürger für den öffentlichen Sektor in „*tax revolts*“ widerspiegeln.[216] Für Citrin bedeutete die kalifornische Steuerrevolte[217] nicht nur eine Revolte gegen das damalige Niveau (level) der staatlichen Ausgaben, sondern auch dessen Struktur (disposition). In der Bewertung von Staatsausgaben untersuchte er mit Hilfe eines Probit-Modells anhand von Daten für Kalifornien und Nordamerika den Einfluß von sozialen und politischen Einflußfaktoren auf die Präferenzen der Individuen. Er betrachtete das in der Bevölkerung zu beobachtende Verhältnis, einerseits eine Art Verweigerung, die hohen Kosten zu bedienen, andererseits aber alle möglichen staatlichen Transfers zu empfangen. Als entscheidende Variable für die Bestimmung von Ausgabenpräferenzen ergab sich die politische und ideologische Einstellung[218] der befragten Bürger.[219]

---

213 Vgl. Citrin, J. (1979), a.a.O., S. 113-129.

214 Vgl. Folkers, C. (1982), Die Ursachen der Steuerzahlerrevolte und der Wählerforderungen nach fiskalischen Begrenzungen in den USA, Diskussionsbeiträge aus dem Institut für Volkswirtschaftslehre der Universität Hohenheim, Stuttgart und Citrin, J., Green, D. P. (1985), Policy and Opinion in California after Proposition 13, in: National Tax Journal, Vol 38, S. 15-35.

215 Vgl. Citrin, J. (1979), a.a.O., S. 114 f. und Sears, David O., Citrin, J. (1982), Tax Revolt: Something for Nothing in California, Harvard. In Michigan hingegen war die Mehrheit aller Befragten mit dem öffentlichen Leistungsangebot zufrieden. Vgl. Courant, P. N., Gramlich, E. M., Rubinfeld, D. L. (1980), Why Voters Support Tax Limitation Amendments: The Michigan Case, in: National Tax Journal, Vol. 33, Chicago, S. 1-20, Ladd, H. F., Wilson, J. B. (1981), Proposition 2 ½: Explaining the Vote, Research Report R 81-1, Harvard University, John F. Kennedy School of Government, Cambridge, Massachusetts und Ladd, H. F., Wilson, J. B. (1982), Why Voters Support Tax Limitations: Evidence from Massachusetts' Proposition 2½ , in: National Tax Journal, Vol. 35, Chicago, S. 121-148.

216 Vgl. Citrin, J. (1979), a.a.O., S. 113: "No one disputes that the passage of Proposition 13 expressed a collective preference for lower taxes.“

217 Vgl. Citrin, J. (1979), a.a.O., S.121: "Proposition 13 is best viewed as a vote against high taxes, rather than an outcry against the nature of public spending. Most people do want something from government, but if not for nothing they at least want it for less.“

218 Daneben überprüfte Citrin auch die Variablen Rasse, Alter, Ausbildung, Einkommen und Wohnort, die jedoch nur einen geringen signifikanten Einfluß auf die Präferenzen der Bürger für mehr, gleichviel oder weniger Staatsausgaben aufzeigen.

Die Ergebnisse seiner Forschungsarbeiten konkretisierte Citrin in der Wahl des Titels, den er für seinen Aufsatz wählte: „*Do people really want something for nothing.*“ Er formuliert dazu zutreffend, daß „[...] *the public's readiness to demand and consume government programs is understandably greater than its willingness to pay for them.*“[220] Als Grundlage seiner Erkenntnisse bedient er sich der traditionellen Fragestellung, ob die Bürger ihrer Meinung nach zu viel, genau richtig oder zu wenig Steuern zahlen.[221] Das erzielte Forschungsergebnis beinhaltet eine doppeldeutige Komponente.[222] Zum einen bevorzugt die Bevölkerung Ausgabenprogramme und Transferzahlungen, die der Allgemeinheit zufallen und aufgrund der hohen Antizipationszahl sehr teuer sind, andererseits hegt sie (trotzdem) einen großen Wunsch nach einer “*tax reduction*“.[223]

Es wird deutlich, daß sich durch die Option, daß der Staat effizienter wirtschaften könnte, das angebliche Paradoxon auflöst, wonach die Bürger mehr staatliche Ausgaben bei weniger zu zahlenden Steuern wünschen. Die Berücksichtigung der Effizienzkomponente stellt somit den Schlüssel für widersprüchlichen Präferenzbekundungen dar. Als ergänzende Gründe für die dargelegten Präferenzäußerungen führt Citrin zudem eine in der Bevölkerung vorhandene Form von „*public ignorance*“ und „*misinformation*“[224] an, womit sich als vorläufige Erkenntnis die Frage ergab, „[...] *is the public truly demanding something for nothing, then?* Und als Endresultat zeigte sich so-

219 Zu einem vergleichbaren Ergebnis kam auch die Untersuchung von Sauser (1993), in der die Variable Ideologie den größten signifikanten Einfluß auf die Präferenzbekundung für politisch-staatliche Entscheidungen hat. Vgl. Sauser, L. D. (1993), Economic and Political Factors as Determinants of State Revenue and Expenditure Policy, University of Alabama, Michigan.

220 Vgl. Citrin, J. (1979), a.a.O., S. 113.

221 Erstmals formuliert und untersucht von Mueller, E. (1963), a.a.O., S. 210-235. Siehe dazu auch Birdsall, W. C. (1965), „A Study of the Demand Public Goods“, in: Musgrave, Richard A. (Hrsg.), Essays in Fiscal Federalism, Washington, D.C., S. 235-294. Beide bemerken in ihren Arbeiten, daß solche Fragen vorsichtig zu betrachten sind, weil Steuern generell immer unpopulär sind und die Folgerung von Citrin „[...] we can infer from the distribution of responses to the standard survey question is the degree of tolerance for the existing tax burden“ (vgl. Citrin, J. (1979), a.a.O., S. 114) somit nur in abgeschwächter Form ihre Gültigkeit behält. Wenn der „trade-off“ zwischen Steuern (tax) und Staatsausgaben (spending) formuliert wird, nimmt die bekundete Äußerung „something for nothing“ tendenziell ab.

222 Ursächlich versuchen die Individuen ihren persönlichen Nutzen zu maximieren. Vgl. Citrin, J. (1979), a.a.O., S. 122: „The difference between an individual's perceived costs and perceived benefits is presumed to dictate his utility-maximizing choice.“

223 Bei Citrin heißt es weiter: „Quite predictably, programs whose benefits are available to everyone, at least in principle, are more widely favored than those with specialized clienteles. Universal access to such programs tends to make them expensive, of course, so we are left with the irony that the public is simultaneously demanding reduced taxes and costly insurance against the financial risks of illness, old age, and unemployment.“ Vgl. Citrin, J. (1979), a.a.O., S. 118.

224 Vgl. Citrin, J. (1979), a.a.O., S. 122.

dann: *„The evidence from the polls is mixed. The tax revolt is certainly that - a revolt against taxes. And as always, people want more efficient*[225] *government.*“[226]

Franz (1984):

In einer Untersuchung zur Wahrnehmung der Staatsverschuldung in der Konkurrenzdemokratie aus dem Jahre 1984 zeigt Franz [227] die Brüchigkeit psychologischer Annahmen herkömmlicher makroökonomischer Modelle auf, die psychologische Faktoren nicht empirisch messen, sondern theoretisch als konstant voraussetzen. Als Ergebnis dieser Studie wird deutlich, daß subjektive Wahrnehmungs- und Verarbeitungsprozesse in solche Modelle eingeführt werden müssen, um die Verhaltensdynamik in unterschiedlichen wirtschaftlichen und gesellschaftlichen Stimmungslagen zu verstehen.

Im Mittelpunkt der Untersuchung von Franz steht eine empirisch fundierte Verknüpfung der finanziellen Situation öffentlicher Haushalte mit der wirtschaftlichen Entwicklung, wobei kurz- und mittelfristige Möglichkeiten der Haushaltskonsolidierung (z.B. Steuererhöhungen) diskutiert werden. Der primär deskriptiven Vorgehensweise bei der Beschreibung der Staatsverschuldung folgt eine Analyse sozialpsychologischer Motivationslagen, die zur Entwicklung der öffentlichen Verschuldung beitragen. Auf der Basis eines Kausalmodells gelingt es Franz, subjektive Wahrnehmungs- und Verarbeitungsprozesse in makroökonomische Modelle zu integrieren.[228]

Die Ergebnisse seiner Untersuchung ermöglichen detaillierte Aussagen über die Wahrnehmung öffentlicher Defizite durch die Bevölkerung. Im einzelnen leitet Franz aus seinem entwickelten Modell ab, daß öffentliche Schulden vom Steuerzahler und Wähler nicht als Kosten für öffentlich bereitgestellte Leistungen betrachtet werden, die von ihm in Form von Steuern erbracht werden müssen, sondern kreditfinanzierte Leistungen den Bürgern als weitgehend kostenlos erscheinen. Für den stimmenmaximierenden Politiker weist Franz damit auf eine erfolgsversprechende Nutzungsmöglichkeit der öffentlichen Kreditaufnahme als „bequemes“ Finanzierungsinstrument hin. Daß mit der kreditfinanzierten Ausgabentätigkeit der strukturellen Überlastung öffentlicher Haushalte Vorschub geleistet wird, begegnet Franz im abschließenden Teil seiner Un-

---

225 Der Wunsch nach einem effizienteren Staatsapparat begründet er damit, daß „[...] between 1968 and 1978, the proportion of Americans stating that the national government wasted „a lot“ of the money paid in taxes rose from 47 to 78 percent.“ Vgl. Citrin, J. (1979), a.a.O., S. 115.

226 Vgl. Citrin, J. (1979), a.a.O., S. 127-128.

227 Franz, G. (1984), Wahrnehmung der wirtschaftlichen Lage und ökonomisches Verhalten in Zeiten öffentlicher Verschuldung, Beiträge zu einer Sozialpsychologie der Staatsverschuldung in demokratischen Regierungssystemen, Speyer.

228 Von den herkömmlichen ökonometrischen Modellen unterscheidet sich ein solches Vorgehen durch die systematische Berücksichtigung empirischer Daten über die subjektive Beurteilung objektiv meßbarer ökonomischer Entwicklungen. Vgl. Franz, G. (1984), a.a.O., S. 2.

tersuchung mit der Skizzierung unterschiedlicher Konsolidierungsmaßnahmen (z. B. durch Stimulierung des Wachstums, Abbau bürokratischer Investitionshemmnisse, Effizienzsteigerungen etc.), die ohne Erhöhung der Steuerbelastung die Einnahmesituation der öffentlichen Haushalten verbessern helfen können. Als Konsequenz seiner Erkenntnisse fordert er eine Unterbrechung des politisch „bequemen" Legitimationsmechanismus der merklichen Erhöhung wählerwirksamer Leistungen, da bei gleichzeitiger unmerklicher Erhöhung (mittels Kreditaufnahme) der öffentlichen Einnahmen, mittel- bis langfristig haushaltsspezifische und damit politische Spielräume eingeschränkt werden können.

Darnell/ Gallaher/ Smith (1987):

Darnell/ Gallaher/ Smith[229] (1987) untersuchten in einer zeitlichen Längsschnittstudie[230] (1947-1984) eine Reihe von Fragen der öffentlichen Meinung auf der Grundlage von sechs Survey-Datensätzen. Aus diesen Daten identifizieren sie Trends und Einstellungen über das Steuerlastniveau und die Verwendung von Steuergeldern. Im Mittelpunkt stand die Messung der Zufriedenheit der Bevölkerung mit Steuern.[231] Im einzelnen wurde auf der Grundlage der individuell empfundenen administrativen Fairness untersucht, ob die Zufriedenheit der Befragten mit variierenden Fragestellungen korreliert. Als Ergebnis war in aggregierter Form ein Trend zur Unzufriedenheit festzustellen, der aber nicht konstant verlief, sondern gewissen (zeitlichen) Schwankungen ausgesetzt war: „[...] *shows considerable fluctuation in the public's attitudes toward their federal taxes from year to year.*" Die Meinungen und Einstellungen über Steuern zeigten entsprechend der Untersuchung nur schwache Beziehungen zu fünf soziodemographischen Variablen (*region, age, education, occupation, income*) auf, die ihrerseits „[...] *not significantly different from the overall patterns [...]*" waren.[232]

Als bemerkenswerteste Erkenntnis sind die Älteren, die Rentner, die Geringverdiener und diejenigen Personen mit niedrigeren Ausbildungsniveaus in der Mehrzahl tendenziell mit ihrer „*federal income tax*" zufrieden.[233] Als Grund wird ihre größere Nähe bzw. der Kontakt zur Regierung (*federal government*) angeführt in dem Sinne,

229 Vgl. Darnell, A. T., Gallaher, H. E., Smith, K. W. (1987), Public Attitudes toward Taxes: Measuring Public Opinion from 1947 to 1984, American Bar Foundation, Chicago, Illinois.

230 Das Projekt ist ein Teil des Forschungsprogramms des American Bar Foundation's Taxpayer Compliance Project aus dem Jahre 1987.

231 Im Mittelpunkt steht insbesondere die amerikanische Einkommensteuer (federal income tax).

232 Vgl. Darnell, A. T., Gallaher, H. E., Smith, K. W. (1987), a.a.O., S. 18.

233 Im einzelnen heißt es: „The most noteworthy feature is that the oldest, the retired, the lower income, and the least educated respondents feel the least dissatisfied with the cost or the value of their federal income tax." Vgl. Darnell, A. T., Gallaher, H. E., Smith, K. W. (1987), a.a.O., S. 18.

daß „[...] *they may receive more direct benefits than other groups do, in the form of social security, medicare, medicaid, food stamps, or welfare.*“ Und weiter zeigte sich: „*In addition, membership in these groups no doubt overlaps, with the respondents receiving several of the benefits, which reinforces the positive responses.*“[234]

Als Gesamtergebnis wird deutlich, daß sich die Einstellungen der Bevölkerung zu Steuern im allgemeinen in den letzten 15 Jahren tendenziell verändert haben in Richtung einer tendenziell gestiegenen Unzufriedenheit. Als Einzelergebnis war festzustellen, daß die schlecht Ausgebildeten, die Einkommensschwächeren und die Älteren die persönliche Einkommensteuer mehr favorisieren als alle anderen betrachteten Gruppen. Gleichzeitig wird für diese ausgewählten Gruppen aber auch deutlich, daß ihr Aussageverhalten inkonsistent ist, da sie die vom Staat empfangenen öffentlichen Leistungen als unzureichend beurteilen, obwohl „[...] *they perceive a better return on their tax dollars than other groups in society.*“[235]

Tompkinson und Bethwaite (1991):

Tompkinson und Bethwaite[236] (1991) untersuchen in ihrer Studie, ob die Präferenzen der Bürger systematisch von vorhandenen Informationen über die staatliche Ausgabentätigkeit und deren entsprechende steuerliche Finanzierung beeinflußt wird. Sie zeigen, daß die Respondenten bei vollständiger Information über tatsächliche Ausgaben- und Einnahmeanteile ihre geäußerten Vorstellungen über die bevorzugte Verteilung von Einnahmen und Ausgaben so verändern, daß die Hypothese stabiler Präferenzen statistisch verworfen werden kann. Zudem offenbaren sie anhand eines „cost minimisation-Modells“[237], daß sich die Präferenzen der Bürger über die Zeit hinweg aufgrund spezifischer Veränderungen der jeweils aktuellen Situation bezüglich der Ausgaben- und Finanzierungsseite verändern.

Als grundlegende Erkenntnis der Untersuchung wird von Tompkinson und Bethwaite geschlußfolgert, daß die Beziehungen zwischen der Variable Informationsstand und den geäußerten Präferenzen der Bürger viel komplexer sind als es im Vorfeld vermutet wurde bzw. in den von ihnen aufgestellten Modellen deutlich wurde. Sie betonen dabei den erklärenden Charakter ihres Ansatzes, der, eng verbunden mit breit gefächerten Erkenntnissen der psychologischen Literatur, einen großen Vorteil in der Erforschung von individuellen Präferenzen darstellt. Aus dieser Erkenntnis ableitend

---

234 Vgl. Darnell, A. T., Gallaher, H. E., Smith, K. W. (1987), a.a.O., S. 18.

235 Vgl. Darnell, A. T., Gallaher, H. E., Smith, K. W. (1987), a.a.O., S. 21.

236 Vgl. Tompkinson, P. , Bethwaite, J. (1991), The Effect of Information on Fiscal Preferences, in: Journal of Economic Psychology, Vol. 12, S. 287-298.

237 Vgl. Tompkinson, P. , Bethwaite, J. (1991), a.a.O., S. 289.

formulieren sie abschließend, daß die Haupterkenntnis ihrer Untersuchung wohl in erster Linie darin besteht, „[...] to stimulate further research."[238]

Sauser (1993):

Sauser[239] (1993) befaßte sich in seiner Studie mit unterschiedlichen Beziehungen zwischen sozio-ökonomischen und politischen Variablen, die auf die Bekundungen zu Staatseinnahmen und die Wahl von Staatsausgaben einwirken. In einem Beziehungsmodell untersuchte er die Einflüsse von politischen Determinanten[240] und politischen Variablen[241] auf politische Entscheidungen in unterschiedlichen Bereichen der Finanzierungs- und Ausgabenstruktur[242]. Die Einnahmen aller US-Bundesstaaten wurden zur Ableitung eines Indexes für eine Staatseinnahmenstruktur analysiert, wobei ein „*state-by-state*"-Vergleich für alle Finanzierungsformen durchgeführt wurde.

Der Autor stellte anhand von Einnahmenstatistiken dar, aus welchen Quellen sich die jeweiligen US-Bundesstaaten finanzieren. Es offenbart sich ein Kontrast im Vertrauen der einzelnen Staaten auf die allgemeine Mehrwertsteuer und dem Vertrauen in die Einkommensteuer als Konsolidierungsquelle.[243] Das Grundmodell von Sauser illustriert, daß es zugrunde liegende ökonomische und politische Faktoren gibt, die die politischen Entscheidungen über Staatseinnahmen und -ausgaben beeinflussen. Auf der Basis dieser Ergebnisse verfeinerte er das ursprüngliche Modell, um die Beziehungen zwischen den unabhängigen und abhängigen Variablen zu erklären. Mit Hilfe einer multiplen Regressionsanalyse gelang es in der Untersuchung, einige Beziehungen zwischen Determinanten und Variablen aufzudecken. Als wichtigste Erkenntnis dieser Untersuchung wird deutlich, daß politische Variablen einen Einfluß auf politische Entscheidungen haben.[244]

---

238 Vgl. Tompkinson, P. , Bethwaite, J. (1991), a.a.O., S. 297.

239 Vgl. Sauser, L. D. (1993), a.a.O., Michigan.

240 Als politische Einflußfaktoren dienen die Determinanten Bevölkerung, Verstädterung, Pro-Kopf-Einkommen und Ausbildungsstand.

241 Die politischen Variablen (political characteristics) umfassen Interessengruppen, Parteienwettbewerb, Wählerbeteiligung, gesetzgebende Einflußnahme, verfassungsmäßige Vielschichtigkeit, politische Kultur, politische Ideologie und Regierungseinfluß.

242 Es handelt sich um Wohlfahrtsausgaben, Straßenbau und die Erhaltung natürlicher Ressourcen.

243 Während das Aufkommen der „sales tax" in Florida 40.7% , in New York und Virginia 10-12% beträgt, erhebt Alaska, Delaware, Montana, New Hampshire und Oregon beispielsweise keine „general state sales tax". Die meisten Staaten vertrauen auf die „individual income tax" als Haupteinnahmequelle.

244 Vgl. Wright, G. C., Erikson, R. S., Mciver, J. P. (1987), Public Opinion and Policy Liberalism in the American States, in: American Journal of Political Science, Vol. 31, S. 980-1001 und Dye, T. R. (1966), Politics, Economics, and the Public Policy Outcomes in the American States, Chicago und Dawson, R. E., Robinson, J. A. (1963), Inter-party Competition, Economic Variables and Welfare Policies in the American States, in: Journal of Politics, Vol. 25, S. 265-289.

Die Studie unterstützte die Wichtigkeit der Variable *Politische Ideologie* als eine grundlegende Determinante für politisch-staatliche Entscheidungen. Bezug nehmend auf die Struktur von Staatseinnahmen fand sich die politische Variable *„liberalism"*, die das Vertrauen in die Einkommensteuer als staatliche Einnahmequelle beschreibt. Sie hatte zudem den größten Aussagewert bezüglich der Staatsausgabenentscheidungen, insbesondere bei Ausgaben für das Bildungswesen. In einer Gesamtschau kann festgestellt werden, daß Bundesstaaten mit ökonomisch-wirtschaftlichen Vorteilen tendenziell mehr Ausgaben für Wohlfahrtstransfers bereitstellen und die politische Variable *„liberalism"* den größten Einfluß auf politische Entscheidungen bei Einnahmen und Ausgaben hat.

2.4.2.2 Neuere empirische Ergebnisse

Neben den zuvor dargelegten theoretischen Ansätzen und Untersuchungen zur Ermittlung von Finanzierungspräferenzen bezüglich Steuer- bzw. Finanzierungssystemen steht im Mittelpunkt der nachfolgenden Betrachtungen die Relevanz bisheriger empirischer Erhebungen.

Gretschmann (1988):
Der Rückblick neuerer empirischer Ergebnisse beginnt mit einer Studie von Gretschmann[245] aus dem Jahre 1988. Der Verfasser untersuchte eine Vielzahl von unterschiedlichen Einflußfaktoren und versuchte die Frage zu beantworten, welche der beobachteten unabhängigen Variablen die *„tax attitudes"* - also die Einstellungen zur Besteuerung - der Bevölkerung signifikant beeinflussen.[246] Als Arbeitshypothese wurde von Gretschmann die Frage nach der Akzeptanz der derzeitigen Steuerbelastung eingeführt. Den Befragten wurde mitgeteilt, daß der Staat zur Finanzierung seiner Ausgaben Steuern erheben muß. Vor diesem Hintergrund müssen sich die Umfrageteilnehmer entscheiden, ob sie die derzeitige Steuerbelastung akzeptieren oder eher für eine Steuersenkung bzw. -erhöhung plädieren. Die Antwort auf diese Frage kann als Ausdruck für die Bereitschaft (*willingness to pay*) bzw. Nicht-Bereitschaft (*unwillingness to pay*), Steuern zu zahlen bzw. den *„tax burden"* zu tragen, interpretiert werden. Die Steuerlast diente somit als abhängige Variable.

---

245 Vgl. Gretschmann, K. (1988), Tax Attitudes as Limits to Taxation, Washington.

246 Die Daten entstammen einem Survey von 1240 Individuen, die in der Bundesrepublik Deutschland als repräsentative Stichprobe im Jahre 1982 ausgewählt und befragt wurden.

Der Untersuchung von Gretschmann lag ein theoretisches Modell zugrunde, das auf Verhaltensannahmen und ökonomischen Spezifikationen beruht. Es wurde explizit unterstellt, daß rational handelnde Individuen ihr gewünschtes Niveau der Besteuerung wie eine Art Nutzenfunktion maximieren. Basierend auf dieser Hypothese war zu erwarten, daß Zensiten Steuereinsparungen solange favorisieren werden, wie sie keine negativen Konsequenzen hinsichtlich ihrer Rolle als Empfänger von öffentlichen Gütern und staatlichen Sozialtransfers zu befürchten haben. Im einzelnen wurden 18 Hypothesen aufgestellt, die auf ihre Signifikanz hinsichtlich des theoretischen Modells überprüft wurden. Diese Hypothesen repräsentierten die zu erklärenden Variablen, von denen einige aus Modellen der Steuerwiderstandsforschung und andere aus eigenen theoretischen Überlegungen abgeleitet wurden.

Aus der Überprüfung der Hypothesen ergaben sich fünf Variablen, die eindeutig eine Tendenz '*pro-tax-reduction*' erkennen ließen. Es handelte sich dabei um die Variablen *Ideologie* (Einstellung zum Staat), *Political Alienation* (Grad der politischen Mitbestimmung), *Burden of taxation and social security contributions* (persönlich empfundener Verlust von Steuern und Sozialbeiträgen), *Public Servants* (die Frage nach Verlierer von „tax-cuts") sowie *Tax Distribution Justice* (Fiskalische Ungerechtigkeit). Den stärksten signifikanten Einfluß hatte die Variable *Ideologie,* gefolgt von *Public Servants*, *Political Alienation* und letztlich die beiden Variablen *Burden of taxation and social security contributions* und *Tax Distribution Justice*. Die Variable *Public Servants* offenbarte deutlich, daß diejenigen, die direkte '*benefits*' bei hohen Steuerlevels bekommen, sich stärker gegen eine Steuerreduzierung aussprechen. Daß fiskalische Fairness (*Tax Distribution Justice)* nicht gegeben ist, wurde gleichfalls erwartet und hat sich auch in der Untersuchung gezeigt.[247]

Als wichtige Erkenntnis stellte der Verfasser heraus, daß die Variable *Political Alienation* im allgemeinen in empirischen Untersuchungen zu stark vernachlässigt wird. In einer Gesamtbetrachtung wird deutlich, daß Regierungen und Politiker gut beraten wären, wenn sie höchst sensitive Entscheidungen (z.B. über Steuern) in Form von populären Referenda bzw. Volksbefragungen regeln würden. Aus strategischen Gründen führt eine Berücksichtigung des Wählerwillens zu einer höheren Akzeptanz, geringeren politischen Verdrossenheiten und langfristig zu höheren fiskalischen Aufkommenseffekten.

247 Vgl. Gretschmann, K. (1988), a.a.O., S. 17 ff.

Niessen und Haarland (1994):

Niessen und Haarland[248] betrachten in ihrer Studie aus dem Jahre 1994 in einer anderen Art und Weise drei zentrale Dimensionen der Finanzpolitik.[249] Die Darstellung der öffentlichen Finanzkrise im Urteil der Bürger dient dabei vor dem Hintergrund der Ermittlung von Bürgerpräferenzen einer Diskussionsgrundlage einer die Interessen der Bevölkerung berücksichtigenden finanzpolitischen Entscheidungsfindung zur Vereinfachung des Steuersystems, einer leistungsgerechteren Gestaltung kommunaler Abgaben sowie der Beschränkung der öffentlichen Verschuldung.[250]

Im Rahmen der empirischen Erhebung aktueller Meinungen, Einstellungen und Bewertungen der Steuerzahler wurden sozio-ökonomische (*Alter, Einkommen, Bildungsstand, Geschlecht*) und die die subjektive Steuerbelastung bestimmenden Determinanten (*Informationsstand, Kompliziertheit des Steuersystems, Wahrnehmung der Finanzsituation*) untersucht. Wie die Ergebnisse dieser Untersuchung zeigen, besitzen die befragten Personen nur unzureichende Kenntnisse über Steuern und Abgaben[251] (52,1% sind schlecht, 28,6% teilweise informiert). Dies gilt selbst für den kommunalen Bereich, dem von allen staatlichen Ebenen noch die größte Bürgernähe zu unterstellen ist.[252] Auf der Basis dieses schlecht ausgebildeten Informationsstandes erfolgte die Bewertung des Steuersystems. Es wird als ungerecht und zu kompliziert empfunden. Deutlich offenbart sich, daß hiervon auch Auswirkungen auf die subjektive Steuer- und Abgabenlast - das sog. Steuerbelastungsgefühl - ausgehen. Zwangsabgaben führen in einem System, über das der Bürger nur unzureichend informiert ist und das von ihm als verwirrend und damit ungerecht empfunden wird, zu einem besonders hohen Belastungsgefühl.[253]

Bezug nehmend auf die der Erhebung immanenten unabhängigen Variablen zur Bestimmung der Einstellungen und Meinungen der Bürger, waren insbesondere bei den Determinanten *Einkommen*, *Bildungsniveau* und *Alter* signifikante Einflüsse zu erkennen. So wird deutlich, daß mit steigendem Einkommen eine höhere Belastungs-

---

248 Vgl. Niessen, Hans-Joachim, Haarland, Hans Peter (1994), a.a.O., Köln.

249 Bei einem Stichprobenumfang von 1482 Interviews wurden nach dem Master-Sample über 315 Sample-Points über alle Bundesländer und Ortgrößenklassen gestreut.

250 Vgl. Kahneman, D., Tversky, A. (1982), Risiko nach Maß - Psychologie der Entscheidungspräferenzen , in: Spektrum der Wissenschaft, Nr. 3, S. 89-98.

251 Die hier gewonnene Erkenntnis deckt sich mit früheren Ergebnissen über den Informationsstand der Zensiten über ihre tatsächliche, also objektive, Besteuerung. Vgl. Schmölders, G. (1975), Einführung in die Geld- und Finanzpsychologie, Wissenschaftliche Buchgesellschaft, Darmstadt: „Je höher das Informationsniveau, desto höher die Merklichkeit der Steuerbelastung" sowie Forschungsstelle für empirische Sozialökonomik e.V. (1990), Die Steuerreform im Meinungsbild der bundesdeutschen Bevölkerung, Köln und Niessen, H.-J., Haarland, H. P. (1994), a.a.O., S. 6.

252 Vgl. Niessen, H.-J., Haarland, H. P. (1994), a.a.O., S. 13 ff.

betroffenheit, eine höhere Auseinandersetzung mit der Thematik, eine realistischere Einschätzung der Steuer- und Abgabenbelastung sowie eine stärkeres Empfinden, im Vergleich zu anderen mehr zu zahlen, festzustellen ist. Ein ähnliches Profil konnte auch für den *Ausbildungsstand* und der damit eng korrelierenden Komponente *Beruf* eruiert werden. Für die Determinante *Alter* zeigte sich, daß jüngere und ältere Bevölkerungsschichten schlecht informiert sind, die älteren aber eine wesentlich bessere Steuermoral haben, die mit einer noch ungebrochenen Akzeptanz traditioneller Werte[253] belegt wird. Eine realistische Einschätzung der tatsächlichen Belastung, basierend auf einem gut ausgebildeten Informationsstand, gelang aufgrund einer beruflich bedingten und daher - zwangsläufig notwendigen - höheren Identifikation mit der Steuer- und Abgabengesetzgebung den mittleren Altersschichten.

Was die Bewertung der kommunalen Finanzsituation angeht, so nahmen die Bürger bei den kommunalen Abgaben einen stärkeren Anstieg als bei den Steuern wahr (40% viel stärker, 25,7% etwas stärker).[254] Niessen und Haarland zeigten, daß die Bürger durchaus in der Lage sind, deutlich zwischen den Belastungen durch kommunale Abgaben und Steuern zu differenzieren.[255] Trotz der etwas günstigeren Einschätzung auf kommunaler Ebene, im Verhältnis zu der Einschätzung der Steuerbelastung, kann jedoch noch nicht davon gesprochen werden, daß eine größere Bürgernähe auch zu einem geringeren Belastungsgefühl führt. Niessen und Haarland vermuten, daß dies möglicherweise daran liegt, daß die sogenannte Bürgernähe kommunaler Leistungen von den Betroffenen nicht als solche empfunden wird.[256]

Wie aus den Untersuchungsergebnissen resümierend hervorgeht, sind die finanzpsychologischen Grenzen der Abgabenbelastung erreicht. Die Bürger fühlen sich durch die direkten und indirekten Steuern erheblich belastet. Die dem Staat in der Finanzkrise zur Verfügung stehenden Handlungsalternativen bzw. -optionen wie Steuererhöhungen (83% lehnen Steuererhöhungen strikt ab), einer weiteren Staatsverschuldung (91% sehen die derzeitige Verschuldung als zu hoch an) oder Einsparungen bei den staatlichen Ausgaben (Akzeptanz von Leistungskürzungen und Einsparungen sehr begrenzt) werden von den Bürger überwiegend abgelehnt.[257]

---

253 Vgl. Niessen, H.-J., Haarland, H. P. (1994), a.a.O., S. 54.

254 Vgl. Niessen, H.-J., Haarland, H. P. (1994), a.a.O., S. 33 f.

255 Bei den kommunalen Abgaben ist die Bewertung der Bürger über das Verhältnis von kommunalen Leistungen zudem äußerst schlecht ausgeprägt: Leistungen<Abgaben: (57,1%). Vgl. Niessen, H.-J., Haarland, H. P. (1994), a.a.O., S. 46.

256 Vgl. Niessen, H.-J., Haarland, H. P. (1994), a.a.O., S. 46 f.

257 Vgl. Niessen, H.-J., Haarland, H. P. (1994), a.a.O., S. 74, 77 und 87.

Niessen und Haarland (1995):

In einer weiteren Studie untersuchten Niessen und Haarland im Jahre 1995 die Einstellungen und Meinungen der Bürger zur Ausgestaltung des deutschen Steuersystems.[259] Als Indikator für den Informationsstand der Zensiten dient ihnen der Kontakt der Steuerpflichtigen zum Besteuerungsvorgang. Im Mittelpunkt dieser empirischen Untersuchung steht die Erhebung von Einstellungen zur Steuersystemvereinfachung und -gerechtigkeit, die Frage nach der Opferbereitschaft für eine Vereinfachung des Steuersystems sowie die Ermittlung der Vorstellungen der Bürger von einer Steuervereinfachung. Konkludierend charakterisieren Begriffe wie *„Steuerchaos"* und *„Steuerdschungel"* die Einstellungen der Bevölkerung zum derzeitigen Steuersystem. Als recht aussagefähig erwiesen sich die von Niessen und Haarland auf der Basis empirisch ermittelter Daten aufgestellten demographischen Profile. Hierbei zeigen die Autoren in einer Auswahl bestimmter Bevölkerungsgruppen spezifische Einstellungen zu den in der Studie behandelten Themen, die von denen der übrigen Befragten stark abwichen. Als signifikant gehaltvoll zeigt sich, daß vornehmlich Beamte eine große Kontaktnähe zur Besteuerung aufweisen und als einzige Berufsgruppe bereit sind, für „[...] *eine Steuervereinfachung eine beachtliche zusätzliche finanzielle Belastung auf sich zu nehmen*". Die Determinante *Einkommen,* und damit eng korrelierend der Faktor *Bildung,* konnte mit steigendem Niveau einen höheren Wunsch nach Steuervereinfachung aufweisen. Mittlere Altersgruppen (30-44 Jahren) betonen letztlich besonders die Unübersichtlichkeit und Ungerechtigkeit des Systems.[260]

Niessen und Haarland offenbarten in dieser Studie einen Widerspruch in der Meinungsäußerung der Bürger. Einerseits sprach sich eine große Mehrheit für eine notwendige Vereinfachung des Systems aus, andererseits bestand keine Bereitschaft, persönliche Höherbelastungen im Fall einer Steuervereinfachung zu tragen (72% lehnten weitere Steuerbelastungen und -veränderungen ab).[261] Als Lösung des Dilemmas zwischen der gering ausgeprägten Opferbereitschaft und der Forderung einer Steuersystemvereinfachung kam für die Verfasser folglich nur die Alternative einer aufkommensneutralen oder gar belastungsreduzierenden Steuerreform in Frage. Hierbei besteht Diskussionsbedarf bezüglich des Finanzierungsaspekts der Reform, insbesondere mit Bezug auf die derzeitige öffentliche Finanzkrise. Zusammenfassend war die Bevölkerung mit dem Steuersystem überwiegend unzufrieden und eine Systemver-

259 Der Stichprobenumfang dieser Studie lag bei 1550 Interviews (1041 im Westen, 509 im Osten) und wurde nach dem ADM-Master-Sample über 315 Sample-Points über alle westlichen (210) und östlichen (105) Bundesländer und Ortgrößenklassen gestreut.

260 Vgl. Niessen, H.-J., Haarland, H. P. (1995), a.a.O., S. 48 und 49.

261 Vgl. Niessen, H.-J., Haarland, H. P. (1995), a.a.O., S. 42 ff.

einfachung als Hauptziel einer Steuerreform scheint unumgänglich. Hinsichtlich einzelner Vorschläge zeigen sich die Bürger jedoch zumeist unentschieden, was in erster Linie in dem geringen Kenntnisstand zum Besteuerungsvorgang und zur Steuersystematik begründet liegen mag.

Forschungsstelle für empirische Sozialökonomik (1997):
In einer Untersuchung der Forschungsstelle für empirische Sozialökonomik[262] aus dem Jahre 1997 wurden eine Vielzahl von Ideologien und Überzeugungen der Bevölkerung zu steuerpolitischen Themen hinterfragt. Den Schwerpunkt dieser repräsentativen Bevölkerungsumfrage[263] bildeten Fragen zu grundsätzlichen Einstellungen der Bevölkerung zum Steuersystem, zu subjektiven und relativen Belastungsgefühlen, zur Frage der Steuergerechtigkeit, zu Steuermoral, -mentalität und -widerstand sowie letztlich zu angestrebten Steuerreformen.

Als Gesamtergebnis wurden die Steuermentalität und die Steuermoral der Bevölkerung als erschreckend schlecht ausgeprägt ermittelt, insbesondere deswegen, weil die Belastung der Bevölkerung mit Steuern als ungerechtfertigt hoch empfunden wird und das Vertrauen in die Gerechtigkeit des Steuersystems erschüttert ist. Es ist evident, daß sich eine leichtsinnig, konträr den Präferenzen der Steuerzahler betriebene Steuer- und Finanzpolitik nur schwer dahingehend reformieren läßt, daß positive Steuermentalitäten und eine gute Steuermoral wiederhergestellt werden. Stattdessen wird versucht, die sinkende Steuerdisziplin durch immer raffiniertere Steuersysteme und undurchlässige Steuergesetze aufrecht zu erhalten. Letztlich führt dies nur zu einer weiteren Verschlechterung des ohnehin unbefriedigenden Zustandes im Verhältnis zwischen Staat und Steuerzahler.[264]

Die Ergebnisse im einzelnen zeigen, daß fast zwei Drittel (66%) der Bevölkerung ihre steuerliche Belastung als zu hoch empfinden; 57% sind der Meinung, sie zahlten im Vergleich zu anderen zu viel Steuern. Offenkundig ist zudem der Anteil derer, die der Meinung sind, das in der Bundesrepublik Deutschland konzipierte Steuersystem sei nicht in der Lage, für einen gerechten Ausgleich zwischen unterschiedlichen Einkommensklassen zu sorgen (80%); 59% der Befragten halten Steuerhinterziehung für ein Kavaliersdelikt und 46% meinen, daß sich Steuerehrlichkeit nicht mehr

262 Forschungsstelle für empirische Sozialökonomik (1997), a.a.O., Köln.

263 Interviews wurden im Mai des Jahres 1997 über insgesamt 315 Sample-Points des ADM-Mastersamples gestreut und umfaßten 762 Befragte in West- und 189 Befragte in Ostdeutschland. Die Auswahl der Befragten erfolgte standardisiert nach den Prinzipien der Zufallsauswahl im Rahmen des Random-Route-Verfahrens.

264 Vgl. Forschungsstelle für empirische Sozialökonomik (1997), a.a.O., S.31.

lohne.[265] Als besonders schwerwiegender Verstoß gegen die Steuergesetze wird in erster Linie der verschwenderische, unwirtschaftliche und ineffiziente Umgang von Behörden mit Steuergeldern aufgefaßt (70%), ein Sachverhalt, der mit der Gründung einer Scheinfirma, als schwerer Steuerverstoß, annähernd gleichgesetzt wird (65,1%).[266] Als Einflußfaktoren für die Urteilsfindung der Bevölkerung wurden die Variablen Steuerehrlichkeit, Steuergerechtigkeit, die Verwendung von Steuergeldern sowie die Effizienz vergangener Steuerreformen als Index für die Steuermentalität sowie die Faktoren Einstellung zum Steuerdelikt, zum Steuersünder und zur Steuerstrafe für die Steuermoral ausgewählt. Auf der Basis von Regressionsanalysen ergab sich als größter Einflußbereich, daß das Ausschöpfen sämtlicher Sparmöglichkeiten als Reaktion auf höhere Steuerbelastungen als Vermeidungsstrategie angesehen wird.

Mit Hilfe multivariater Verfahren[267] wurde ein Modell getestet, das einen deutlichen Zusammenhang von Steuermoral und Steuerwiderstand aufzeigte. Je schlechter die Steuermoral war, desto höher war die potentielle Bereitschaft zur Steuerhinterziehung.[268] Insgesamt ergab sich in der Bevölkerung, unter kalkulierbaren Umständen, eine erstaunlich hohe Bereitschaft zur Steuerhinterziehung, die vornehmlich durch die sozio-ökonomischen Variablen *Alter, Bildung, Einkommen, Beruf* und *Parteipräferenz* beeinflußt wird.[269] Aus der vorliegenden Untersuchung wird die Forderung nach einer grundlegenden Änderung des deutschen Steuersystems deutlich, die den Wünschen und Präferenzen der Bevölkerung nach Transparenz, Steuergerechtigkeit und Vereinfachung entspricht. Dringend notwendige Steuerreformen erscheinen als sinnvoller Ansatzpunkt, verlorengegangenes Vertrauen in die Politik zurückzugewinnen und das Steuersystem zu stärken. Zudem werden dadurch Steuerwiderstände abgebaut und Steuermoral bzw. Steuermentalität auf ein politisch erträgliches Niveau angehoben.

Fazit:

Resümierend ergeben die vorherigen Darstellungen zu unterschiedlichen Studien hinsichtlich der Präferenzermittlung für staatliche Einnahmen und Ausgaben vielfältige neue Aspekte. Es existieren eine Vielzahl von (teilweise widersprüchlichen) Befunden

---

265 Vgl. Forschungsstelle für empirische Sozialökonomik (1997), a.a.O., S. 16 und 18 f.

266 Vgl. Forschungsstelle für empirische Sozialökonomik (1997), a.a.O., S. 23.

267 Vgl. Backhaus, K., Erichson, B., Plinke W., Weiber, R. (1994), Multivariate Analysemethoden: Eine anwendungsorientierte Einführung, Berlin u.a., S. 1-56 und 188-259.

268 Dieser Zusammenhang wurde mit einem Betakoeffizienten von .47 auf dem höchsten Signifikanzniveau gemessen. Vgl. Forschungsstelle für empirische Sozialökonomik (1997), a.a.O., S. 28 f.

269 Einen wesentlichen Einfluß haben dabei im besonderen der Grad der Informiertheit des einzelnen und sein - individuell - empfundenes Belastungsgefühl. Vgl. Forschungsstelle für empirische Sozialökonomik (1997), a.a.O., S. 30.

und Erkenntnissen, die den kombinierten Effekt einzelner oder mehrerer Variablen(gruppen) untermauern. In letzter Konsequenz gewinnt man jedoch den Eindruck, daß sich die steuerpsychologische Forschung im Detail und in der Komplexität wechselseitiger Abhängigkeiten verliert und man daher von keinem kompakten und umfassenden Modell zur Bestimmung des steuerlichen Verhaltens sprechen kann. Die auf der Basis früherer Untersuchungen gewonnenen Erkenntnisse sind insofern paradox, weil die psychologischen Ansätze zwar einerseits (zu recht) auf die offensichtlichen Unzulänglichkeiten ökonomischer Modelle hinweisen, aber andererseits keine in ihrer Einheitlichkeit brauchbare Alternativmodelle anbieten können. Basiert die ökonomische Theorie auf einem konstanten Verhaltensmotiv, nämlich der Maximierung des individuellen Nutzens, so werden in den psychologischen Modellansätzen meist mehrere Einflußfaktoren, Determinanten oder ganze Faktorenbündel betrachtet. Die Inkonsistenz der empirischen Resultate ist aber nicht nur auf die - von Untersuchung zu Untersuchung - differierenden Variablen, Determinanten und Einflußgrößenzahl, sondern zusätzlich auch auf unterschiedliche Operationalisierungen, Meßmethoden und eine ungleiche Stichprobenauswahl zurückzuführen.

2.5 Präferenzbekundung im Lichte fiskalischer Illusionen

Bisherige Untersuchungen zur Ermittlung von Bürgerpräferenzen zeigen, daß politische Verdrossenheiten und Abgabenwiderstände in der Bevölkerung vielfach das Ergebnis fiskalischer Illusionen sind, weil steuer- und finanzpolitische Inhalte verschwommen wahrgenommen werden und kein gesellschaftlicher Konsens über eine angemessene Finanzpolitik besteht.[270] In der Konsequenz gefährden fiskalische Illusionen die über demokratische Institutionen und deren politische Entscheidungskompetenzen angestrebte Parallelisierung der Interessen von Wählern und Gewählten. Hinsichtlich der Erklärung von beobachteten fiskalischen Illusionen bedarf es einer Spezifizierung, warum einerseits die Bürger und Steuerzahler so wenig über die Steuerpreise öffentlicher Leistungen und deren Nutzen wissen und beides folglich auch leicht falsch

270 Etwa drei Viertel der Bevölkerung hält die derzeitige Belastung durch Steuern für zu hoch, und eine deutliche Mehrheit (63%) befindet die staatlichen Leistungen verglichen mit den Steuerzahlungen für zu gering. Vgl. Haarland, H. P., Niessen, H.-J. (1995), a.a.O., S. 34 und 42 ff. Vgl. auch Lowery, D. (1985), Public opinion, fiscal illusion, and tax revolution: the political demise of the property tax, in: Public Budgeting & Finance, S. 76-88.

einschätzen, und andererseits, warum diese Fehleinschätzungen in der Regel systematisch erfolgen.[271]

In modernen Interventionsstaaten besteht ein hoher öffentlicher Finanzbedarf, der in Form von Steuern und Abgaben gedeckt werden muß. Aus finanzwissenschaftlicher Sicht wird im Zuge der Erhebung von Steuern insbesondere den Prinzipien der fiskalischen Äquivalenz und der Leistungsfähigkeit Rechnung getragen, die als fundamentale Steuerprinzipien gelten.[272] Ungeachtet der sozialen und distributionspolitischen Notwendigkeit des Leistungsfähigkeitsprinzips nimmt das Äquivalenzprinzip für die Betrachtung fiskalpolitischer Illusionen einen besonderen Stellenwert ein. Definitorisch ist fiskalische Äquivalenz gegeben, wenn der Nutzen aus der Inanspruchnahme öffentlicher Leistungen und der Nutzenentgang durch die Finanzierung des staatlichen Leistungsangebotes übereinstimmen.[273] Das wahrgenommene bzw. empfundene Mißverhältnis von öffentlichen Leistungen und staatlicher Abgabenerhebung bezeichnet man als Fiskalillusion.[274] Fiskalische Illusionen offenbaren dabei grundsätzlich im subjektiven Empfinden der Steuerzahler liegende Verletzungen des fiskalischen Äquivalenzgrundsatzes, die immer dann gegeben sind, wenn eine systematische Fehleinschätzung mindestens einer der beiden Seiten vorliegt.[275]

In der neueren Literatur wird Fiskalillusion insbesondere von Oates als „[...] *the notion that the systematic misperception of key fiscal parameters may significantly distort fiscal choices by the electorate* [...]“ [276] definiert. Das hier beschriebene Argument beinhaltet dabei zumeist einseitig, daß die Einnahmen des öffentlichen Sektors, d.h. die finanziellen Lasten („Steuerpreise“[277]) durch die Wähler systematisch unterschätzt (nicht überschätzt) werden und deshalb zuviel öffentliche Leistungen nachgefragt werden. Mueller geht sogar soweit, daß er unterstellt, Politiker bzw. Bürokraten seien aktiv bestrebt, die Fiskalillusion bei Wählern zu ihrer eigenen Gunst auszunut-

271 Die Downsche Analyse des Informationsverhaltens der Wähler erklärt das erstere und enthält wichtige Bausteine für die Erklärung des letzteren. Vgl. Downs, A. (1960), a.a.O., S. 541 f.

272 Vgl. Brümmerhoff, D. (1992[6]), a.a.O., S. 236 f.

273 Als Formen der fiskalischen Äquivalenz unterscheidet man die individuelle Äquivalenz und die gruppenmäßige Äquivalenz. Vgl. Hessler, H. D. (1983), Die Fundamentalprinzipien der Besteuerung (I + II), in: Wisu, Heft 6, S. 281-285 und Heft 7, S. 329 - 334.

274 Die Grundbegriffe zur Fiskalillusion wurden zu Beginn dieses Jahrhunderts durch Amilcare Puviani eingeführt. Vgl. Puviani, A. (1960/1903), Die Illusion in der öffentlichen Finanzwirtschaft, Berlin; Originalausgabe: Teoria dell`llusione Finanziara, Milano.

275 Es handelt sich dabei, wie es Puviani formuliert hat, „[...] *um die Irrtümer über die öffentlichen Einnahmen und Ausgaben.*“ Vgl. Puviani, A. (1960/1903), a.a.O., S. 14.

276 Vgl. Oates, W. E. (1988), On the Nature and Measurement of Fiscal Illusion: A Survey, in: Taxation and Fiscal Federalism - Essays in Honour of Russel Mathews, hrsg. von G. Brennan u.a., Sydney, S. 65.

277 Vgl. Stiglitz, J., Schönfelder, B. (1989), Finanzwissenschaft, München, Wien, S. 147 f.

zen.[278] Bezüglich der neueren Auseinandersetzung mit der Fiskalillusion, die schwerpunktmäßig auf die einnahmeseitige Fiskalillusion mit der Folge aufgeblähter Budgets (excess bias) abstellt, bilden die Ausführungen von May eine Ausnahme, da er gleichermaßen die Bereiche „burden illusion" und „benefit illusion" betrachtet.[279] Ergänzend bedingen sich zur Begriffsbestimmung der Fiskalillusion aus neuerer institutionenökonomischer Sicht die Existenz und die Wirkung der Fiskalillusion aus der institutionellen Einbettung zweier Gruppen, der Wähler bzw. Steuerzahler einerseits und der politischen Entscheidungsträger (Abgeordnete, Politiker, Parteien) andererseits, die hier verstärkt handlungsleitend sind.[280]

In der ökonomischen Theorie hat die These der Fiskalillusion trotz aller Plausibilität und Einsichtigkeit jedoch einen schweren Stand. Eine Bestätigung der Fiskalillusion in traditioneller Sicht liegt nicht vor. Insgesamt läßt sich der Status von Fiskalillusion aus heutigem Blickwinkel am besten mit dem Begriff *„ungeklärt"* beschreiben.[281] Die Erkenntnisse zur Fiskalillusion in Gestalt von *„benefit illusion"* und *„burden illusion"* lassen zudem kein eindeutiges Ergebnis über den Gesamteffekt auf den Umfang des Budgets zu, finden sich doch sowohl bei den staatlichen Ausgaben als auch bei den Steuereinnahmen eine Vielzahl von Hinweisen auf relative Merklichkeiten (direkte Transfers, persönliche Einkommensteuer) und relative Unmerklichkeiten (kalte Steuerprogression, Zukunftsinvestitionen, etc.).[282]

Auf der Suche nach möglichen Gründen und Ursachen für beobachtete systematische Fehleinschätzungen muß der Prozeß der öffentlichen Meinungsbildung detaillierter betrachtet werden. Es ist nicht überraschend, daß der ideale, politisch wohlinformierte Bürger nicht existiert, obwohl eine Vielzahl politischer Informationen, die keinen privaten Nutzen stiften, nachgefragt werden.[283] Es ist davon auszugehen, daß nicht ausschließlich zum Zwecke der besseren Entscheidungsfindung politische Informationen nachgefragt werden, sondern auch andere Motive der Informationsbeschaffung berücksichtigt werden müssen, die nicht bekannt sind. Es ist evident, daß die fehlende Informationsbasis und die damit verbundenen Wahrnehmungsverzerrungen als wesentlich für die Ausbildung fiskalischer Illusionen angenommen werden können.

---

278 Vgl. Mueller, D. C. (1989), Public Choice II, Revised Edition, Cambridge., S. 342 ff.

279 Vgl. May, P. J. (1982), Local Tax Burden, benefit Levels and Fiscal Illusions, in: National Tax Journal, Vol. 35, S. 465-475.

280 Vgl. Engelhardt, G., Hegmann, H., Panther, S. (1994), a.a.O., S. 135.

281 Vgl. Oates, W. E. (1988), a.a.O., S. 65.

282 Vgl. Hildebrandt, A. (1995), a.a.O., S. 52.

283 Vgl. Engelhardt, G., Hegmann, H., Panther, S. (1994), a.a.O., S. 136.

Aus finanzpsychologischer Sicht führt insbesondere die Aufhebung des Verbundprinzips[284] zu einer unübersichtlichen Situation, da die Inanspruchnahme bzw. der perzipierte Optionscharakter einer öffentlichen Leistung aufgrund des in der Abgabenordnung geprägten Non-Affektationsprinzips nicht mit einer unmittelbaren Zahlung verbunden ist und der einzelne Bürger daher seine eigene finanzielle Belastung bestenfalls annähernd abschätzen kann.[285] Dementsprechend werden Steuerzahler ihre eigene Steuertraglast entweder zu niedrig oder zu hoch ansetzen. Inwieweit der Steuerbürger jedoch seine Belastung wahrnimmt und die entsprechende Gegenleistung quantifiziert, hängt in erster Linie von seinen Informationskosten ab. Schmölders führt dazu an, daß die Unmerklichkeit von Steuern „[...] *natürlich in der Regel nur eine relative* (ist); *für den Steuerpflichtigen, der sich mit Eifer um Information bemüht, ist letztlich jede Steuer wahrnehmbar.* “[286]

Wenngleich die neuere finanzpsychologische Forschung[287] für den von ihr betrachteten Forschungsbereich zu relativ günstigeren Ergebnissen kommt, bleibt die Beantwortung der Frage hinsichtlich einer Erklärung von Fiskalillusion insgesamt unbefriedigend, weil über interdependente Zusammenhänge zwischen Staatsausgaben, Steuereinnahmen und der öffentlichen Kreditaufnahme nur wenig bekannt ist. Obwohl in der Literatur durchgängig die Existenz fiskalischer Illusionen postuliert wird, findet keine Begründung oder Erklärung im Modell statt.[288] Einigkeit besteht allenfalls darüber, daß mit Hilfe des beobachteten Phänomens der Fiskalillusion individuelle Verhaltensanomalien verdeutlicht werden können.[289]

In der Begriffsbestimmung von Fiskalillusion sind grundsätzlich „rationale“ und „irrationale“ Aspekte zu beachten. Die rationalen Gesichtspunkte betreffen insbesondere die objektiven Tatbestandsmerkmale der Besteuerung und ihre subjektive Wahrnehmung durch die Steuerpflichtigen, die irrationalen beziehen sich auf die subjektive Bewertung dieser Tatbestandsmerkmale im Rahmen individueller Präferenzskalen. Die Bürger und die staatlichen Instanzen unterliegen jeweils eigenen Illusionen. Die Bürger erliegen dem Trugbild darüber, was der Staat ihnen realiter an Leistungen anbietet und abverlangt, die staatlichen Instanzen darüber, wie die Bürger sich diesen Leistun-

284 Vgl. Jüngling, M. (1990), a.a.O., S. 72 f.

285 Vgl. Mueller, D. C. (1989), a.a.O. S. 343.

286 Vgl. Schmölders, G. (1960), a.a.O., S. 24.

287 Fiskalillusion wird hier fast ausschließlich als eine systematische Fehleinschätzung der Abgabenlast sowie des Nutzens öffentlicher Ausgaben durch den einzelnen Bürger aufgrund von Informationsdefiziten gesehen.

288 Vgl. Engelhardt, G., Hegmann, H., Panther, S. (1994), a.a.O., S. 135 und 129.

289 Vgl. Frey, B. S. (1989), a.a.O., S. 81 f. und Eichenberger, R., Frey, B. S. (1990), a.a.O., S. 270 f.

gen gegenüber tatsächlich verhalten bzw. anpassen.[290] Eine Fehleinschätzung der Steuerlast entspricht einer Finanzierungs- bzw. Einnahmeillusion[291], eine Fehleinschätzung des Nutzens öffentlicher Leistungen einer Ausgabenillusion.[292]

Bezüglich der ausgabenseitigen Illusion ist abzuwägen, ob sich die Bürger vollständig bewußt sind, was der Staat an öffentlichen Gütern und Leistungen anbietet und welchen Nutzen sie selbst daraus ziehen können. Als Ursachen für das Vorliegen ausgabenseitiger Fiskalillusionen können die Komplexität des Ausgabensystems, die mangelnde individuelle Zurechenbarkeit von öffentlichen Gütern, die Indirektheit des Nutzens öffentlicher Ausgaben[293] sowie die Unsicherheit des Nutzens aus öffentlichen Ausgaben[294] angeführt werden.

Fiskalische Illusionen auf der Finanzierungsseite, die im folgenden im Hinblick auf die Ermittlung von Finanzierungspräferenzen ausführlicher betrachtet werden, bestehen aus den Hauptkomponenten Steuer- und Kreditfinanzierung, für die in beiden Fällen die Wahrnehmung der finanziellen Belastung („burden illusion") durch die Individuen entscheidend ist.[295] In der traditionellen Sichtweise der Fiskalillusion[296] wird der Steuerpreis öffentlicher Leistungen aufgrund von Informationskosten vom einzelnen systematisch unterschätzt.[297] Die individuell wahrgenommenen Informationskosten werden dabei vornehmlich von der konkreten institutionellen Ausgestaltung und der Komplexität des Steuersystems bestimmt.[298] Die systematische Unterschätzung des Steuerpreises[299] öffentlicher Leistungen führt in dieser Sichtweise zu einem überhöh-

290 Vgl. Engelhardt, G., Hegmann, H., Panther, S. (1994), a.a.O., S. 123 ff.

291 Vgl. Becker, E. (1996), The illusion of fiscal illusion: unsticking the flypaper effect, in: Public Choice, Vol. 86, No. 1/2, S. 85-102 und Hildebrandt, A. (1995), a.a.O., S. 40 f.

292 Vgl. Hildebrandt, A. (1995), a.a.O., S. 46 f. und Cullis, J. G., Jones, P. R. (1987), Fiscal illusion and "excessive" budgets: some indirect evidence, in: Public finance quarterly, Vol. 15, S. 219-228.

293 Die Nutzen aus öffentlichen Leistungen werden möglicherweise auch deshalb unterschätzt, weil sie den davon Profitierenden nur auf sehr direkte Weise zugute kommen.

294 Vgl. Hildebrandt, A. (1995), a.a.O., S. 48.

295 Bei der Besteuerung sind dies gegenwärtige Belastungen, bei der Kreditaufnahme zukünftige Besteuerungslasten bzw. deren Gegenwartswert.

296 Die erste ökonomische Auseinandersetzung mit der Idee der Fiskalillusion beginnt mit der Arbeit von James Buchanan aus dem Jahre 1967. Buchanan spricht dabei deutlich von der Möglichkeit „optimistischer" und „pessimistischer" Illusionen. Vgl. Buchanan, J. M. (1967), a.a.O., 137 ff. Zur traditionellen Sichtweise siehe Pommerehne, W. W., Schneider, F. (1978), a.a.O., S. 383 und Hansmeyer, K.-H., Mackscheidt, K. (1977), a.a.O., S. 568.

297 Bezüglich einer kritischen Zusammenfassung vgl. Pommerehne, W. W., Schneider, F. (1978), a.a.O., S. 384 ff.

298 Vgl. Jüngling, M. (1990), a.a.O., S. 52 f. u. 77 f sowie Heyndels, B., Smolders, C. (1995), Tax complexity and fiscal illusion, in: Public Choice, Vol. 85, No. 1/2, S. 127-141.

299 Vgl. Buchanan, J. M., Wagner, R. E. (1977), a.a.O., S. 129.

ten öffentlichen Budget.[300] Gegenüber der Annahme, daß Fiskalillusion zu einer Verzerrung des Steuerbewußtseins in Richtung Unterschätzung führt, kommen Pommerehne und Schneider jedoch zu der Erkenntnis, daß es keine überzeugenden theoretischen Argumente gibt, die eine prinzipielle Ausrichtung der Fiskalillusion bestimmen. Folgerichtig definieren sie Fiskalillusion als „[...] *the systematic misperception by individuals of the size of the burden of taxes and other public receipts borne by them.*"[301] Als mögliche Ursachen der Fehleinschätzung von gegenwärtigen Steuerbelastungen können hinsichtlich der Unterscheidung von direkten und indirekten Steuern unterschiedliche Faktoren angeführt werden. Grundsätzlich sind die Erhebungsart, die Bemessungsgrundlage sowie die Ausgestaltung als direkte (sichtbare) bzw. indirekte (unsichtbare) Steuer für einen Anstieg der Informationskosten - und damit als Begründung für die Entstehung von Fiskalillusion - verantwortlich.[302]

Bei direkten Steuern ergibt sich die verzerrte fiskalische Wahrnehmung durch die gegenwärtige finanzielle Belastung. Hauptursachen für deren Fehleinschätzung begründen sich in der Komplexität des Steuersystems[303], dem Steuererhebungsverfahren[304] sowie heimlichen Steuererhöhungen. Hinsichtlich der Komplexität von Steuersystemen ist es ersichtlich, daß die Abschätzung der eigenen Belastung mit steigender Anzahl von Steuern zunehmend schwieriger wird.[305] Daneben führt das Steuererhebungsverfahren (z.B. durch das Quellenabzugsverfahren in der Bundesrepublik Deutschland) zu einer geringeren Empfindung der Steuerbelastung, da - so die Hypo-

300 Prinzipielle Zweifel an der Überausdehnungsthese äußert Downs, wonach Fiskalillusion zu einem zu kleinen Budget führt, da öffentliche Leistungen noch stärker unterschätzt würden als Steuern. Vgl. Downs, A. (1960), a.a.O., S. 541-563. Carter zeigt hingegen, daß sich die Unterschätzung von Preis und Nutzen sogar gegenseitig verstärken können. Demnach kann die Aufblähung des Budgets bei Unterschätzung des Nutzens größer sein, als wenn nur eine Unterschätzung der Steuern vorliegt. Vgl. Carter, R. (1982), a.a.O., S. 346 f.

301 Die Begrifflichkeit ist jedoch nicht einheitlich geregelt, weder im Hinblick darauf, wer etwas falsch wahrnimmt oder welcher Art die unvollkommene Wahrnehmung ist, noch welche fiskalischen Parameter dadurch beeinflußt werden. Vgl. Pommerehne, W. W., Schneider, F. (1978), a.a.O., S. 381.

302 Vgl. Jüngling, M. (1990), a.a.O., S. 52 f. u. 77 f sowie Heyndels, B., Smolders, C. (1995), a.a.O., S. 127 f.

303 Vgl. Oates, W. E (1988), a.a.O., S. 68 ff., Wagner, R. E. (1976), Revenue Structure, Fiscal Illusion, and Budgetary Choice, in: Public Choice 25, S. 45 ff. und Pommerehne, W. W., Schneider, F. (1978), a.a.O., S. 385.

304 Vgl. Pommerehne, W. W., Schneider, F. (1978), a.a.O., S. 384 und Buchanan, J. M. (1967), a.a.O., S. 139 f.

305 Vgl. Oates, W. E (1988), On the Nature and Measurement of Fiscal Illusion: A Survey, in: Taxation and Fiscal Federalism - Essays in Honour of Russel Mathews, hrsg. von G. Brennan u.a., Sydney, S. 68 ff., Wagner, R. E. (1976), Revenue Structure, Fiscal Illusion, and Budgetary Choice, in: Public Choice 25, S. 45 ff. und Pommerehne, W. W., Schneider, F. (1978), a.a.O., S. 385.

these - im Vergleich zur Auszahlung des Bruttolohns und anschließender Zahlung der Einkommensteuer durch den Arbeitnehmer, das direkte Empfinden der Zahlung (teilweise) abhanden kommt.[306] Letztlich ist das bundesdeutsche Steuersystem durch einen indirekt-progressiven Steuertarif charakterisiert. Diese tarifliche Progression führt zu ständigen heimlichen Steuererhöhungen („Kalte Progression"), da die nominalen inflationären Einkommenszuwächse ein schnelles Hineinwachsen in die Progressionszone bedeuten.

Bei indirekten Steuern - insbesondere bei der Mehrwertsteuer und speziellen Verbrauchsteuern - wird die Ursache für fiskalische Illusionen vornehmlich ihrer relativen „Unmerklichkeit" zugeschrieben, da bei diesen Steuern der Preis eines privaten Gutes einen Steueranteil für öffentliche Güter enthält, der dem Verbraucher nicht voll bewußt ist.[307] Denn auch dann, wenn der Bürger den Steuersatz der indirekten Steuern kennt, wird er seine Steuerbelastung im einzelnen für jedes gekaufte Gut und für seine gesamten Konsumausgaben kaum abschätzen können. Eine weitere Schwierigkeit der Wahrnehmung von indirekten Steuerbelastungen ergibt sich durch die vielfältigen Möglichkeiten der Steuerüberwälzung (Steuerinzidenz), wonach Steuerdestinatar und Steuerzahler nicht identisch sind.[308]

Bei der Einnahmeerzielung in Form der öffentlichen Kreditaufnahme können ebenfalls fiskalische Illusionen entstehen. Bei rationaler Entscheidung müßten die Bürger die Kreditfinanzierung von solchen Staatsleistungen ablehnen, deren Nutzen sich nicht in die Zukunft erstreckt. In diesem Fall werden sie nämlich zu einem späteren Zeitpunkt mit Kosten belastet, denen kein entsprechender Nutzen gegenübersteht. Eine erhöhte Kreditaufnahme läßt zwar das verfügbare Gegenwartseinkommen der Bürger unangetastet, hat aber für deren zukünftige wirtschaftliche Situation erhebliche Konsequenzen.

Das zentrale Problem der Schuldenillusion besteht demnach in intertemporalen Aspekten. Für den Staat bedeutet die Verschuldung am privaten Kapitalmarkt, abgesehen von langfristigen Tilgungszahlungen, permanente Zins- und damit Ausgabenverpflichtungen. Finanziert der öffentliche Sektor diese Zinsen durch ein erhöhtes Steueraufkommen, so schmälert dies das zukünftig verfügbare Einkommen der Individuen.[309]

---

306 Vgl. Buchanan, J. M. (1967), a.a.O., S. 139 f. und und Pommerehne, W. W., Schneider, F. (1978), a.a.O., S. 384.

307 Vgl. Schmölders, G. (1960), „Unmerkliche" Steuern, in: Finanzarchiv, N. F., Nr. 20, S. 24 ff. und Hildebrandt, A. (1995), a.a.O., S. 41.

308 Vgl. Homburg, Stefan (1997), a.a.O., S. 99 f.

309 Das einzelne Wirtschaftssubjekt erkennt nicht, daß ihm die erhöhte Staatsverschuldung - als Alternative zur Besteuerung - zwar Gegenwartsbelastungen erspart, sich im Gegenzug jedoch erhöhte Zukunftsbelastungen ergeben. Vgl. Gandenberger, O. (1981), a.a.O., S. 34 f.

Erhalten die Bürger hingegen einen vermeintlich kostenlosen Nutzen, wenn sich der Staat über die öffentliche Kreditaufnahme finanziert, so entsteht ihnen ein falsches Bild ihrer Belastung, die sie als Steuerzahler in der Gegenwart und Zukunft tragen müssen.[310] Im Vergleich zur Steuererhebung, die vergleichsweise fühlbar und gegenwärtig wirkt, sind Belastungen durch kreditfinanzierte Staatsleistungen weniger greifbar. Die damit angesprochene Unterschätzung zukünftiger Steuerlasten bzw. Unterschätzung zukünftiger Belastungen durch die Staatsverschuldung zeigt sich im Verhalten der Steuerzahler. Antizipieren sie zukünftige höhere Steuerbelastungen, legen sie in der Gegenwart beispielsweise die Steuerersparnisse in Staatspapiere an, durch die sich der Staat verschuldet (Ricardo-Barro-Äquivalenzprinzip).[311] Unterliegen die Bürger jedoch der Fiskalillusion, unterschätzen sie ihre zukünftigen Steuerbelastungen und diskontieren nicht in hinreichendem Maße auf die Gegenwart ab.

Verstärkt werden die individuellen Wahrnehmungsverzerrungen der Bürger durch komplexe Verschuldungsstrukturen[312] sowie die Minderschätzung zukünftiger Bedürfnisse.[313] Erhalten die Bürger einen vermeintlich kostenlosen Nutzen, wenn sich die öffentliche Hand verschuldet, so entsteht ihnen ein falsches Bild von der Belastung, die sie (als Steuerzahler) in der Gegenwart und in der Zukunft tragen müssen. Leineweber führt dazu an: *„Debt financing reduces the perceived price of public provided goods and services. In response, citizens-tax payers increase their demands for such goods and services.“*[314] Konträr zu Steuersenkungen kann der einzelne die langfristigen Wirkungen einer überhöhten Nachfrage zudem nur schwer abschätzen, oft bleiben sie ihm sogar verborgen. Sofern die Steuerzahler der Überzeugung sind, die staatliche Kreditaufnahme führe aufgrund des durch sie verursachten Schuldendienstes nicht zu erhöhten Steuern in der Zukunft, betrachten sie die entsprechenden Anleihen nicht als Last, et vice versa.[315] Es wird deutlich, daß die öffentliche Kreditaufnahme fiskalische Illusionen erzeugen kann, die das Verhalten der Wirtschaftssubjekte beeinflussen und zu irrationalen Entscheidungen hinsichtlich der Erstellung kreditfinanzierter Staatslei-

---

310 Vgl. Leineweber, N. (1988), a.a.O., S. 171.

311 Vgl. Barro, R. J. (1974), Are Government Bonds Net Wealth?, in: Journal of Political Economy, Vol. 82, S. 1095-1117 und Barro, R. J. (1989), The Ricardian Approach to Budget Deficits, in: Journal of Economic Perspectives, Vol. 3, S. 37-54.

312 Vgl. Deutsche Bundesbank (1993), Die Bedeutung von Nebenhaushalten im Zuge der deutschen Vereinigung, Monatsbericht Mai, 45. Jg., S. 43-57.

313 Vgl. Hampicke, U. (1992), Neoklassik und Zeitpräferenz - der Diskontierungsnebel, in: Beckenbach, F. (Hrsg.), Die ökologische Herausforderung für die ökonomische Theorie, Hamburg, S. 127-149.

314 Vgl. Leineweber, N. (1988), a.a.O., S. 171.

315 Vgl. Gandenberger, O. (1972), Intertemporale Verteilungswirkungen der Staatsverschuldung, in: Probleme der Staatsverschuldung, S. 189 f.

stungen führen können.[316] Buchanan und Wagner bemerken dazu, daß die „[...] *Antizipation künftiger Lasten [...] viele Informationen und ein entsprechend höheres Vorstellungsvermögen des Steuerzahlers (erfordert), will er in der Lage sein, den in der Gegenwart erhöhten Konsum mit den in der Zukunft zu leistenden Annuitäten zu verrechnen, um den Nettonutzen zu bestimmen.*“[317] Folglich führen Ungewißheit und unvollständige Informationen dazu, daß Kreditfinanzierungen zu einer entscheidenden Quelle für die Kostenillusion bei öffentlichen Gütern werden.[318] Doch selbst wenn die Bürger über die mittel- und langfristigen Folgen informiert sind, müssen sie eine wachsende Staatsverschuldung nicht ablehnen. Denn nur wenn die Zensiten über die Folgen hoher Staatskredite vollständig informiert wären und rationale Entscheidungen träfen, müßten sie eine Politik mit negativen Folgen mißbilligen, die zu höheren Defiziten bei wachsender Staatsquote führt.[319] Zusammenfassend läßt sich zur einnahmeseitigen Fiskalillusion feststellen, daß die Hypothese der Fiskalillusion aufgrund einer systematischen Unterschätzung der Schuldenbelastung noch plausibler ist als die Unterschätzung der Steuerbelastung.

Resümierend ist festzustellen, daß sich die neuere finanzpsychologische Forschung hinsichtlich der Erklärung von Fiskalillusion immer wieder mit der Frage der Wahrnehmung der Finanzierungs- bzw. Steuerseite des öffentlichen Budgets beschäftigt.[320] Als Ergebnis ist dabei festzustellen, daß das Wissen der Steuerzahler über die öffentliche Finanzwirtschaft relativ gering ist.[321] In modernen Steuersystemen resultieren fiskalische Illusionen vornehmlich aus der Ausdehnung der indirekten Steuern, der Einführung neuer Steuern unter der Vorgabe einer zeitlichen Begrenzung, der zeitlichen Streckung und Aufsplitterung der Steuerzahlung in kleinere Beträge sowie der Nutzung der Gewinne staatseigener Unternehmen zur Haushaltsfinanzierung. Für den vorliegenden Untersuchungsgegenstand erscheinen vor diesem Hintergrund Fragestellungen nach finanzpsychologischen Befunden und Erkenntnissen interessant, die über mögliche Einflußfaktoren auf die Wahrnehmung von öffentlichen Finanzierungsinstrumenten Aufschluß geben können.[322]

---

316 Vgl. Goetz, C. J. (1977), Fiscal Illusion in State and Local Finance, in: Borcherding, T. E., (Hrsg.), Budget and Bureaucrats: The Sources of Government Growth, Durham, S. 176.

317 Vgl. Buchanan, J. M., Wagner, R. E. (1977), a.a.O., S. 139.

318 Vgl. Gantner, M. (1984), a.a.O., S. 2.

319 Vgl. Leineweber, N. (1988), a.a.O., S. 172.

320 Vgl. Engelhardt, G., Hegmann, H., Panther, S. (1994), a.a.O., S. 133.

321 Vgl. Schokkaert, E. (1988), Fiscal Preferences and Fiscal Knowledge at the Local Level, in: Journal of Economic Psychology, Vol. 9, S. 35 ff.; Lewis, A. B. (1983), Public Expenditure, Perceptions and Preferences, in: Journal of Economic Psychology, Vol. 3, S. 159-167.

322 Vgl. Engelhardt, G., Hegmann, H., Panther, S. (1994), a.a.O., S. 134.

Drittes Kapitel

DETERMINANTEN DER PRÄFERENZBEKUNDUNG

3.1 Die Untersuchungsanordnung

Die vorliegende Untersuchung läßt sich wissenschaftlich in den Bereich der empirisch-finanzpsychologischen Forschung einordnen, wobei vornehmlich die Ermittlung von Finanzierungspräferenzen, die Erforschung ihres Auftretens sowie die Eruierung von Zusammenhängen zwischen abhängigen Variablen (d.h. ausgewählte Finanzierungsinstrumente) und unabhängigen Variablen (determinierende Einflußfaktoren) und - daraus abgeleitet - die Formulierung von Empfehlungen und Perspektiven zentrale Bestandteile sind.[1]

Im Mittelpunkt dieser Untersuchung stehen die Individuen nicht als Aggregatgrößen, womit dokumentiert ist, daß alle sozialen und fiskalpolitischen Einflußgrößen nicht als objektiv beobachtbar, sondern als subjektiv durch die Zensiten wahrgenommen, betrachtet werden. Damit wird deutlich, daß unterschiedliche Individuen aufgrund von sozio-kulturellen Prägungen, persönlichen Grundeinstellungen und spezifischen Rahmenbedingungen Gleiches unterschiedlich wahrnehmen und sich deshalb unterschiedlich verhalten. Insofern kann im Verlauf dieser Arbeit gezeigt werden, wie beispielsweise das derzeitige Steuer- bzw. Abgabensystem, die individuelle Zufriedenheit der Bürger, objektive Parameter (z.B. Steuersätze), subjektiv wahrgenommene Empfindungen (z. B. subjektive Steuerbelastung) auf die Einstellungen und Präferenzen der Bürger zum staatlichen Finanzierungsinstrumentarium einwirken.

Als Ansatzpunkt der Analyse dienen die Entscheidungen und Verhaltensweisen von Individuen[2], wobei die Entscheidungssituationen der Individuen durch zwei wesentliche Elemente - ihre Präferenzen und Restriktionen - bestimmt werden.[3] Während Präferenzen Vergleichsreaktionen, durch die ein Individuum unterschiedliche Zustände im Hinblick auf ihre subjektive Wünschbarkeit ordnet[4], bestimmen und die im Sozialisierungsprozeß entwickelten Wertvorstellungen enthalten, beschränken Restriktionen

---

1 Vgl. Böhler, H. (1991), Formulierung des Forschungsproblems und Wahl des Forschungsdesigns, in: Marktforschung, Berlin, S. 31 f.

2 Dieses Konzept des Individualismus besagt, daß allein Individuen Entscheidungsträger sind und alle grundlegenden Aussagen auf das individuelle Verhalten bezogen sein müssen. Vgl. Lehner, F. (1981), a.a.O., S. 10.

3 Vgl. Kirchgässner, G. (1991), a.a.O., S. 13 f.

4 Vgl. Lehner, F. (1981), a.a.O., S. 14.

den Handlungsspielraum der Akteure, in dem die zur Verfügung stehenden Handlungsmöglichkeiten liegen.[5]

Aufgrund des ökonomischen Verhaltensmodells handeln die Individuen eigennützig entsprechend ihrer persönlichen Interessen.[6] Die Interessen anderer Individuen werden nur dann berücksichtigt, wenn sie den eigenen Handlungsraum beeinflussen. Bei der Entscheidungsfindung bewerten die Individuen verschiedene Handlungsalternativen entsprechend ihrer Präferenzen anhand der Implikationen, die sich daraus für ihren individuellen Nutzen ergeben und wählen diejenige Alternative, die für sie am vorteilhaftesten erscheint.[7] Grundsätzlich ist davon auszugehen, daß die Individuen an der Maximierung ihres persönlichen Einkommens bzw. individuellen Nutzens interessiert sind, womit eine möglichst geringe individuelle Steuerlast zu einem zentralen Entscheidungsparameter wird.[8] Der dadurch zwangsläufig entstehende Nutzenverlust der Individuen ergibt sich aus der Summe der gesamten steuerlichen Maßnahmen (Finanzierungslast) und den zusätzlichen Wohlfahrtsverlusten, wobei die individuelle Verhaltensmaxime prinzipiell in der Minimierung der privaten - und nicht der gesellschaftlichen Abgabenbelastung - orientiert ist. Auch wenn die an dieser Stelle skizzierte reduzierte Sichtweise der Ökonomen, die den Zensiten als nutzenmaximierenden Gegenspieler des Staates begreift, nicht geeignet ist, zweifellos vorhandene soziale Beweggründe für veränderte Strukturen des staatlichen Finanzierungsinstumentariums zu erklären, ermöglicht der gewählte Ansatz dennoch sozio-kulturelle, ökonomische und finanzpsychologische Prägungen und Einstellungen zum Steuer- bzw. Abgabensystem und deren Wirkungen zu erfassen.

Die für die vorliegende Untersuchung vorgenommene Systematisierung erhebt weder den Anspruch, daß sie umfassend und endgültig ist, noch daß alle tatsächlich relevanten - bekannten oder unbekannten - Einflußgrößen berücksichtigt sind. Auch wenn einzelne Einflußfaktoren aufgrund des sehr speziellen Betrachtungsgegenstandes stark spezifiziert sind und theoretisch in ein anderes Ordnungsschema eingepaßt werden könnten, so kann aus der Sicht einer positivistischen Wirtschaftsauffassung argu-

---

5 Vgl. Kirchgässner, G. (1991), a.a.O., S. 13.

6 Vgl. Kirchgässner, G. (1991), a.a.O., S. 16.

7 Der Nutzen eines bestimmten Verhaltens ergibt sich dabei aus dem Beitrag dieses Verhaltens zur Erreichung des damit verfolgten Ziels. Vgl. Fritsch u.a. (1993), a.a.O., S. 11. Vor dem Hintergrund der Erkenntnisse der „Rational-Choice"-Theorie bedeutet der hier postulierte Begriff der Rationalität jedoch lediglich, daß ein Individuum in der Lage ist, gemäß seinem relativen Vorteil zu handeln, d.h. seinen Handlungsraum abzuschätzen, um dann entsprechend zu reagieren. Vgl. Kirchgässner, G. (1991), a.a.O., S. 617 f. und Kirsch, G. (1993), a.a.O., S. 6 ff.

8 Vgl. Findling, M. (1992), Die politische Ökonomie der Steuerreform: Eine Untersuchung der politischen Grenzen von Steuerreformen unter besonderer Berücksichtigung der Steuerreform 1990, Essen, S. 37.

mentiert werden, daß das Verhalten von Individuen in politischen Prozessen ähnlich strukturiert ist wie im privatwirtschaftlichen Bereich.[9] Daher überträgt die ökonomische Theorie der Politik das ökonomische Verhaltensmodell[10] problemlos auf die Akteure im politischen Raum, wobei es durch einige grundlegende Prämissen gekennzeichnet ist. Insofern können die nachfolgend skizzierten Zusammenhänge zwischen Einstellungen, Normen und Verhaltensweisen, wie sie teilweise auch in der allgemein gefaßten „Theorie des geplanten Handelns" von Ajzen[11] vertreten werden, als grundlegend für die finanzpsychologische Präferenzforschung angenommen werden.

Nachdem zunächst die wesentlichen Untersuchungsziele der empirischen Erhebung sowie die „Hintergrundkonzeption" der Untersuchungsanordnung dargestellt werden, widmet sich der Abschnitt „Methodik der Präferenzmessung" der theoretischen Ableitung von zu überprüfenden Hypothesen, die als Basis für die Aufstellung von Modellen - in Form von Schätzgleichungen für unterschiedliche Finanzierungsinstrumente - dienen. Auf der Grundlage eines Optimierungskalkül, das verdeutlicht, inwieweit das Verhalten eines Individuums bezüglich der Behandlung von (subjektiver) Steuerbelastung und der Inanspruchnahme staatlicher Leistungen auf rationale Muster der Maximierung einer Nutzenfunktion[12] zurückzuführen ist, werden explizit Schätzgleichungen für unterschiedliche staatliche Finanzierungsformen aufgestellt. Im Anschluß daran steht die Betrachtung einer Vielzahl von Einflußfaktoren, aus denen sich im weiteren Verlauf die Determinanten der Finanzierungspräferenzen herauskristallisieren werden. Den Abschluß bildet die Darstellung von statistisch-analytischen Verfahren, die zur Überprüfung der aufgestellten Modelle verwendet werden sowie die Diskussion von unterschiedlichen Methoden zur Ermittlung von Bürgerpräferenzen. In der nachfolgenden Abbildung sind die wesentlichen Elemente der Untersuchungsanordnung zusammengefaßt.

---

9 Vgl. Lehner, F. (1981), a.a.O., S. 38 f. und Frey, B. S. (1980), Ökonomie als Verhaltenswissenschaft, in: Jahrbuch für Sozialwissenschaft, Nr. 25, S. 658.

10 Vgl. Stroebe, W., Frey, B. S. (1981), Psychologische Aspekte des ökonomischen Verhaltensmodells, in: Tietz, R. (Hrsg.), Wert- und Präferenzprobleme in den Sozialwissenschaften, Berlin, S. 115 f.

11 Vgl. Ajzen, I. (1985), From Intentions to Actions: A Theory of Planned Behaviour, in: Kuhl, J., Beckmann, J. (Hrsg.), Action-Control: From Cognition to Behaviour, Heidelberg und Ajzen, I. (1987), Attitudes, Trait and Actions: Dispositional Predictions of Behaviour in Personality and Social Psychology, in: Berkowitz, L. (Hrsg.), Advances in Experimental Psychology, Band 20, San Diego.

12 Vgl. Kahneman, D., Slovic, P., Tversky, A. (1982) (Hrsg.), Judgment Under Uncertainty: Heuristics and Biases, Cambridge (Mass.), S. 341-350.

Abb. 15: Elemente der Untersuchungsanordnung

- ❍ Untersuchungsziele
- ❍ Konzeption der Untersuchung
- ❍ Modelle zur Ermittlung von Finanzierungspräferenzen
  - ⇨ Optimierungskalkül der Individuen
  - ⇨ Aufstellung von Schätzgleichungen
  - ⇨ Systematisierung von Einflußfaktoren
- ❍ Methodik der Präferenzmessung
  - ⇨ Ableitung von Hypothesen
  - ⇨ Überprüfung der Hypothesen
  - ⇨ Methoden der Präferenzermittlung
  - ⇨ Statistisch-analytische Modellprüfung

3.1.1 Untersuchungsziele

Jedes Forschungsvorhaben ist durch seine Zielsetzung und die dafür herangezogenen Untersuchungsmethoden charakterisiert. Die Zielsetzung dieser Untersuchung besteht darin, die Präferenzen der Bürger für einzelne staatliche Finanzierungsinstrumente sowie die gesamte Struktur der staatlichen Finanzierungsseite - empirisch - zu ermitteln. Eine solche empirisch ausgerichtete Untersuchung ist sinnvoll, weil sie einerseits den Vergleich zwischen den tatsächlichen Finanzierungsstrukturen und den von der Bevölkerung präferierten Finanzierungsformen erlaubt, andererseits aber auch die Voraussetzung dafür schafft, den politisch Handelnden die Möglichkeit einer stärkeren Berücksichtigung des Bürgerwillens - und damit langfristig eine höhere Akzeptanz der Finanzierungskomponente - zu geben. Dies ermöglicht nicht nur eine Verbesserung der fiskalischen Einnahmeerzielung des Staates, sondern kann auch helfen, den allseits beklagten Abgabenwiderstand zu vermindern.

Mit der Zielsetzung, die Wahrnehmungsmechanismen in der Bevölkerung zu beleuchten und aufgrund von geäußerten Präferenzbekundungen für einzelne Einnahmearten mögliche Finanzierungsperspektiven bzw. -restriktionen aufzuzeigen, verlagert sich der Untersuchungsgegenstand von einem objektiven Betrachtungsverhalten zu den dahinter stehenden Attitüden und Präferenzen als den zu erklärenden Variablen. Den theoretischen Bezugsrahmen bilden eigens entwickelte Modelle zur Ermittlung von präferenzbestimmenden Determinanten bei unterschiedlichen staatlichen Finanzierungsinstrumenten. Auf der Basis der derzeitigen Konstellation der Staatseinnahmen werden eine Vielzahl von Einflußfaktoren für die Akzeptanz bzw. Ablehnung des Steuer- und Abgabensystems - bzw. einzelner Finanzierungsinstrumente - getestet und statistisch analysiert. Die wesentlichen Untersuchungsziele konkretisieren sich in folgenden Schwerpunkten:

⇨ Ermittlung von Bürgerpräferenzen bezüglich der Wahrnehmung der öffentlichen Finanzgebarens.

⇨ Ermittlung von Bürgerpräferenzen für staatliche Finanzierungsformen, insbesondere für
- direkte und indirekte Steuern,
- Sozialversicherungsbeiträge,
- kommunale Gebühren,
- die öffentliche Kreditaufnahme.

⇨ Ermittlung von Bürgerpräferenzen für ausgewählte Steuerarten, insbesondere für
- Lohn- und Einkommensteuer,
- Solidaritätszuschlag,
- Mehrwertsteuer,
- Mineralölsteuer,
- Tabaksteuer,
- Ökosteuer.

⇨ Ermittlung von präferenzbestimmenden Determinanten für staatliche - und insbesondere steuerliche - Finanzierungsinstrumente.

⇨ Ermittlung und Akzeptanzprüfung alternativer Finanzierungsinstrumente.

⇨ Aufstellung eines virtuellen Finanzierungsetats - Wieviel Prozent des Gesamtaufkommens soll mit welchem Instrument finanziert werden? - und Vergleich mit tatsächlichen Finanzierungsstrukturen.

⇨ Konzipierung von politischen Handlungsempfehlungen als Diskussionsgrundlage steuersystematischer Reformüberlegungen.

Vor dem Hintergrund dieser spezifischen Untersuchungsziele reduziert sich der Untersuchungsgegenstand auf die generelle Frage, welche Präferenzen die Bürger für mehr oder weniger staatliche Finanzierungsformen bzw. -instrumente bekunden.

3.1.2 Zur Hintergrundkonzeption der Untersuchung

Beansprucht das vorliegende Modell mehr als nur eine bloße Zusammenstellung von Einflußfaktoren zu sein, die sich gegenseitig bzw. wechselseitig beeinflussen und alleine oder gemeinsam auf das Verhalten der Zensiten einwirken, so bedarf es einer logischen Systematisierung, nach der die zu berücksichtigenden Variablen zu gruppieren sind. Die Skizzierung der Hintergrundkonzeption dient der Verdeutlichung von Zusammenhängen zwischen den ausgewählten Einflußfaktoren, den daraus - im vierten Kapitel - zu ermittelnden Determinanten der Finanzierungspräferenzen sowie dem Optimierungskalkül eines jeden Individuums, das im Bewußtsein des Bürgers als Grundlage einer jeden Präferenzbekundung angesehen werden kann.

Bevor die für die vorliegende Untersuchung ausgewählten Variablen detailliert betrachtet werden, bedarf es zunächst einiger grundsätzlicher Erläuterungen zu den individuellen Wahrnehmungsprozessen, die die Präferenzen und Zufriedenheitsbekundungen der Bürger bestimmen. Im allgemeinen wird die subjektive Wahrnehmung objektiv gegebener Größen durch individuelle Fähigkeiten und die Art der Informationsbeschaffung beeinflußt. Dies führt im Wahrnehmungsprozeß zu individuell unterschiedlichen Ergebnissen, wobei die Möglichkeiten der Informationsverarbeitung in der Regel die kognitiven Fähigkeiten der Individuen übersteigen. In der Konsequenz können daher nicht alle objektiv zur Verfügung stehenden Informationen in die Entscheidungssituation eingebracht werden. Die Individuen suchen bei der Entscheidungsfindung nach vereinfachenden Regeln zur Verarbeitung der vorhandenen bzw. der ihnen zur Verfügung stehenden Informationen, um die zur Entscheidungsfindung notwendigen Anstrengungen zu minimieren.[13] Hinsichtlich der Präferenzbildung für ein komplex ausgestaltetes Finanzierungssystem kann dies in der Regel durch eine reduzierte Berücksichtigung einzelner Einzeltatbestände erfolgen.

Zur Aufdeckung von Präferenzen und Präferenzprofilen gilt es, eine Vielzahl von allgemeinen und speziellen Einflußfaktoren zu betrachten, die die bekundeten Präferenzen der Bürger im Hinblick auf die Akzeptanz einzelner staatlicher Finanzierungsinstrumente und deren Komposition bestimmen. Auf der Basis des Selbstinteresses der Individuen werden in der vorliegenden Eigenuntersuchung sozio-demographische, ökonomische und finanzpsychologische Faktoren einbezogen. Die bekundete Präferenz für ein bestimmtes Finanzierungsinstrument bzw. eine spezifische Struktur des Steuersystems ist somit letztlich das Ergebnis des interdependenten Verhaltens der Wirtschaftssubjekte im politisch-ökonomischen Sinne, wobei sich unterschiedliche Ziele, Interessen, Handlungsabsichten und Restriktionen gegenseitig beeinflussen.

Das der individuellen Präferenzbekundung zugrunde liegende Eigennutzstreben bzw. Selbstinteresse basiert auf der grundlegenden Erkenntnis, daß Wirtschaftssubjekte - im mikroökonomischen Sinne und bei gegebener Budgetrestriktion - nicht nur im privaten Bereich, sondern auch bei der Nachfrage nach öffentlichen Leistungen bzw. präferenzadäquaten Finanzierungsinstrumenten versuchen werden, ihren individuellen Nutzen zu maximieren und ihre Kostenkomponente zu minimieren.[14]

Das unterstellte Eigennutzstreben der Bürger, eines der zentralen Axiome der ökonomischen und empirischen Forschung, besteht in erster Linie in der Maximierung des individuellen Nutzens, womit vornehmlich auf eine Minimierung der finanziellen Belastung mit Steuern, Sozialversicherungsbeiträgen und kommunalen Gebühren - aus dem subjektiven Belastungsgefühl abgeleitet - sowie eine Maximierung der Inanspruchnahme des öffentlichen Leistungsangebotes abgezielt ist. Die nachfolgende Abbildung zeigt den „Background"-Wirkungsmechanismus der Präferenzbildung, der für die vorliegende Untersuchung als wesentlich angenommen werden.

---

13 Vereinfachende Regeln werden speziell dann angewendet, wenn sich der Zensit mit einem Überfluß an Informationen, die zu einer konkreten Wahrnehmung der objektiven Situation notwendig sind, konfrontiert sieht. Vgl. Webley, P., Robben, H. S., Elffers, H., Hessing, D. (1991), Tax Evasion, An Experimental Approach, Cambridge, S. 88 ff.

14 Vgl. Becker, W., Gretschmann, K., Mackscheidt, K. (1992), a.a.O., S. 91.

Abb. 16: Hintergrundkonzeption der Einflußfaktoren zur Bestimmung von Bürgerpräferenzen für staatliche Finanzierungsinstrumente

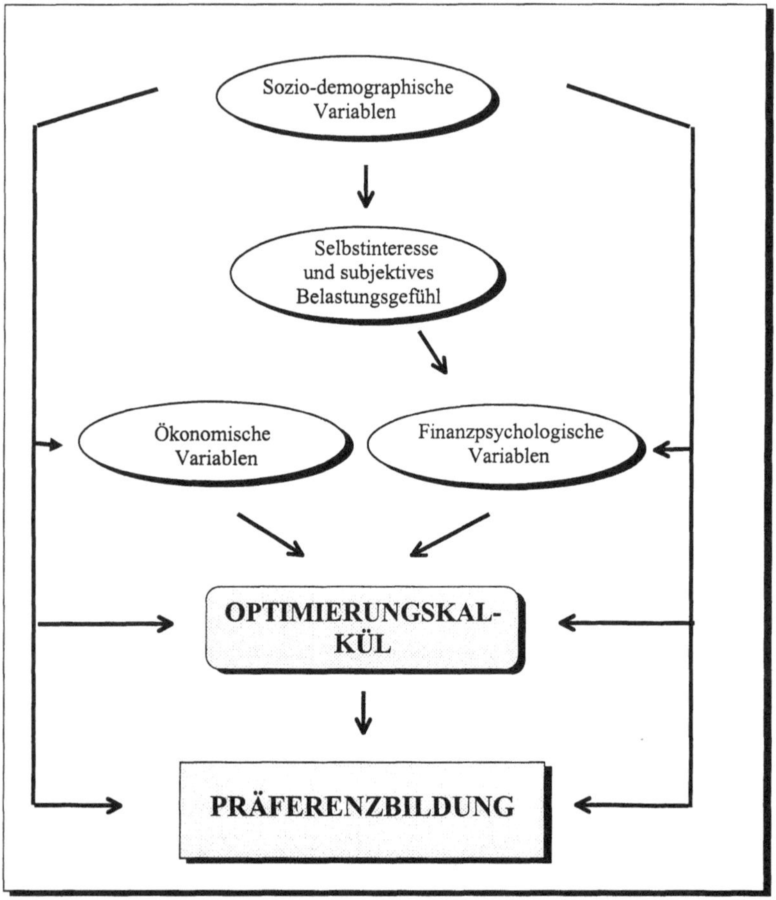

Auf der Basis von sozio-demographischen Merkmalen entwickelt das Individuum ein spezifisches Eigennutzstreben und ein subjektives Belastungsempfinden für die zu leistenden staatlichen Finanzierungsentgelte, die durch das stetige Bemühen geprägt sind, die Lebensverhältnisse zu verbessern, die Sicherung seiner Existenz zu erreichen, eine Vermehrung von Annehmlichkeiten zu erlangen, Rang und Ansehen zu stärken sowie die individuelle Freizeit zu maximieren.[15] Letztlich steuert das menschliche Selbstinteresse damit jegliches politische, kulturelle und ethische Tun und Denken.[16] Vor diesem Hintergrund wird ersichtlich, daß das Selbstinteresse der Individuen - vornehmlich bestimmt durch das subjektiv empfundene Belastungsgefühl der staatlichen Finanzierungsbeiträge - finanzpsychologische Einflußfaktoren (z.B. empfundene staatliche Gegenleistung, empfundene Distribution etc.), die auch durch subjektive Einschätzungen geprägt sind, nachhaltig beeinflussen. Diese finanzpsychologischen Faktoren bestimmen zusammen mit weiteren ökonomischen Faktoren (z.B. Komplexität des Steuersystems, staatliches Leistungsangebot, wirtschaftliche Situation etc.) das Optimierungskalkül der Individuen, das wiederum einer Taxierung von empfangenen Staats- und zu leistenden Finanzierungsleistungen entspricht.

Auf der Basis dieses Optimierungskalkül formuliert der Bürger seine Präferenz für mehr oder weniger staatliche Finanzierungsinstrumente. Insofern ist zu erwarten, daß er beispielsweise für eine Aufrechterhaltung bzw. Erhöhung (Verringerung) der derzeitigen staatlichen Finanzierungsinstrumente plädieren wird, wenn er sich gering (stark) besteuert fühlt, eine (keine) adäquate staatliche Gegenleistung wahrnimmt und/ oder keine (eine hohe) Verschwendungspotentiale bei der Verwendung von Finanzierungsmitteln vermutet.

Betrachtet man den Gesamtzusammenhang für die in der vorliegenden Untersuchung zu berücksichtigenden Variablen, so geht es darum, daß eine bzw. mehrere zu erklärende - kategoriale abhängige - Variablen (bestimmte Steuerarten oder staatliche Finanzierungsformen) von einer Vielzahl erklärender - unabhängiger - Faktoren (sozio-ökonomischer, ökonomischer und/ oder finanzpsychologischer Art) abhängig sind. Die nachfolgende Abbildung zeigt den Zusammenhang der unabhängigen und abhängigen Variablen, auf die im Rahmen der Aufstellung von Schätzgleichungen noch genauer eingegangen wird.

15 Gemeint ist damit die Maximierung einer umfassenden Wohlfahrtsfunktion. Vgl. Recktenwald, Horst Claus (1986), Das Selbstinteresse - Zentrales Axiom der ökonomischen Wissenschaft, Mainz, Stuttgart, S. 8 und 11 sowie Recktenwald, Horst Claus (1987), Über ökonomische und ethische Normen, Mainz, Stuttgart, S. 23.

16 Vgl. Recktenwald, H. C. (1989), Die Nobelpreisträger der ökonomischen Wissenschaft 1969-1988. Kritisches zum Werden neuer Tradition. Selbstportrait - Lesung - Auswahl - Kritik, Düsseldorf, S. 31.

Abb. 17: Gesamtzusammenhang der abhängigen und unabhängigen Variablen

Unabhängige Variable → **Abhängige Variablen**

„Subjektives Belastungsgefühl"

↓

Das subjektive Belastungsgefühl bestimmende Faktoren:

A. Sozio-demographische Variablen:

- Alter
- Geschlecht
- Familienstand
- Bildungsabschluß
- Beruf
- Einkommen
- Haushaltsgröße

B. Ökonomische Variablen:

- Individuelle Situation
- Objektive Steuerbelastung
- Komplexität des Steuer- bzw. Abgabensystems
- Informationsstand
- Zweckbindungscharakter von Abgaben
- Öffentliches Leistungsangebot
- Grad der politischen Mitbestimmung

C. Finanzpsychologische Variablen:

- Empfundenes staatliches Leistungsangebot
- Ineffizienzen und staatliche Mißwirtschaft
- Verhältnis Bürger vs. Staat
- Reziprozität von Einnahmen und Ausgaben
- Gruppenspezifische Lastverteilung und Gerechtigkeitsempfinden
- Administrative Fairness

„Staatliche Finanzierungsformen"

↓

Unterschiedliche staatliche Finanzierungsformen:

1. Direkte Steuern
   - Lohn- und Einkommensteuer
   - Solidaritätszuschlag
2. Indirekte Steuern
   - Mehrwertsteuer
   - Mineralölsteuer
   - Körperschaftsteuer
   - Tabaksteuer
   - Ökosteuer
3. Sozialversicherungsbeiträge
4. Kommunale Gebühren
5. Öffentliche Kreditaufnahme

3.2 Die Aufstellung von Modellen zur Ermittlung von Finanzierungspräferenzen

Im Rahmen der Aufstellung von Modellen zur Ermittlung von Finanzierungspräferenzen wird im folgenden zunächst ein Optimierungskalkül der Individuen formuliert, das als Grundlage für die Aufstellung von Schätzgleichungen sowie die Integration von allgemeinen und speziellen Einflußfaktoren dienen soll.

3.2.1 Das Optimierungskalkül der Individuen

Bei der Beschreibung und Erklärung menschlichen Verhaltens drängt sich die Frage nach der Erklärung, Messung und Abbildung von Präferenzen auf. Jegliche Entscheidung, sei es die von Politikern bzw. politischen Parteien, das bestehende Steuersystem zu reformieren, oder die eines Bürgers und Steuerzahlers, Steuern zu hinterziehen, wird aufgrund einer Auswahl von Alternativen getroffen. Dazu muß sich das Individuum der Vorzüge und Restriktionen bestimmter Alternativen bewußt sein. Handelt es sich um komplexe Entscheidungsprobleme, bei denen eine Vielzahl höchst unterschiedlicher Faktoren zu berücksichtigen sind, so ist das Individuum aufgrund seiner begrenzten Rationalität bei der Entscheidungsfindung häufig überfordert. Soll in diesen Situationen trotzdem eine optimale Entscheidung getroffen werden, so sind die Entscheider auf Hilfestellungen angewiesen, die es ihnen ermöglichen, bei den gegebenen Informationen und - unter Berücksichtigung ihrer Präferenzen und Ziele - die optimale Entscheidung zu treffen.[17]

Als Ansatzpunkt für die nachfolgenden Überlegungen bezüglich der Modellierung eines taxierenden Optimierungskalküls kann die Untersuchung von Tompkinson und Bethwaite (1991) dienen, die zu dem Ergebnis nichtstabiler fiskalischer Präferenzen kommt.[18] Die Studie von Tompkinson und Bethwaite zeigt, daß Respondenten bei vollständiger Information über tatsächliche Ausgaben- und Einnahmeanteile ihre geäußerten Vorstellungen über die bevorzugte Verteilung von Einnahmen und Ausgaben so verändern, daß die Hypothese stabiler Präferenzen statistisch verworfen werden kann.[19] Hinsichtlich der Modellentwicklung gilt es zunächst eine Untersuchungskonzeption zu entwerfen, die die relevanten Einflußfaktoren und Variablen berücksichtigt.

Das Optimierungskalkül basiert auf der Prämisse, daß sich die Bürger ganz im Sinne des Homo Oeconomicus verhalten, womit das Modell des ausschließlich „wirtschaftlich" denkenden Menschen, das den Analysen der klassischen und neoklassischen Wirtschaftstheorie zugrunde liegt, Berücksichtigung findet. Charakteristisches Merkmal des Homo Oeconomicus ist seine Fähigkeit zu uneingeschränktem rationalen

---

17 Vgl. Eisenführ, F., Weber, M. (1993), a.a.O., S. 1.
18 Vgl. Tompkinson, P. , Bethwaite, J. (1991), a.a.O., S. 287-298.
19 Vgl. Tompkinson, P. , Bethwaite, J. (1991), a.a.O., S. 289 ff.

Verhalten.[20] Handlungsbestimmend für die Bürger ist ihr nutzenmaximierendes Streben. Die Voraussetzung für die Annahme eines nutzenmaximierenden Bürgers besteht darin, daß er in der Lage ist, sein Entscheidungsproblem bei Abgabe seiner Bekundung in hinreichender Weise zu spezifizieren. Notwendig ist dazu, daß bei ihm - zumindest schemenhaft - Vorstellungen über die entsprechenden Entscheidungsparameter vorhanden sind. Recht unvollständig sind dabei die Wahrnehmungen von unterschiedlichen Einflußfaktoren, zumal für die Präferenzbekundung angenommen werden muß, daß sie nicht als exogen vorgegeben, sondern als endogen abhängig vom Erklärungsverhalten des einzelnen erfolgt. Von einem Entscheider wird in der Regel die Fähigkeit erwartet, ein Entscheidungsproblem mathematisch zu lösen, d.h. die Nutzen und Kosten bzw. die entsprechenden Werte zu gewichten oder addieren zu können. Aber selbst dann, wenn eine wie oben bezweifelte genügende Spezifikation von Einflußvariablen stattgefunden hat, ist ein Optimierungsproblem mit einer Vielzahl von zu betrachtenden Variablen sehr komplex, so daß die Lösung schwerlich von einen Individuum erwartet werden kann.[21]

Die Erwartungsnutzentheorie versucht bei Entscheidungen unter Sicherheit mit Hilfe von Wertfunktionen die Präferenzen eines Entscheiders abzubilden.[22] Ausgehend von einer solchen Wertfunktion v wird jeder Alternative a eine reelle Zahl v(a) zugewiesen. Eine Wertfunktion drückt die Präferenz eines Entscheiders bezüglich der möglichen Alternativen aus und bezieht sich immer auf einen konkreten Entscheider. Wertfunktionen sind in diesem Fall stets subjektiv, da sie nur durch eine geeignete Befragung des Entscheiders ermittelt werden können. Grundsätzlich können zwei Typen von Wertfunktionen unterschieden werden: Ordinale und kardinale Wertfunktionen: Bei ordinalen Wertfunktionen zeigt die Wertfunktion an, daß eine Alternative mit einem höheren Wert besser ist als eine mit einem niedrigen Wert[23], bei kardinalen Wertfunktionen lassen sich die Werte als absolute Präferenzstärken interpretieren. Im zweiten Fall bedeutet eine Alternative a mit einem Wert von 0,2, eine Alternative b mit 0,3 und eine Alternative c mit 0,9 in der logischen Konsequenz, daß c vergleichsweise deutlich besser als a bzw. b ist, aber b nur gering besser als a.[24] In ähnlicher Form wie

---

20 Der Begriff „Rationalität" bezieht sich auf das Verhalten von Wirtschaftssubjekten in Entscheidungssituationen, wobei ein allgemeines Nutzenstreben der Individuen angenommen wird.

21 Die Analyse mikroökonomischer Verhaltensmodelle verdeutlicht zudem zahlreiche Widersprüche bei der Erklärung des Verhaltens und der individuellen Präferenzäußerung der Bürger hinsichtlich der Existenz theoretisch deduzierter Wirkungszusammenhänge.

22 Vgl. Eisenführ, F., Weber, M. (1993), a.a.O., S. 200 f.

23 Analytisch im Sinne $v(a) > v(b) \Leftrightarrow a > b$.

24 Vgl. von Nitzsch, R. (1996³), Entscheidungslehre - "Der Weg zur besseren Entscheidung", Aachen, S. 41.

die Erwartungsnutzentheorie bestimmten Alternativen bestimmte Werte zuordnet, soll auch in dem hier aufzustellenden Optimierungskalkül der Nutzen einzelner Alternativen mit den entsprechenden Kosten taxierend verglichen werden.

Dem nachfolgenden Optimierungskalkül liegt die Theorie der bekundeten Präferenz zugrunde, wonach das Verhalten eines Individuums auf das rationale Muster der Maximierung einer Nutzenfunktion[25] zurückzuführen ist.[26] Grundlegend ist dabei die Prämisse, daß Individuen zwischen unterschiedlichen Alternativen wählen, wobei es sicherlich unrealistisch ist anzunehmen, die Präferenzfunktion eines Individuums würde im Zeitablauf unverändert bleiben.

Der Gegenstand der Präferenzordnung, d.h. die Beziehungen zwischen den Präferenzen, den Vorlieben und Abneigungen eines Individuums und einer damit implizit verbundenen Nutzenfunktion kann man von zwei verschiedenen Seiten betrachten. Zum einen existiert die Hypothese der gegebenen Präferenzordnung und Nutzenfunktion, aus der sich Voraussagen über die Muster individuellen Verhaltens ableiten lassen, zum anderen kann man aber auch von Beobachtungen des Verhaltens von Individuen ausgehen, die zeigen, daß ihnen ein rationales Muster - d.h. eine Präferenzordnung und eine Nutzenfunktion - zugrunde liegt[27]; die zweite Möglichkeit findet im folgenden Anwendung. Für die Aufstellung des Optimierungskalküls wird eine theoretische Konzeption formuliert, die in der Gesamtschau eine Abwägung von Nutzen- und Kostengrößen verdeutlicht. Insofern kann für das Individuum am Ende die Nutzen- oder die Kostenkomponente überwiegen.

Der Gesamtnutzen eines Individuums (U_i) läßt sich durch die taxierende Bewertung der individuellen Begünstigung durch staatliche Leistungen (b_i) und die Kosten der finanziellen Abgabenbelastung (c_i) ermitteln, wobei sich der Nutzen durch die vom Staat bereitgestellten öffentlichen Güter ($N_{ÖG}$) und Transferzahlungen (N_{Tr}) zusammensetzt.

Die Kostenkomponente (subjektives Belastungsgefühl) ergibt sich aus den effektiven Kosten (v_i) eines rationalen Individuums (i) konträr den finanziellen Belastungen durch die Besteuerungs- bzw. Abgabenlast. Ein positiver Gesamtnutzen läge vor

25 Nutzenfunktionen werden hier nicht im Sinne der Entscheidungstheorie unter Unsicherheit verwendet, sondern ganz im Sinne der Annahmen des Homo Oeconomicus. Zu Entscheidungen unter Unsicherheit vgl. Kahneman, D., Slovic, P., Tversky, A. (1982) (Hrsg.), Judgment Under Uncertainty: Heuristics and Biases, Cambridge (Mass.), S. 341-350.

26 Vgl. Winkler, G. M. (1994), Entscheidungen und Präferenzen - Zur Rationalisierbarkeit individueller Wahlhandlungen, Heidelberg, S. 2 und 28 f.

27 Beide Vorgehensweisen ergänzen sich. Vgl. Neumann, M. (1979), Nutzen, Präferenzordnung und Nutzenfunktion, in: HdWW, S. 350.

(1), wenn die empfundenen staatlichen Leistungen (b_i) in der Summe höher sind als die gegenübergestellten Kosten durch die finanzielle Belastung (c_i):

(1) $U_i = b_i - c_i$

bzw.

(2) $U_i = b_i (N_{ÖG}, N_{Tr}) - c_i (v_i)$

mit: $\Delta b_i / \Delta N_{ÖG}, N_{Tr} > 0$

$\Delta c_i / \Delta v_i > 0$

Eine Spezifizierung des Optimierungskalküls wird dadurch erreicht, daß die beiden zu bewertenden Komponenten detailliert aufgegliedert werden. Insofern entsprechen in diesem Optimierungsmodell die effektiv entstehenden Kosten exakt der Summe der (subjektiven) steuerlichen Traglast (T_i) sowie einer noch näher zu definierenden - siehe Gleichung (7) - Zusatzlast (d_i):

(3) $v_i = T_i + d_i$

Die steuerliche Traglast (T_i) - vgl. (4) - ist ihrerseits ganz in Sinne der finanzwissenschaftlichen Theorie definiert als das Produkt von individuellem Steuersatz (t_i) und der steuerlichen Bemessungsgrundlage (B_i). Die steuerliche Bemessungsgrundlage der Individuen - vgl. Gleichung (5) – hängt ab von dem individuellen Steuersatz (t_i) und ergänzenden Einflußfaktoren (x_i):

(4) $T_i = t_i \cdot B_i$

(5) $B_i = B_i (t_i, x_i)$

Die in der vorherigen Gleichung angesprochenen Einflußfaktoren umfassen grundsätzlich das Eigennutzstreben der Individuen (g_i), sozio-kulturelle bzw. soziodemographische (h_i), ökonomische (j_i) sowie finanzpsychologische (k_i) Einflußfaktoren, die in der Summe die Finanzierungslast der Individuen determinieren und auf ihre entsprechende Präferenzbekundung verstärkend einwirken:

(6) $x_i = f (g_i, h_i, j_i, k_i)$

Entsprechend wirken sich die zuvor dargelegten Einflußfaktoren auch auf die zu empfangenen - respektive die Höhe der empfangenen - Staatsleistungen aus:

(7) $N_{ÖG} + N_{Tr} = f(g_i, h_i, j_i, k_i)$

Die zuvor in Gleichung (3) definierte Zusatzlast kann gleichermaßen mit individuellen Steuersätzen und entsprechenden Einflußvariablen beschrieben werden, wobei unterschiedliche Steuersätze von direkten und indirekten Steuern sowie die unterschiedlichen in Gleichung (6) aufgezeigten Einflußgrößen Berücksichtigung finden:

(8) $d_i = d_i(t_i, x_i)$

Hinsichtlich der taxierenden Bewertung von entstehenden Kosten und empfangenen Nutzen besteht die Zielsetzung der Individuen in der Maximierung ihres individuellen Nutzens. In mathematischer Form läßt sich die Maximierung des Gesamtnutzens eines Individuums mit der folgenden Gleichung verdeutlichen:

(9) $\text{Max. } U_i: \quad U_i = \sum b_i(N_{ÖG}, N_{Tr}) - \sum c_i(v_i)$

Eine detaillierte Ermittlung erhält man durch Hinzufügung der Parameter der vorherigen Teilgleichungen in die Endgleichung. Der aus dem Optimierungskalkül resultierende Nutzen des Individuums spiegelt seine spezifische Wohlfahrtsposition nach der erfolgten Veränderung (z.B. der Besteuerung) in Relation zur Belastung in der Vor-Steuer-Situation wider. Der Wert fällt um so höher aus, je größer die bereitgestellten staatlichen Leistungen und Sozialtransfers ($N_{ÖG}$, N_{Tr}) sind bzw. je geringer die steuerliche Traglast der Individuen (T_i) ist, et vice versa. Resümierend zeigt sich, daß aus theoretischer Betrachtung die Nutzenmaximierung der Individuen durch eine taxierende Bewertung von Nutzen und Kosten erfolgen kann, wobei die determinierenden Parameter dieser Abschätzung von einer Vielzahl von Einflußfaktoren bestimmt werden, die nachfolgend näher zu analysieren sind. Sie stellen wesentliche Entscheidungsparameter für die Akzeptanz bzw. Ablehnung staatlicher Finanzierungsformen dar.

3.2.2 Schätzgleichungen für unterschiedliche staatliche Finanzierungsformen

Die Grundüberlegung für die Aufstellung von Schätzgleichungen für unterschiedliche staatliche Finanzierungsformen besteht darin, daß rational handelnde Individuen versuchen, ihren individuellen Nutzen zu maximieren. Insofern gelingt die Maximierung des Erwartungsnutzens durch die Aufstellung eines Optimierungskalküls, in dem die Individuen den Nutzen aus der Inanspruchnahme des öffentlichen Güter- und Leistungsangebotes mit den Kosten ihrer Finanzierungsbeiträge „gegenrechnen".

Das Optimierungskalkül bildet damit die Grundlage für die Präferenzbekundung der Bürger, weil eine Situation, in der die Bürger - subjektiv empfindend - mehr staatliche Leistungen empfangen, zu einem hohen Erwartungsnutzen und zu einer - zumindest tendenziellen - höheren Akzeptanz des staatlichen Finanzierungsinstrumentariums führt, dagegen die Wahrnehmung von Unzulänglichkeiten auf der Finanzierungsseite zu einer Ablehnung staatlicher Finanzierungsformen führen wird.

Als Arbeitshypothese wird im folgenden unterstellt, daß das subjektive Belastungsgefühl der Individuen die Präferenzen für die Akzeptanz bzw. Ablehnung staatlicher Finanzierungsformen (als abhängige Variablen) bestimmt. Damit läßt sich der Erwartungsnutzen der Individuen aus der Abschätzung zweier Nutzenfunktionen ermitteln. Zum einen existiert eine Funktion (F_1), die alle Nutzen aus der Inanspruchnahme des öffentlichen Güter- und Leistungsangebotes vereint, zum anderen eine Funktion (F_2), die die Summe der Belastungen aller Finanzierungsbeiträge berücksichtigt. Es ergibt sich der Erwartungsnutzen der Bürger aus der folgenden Gleichung:

(10) $E\,[\,U_i\,(F_1) - U_i\,(F_2)\,] \;>\; 0$

Für die Präferenzermittlung werden im folgenden Schätzgleichungen aufgestellt, die alle beeinflussenden Faktoren integrieren. Eine generelle Schätzgleichung - als Teilelement des Optimierungskalküls - für die Finanzierungsseite würde wie folgt aussehen:

(11) $PRÄF_{SE} \quad = f\,(\text{subj.Belast.}_i)$

Die Präferenz für staatliche Einnahmen (SE) - ausgedrückt in der Akzeptanz für staatliche Finanzierungsformen und -instrumente - ist eine Funktion der subjektiv empfundenen Belastung der Individuen (i), die sich aus der Summe - vgl. Gleichung (12) - der empfundenen Einzelbelastungen der Finanzierungsbeiträge (direkte und indirekte Steuern, Sozialversicherungsbeiträge, Gebühren und Staatsverschuldung) ergibt. Damit hat die subjektive Belastungsfunktion folgendes Aussehen:

(12) $\text{Subj.Belast}_i \;=\; f\,(St_{dir(i)}, St_{ind(i)}, Geb_{(i)}, Beit_{(i)}, SV_{(i)})$

Die subjektiven Belastungen für die einzelnen staatlichen Finanzierungsformen sind wiederum abhängig von einer Vielzahl unterschiedlicher sozio-ökonomischer, ökonomischer und finanzpsychologischer Einflußfaktoren. Aus der Summe dieser allgemeinen Einflußfaktoren, die aufgrund von theoretischen Überlegungen (Wirkungszusammenhänge) bezüglich des Untersuchungsgegenstandes sowie der Verwendung in früheren Studien ausgewählt wurden, sind im Rahmen der empirisch-analytischen Auswertung des Datenmaterials die präferenzbestimmenden Determinanten zu präzisieren. In gleicher Weise können Schätzgleichungen für unterschiedliche staatliche Finanzierungsformen - auf der Basis der subjektiv empfundenen Belastung - in die allgemeine Schätzgleichung integriert werden. Zusammenfassend ergibt sich damit die folgende empirisch zu überprüfende Schätzgleichung:

(13) $PRÄF_{SE} = f(\text{subj.Belast.}_i)$ mit: $_i$ = Individuen

mit: $\text{Subj.Belast}_i = f(St_{dir(i)}, St_{ind(i)}, Geb_{(i)}, Beit_{(i)}, SV_{(i)})$

mit: $St_{dir.(i)}$ = f (soz-ökon., ökon. und finanzpsychol. Faktoren)
$St_{ind.(i)}$ = f (soz-ökon., ökon. und finanzpsychol. Faktoren)
$Geb._{(i)}$ = f (soz-ökon., ökon. und finanzpsychol. Faktoren)
$Beit._{(i)}$ = f (soz-ökon., ökon. und finanzpsychol. Faktoren)
$SV_{(i)}$ = f (soz-ökon., ökon. und finanzpsychol. Faktoren)

mit: Soz-ökon., ökon. und finanzpsychol. Faktoren:

ALTER	= Alter
EINKOMME	= Einkommen
GESCHLEC	= Geschlecht
FAMILIEN	= Familienstand
BILDUNG	= Ausbildungsstand
BERUF	= Beruf
HAUSHALT	= Haushaltsgröße
SIT_PERS	= Individuelle ökonomische Situation
WIRT_SIT	= Gesamtwirtschaftliche Situation
KOMPLEX	= Komplexität des Steuersystems
INFOSTA	= Informationsstand der Individuen
GEG_STEU	= Empfundene steuerliche Gegenleistung
ST_AUSG	= Staatliche Leistungsangebot
MITBEST	= Mitbestimmung bei Entscheidungen
BELASTUG	= Belastungsempfinden
GEGENL_1	= Empfunden staatliche Gegenleistung
VERSCHWE	= Verschwendungspotential
BUE_STAA	= Bürgernähe
GEGENL_2	= Gegenleistungsempfindungen bei Offenlegung des staatlichen Leistungsangebotes
DISTRIBU	= Empfundene Distribution
FAIRNESS	= Administrative Fairness

Für die einzelnen staatlichen Finanzierungsformen können im Vorfeld Ergebniserwartungen formuliert werden, die in der späteren Analyse zu bestätigen bzw. zu wiederlegen sind. Eine Schätzgleichung der Präferenz für direkte Steuern könnte beispielsweise von folgenden Einflußfaktoren bestimmt sein:

(14) $St_{dir.(i)}$ = f (- Finanz.Belast.,
- Alter,
- Einkommen,
- Bildungsstand.,
- Staatliche Gegenleistung,
- Steuerliche Gegenleistung,
- Empfundene Distribution)

Die Erwartung des Einflusses der in der obigen Schätzgleichung verorteten Faktoren läßt sich anhand von vermuteten theoretischen Wirkungszusammenhängen spezifizieren. Grundsätzlich beeinflußt die objektive und subjektive finanzielle Belastung die Präferenzbekundung für mehr oder weniger direkte Steuern. Ein hohes Belastungsempfinden führt demnach zu einer geringen Akzeptanz von direkten Steuern, ein niedriges Belastungsgefühl zu einer hohen Akzeptanz der Direktbesteuerung.

Ähnlich könnte es sich mit den Einflußfaktoren Alter und Einkommen verhalten. Da mit zunehmendem Alter steigende Einkommen positiv korrelieren, ist zu erwarten, daß ältere und einkommenstärkere Personengruppen eine geringere Akzeptanz für direkte Steuern bekunden werden, da sie finanziell stärker belastet werden. Für den Bildungsstand ist zu vermuten, daß höher gebildete Personen eine stärkere Einsicht in die finanzpolitischen Zusammenhänge haben und dementsprechend die Notwendigkeit direkter Steuern eher einsehen werden als Personen mit geringerem Ausbildungsniveau.

Bezüglich der Faktoren „Staatliche und steuerliche Gegenleistung" ist absehbar, daß je geringer die empfundene steuerliche (Problem der Non-Affektation) und staatliche Gegenleistung (Möglichkeit der Inanspruchnahme des öffentlichen Leistungsangebotes) ist, desto geringer wird die Akzeptanz für direkte Steuerarten ausfallen. Hinsichtlich der empfundenen Distribution (Gerechtigkeitsempfinden) läßt sich vermuten, daß je größer das Ungerechtigkeitsempfinden ausgeprägt ist, desto geringer wird die Präferenz für die Aufrechterhaltung des derzeitigen Niveaus der Direktbesteuerung ausfallen. Eine Schätzgleichung der Präferenz für indirekte Steuern könnte ähnlich aussehen, wenngleich bei diesen Steuern - zumindest teilweise - andere präferenzbestimmende Einflußfaktoren zu beobachten sein werden:

(15) $St_{ind.(i)}$ = f (- Individuelle ökonomische Situation
- Komplexität des Steuersystems
- Steuerliche Gegenleistung
- Empfundene Distribution
- Bildungsstand)

Im Gegensatz zur vorherigen Schätzgleichung sind die Einflußfaktoren Alter und Einkommen höchstwahrscheinlich nicht präferenzbestimmend, da bei indirekten Steuern aufgrund ihrer Ausgestaltung andere Wirkungsparameter bedeutsam sind. Während direkte Steuern in erster Linie durch hohe Fühlbarkeiten gekennzeichnet sind, charakterisieren sich indirekte Steuern durch ihre „relative" Unmerklichkeit sowie die individuell zu gestaltende Einkommensverwendung. Als präferenzbestimmende Determinanten sind demnach eher präferenzbestimmende Faktoren wie die „Individuelle ökonomische Situation", die „Komplexität des Steuersystems" oder auch die „Steuerliche Gegenleistung" zu erwarten. Je schlechter die Bürger ihre individuelle Situation bekunden werden, desto größer ist ihr Konsumanteil an ihren Gesamtausgaben und desto geringer wird die Akzeptanz für indirekte Steuerarten ausfallen. Verlieren die Bürger zudem in einem undurchsichtigen Steuersystem, das durch eine Vielzahl von indirekten „unmerklichen" Verbrauchsteuern bestimmt wird, die Übersicht, dann werden sie eine geringere Präferenz für indirekte Steuern bekunden. Bei den Variablen „Empfundene Distribution" und „Bildungsstand" sind ähnliche Argumente anzuführen, die bereits bei der Schätzgleichung für die direkten Steuern genannt wurden, wonach sich empfundene Ungerechtigkeiten und geringer Bildungsstand negativ auf die Akzeptanz der Besteuerung auswirken.

Vor diesem Hintergrund könnten in ähnlicher Form Ergebniserwartungen und Schätzgleichungen für die Präferenzbekundung der Bürger hinsichtlich der Akzeptanz von Sozialversicherungsbeiträgen, kommunalen Gebühren und der Staatsverschuldung aufgestellt werden. Es ist evident, daß sich die zuvor genannten Faktoren - und ihre spezifische Einflußnahme - auch bei der Präferenzbekundung für die ergänzenden staatlichen Finanzierungsformen wiederfinden werden.

Die Zusammensetzung der Variablen dieser Schätzgleichungen entspräche der Gestalt der zuvor aufgestellten Schätzgleichungen für die Präferenzbekundung für direkte und indirekte Steuern. Bei den Sozialversicherungsbeiträgen und den kommunalen Gebühren wird sich vermutlich die Variable „Staatliche Gegenleistung" als sehr wichtig erweisen, da diese staatlichen Finanzierungsformen *per definitionem* - im Gegensatz zur Non-Affektation bei Steuern - noch die größten individuell zurechenbaren Gegenleistungen für die Bürger verkörpern. Die in der statistischen Auswertung signifikantesten Einflußfaktoren für die einzelnen staatlichen Finanzierungsformen werden im Rahmen der Auswertung der Untersuchungsergebnisse im vierten Kapitel ausführlich dargestellt und analysiert.

3.2.3 Die Systematisierung allgemeiner Einflußfaktoren

Durch die vorhergehende Auswahl wurden Einflußfaktoren selektiert, die das subjektive Belastungsgefühl und damit die individuellen Präferenzunterschiede der Bürger bestimmen (können) und als theoretische Elemente in die aufgestellten Schätzgleichungen eingehen. Berücksichtigt werden drei unterschiedliche Gruppen von Einflußfaktoren: (1) sozio-demographische Variablen, (2) ökonomische Variablen und (3) finanzpsychologische Variablen. Diese Variablen sind aufgrund von theoretischen Überlegungen und auf der Basis früherer Untersuchungen ausgewählt worden.

Sozio-demographische Einflußfaktoren:
Subjektive Normen und Prägungen, die sich in erster Linie aus dem Selbstinteresse der Individuen ergeben, bilden die Grundlage ihrer Wahrnehmung und resultieren aus individuellen Unterschieden der Persönlichkeitscharakteristik, die ihrerseits zu divergierenden Einstellungen hinsichtlich der Akzeptanz der Finanzierungsseite führen können. Sie stellen insofern Entscheidungsparameter dar, die sich lediglich in langen Zeiträumen ändern und unabhängig von konkreten Situationen existent sind. Für die subjektive Grundeinstellung der Bürger gegenüber dem Staat und seinem Steuer- bzw. Abgabensystem sind neben der historisch gewachsenen kultur- und gesellschaftsspezifischen Haltung vornehmlich auch solche Variablen bestimmend, die auf die ökonomische Stellung („Einkommen") sowie die Schicht- bzw. Gruppenzugehörigkeit abzielen. Entscheidend für die Präferenzbekundung sind aber auch aussagekräftige Einflußfaktoren wie die Variablen „Alter" und „Bildungsstand", die im Rahmen der Analyse des empirischen Datenmaterials genauer betrachtet werden.

Bezüglich der Einflußnahme von sozio-demographischen Variablen ist generell zu beachten, daß sie lediglich über sozialpsychologische Einflußkanäle, d.h. über die subjektive Wahrnehmung bzw. Einstellung der Bürger auf die Präferenzbekundung, einwirken. Explizit werden in der vorliegenden Untersuchung die sozio-demographischen Einflußfaktoren Alter, Geschlecht, Familienstand, Bildungsabschluß, Beruf, Einkommen und Haushaltsgröße erhoben und analysiert.

Ökonomische Einflußfaktoren:

Ökonomische Einflußfaktoren sind vornehmlich auf die gesamtwirtschaftliche und individuelle Situation der Bürger sowie die Ausgestaltung des Steuer- bzw. Abgabensystems ausgerichtet. Demzufolge wird die Präferenzbekundung beispielsweise von der individuellen Wahrnehmung ökonomischer Größen, die bei den Bürgern durch das Beschäftigungsverhältnis oder etwa die empfundene Belastung mit Steuern und Abgaben bestimmt werden, beeinflußt. Die Variable „Höhe der objektiven Belastung" stellt einen weiteren zentralen ökonomischen Einflußfaktor für die Bekundung von Finanzierungspräferenzen dar. Mit der objektiven Belastungshöhe ist aber nicht nur auf einzelne Steuersätze, Beitragshöhen, Gebührenansätze oder die Ausgestaltung gesonderter Abgaben - wie z.B. die Progression der Einkommensteuer oder die Veränderung des Solidaritätszuschlages - abgestellt, sondern als maßgeblich für die Zensiten erweist sich insbesondere die Summe der Gesamtbelastung mit Steuern und steuerähnlichen Abgaben.

Da ein Teil der Bevölkerung die Handhabung und Wirkungsweise der progressiven Einkommensteuer nicht richtig einzuschätzen vermag, weil Freibeträge und komplizierte Berechnungs- bzw. Anrechnungsverfahren die Ermittlung der Steuerschuld undurchschaubar machen, führt allein die Ausgestaltung des Steuertarifs über eine verdeckte („kalte") Progression dazu, daß die Steuerlast von den Bürgern überschätzt wird. Daneben führt die Unübersichtlichkeit und Kompliziertheit des Steuersystems dazu, daß nur einzelne bzw. wenige Individuen vollständig über die Wirkungsweise der interpersonellen Verteilungswirkungen informiert sind. Als einflußreicher ökonomischer Faktor ist auch das öffentliche Leistungsangebot einzubeziehen, weil die Möglichkeit der Inanspruchnahme des öffentlichen Güter-, Leistungs- und Transferangebotes einen entscheidenden Parameter für die Bekundung der Präferenz für mehr oder weniger staatliche Finanzierungsinstrumente darstellt.

Finanzpsychologische Einflußfaktoren:

Neben ökonomischen Einflußfaktoren lassen sich für die Präferenzbekundung der Bürger zusätzlich eine Reihe von finanzpsychologischen Variablen analysieren, die weiterführende und ergänzende Wirkungszusammenhänge ableiten bzw. aufzeigen. Aus finanzpsychologischer Sicht sind dabei insbesondere subjektive Einschätzungen und Bewertungen der Individuen hinsichtlich unterschiedlicher Belastungsgefühle, empfundener Ineffizienzen oder differierender Gerechtigkeitsvorstellungen von Bedeutung. In der Bevölkerung vorhandene fiskalische Illusionen bezüglich des ihnen zugute kommenden staatlichen Güter- und Leistungsangebotes beinhalten in der finanzwissenschaftlichen Theorie zumeist das Argument, daß die Einnahmen des öffentlichen Sektors durch die Wähler systematisch überschätzt werden und deshalb zuviel öffentliche Leistungen nachgefragt werden als der Bekundung der Bürger bei vollem Bewußtsein ihrer finanziellen Lasten eigentlich entspräche.[28]

In der Gesamtschau geben diese Illusionen der staatlichen Finanzierungs- und Ausgabenseite Auskunft über die Einschätzung des öffentlichen Preis-Leistungsverhältnisses durch die Bürger, womit die Variable „Reziprozität von Einnahmen und Ausgaben" primär auf eine marktanaloge Tauschsituationen (Leistung-Gegenleistung) ausgelegt ist und dies auch in dieser Form in der vorliegenden Untersuchung zu überprüfen sein wird. Basierend auf diesen Überlegungen ist beispielsweise zu erwarten, daß die Bürger ein Mißverhältnis[29] der Reziprozität von staatlichen Einnahmen und Ausgaben wahrnehmen, weil sie sich über den Zusammenhang zwischen öffentlichen Leistungen und den zu ihrer Finanzierung erhobenen staatlichen Einnahmen nicht vollständig bewußt sind.[30]

Ob Steuermittel für bestimmte staatliche Auf- und Ausgabenbereiche richtig verwendet werden oder ein Teil des Steueraufkommens im Bewußtsein der Bürger durch den Staat verschwendet wird, berücksichtigt die Variable „Ineffizienzen und staatliche Mißwirtschaft". Eng miteinander verbunden sind die finanzpsychologischen Einflußfaktoren „Gruppenspezifische Lastverteilung" und „Gerechtigkeitsempfinden". Ausgangspunkt für den individuellen Vergleich des durch Steuern und Abgaben bedingten Einkommensopfers und dem durch das öffentliche Güterangebot gestifteten Nutzen ist die empirische Beobachtung, daß der Zusammenhang zwischen diesen beiden Elementen staatlicher Finanzpolitik von den Zensiten meist nicht direkt wahrgenommen werden. Die Variable „Administrative Fairness"[31] äußert sich vornehmlich in dem Kontakt und der Nähe der Bürger zu Finanzbehörden bzw. staatlichen Institutionen. Erwartungsgemäß könnten ein kompliziert anmutendes Steuer- bzw. Abgabensystem und eine ablehnende Haltung der Bürger zur staatlichen Institution zu einer im

---

28 Vgl. Oates, W. E. (1988), a.a.O., S. 56-82 und Hildebrandt, A. (1995), a.a.O., S. 38.

29 Die Steuerzahler nehmen bei der Finanzierung durch Verbrauchsteuern oder durch öffentliche Anleihen die „Kosten" des Angebots öffentlicher Güter weniger oder gar nicht wahr und unterliegen dadurch leicht Illusionen über deren Finanzierung. Vgl. Hirai, G. (1988), a.a.O., S. 114.

30 Cullis und Lewis bemerken dazu: „It is evident that the majority of people are relatively unaware of what has been termed the 'fiscal connection' (...). Surveys have repeatedly shown that when questions about tax and public expenditure are asked separately, people tend to favour reductions in income tax while at the same time advocating overall increases in expenditure (...)". Vgl. Cullis, J., Lewis, A. (1985), a.a.O., S. 276.

31 Vgl. Grunow, D. (1978), Steuerzahler und Finanzamt: Forschungsdesign und Ergebnisse, Frankfurt, New York, Grunow, D., Hegner, F., Kaufmann, F. X. (1978), Steuerzahler und Finanzamt, Frankfurt, New York und Grunow, D. (1975), Der Kontakt zwischen Verwaltung und Publikum: eine dimensionale Analyse mit Illustrationen aus der Finanzverwaltung und der kommunalen Sozialverwaltung, Bielefeld.

allgemeinen größer empfundenen Unsicherheit der Zensiten und damit zu einer ablehnenden Haltung gegenüber der Aufrechterhaltung bzw. Ausweitung des staatlichen Finanzierungsinstrumentariums führen.[32] Die nachfolgenden Abbildungen zeigen die ausgewählten Einflußfaktoren.

Abb. 18: Sozio-demographische Variablen (1)

Variable	Erklärung	Ausprägungen
- alter -	Alter	- 16 bis 25 Jahre - 26 bis 35 Jahre - 36 bis 55 Jahre - 56 und älter
- einkomme -	Einkommen (Netto pro Haushalt)	- unter 1600 DM - 1601 DM bis 3500 DM - 3501 DM bis 5000 DM - über 5001 DM
- geschlec -	Geschlecht	- männlich - weiblich
- familien -	Familienstand	- ledig - verheiratet - Sonstiges
- bildung -	Bildungsabschluß	- Volks-, Hauptschule - Realschule - Abitur - Universität, FH
- beruf -	Beruf	- Selbständig/ Freiberufler(in) - Angestellte(r)/ Beamte(r) - Facharbeiter(in)/ Handwerker - Student(in)/ Azubi - Hausfrau/ Hausmann - Rentner(in)/ Pensionär(in) - Sonstige
- haushalt -	Haushaltsgröße	- 1 Person - 2 Personen - 3-4 Personen - mehr als 5 Personen

32 Vgl. Furnham, A., Lewis, A. (1986), The economic mind: The social psychology of economic behaviour, Brighton, Sussex, S. 238 ff.

Abb. 19: Ökonomische Variablen

Variable	Erklärung	Ausprägungen
- sit_pers -	Einschätzung der individuellen wirtschaftlichen Situation	- gut versus schlecht (5-fache Ausprägung)
- wirt_sit -	Einschätzung der Situation der deutschen Wirtschaft	- gut versus schlecht (5-fache Ausprägung)
- komplex -	Beurteilung der Komplexität des öffentlichen Steuer- und Abgabensystems	- einfach versus kompliziert (5-fache Ausprägung)
- infosta -	Frage, inwieweit man sich über die öffentlichen Finanzen informiert fühlt	- sehr gut versus gar nicht informiert (5-fache Ausprägung)
- geg_steu -	Frage nach explizit empfundenem Gegen leistungscharakter von Steuern	- Höhere Gegenleistung - Volle Gegenleistung - Geringe Gegenleistung - Keine Gegenleistung
- st_ausg -	Frage nach Aufrechterhaltung des öffentlichen Güter- und Leistungsangebotes	- mehr ausgeben - gleich viel ausgeben - weniger ausgeben
- mitbest -	Wunsch nach dem Grad der politischen Mitbestimmung	- hohe versus keine Mitbestimmung (5-fache Ausprägung)

Abb. 20: Finanzpsychologische Variablen

Variable	Erklärung	Ausprägungen
- belastug -	Subjektive Einschätzung der Höhe der finanziellen Belastung	- sehr hoch versus sehr niedrig (5-fache Ausprägung)
- gegenl_1 -	Frage nach dem wahrgenommenen staatlichen Gegenleistungsangebot	- volle versus keine Gegenleistung (5-fache Ausprägung)
- verschwe -	Wahrgenommene Ineffizienzen und staatliche Mißwirtschaft	- viel versus wenig Verschwendung (5-fache Ausprägung)
- bue_staa -	Verhältnis Bürger versus Staat	- bürgernah versus bürgerfern (5-fache Ausprägung)
- gegenl_2 -	Reziprozität von Einnahmen und Ausgaben bei detaillierter Offenlegung des staatlichen Leistungspaketes	- volle versus keine Gegenleistung (5-fache Ausprägung)
- distribu -	Gruppenspezifische Lastverteilung und spezifisches Gerechtigkeitsempfinden	- zahle viel mehr versus viel weniger (5-fache Ausprägung)
- fairness -	Empfundene administrative Fairness	- gerecht versus ungerecht (5-fache Ausprägung)

Auf der Grundlage der aufgestellten Schätzgleichungen und der Konkretisierung unterschiedlicher Einflußfaktoren sind im folgenden Abschnitt die für die Untersuchung erarbeiteten und aufgestellten Hypothesen dargestellt, anhand derer in der Auswertung der Untersuchungsergebnisse die Präferenzen und Präferenzprofile der Bürger hinsichtlich des staatlichen Finanzierungsinstrumentariums aufgezeigt werden können.

3.3 Zur Methodik der Präferenzenthüllung

Wie die bisherigen Ausführungen gezeigt haben, besteht die Messung von Bürgerpräferenzen aus einem mehrphasigen Prozeß. Nachdem zu Beginn dieses Kapitels das Forschungsproblem fokussiert und entsprechende Forschungsziele abgeleitet wurden, gilt es im weiteren, Untersuchungshypothesen theoretisch abzuleiten, Präferenzermittlungsmethoden darzustellen und statistische Verfahren genauer zu analysieren.

3.3.1 Hypothesen der Untersuchung

Unterschiedliche Präferenzen und Präferenzprofile in der Bevölkerung können die Grundlage für die Konzipierung von politischen Handlungsempfehlungen und daraus abgeleitete Entscheidungsparameter darstellen. Ein Untersuchungsgegenstand gilt dann als hinreichend quantifiziert, wenn das wesentliche Forschungsziel und der dazu notwendige Informationsbedarf nach Art, Ausmaß und Qualität festgelegt sind. Die präzise Formulierung eines finanzwissenschaftlichen Forschungsproblems wird in der wissenschaftlichen Theorie unter dem Begriff der Hypothesenformulierung diskutiert. Hypothesen lassen sich gewissermaßen als Forschungsziele betrachten, die in die Form einer Behauptung gekleidet sind. Die Wissenschaftstheorie stellt in der Regel inhaltliche und formale Anforderungen an die spezifische Hypothesenformulierung und -überprüfung, die sicherstellen sollen, daß die aufgestellten Behauptungen in intersubjektiv befriedigender Weise nachgeprüft werden können.

Hinsichtlich der Aufdeckung bzw. Enthüllung von Präferenzen über die Akzeptanz und Inanspruchnahme des staatlichen Finanzierungsinstrumentariums bedarf es zunächst der Aufstellung von Hypothesen, die die in der Bevölkerung vorhandenen Präferenzen abbilden helfen sollen. Die formulierten Hypothesen können gleichermaßen hilfreich sein, vermutete Wirkungs- und Wahrnehmungsfilter empirisch zu überprüfen und vorhandene Präferenzprofile aufzuzeigen. Nachfolgend werden die für die vorliegende Untersuchung zentralen Hypothesen aus theoretischen Zusammenhängen im Hinblick auf die empirische Präferenzermittlung abgeleitet.

These 1: *In der Bevölkerung bestehen erhebliche Informationsmängel bezüglich des staatlichen Finanzierungsinstrumentariums, die abgebaut werden müssen, um eine höhere Akzeptanz bei den Bürgern zu erreichen.*

Die erste These hinsichtlich der Existenz von Informationsmängeln über die staatliche Finanzierungsseite basiert auf der Vermutung, daß die Bürger aufgrund ihrer unzureichenden Informiertheit über das staatliche Finanzierungsinstrumentarium nur eine geringe Akzeptanz für die Aufrechterhaltung des derzeitigen Niveaus und der Struktur des Finanzierungssystems bekunden werden, womit eine generell ablehnende Präferenzbekundung für die erhobenen staatlichen Finanzierungsleistungen zu erwarten ist. Die Informationsmängel der Bürger resultieren aber nicht nur aus der Unkenntnis über die Staatstätigkeit der föderalen Ebenen[33], sondern ergeben sich auch aus dem kollektiven Kenntnisstand über die finanzielle Belastung mit direkten und indirekten Steuern, Sozialversicherungsbeiträgen, kommunalen Gebühren sowie den Auswirkungen einer expansiven öffentlichen Kreditaufnahme. Informationsmängel und daraus abzuleitende geringe Akzeptanzstandards für die staatlichen Finanzierungskomponenten ergeben sich auch aus der Uninformiertheit über die vom Staat im Gegenzug bereitgestellten öffentlichen Leistungen (Unterschätzung von Staatsleistungen) sowie über die prinzipielle Bedeutung und Handhabung von Staatseinnahmen im Kontext der öffentlichen Finanzpolitik.[34]

These 2: *Für unterschiedliche staatliche Finanzierungsformen sowie für unterschiedliche Finanzierungsinstrumente (Steuerarten) besteht ein differenziertes Belastungsempfinden und - entsprechend - eine unterschiedliche Akzeptanz in der Bevölkerung.*

Als ungebrochen wird sich in der Bevölkerung der Wunsch nach einer Reduzierung der individuellen Finanzierungslast erweisen, wobei ein subjektiv hohes Belastungsgefühl der Zensiten insbesondere bei direkten und - mit Abstrichen - indirekten Steuern

---

33 Vgl. Cullis, J., Lewis, A. (1985), a.a.O., S. 276.

34 Das Wissen der Bürger über das öffentliche Steuer- und Finanzsystem muß auch auf lokaler Ebene als gering eingeschätzt werden. Vgl. Auld, D. (1978), Public Awareness and Preferences in Ontario, Discussion Paper, Guelph/ Ontario; Schokkaert, E. (1988), a.a.O., S. 35 ff.; Lewis, A. B. (1983), a.a.O., S. 159 f..

(vornehmlich aus Gründen der Non-Affektation) erwartbar ist. Direkte Steuern sind vornehmlich durch hohe Fühlbarkeiten sowie ein mangelndes Überwälzungsvermögen, indirekte Steuern hingegen durch ihre „relative" Unmerklichkeit sowie die individuell zu gestaltende Einkommensverwendung gekennzeichnet. Für Sozialversicherungsbeiträge und kommunale Gebühren, bei denen der Anspruch auf eine Gegenleistung stärker geregelt ist, sind aufgrund von höher bekundeten Gegenleistungen entsprechend geringere Belastungsempfindungen von den Bürgern zu erwarten.

Für die staatliche Kreditaufnahme ist aufgrund unterschiedlicher Wahrnehmungsfilter und differierender Vorstellungen über die Verwendung dieser kompensatorischen Finanzierungsform ein gemäßigtes Belastungsempfinden absehbar. Es ist evident, daß sich unterschiedlich bekundete Belastungsempfindungen der Bürger für grundlegende öffentliche Finanzierungsformen in der Summe zu einem generell fühlbaren hohen Belastungsgefühl addieren, die in der Konsequenz nicht nur für die Finanzierung der zwangsläufig notwendigen Staatsausgaben, sondern auch für den Konsens in der politischen Willensbildung eine Gefahr darstellen.

Vor dem Hintergrund der - zuvor dargestellten - Erwartungen von Belastungsprofilen und den daraus resultierenden Akzeptanzstandards in der Bevölkerung für staatliche Finanzierungsformen, gilt es im folgenden, Präferenzbekundungen für die Akzeptanz bzw. Ablehnung einzelner Steuerarten zu formulieren. Grundsätzlich können dabei ähnliche Argumente angeführt werden, die schon bei der Differenzierung der staatlichen Finanzierungsformen genannt wurden. Eine Präferenzbekundung hinsichtlich einer Rückführung - im Sinne einer Nicht-Aufrechterhaltung der derzeitigen Besteuerungshöhe - der Lohn- und veranlagten Einkommensteuer resultiert in erster Linie aus der objektiven Höhe des Spitzensteuersatzes (53%), der damit verbundenen hohen Merklichkeit durch den direkten Abzug (der Lohnsteuer) vom Arbeitslohn sowie der fehlenden Möglichkeit der Steuerüberwälzung aufgrund der Steuerfestsetzung im Zuge der Steuerveranlagung bei den Steuerpflichtigen. Eine mögliche präferierte Rückführung des zeitlich befristeten Solidaritätszuschlages, der als Ergänzungsabgabe zur geschuldeten Lohn-, Einkommen- und Körperschaftsteuer abgeführt werden muß, begründet sich darin, daß der Akzeptanzgrad für die weitere Aufrechterhaltung dieser Abgabe sehr gering ist, da die Bürger offenbar nicht länger bereit sind, die Kosten für den Wiederaufbau in den neuen Bundesländern zu finanzieren, weil ihnen der für sie daraus (scheinbar) zu resultierende Nutzen nicht erkennbar ist, da die sich mit der deutschen Wiedervereinigung offenbarende marode Wirtschaft der ehemaligen DDR einen kaum zu stillenden Finanzierungsbedarf erfordert.

Etwas anders sieht die vermutete Präferenzäußerung der Bürger für die indirekten Steuern aus. Charakterisierend fallen bei indirekten Steuern Steuerschuldner und

Steuerträger nicht zusammen, womit grundsätzlich eine Überwälzung dieser Steuern möglich ist.[35] Daneben gelten für die Mehrwertsteuer und die speziellen Verbrauchsteuern Argumente über „relative“ Unmerklichkeiten sowie die individuelle Beeinflussung der Einkommensverwendung. Insofern ist zu erwarten, daß die Bürger die Mehrwertsteuer - zumindest ansatzweise - als eine alternative Finanzierungsquelle akzeptieren werden. Für die speziellen Verbrauchsteuern wird sich sicherlich kein einheitliches Bild zeigen, da die Bürger bei ihrer Wertschätzung für die unterschiedlichen Steuerarten differenzieren werden. Für die Mineralölsteuer - als aufkommensstärkste spezielle Verbrauchsteuer (1997: 66,1 Mrd. DM) - und die Tabaksteuer ist ein Trend zu einer vermehrten Inanspruchnahme absehbar, weil mit diesen Abgaben - neben dem für den Staat aufkommenspolitisch bedeutenden Fiskalzweck - aus Bürgersicht auch eine gesundheits- und umweltpolitisch ausgerichtete lenkungspolitische Komponente verbunden wird.

Bei den weiteren in der Untersuchung zu betrachtenden Steuerarten ist im Vorfeld eine indifferente Präferenzbekundung zu erwarten, da die Bürger viele dieser Steuern kaum oder gar nicht in ihr Belastungskalkül mit einbeziehen und wenig über deren Ausgestaltung bzw. deren tatsächliche Belastungswirkung informiert sind. Letztlich interessiert im Rahmen der Umfrageerhebung die Frage, ob die Bevölkerung eine generelle Ökosteuer akzeptieren würde. Eine solche Steuer, die sich von den übrigen Steuerarten dahingehend unterscheidet, daß sie eine „imaginäre“ Steuer darstellt, die derzeit nicht im deutschen Steuersystem enthalten ist, wird sicherlich auf eine relativ hohe Akzeptanz treffen, da sich die Bevölkerung mehr denn je des umweltpolitischen Dilemmas und der Notwendigkeit der Internalisierung externen Effekte bewußt ist. Langfristig beabsichtigt ist mit einer solchen Steuer eine Veränderung des gesamten volkswirtschaftlichen Produktionsapparates mit der Zielsetzung, monetäre Anreize zu erzielen, um den Umstrukturierungsprozeß der Wirtschaft zu beschleunigen. Insofern beinhaltet die an dieser Stelle in die Diskussion eingebrachte mögliche „Ökosteuer“ vielfältige Komponenten, die bei der Einführung von Ökosteuern bzw. der Ergänzung des bestehenden Steuersystems durch Umweltabgaben für einen hohen Akzeptanzgrad in der Bevölkerung sprechen.

These 3: *Direkte staatliche Gegenleistungen als Aufgabenerfüllung für staatliche Finanzierungsbeiträge werden generell kaum wahrgenommen.*

35 Vgl. Söhn, H. (1994), Die Umsatzsteuer als indirekte, allgemeine Verbrauchsteuer, in: Steuer und Wirtschaft, Köln, S. 145 f.

These 4: *Bei Steuern bekunden die Bürger eine geringe staatliche Gegenleistung für ihre gezahlten Entgelte, bei Sozialversicherungsbeiträgen eine - vergleichsweise - höhere und bei kommunalen Gebühren die höchste Gegenleistung.*

Die dritte und vierte These hinsichtlich der Vermutung von unspezifischen Wahrnehmungen staatlicher Gegenleistungen können zusammenhängend betrachtet werden. Als Konsequenz der fehlenden Verbindung von öffentlichem Angebot und individueller Abgabenbelastung entstehen fiskalische Illusionen in der Bevölkerung. Die Bürger unterliegen in erheblichem Maße diesen Wahrnehmungsverzerrungen, weil sie systematisch die Steuer- und Abgabenpreise öffentlicher Leistungen überschätzen und umgekehrt den Nutzen aus der Inanspruchnahme staatlich bereitgestellter Leistungen unterschätzen. Als besonders interessant für die vorliegende Untersuchung werden sich die vergleichenden Ergebnisse der bekundeten generellen staatlichen Gegenleistung erweisen, die sich ergeben, wenn die Bürger zunächst nicht und an späterer Stelle explizit mit den ihnen zukommenden staatlichen Leistungen konfrontiert werden. Es ist zu erwarten, daß die Bürger im ersten Fall der fehlenden Darlegung der staatlichen Gegenleistung für die gezahlten Finanzierungsbeiträge eine vergleichsweise geringere Gegenleistungsbekenntnis äußern werden, hingegen bei Offenlegung des staatlichen Güter-, Leistungs- und Transferangebotes eine höhere empfundene Gegenleistung - Problematik der Wahrnehmungsverzerrung - artikulieren werden.

Als interessant wird sich auch die Quantifizierung der entsprechenden Gegenleistungen unterschiedlicher Finanzierungsformen (Steuern, Gebühren, Beiträge) erweisen. Im einzelnen ist bei der Bekundung adäquater staatlicher Gegenleistungen zu erwarten, daß bei Steuern eine sehr geringe, bei Beiträgen eine höhere und bei Gebühren die höchste Gegenleistung geäußert wird. Bei Steuern wird sich in diesem Zusammenhang die These der Fiskalillusion offenbaren, eine Beobachtung, die bereits in einer Vielzahl früherer Untersuchungen erkannt wurde.[36] Die Bürger erkennen keine unmittelbare Gegenleistung für ihre gezahlten steuerlichen Entgelte. Sie plädieren deshalb für eine Reduzierung bzw. Senkung ihrer Finanzierungsbeiträge bei einer Aufrechterhaltung (bzw. tendenziellen Ausweitung) des derzeitigen öffentlichen Leistungsangebotes. Dieses Paradoxon impliziert, daß die Bürger Produktivitätsreserven, Einsparpotentiale und Ineffizienzen im öffentlichen Sektor vermuten bzw. wahrnehmen (vgl. These 7), deren Nutzungspotential durch eine Reduzierung der staatlichen Einnahmen bei Konstanzhaltung des Niveaus der Ausgabentätigkeit ausgeschöpft

36 Vgl. Citrin, J. (1979), a.a.O., S. 129.

werden könnte. Bei Beiträgen (Erwerb eines Anspruchs auf Gegenleistung) und Gebühren (Quid-pro-quo-Prinzip) sind die unterschiedlich zu erwartenden Bekundungen ihrer engen Verbundenheit zur unmittelbaren Gegenleistung geschuldet.

Hinsichtlich der Erklärung bzw. Handhabung des damit indirekt geforderten Verbundprinzips wird mit diesen Hypothesen über die mittelbare Forderung zweckgebundener Finanzierungsinstrumente auf zentrale Erklärungs- und Handlungsmaximen der modernen Politischen Ökonomie abgestellt, die ihrerseits einen axiomatischen Charakter haben.[37] Die Bürger werden insofern mehr zweckgebundene Finanzierungsbeiträge fordern, womit eine umfassende Dokumentation der öffentlichen Mittelverwendung gewährleistet und eine höhere Transparenz bzw. bessere Belastungsakzeptanz erreicht werden könnte. Definitionsgemäß ist das politische und wirtschaftliche Verbundprinzip aufgehoben, wenn das öffentliche Leistungsangebot und seine Finanzierung getrennt sind, wie dies bei Steuern (Grundsatz der Non-Affektation) in der Regel der Fall ist.[38] Hinsichtlich der Forderung zweckgebundener Abgaben und einer damit implizit verbundenen Verringerung der Ablehnung der derzeitigen finanziellen Belastung und der Akzeptanz des Steuer- und Abgabensystems empfiehlt es sich bei Bestätigung dieser Hypothesen zukünftig - ganz im Sinne der Modernen Politischen Ökonomie - nicht nur die Anbieter und Entscheider, sondern auch die Nutzer und Zahler nicht nur personal, sondern auch regional zu verbinden.[39]

These 5: *Bezüglich der Inanspruchnahme und Akzeptanz von Steuerarten bestehen unterschiedliche Vorstellungen, wobei direkte („merkliche“) Steuern tendenziell eher abgelehnt werden als indirekte („unmerkliche“) Steuern.*

Mit der fünften These wird die Frage nach der optimalen - und von den Bürgern akzeptierten - Finanzierung des staatlichen Leistungsangebotes aufgegriffen. Es ist zu erwarten, daß die Bürger zur Finanzierung des öffentlichen Leistungsangebotes vornehmlich indirekte Steuern präferieren werden, weil damit die entstehenden Kosten auf die Allgemeinheit umgelegt werden, die eigene Belastung hingegen durch die individuelle Nachfrage selbst gesteuert werden kann und die Bürger dadurch eine individuell geringere Finanzierungslast antizipieren werden. Tendenziell umgekehrt verhält es sich für die direkten Steuern, für die die gleichen Argumente (hohe Fühlbarkeiten, mangelnde Überwälzungsmöglichkeiten, Quellenabzugsverfahren), die schon

37 Vgl. Jüngling, M. (1990), a.a.O., S. 72.
38 Vgl. Recktenwald, H. C. (1983), a.a.O., S. 408.
39 Vgl. Jüngling, M. (1990), a.a.O., S. 74.

bei der Diskussion um unterschiedliche Belastungsempfindungen - vgl. These 2 - angeführt wurden, benannt werden können. Insofern kann auch die Vermutung geäußert werden, daß Präferenzprofile aufgedeckt werden, wonach die Bürger eine Akzentverschiebung in Richtung einer viel stärkeren Inanspruchnahme der allgemeinen sowie insbesondere der speziellen Verbrauchsteuern wünschen. Damit wenden sie sich gegen die „unausweichlich" konzipierten direkten Steuern, womit in erster Linie auf die Lohn- und Einkommensteuer sowie den Solidaritätszuschlag abgezielt ist.

These 6: *Bei der Verwendung der Finanzierungsmittel wird ein hohes Verschwendungspotential - auch Form von empfundenen staatlichen Ineffizienzen - wahrgenommen.*

Die These der Wahrnehmung staatlicher Ineffizienzen und des hohen wahrgenommenen Verschwendungspotentials zielt darauf, zu überprüfen, inwieweit die Präferenzbekundung der Bürger beeinflußt wird, wenn die erzielten Steueraufkommen für bestimmte staatliche Aufgabenbereiche nicht richtig verwendet - und Teile der Steuermittel dabei verschwendet - werden. Auch wenn die Steuerzahlung einseitig erfolgt und die Bürger im Gegensatz zu privatwirtschaftlichen Geschäften und Transaktionen keine direkte Gegenleistung für ihre Steuerentgelte erhalten, so ist dennoch zu erwarten, daß die Steuerpflichtigen sehr wohl die Verwendung der Steuergelder durch den Staat bewerten (Effizienz der staatlichen Allokation). Es ist deshalb absehbar, daß die im öffentlichen Sektor (sicherlich) wahrgenommenen Ineffizienzen für die Zensiten Veranlassung genug sind, eine weniger starke Präferenz für die Aufrechterhaltung des staatlichen Leistungsangebotes zu bekunden.

Die These richtet sich vor diesem Hintergrund aber nicht nur auf die Entzugseffekte der Besteuerung und die Effizienz der staatlichen Verwendung, sondern auch auf die damit implizit verbundenen hohen Verschwendungspotentiale. So ist zu vermuten, daß die Bürger in erheblichem Maße die Verschwendung von Steuergeldern im Zuge des damit bereitgestellten öffentlichen Güter- und Leistungsprogramms bekunden werden und sich allein aus diesem Grunde für die Aufdeckung von Produktivitätsreserven und Einsparpotentialen im öffentlichen Sektor aussprechen werden, bevor sie für eine weitere Ausdehnung der staatlichen Finanzierungsseite plädieren werden.

These 7: *Das deutsche Steuersystem wird als reformbedürftig betrachtet und ein Umbau der gegenwärtigen Finanzierungsstruktur erscheint unausweichlich.*

Explizit zielt die These auf die derzeitige Struktur der staatlichen Finanzierungsseite bzw. die Komposition einzelner Finanzierungsinstrumente. Bezüglich des deutschen Steuer- und Abgabensystems ist zu erwarten, daß es von den Bürgern negativ beurteilt wird, weil die offenkundige Unzufriedenheit der Bevölkerung überwiegend aus subjektiv wahrgenommenen Steuerungerechtigkeiten, ungelösten finanz- und steuerpolitischen Problemen und gruppenspezifischen Wahrnehmungsfiltern, die zu einer Überschätzung der eigenen Finanzierungsbeiträge und einer Unterschätzung der Finanzierungsleistung anderer Gruppen führen, resultiert. Nicht zuletzt aus diesen Gründen kann im Vorfeld gemutmaßt werden, daß die Ausgestaltung des deutschen Steuersystems in der Beurteilung der Bevölkerung als unzureichend, intransparent und wenig praktikabel angesehen wird, weswegen sie eine Veränderung der derzeitigen Strukturen präferieren werden. Die zu erwartenden Disharmonien zwischen der tatsächlichen staatlichen Finanzierungskonstellation und der von den Bürgern präferierten Zusammensetzung werden sich vornehmlich bei der Lohn- und Einkommensteuer, dem Solidaritätszuschlag und in der Tendenz bei den heutzutage teilweise „nicht so merklich“ wahrgenommen speziellen Verbrauchsteuern offenbaren.

Da die steuerpolitische Diskussion in Deutschland seit vielen Jahren mit ideologischen, parteipolitischen und Interessengruppen-bezogenen Positionen überfrachtet ist und die Steuerpolitik vielfältigen Ansprüchen gerecht werden muß, bedarf es aufgrund sich entwickelnder gesellschaftlicher Anschauungen, spezifischer Veränderungen der wirtschaftlichen und sozialen Verhältnisse sowie der finanziellen Bedürfnisse der öffentlichen Haushalte einer langfristigen Umorientierung. So ist auch absehbar, daß sich die Bürger diesbezüglich für eine Verringerung der Zahl der Steuerarten, eine Verbesserung der Verständlichkeit der Steuernormen und eine Erhöhung der Transparenz der Verwaltungsvorgänge aussprechen werden. Aus staatlicher Sicht kollidieren solche Zielvorstellungen jedoch mit dem wachsenden öffentlichen Mittelbedarf und dem Bestreben bzw. der gesetzlichen Verpflichtung, die Gleichmäßigkeit und Gerechtigkeit der Besteuerung möglichst zu optimieren. Es scheint, als müssen in diesem Bereich - entsprechende Finanzierungspräferenzen der Bürger vorausgesetzt - auch staatlicherseits neue Wege beschritten werden, um die Finanzierungsstruktur an die Vorstellungen und Präferenzen der Bürger anzupassen.

These 8: *Die Privatisierung und die Staatsverschuldung stellen für die Bevölkerung alternative Möglichkeiten zur Finanzierung der Staatstätigkeit dar.*

Mit der These „Privatisierung und Staatsverschuldung als Alternativen zur Finanzierung der Staatstätigkeit“ wird die Behauptung aufgestellt, daß die Bürger in den vielfältigen Möglichkeiten der Privatisierung staatlicher Aktivitäten und der aus heutiger Sicht scheinbar kostenlosen Kreditfinanzierung staatlicher Leistungen sinnvolle Alternativen zur Konsolidierung der Staatsfinanzen sehen. Es ist damit ausgedrückt, daß eine Verbesserung der defizitären Finanzlage des öffentlichen Sektors in der Bevölkerung durchaus als erstrebenswert angesehen wird, wobei der Staat dazu in erster Linie auf die Privatisierung öffentlicher Einrichtungen - wenngleich dies nur einmalige Aktionen sein können - zurückgreifen sollte. Bei den von der Bevölkerung präferierten Privatisierungspotentialen (Verkauf von Beteiligungen, Outsourcing von kostenträchtigen Einrichtungen etc.) ist zu erwarten, daß sich vornehmlich die Bereiche Müllabfuhr und der öffentliche Nahverkehr als denkbare Privatisierungsmöglichkeiten herauskristallisieren werden. In diesem Zusammenhang wird ergänzend sicherlich ein solider Sparkurs als grundlegend für die Konsolidierung der Staatsfinanzen von den Bürgern angesehen.

Hinsichtlich der Staatsverschuldung als weitere Finanzierungsalternative ist zu erwarten, daß sie in der Bevölkerung ein hohes Ansehen genießen wird, weil sich viele Bürger der aus der öffentlichen Verschuldung resultierenden Konsequenzen nicht bewußt sind. Insofern ist die Hypothese der Schuldenillusion aufgrund einer systematischen Unterschätzung von Schuldenlasten fast noch plausibler als eine Unterschätzung der Steuerbelastung (vgl. These 4). Im Vergleich zur Steuererhebung, die vergleichsweise fühlbar und gegenwärtig wirkt, sind Belastungen durch Staatsschulden weniger greifbar. Schon die reale Größe des öffentlichen Schuldenstandes bzw. die jährliche Nettoneuverschuldung in der Gegenwart sind für den einzelnen schwierig zu erfassen, weil komplexe Verschuldungsstrukturen in Haushalten und Nebenhaushalten[40], die Unterschätzung zukünftiger Steuerlasten sowie die Minderschätzung zukünftiger Bedürfnisse[41] nicht erkannt werden. Die öffentliche Kreditaufnahme ist insofern eng mit den präferierten Konsolidierungsvorstellungen der Bürger verbunden.

40 Vgl. Deutsche Bundesbank (1993), Die Bedeutung von Nebenhaushalten im Zuge der deutschen Vereinigung, Monatsbericht Mai, S. 43-57.

41 Vgl. Hampicke, U. (1992), Neoklassik und Zeitpräferenz: der Diskontierungsnebel, in: Beckenbach, F., Die ökologische Herausforderung für die ökonomische Theorie, Hamburg, S. 127 f.

These 9: *Wenn die Bürger mit der Wirkungsweise der Staatsverschuldung im Sinne zukünftiger Steuererhöhungen explizit konfrontiert werden, plädieren sie für eine Begrenzung dieser Finanzierungsalternative.*

Wenngleich eine Befürwortung der öffentlichen Kreditaufnahme in der Bevölkerung zur Beseitigung von Defiziten, Haushaltslöchern und Finanzierungsengpässen absehbar ist, da sie in der Gegenwart keine finanzielle Belastung darstellt, ist ein anderes Präferenzbekunden zu erwarten, wenn die Bürger im konkreten Fall der Inanspruchnahme der Staatsverschuldung mit der tatsächlichen Wirkungsweise der öffentlichen Kreditaufnahme konfrontiert werden. In diesem Fall, in dem zukünftige Generationen aufgrund heutiger staatlicher Verschuldung mit höheren Steuern stark belastet werden, werden sich die Bürger wohl tendenziell eher für eine Rückführung der Kreditfinanzierung entscheiden. Die an dieser Stelle antizipierte unterschiedliche Bekundung basiert damit auf dem grundsätzlichen Vorhandensein von fiskalischen Illusionen, die durch eine gezielte Informationsübermittlung deutlich verringert werden könnte.

These 10: *In der Bevölkerung bestehen grundsätzlich stabile Finanzierungspräferenzen, die jedoch hinsichtlich unterschiedlicher Einflußfaktoren und Determinanten stark variieren.*

Mit der zehnten Hypothese wird dokumentiert, daß für die aufzudeckenden Finanzierungspräferenzen unterschiedliche Einflußfaktoren bzw. Determinanten existieren. Zu analysieren sind in diesem Zusammenhang sozio-demographische, ökonomische und finanzpsychologische Variablen. Aufgrund der Vielfalt der im Vorfeld ausgewählten und in die statistische Analyse mit einzubeziehenden Variablen werden sich unterschiedliche Einflußfaktoren zur Bestimmung von Präferenzbekundungen einzelner Instrumente ergeben. Im Vorfeld ist zu erwarten, daß die sozio-demographischen Variablen Alter und Einkommen einen starken Einfluß auf die Präferenzbekundung haben werden, weil mit zunehmendem Alter (steigender Einkommenshöhe) die Präferenzbekundung für die derzeitigen Finanzierungsmechanismen aufgrund der Höhe des veranschlagten Steuersatzes und einer folglich höheren Steuerschuld negativ ausfallen wird.

Bezüglich der ökonomischen Einflußfaktoren sind Effekte vornehmlich bei der „Höhe der objektiven Belastung“ (hohe objektive Belastung durch hohe Steuersätze, Beitragshöhen und Gebührenansätze führt zur Präferenz für eine geringere Akzeptanz dieser Finanzierungsformen) und der „Inanspruchnahme des öffentlichen Güter- und Leistungsangebotes“ (gute Zugangsmöglichkeit wird mit hohen Akzeptanzgraden korrelieren) zu erwarten. Als determinierender Faktor ist aber auch die Variable „Gruppenspezifische Lastverteilung“ zu vermuten, da die Akzeptanz der staatlichen Finanzierungsseite in besonderem Maße von der empfundenen Distribution („was zahlt der einzelne im Vergleich zu Kollegen, Nachbarn und Bekannten“) abhängig ist. Fühlen sich die Bürger ungerecht und vergleichsweise zu hoch besteuert, werden sie eine Minderpräferenz für die Aufrechterhaltung der Finanzierungsbeiträge bekunden, da sie mit einer Rückführung der Steuerlast auch eine Verminderung der empfundenen Ungerechtigkeit verbinden.

These 11: *Der idealtypische präferenzbasierte Finanzierungsetat weicht - teilweise erheblich - von den tatsächlichen Finanzierungsstrukturen ab.*

Basierend auf den bisherigen Überlegungen, die sich insbesondere auf die Erwartungen der Präferenzen für einzelne steuerliche Finanzierungsinstrumente beziehen, ist zu vermuten, daß nicht unerhebliche Disharmonien zwischen den Präferenzen der Bürger und dem staatlicherseits auferlegten Finanzierungsinstrumentarium bestehen werden. Diese Dissonanzen werden sich konkretisieren, wenn generelle Vergleiche zwischen der tatsächlichen und der gewünschten Richtung öffentlicher Finanzierungsinstrumente sowie Veränderungen in der aktuellen Haushaltsstruktur und der entsprechend mehrheitlich gewünschten Richtungsänderung betrachtet werden. Darauf aufbauend ist zu vermuten, daß ein virtueller Finanzierungsetat, der gewichtete präferierte Finanzierungsposten beinhaltet, prozentual in erheblichen Maße bei einzelnen Finanzierungsinstrumenten von den im Bundeshaushalt realisierten Größenordnungen abweichen dürfte.

These 12: *Die Finanzierung öffentlicher Haushalte ist unzureichend an den Präferenzen der Bürger ausgerichtet und die Akzeptanz könnte durch eine stärkere Präferenzorientierung und eine Verbesserung der Mitbestimmung der Zensiten bei steuerlichen Entscheidungen verbessert werden.*

Mit dieser letzten Hypothese verbindet sich der in der Bevölkerung weit verbreitete Wunsch nach einer Veränderung der derzeitigen finanzierungs- bzw. steuerpolitischen Situation. Dem eindeutigen Reformbegehren der Bürger wird dabei durch das Bestreben nach einer stärkeren individuellen Partizipation an finanzpolitischen Entscheidungen bzw. der Integration in den politischen Entscheidungsprozeß Nachdruck verliehen. Die zu erwartende unzureichende bzw. fehlende Mitbestimmung der Bevölkerung richtet sich jedoch nicht auf politische Entscheidungen im allgemeinen, sondern speziell auf die Berücksichtigung individueller Vorstellungen und Präferenzen bei der Erhebung bzw. Verwendung von Steuern und anderen staatlichen Finanzierungsformen. Wenn die Bürger bei steuerlichen Entscheidungen befragt oder zumindest stärker integriert würden, könnten in der Konsequenz höhere Akzeptanzstandards hinsichtlich der staatlichen Finanzierungsseite erreicht werden.

Bezüglich der obigen Problematik und vor dem Hintergrund der zuvor dargelegten Hypothesen ist zu vermuten, daß die Bevölkerung eine generell ablehnende Haltung gegenüber der staatlichen Finanzierungsseite und vornehmlich merklichen Finanzierungsinstrumenten einnehmen wird, weil Wahrnehmungsverzerrungen, Ineffizienzen, subjektive und objektive Belastungshöhen sowie Unzulänglichkeiten bei der Berücksichtigung des Bürgerwillens das Vertrauen in den Staat und seine Steuerpolitik zerstören. Insofern sind die Reaktionen der Bürger in Form von Resignation, politischen Verdrossenheiten und gestiegenen Frustrationen das Ergebnis einer an den Bürgern vorbei geführten Politik, die primär auf die Aufrechterhaltung des Niveaus und der derzeitigen Komposition der staatlichen Finanzierungsseite ausgerichtet ist.
Resümierend ist zu erwarten, daß die öffentliche Finanzpolitik den Präferenzen der Bürger nicht gerecht wird. In Übereinstimmung mit den Ergebnissen früherer Untersuchungen sind Veränderungen einzelner staatlicher Finanzierungsinstrumente sowie Korrekturen der Komposition des staatlichen Finanzierungsinstrumentariums nicht an individuellen bzw. kollektiven Vorstellungen und Präferenzen der Bürger orientiert. Aus dieser langfristigen Fehlentwicklung resultiert das in der Bevölkerung wahrgenommene Bild des öffentlichen Finanzgebarens, das sich in den letzten Jahren vornehmlich in hohen Abgabenbelastungen, gestiegenen Abgabenwiderständen sowie einem unbefriedigenden Verhältnis von Bürger und Staat widerspiegelt. Die Falsifikation bzw. Bestätigung der in diesem Abschnitt eruierten Hypothesen erfolgt im vierten Kapitel auf der Basis der Auswertung des empirischen Umfrageerhebung.

3.3.2 Methoden der Präferenzermittlung

Die Methoden zur Ermittlung von Bürgerpräferenzen lassen sich grundsätzlich in mittelbare und unmittelbare Schätzansätze einteilen.[42] Eine nähere Betrachtung dieser Schätzansätze verdeutlicht, daß alle Methoden von unterschiedlichen Voraussetzungen

42 Die hier zugrunde gelegte Abgrenzung der Ermittlungsmethoden beruht im wesentlichen auf Basis der Zusammenstellung von Becker, W., Gretschmann, K., Mackscheidt, K. (1992), a.a.O., S. 24-84. Siehe dazu auch: Pommerehne, Werner W. (1987), a.a.O., S. 171-210.

ausgehen. Dementsprechend basieren mittelbare Verfahren auf disponiblen Informationen und Daten, die durch eine spezielle Aufbereitung sichtbar gemacht werden können, wobei die Präferenzen der Wirtschaftssubjekte aus beobachtbaren Vorgängen auf dem Markt oder im Bereich der Steuerpolitik herausisoliert werden, ohne das dafür methodisch eigens ein Verfahren entwickelt werden muß.

Im Gegensatz dazu sind unmittelbare Schätzansätze ausschließlich für den Zweck der Präferenzermittlung entwickelt worden und werden insbesondere dann angewendet, wenn für die zu betrachtenden Zusammenhänge keine fundierten Daten vorhanden sind bzw. die gewünschten Informationen erst mittels dieser Ansätze erhoben werden müssen. Die nachfolgende Abbildung zeigt die bekanntesten Methoden zur Aufdeckung von Bürgerpräferenzen, die explizit für die Ermittlung der Nachfrage nach öffentlichen Gütern herangezogen werden, aber auch bei der Ermittlung von Steuer- bzw. Finanzierungspräferenzen Anwendung finden können.

Abb. 21: Methoden zur Ermittlung von Bürgerpräferenzen

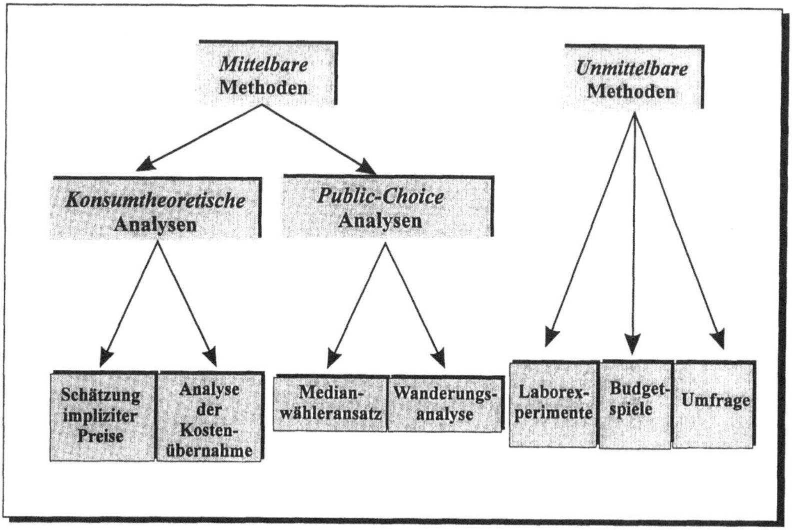

Mittelbare Methoden:

Bei mittelbaren Methoden zur Aufdeckung von Bürgerpräferenzen wird grundsätzlich zwischen konsumtheoretischen und Public-Choice Analysen differenziert, wobei es beide Verfahren ermöglichen, auf der Basis von Marktdaten, Präferenzen für öffentliche Güter bzw. öffentliche Finanzierungsinstrumente auf mittelbare Weise aufzudekken. Bedingt durch die Verwendung von Marktdaten kann die Strategieproblematik, die überwiegend bei unmittelbaren Methoden auftritt, vermieden werden.[43]

Im Mittelpunkt der konsumtheoretischen Analysen, die explizit zur Ermittlung von Ausgabenpräferenzen verwendet werden, steht die Suche nach einem Instrument zur Messung der Nachfrage nach öffentlichen Gütern. Bei privaten Gütern dient grundsätzlich der Marktpreis zur Nachfrageermittlung. Die Ermittlung der Nachfrage nach öffentlichen Gütern ist folglich nur unter der Voraussetzung möglich, daß zwischen den privaten und öffentlichen Gütern eine separate Gutsbeziehung besteht, die sich dahingehend äußert, daß der für private Güter existierende Marktpreis auch auf öffentliche Güter reflektiert. Dies erfordert eine Ermittlungsmethode, mit der sich die Zahlungsbereitschaft für öffentliche Güter aus einem für private Güter existierenden Marktpreis herausfiltern läßt.[44]

Konsumtheoretische Analysen umfassen das Verfahren der Schätzung impliziter Preise sowie die Erfassung von Kostenübernahmebereitschaften. Der Grundgedanke der Methodik der Schätzung impliziter Preise basiert auf der Annahme, daß in die auf dem Markt für bestimmte private Güter existierenden Preise die Präferenzen der Wirtschaftssubjekte für bestimmte öffentliche Güter, die mit dem privaten Gut erworben werden, mit eingehen.[45] Mit dem Kauf eines privaten Gutes (z.B. Wohnhaus) werden demnach öffentliche Güter in Form von Infrastruktur, Luftqualität, Verkehrsanbindung etc. erworben. Die jeweiligen regionalen Qualitätsunterschiede schlagen sich in entsprechenden Preisunterschieden für das private Gut Wohnhaus (z.B. im Kauf- oder Mietpreis) nieder.[46] Die Zielsetzung dieser Methode besteht also darin, einen impliziten (versteckten) Preisanteil aus dem Gesamtpreis zu isolieren, um so eine Größenordnung zu finden, die die Zahlungsbereitschaft für das öffentliche Gut und folglich die Nachfrage des öffentlichen Gutes wiedergibt.

Beim Verfahren der Analyse von Kostenübernahmebereitschaften werden als Ersatz für den nicht vorhandenen Marktpreis die privaten Kosten verwendet, die einem Wirtschaftssubjekt durch Nutzung eines (kostenlosen) öffentlichen Gutes entstehen. Die Wertschätzung eines öffentlichen Gutes in der Form der „willingness to pay“ ist

---

43 Die Strategieproblematik der direkten Methoden äußert sich in einem Free-Rider-Problem. Die Bürger verschleiern ihre wahren Präferenzen, was die Bewertung seiner Aussagen erschwert. Bei der Darstellung der direkten Verfahren wird noch näher auf diese Problematik eingegangen.

44 Vgl. Becker, W., Gretschmann, K., Mackscheidt, K. (1992), a.a.O., S. 26.

45 Die wissenschaftliche Grundlage dieses Ansatzes geht auf Charles M. Tiebout zurück, wonach Individuen mit ihrem „Voting by feet“ eine Wahl für ein öffentliches Güterangebot treffen.

46 Vgl. Pommerehne, W. W., Römer, A. U. (1992), Ansätze zur Erfassung der Präferenzen für öffentliche Güter, in: Jahrbuch für Sozialwissenschaft, Band 43, S. 179.

dadurch gegeben, daß der Nutzen der kostenlosen Inanspruchnahme eines öffentlichen Gutes (z.B. Badesee) den privaten zusätzlichen Aufwendungen (z.B. Anreise und Aufenthalt) gleichgesetzt wird.

Der private Aufwand ist entsprechend monetär meßbar im Kraftstoffverbrauch der benutzten Pkws oder dem Preis für Bus- oder Bahnkarten. Aufgrund von unterschiedlichen Entfernungen zwischen Wohnort und Badesee werden diese privaten Aufwendungen für die Wirtschaftssubjekte (Besucher) verschieden hoch sein. Die Bestimmung der Nachfrage nach dem öffentlichen Gut „Badesee" erfolgt durch Transportaufwendungen, die Berücksichtigung der Entfernung des Badesees sowie durch die Benutzungshäufigkeit der Besucher.[47] Es ist zu erwarten, daß mit größeren Entfernungen - und folglich höheren Kosten - die Besucherzahlen sinken werden, womit ein negativer Zusammenhang zwischen der Entfernung zum Badesee und der Besucherrate konstatiert und entsprechend eine Preiskomponente für das öffentliche Gut ermittelt werden kann.[48]

Im Gegensatz zu den zuvor dargestellten Verfahren bieten Public-Choice Analysen eine andere Möglichkeit der mittelbaren Aufdeckung von Bürgerpräferenzen. Unterschieden werden an dieser Stelle der Medianwähleransatz und die Wanderungsanalyse nach Tiebout. Public-Choice Analysen sind primär politisch-ökonomischer Natur und äußern sich dahingehend, daß die Bürger ihre Präferenzen (für öffentliche Güter und für bestimmte Finanzierungs- bzw. Besteuerungsformen) kennen und dementsprechend bei Wahlen für die Politiker stimmen, die sie ihren Vorstellungen entsprechend am besten realisieren können.[49] Als Erklärungsgegenstand fungieren also keine individuellen Zahlungsbereitschaften wie sie für die konsumtheoretischen Analysen üblich sind, sondern Indikatoren, die durch Wahlentscheidungen bzw. Abstimmungsprozesse ausreichende Berücksichtigung finden.

Der Medianwähleransatz ermittelt die Präferenzfunktion aus den Ergebnissen von Wahlen und Abstimmungen. Bei einer kollektiven Entscheidung - unter Anwendung der einfachen Mehrheitsregel im Abstimmungsprozeß - über die bereitgestellte Menge eines öffentlichen Gutes bzw. der Erhebung einer neuen Steuer ist davon auszugehen, daß in aller Regel nur das Güter- bzw.- Finanzierungsangebot zustande kommt, das den individuellen Präferenzbekundungen des Medianwählers entspricht.[50] Konträr basiert die Wanderungsanalyse im Grundsatz auf dem Tiebout'schen Ansatz

---

47 Vgl. Fehm, K., Lerch, B. (1978), Alternative Methoden zur Quantifizierung des Nutzens von Erholungsprojekten, in: Raumforschung und Raumordnung, Band 36, S. 38-44.

48 Vgl. Becker, W., Gretschmann, K., Mackscheidt, K. (1992), a.a.O., S. 32 f.

49 Vgl. Blankart, C. B. (1994), a.a.O., S. 395 ff.

50 Vgl. Musgrave, R. A., Musgrave, P. B., Kullmer, L. (1992), a.a.O., S. 117 f.

und untersucht Wanderungsbewegungen der Bevölkerung aufgrund von regional ausgeprägten Unterschieden in Bezug auf die Steuerbelastung und dem staatlichen Leistungsangebot.

Die einzelnen Wirtschaftssubjekte haben die Wahl zwischen verschiedenen Gemeinden, die ihrerseits ein alternatives Güter- bzw.- Steuerpaket zur Verfügung stellen bzw. auferlegen. Die Bürger werden sich entsprechend für diejenigen Wohnorte entscheiden, die ihren Präferenzen (Einkommensbeschränkungen und Leistungserwartungen) entsprechen. Resümierend zeigt sich, daß bei den mittelbaren Methoden zur Ermittlung von Bürgerpräferenzen vielschichtige Erkenntnisse der Analyse von Aus- bzw. Abwanderungsbewegungen involviert sind und sich je nach Konstellation und Ausprägung der Bürgerpräferenzen unterschiedliche Abhängigkeiten von regionalen öffentlichen Leistungs- und Finanzierungsbündeln ergeben.[51]

Unmittelbare Methoden:

Bei unmittelbaren Schätzverfahren werden einzelne Wirtschaftssubjekte in verschiedenen Untersuchungsanordnungen explizit darum gebeten, ihre Präferenzen für öffentliche Güterangebote bzw. öffentliche Finanzierungsinstrumente auf direkte Weise zu bekunden. Bei diesen Formen der Präferenzermittlung tritt - im Gegensatz zu den mittelbaren Methoden - ein nicht ungewichtiges Strategieproblem („free rider"-Problematik) auf, das sich in einer bewußten Verschleierung der wahren Präferenzen durch die Wirtschaftssubjekte äußert, was die Bewertung von ermittelten Präferenzen und Präferenzprofilen erschwert. Es ist evident, daß die Befragten mittels ihres strategischen Handelns versuchen werden, einerseits ihre individuelle Finanzierungs- bzw. Steuerlast möglichst gering zu halten, andererseits aber ein möglichst großes Leistungsangebot zu geringen Steuerpreisen zu erhalten. Im Mittelpunkt der unmittelbaren Schätzverfahren stehen Laborexperimente, Budgetspiele und Umfrageerhebungen.

Um die Problematik der Strategiebildung zu vermeiden, wird versucht, eine möglichst unverzerrte Präferenzbekundung für öffentliche Güter bzw. Finanzierungsinstrumente zu erreichen. Jeder Experimentteilnehmer soll dazu gebracht werden, seine tatsächliche Zahlungsbereitschaft für einzelne öffentliche Güter bzw. spezifische Finanzierungsformen aufzudecken.[52] Insofern könnten den Versuchsteilnehmern für die Ermittlung von Ausgabenpräferenzen beispielsweise Entgelte ausgezahlt werden, mit denen sie ihre Finanzierungsbeiträge bestreiten können. Daraus lassen sich sodann gleichermaßen spezielle Finanzierungspräferenzen ableiten, wenn den Versuchsteil-

51 Vgl. Becker, W., Gretschmann, K., Mackscheidt, K. (1992), a.a.O. S. 48-54.
52 Vgl. Becker, W., Gretschmann, K., Mackscheidt, K. (1992), a.a.O., S. 57 f.

nehmern alternative Finanzierungsformen zur Verfügung gestellt werden. Die Zielsetzung dieser Methode liegt in der Aufdeckung der tatsächlichen Nachfrage innerhalb eines durch die geäußerte Nachfrageübertreibung und -untertreibung eingegrenzten Intervalls. Die Erkenntnisse von Laboruntersuchungen[53] zeigen, daß unter „Laborbedingungen“ nur vereinzelt strategische Verhaltensweisen seitens der Experimentteilnehmer auftreten und sie deshalb durchaus eine Möglichkeit darstellen, wahre Zahlungsbereitschaften bzw. Finanzierungspräferenzen aufzudecken.

Im Gegensatz zu Laborexperimenten wird bei Budgetspielen nicht die Zahlungsbereitschaft für einzelne getrennt betrachtete öffentliche Güter bzw. Finanzierungsinstrumente ermittelt. Die privaten Wirtschaftssubjekte werden auf der Grundlage einer marktähnlichen Situation mit einer Vielzahl von öffentlichen Güter - respektive öffentlichen Finanzierungsinstrumenten - konfrontiert, für die sie ihre Präferenzen bekunden sollen.

Die primäre Zielsetzung von Budgetspielen besteht in der Aufdeckung der relativen Wertschätzung der Befragten für die verschiedenen staatlichen Aufgaben- bzw. Finanzierungsbereiche. Die erforderliche marktähnliche Situation kann dadurch geschaffen werden, daß den Teilnehmern ein fixierter Geldbetrag zur Verfügung gestellt wird, den sie entsprechend ihren individuellen Präferenzen auf die verschiedenen öffentlichen Leistungsangebote (Finanzierungsinstrumente) aufteilen können. Aus den von den Experimentteilnehmern getroffenen Entscheidungen lassen sich relative Wertschätzungen der Wirtschaftssubjekte für die bereitgestellten staatlichen Leistungen bzw. zu erhebenden öffentlichen Finanzierungsinstrumente ablesen.

Im Unterschied zu Budgetspielen verzichten Umfrageerhebungen bewußt auf die Konstruktion einer Budget- bzw. Finanzierungsbeschränkung. Im Mittelpunkt steht vielmehr die Frage von Bereitstellungsentscheidungen für ein Mehr oder Weniger an Staatsleistungen bzw. staatlichen Finanzierungsinstrumenten. Das strategische Free-Rider-Problem wird versucht dadurch zu umgehen, daß Fragen hypothetischer Art gestellt werden, bei denen die Befragten nicht auf spezifische Untersuchungszusammenhänge achten sollen. Grundsätzlich verfolgen Umfrageerhebungen zwei Zielsetzungen: Einerseits sind sie imstande, absolute Werte von Zahlungsbereitschaften aufzudecken, andererseits können sie aber auch Antworten auf die Frage liefern, inwieweit die Bürger für eine Erhöhung, Verringerung oder Konstanz von öffentlichen Ausgaben bzw. Finanzierungsinstrumenten plädieren. Während aus der ersten Fragestellung konkrete

53 Vgl. Pommerehne, W. W., Schneider, F. (1980), Wie steht's mit den Trittbrettfahrern?, Eine experimentelle Untersuchung, in: Zeitschrift für die gesamte Staatswissenschaft, Band 136, S. 286-308 und Marwell, G., Ames, R. E. (1981), Economists Free Ride, Does Anyone Else?, Experiments on the Provision of Public Goods, in: Journal of Public Economics, Vol. 15, S. 295-310.

Daten resultieren, die einen notwendigerweise hohen Kenntnisstand bei den Teilnehmern voraussetzen, zeigt der zweite Fragetyp unverzerrte Tendenzen von Präferenzen auf. Die größten Schwierigkeiten treten hierbei vornehmlich bei der Umsetzung von ordinal geäußerten Bekundungen in kardinal meßbare Zahlen auf.

Trotz der zusätzlich einschränkenden Problematik, daß die Befragten auch durch die Art der Fragestellung beeinflußt werden können, bieten Umfrageerhebungen ein weitgehend qualitativ hochwertiges Potential, da zusätzlich zur erhobenen Informations- bzw. Datenbasis Einstellungen von Personen, Charakterzüge und nicht zuletzt Einflußgrößen auf Entscheidungen detailliert erfaßt werden.[54]

Resümierend ist festzustellen, daß sich nach Abwägung aller Vor- und Nachteile der zuvor dargelegten Ermittlungsmethoden die Umfrageerhebung, nicht zuletzt auch aus Kostengründen, als die zweckmäßigste Methode für die vorliegende empirische Ermittlung von Bürgerpräferenzen für öffentliche Finanzierungsinstrumente erweist.

3.3.3 Zur Überprüfung der abgeleiteten Hypothesen

Der vorliegende Untersuchungsansatz läßt sich in den Bereich der empirisch-finanzpsychologischen Sozialforschung einordnen, der die Beschreibung von Tatbeständen, die Ermittlung der Häufigkeit ihres Auftretens sowie die Eruierung von Zusammenhängen zwischen Variablen und - daraus abgeleitet - die Aufstellung von Prognosen umfaßt.

Um dem grundlegenden Anspruch dieser Untersuchung gerecht zu werden, muß einerseits ein entsprechender Fragebogen erstellt werden und andererseits die entwickelten Modelle getestet werden, damit auf der Basis einer Vielzahl von Einflußfaktoren die Präferenzen der Bürger für unterschiedliche Finanzierungsformen wirklichkeitsgetreu abgebildet werden können. Für die im vorherigen Abschnitt abgeleiteten Hypothesen wurde ein Fragebogen - vgl. Abschnitt 4.1.2.1 zur Konzeption des Fragebogens - erstellt, der es erlaubt, die wesentlichen Präferenzen und Präferenzprofile der Bürger hinsichtlich unterschiedlicher Finanzierungsformen und -instrumente aufzudecken.

Im folgenden wird verdeutlicht, wie für die zuvor dargelegten Hypothesen anhand des aufgestellten Fragebogens und seiner spezifischen Fragestellungen versucht wird, empirische Daten zur Bestätigung bzw. Falsifikation der aufgestellten Hypothe-

54 Vgl. Gretschmann, K. (1989), a.a.O., S. 19.

sen zu ermitteln. Die erste These hinsichtlich der zweifellos bestehenden Informationsmängel wird innerhalb des Fragebogens mit der generellen Frage nach der Informiertheit über die öffentlichen Finanzen sowie der spezifischen Frage, ob die Bürger ausreichend Zeit haben, sich über die Staatsfinanzen zu informieren, berücksichtigt. Das differenzierte Belastungsempfinden (These 2) für unterschiedliche Finanzierungsinstrumente ergibt sich aus der generellen Befragung der finanziellen Belastung mit direkten Steuern (z.B. Lohn- und Einkommensteuer), indirekten Steuern (z.B. Mehrwertsteuer), Sozialversicherungsbeiträgen (Arbeitslosen-, Kranken- oder Rentenbeiträge) und kommunale Gebühren (z.B. Müllgebühr) sowie der speziellen Befragung, welche Belastungsempfindungen bei einzelnen Finanzierungsformen zu verorten sind. Ergänzend können Belastungsprofile auch aus der Frage der zukünftigen Inanspruchnahme ausgewählter Steuerarten abgeleitet werden.

Die generell kaum wahrgenommenen staatlichen Gegenleistungen (These 3) werden mit der Frage überprüft, ob die Bürger für die von Ihnen insgesamt zu zahlenden Steuern und Abgaben eine entsprechende Gegenleistung vom Staat bekommen. Im weiteren Verlauf des Fragebogens werden die Respondenten mit der gleichen Fragestellung konfrontiert, nachdem man ihnen das gesamte staatliche Leistungsangebot verdeutlicht hat. Explizit sollen die Bürger zudem ihre Meinung bekunden, bei welchen Zahlungen Sie Ihrer Meinung nach tendenziell eine bessere Gegenleistung und bei welchen eine schlechtere Gegenleistung bekommen (These 4). Dabei wird differenziert - jeweils projiziert auf Steuern, Beiträge und Gebühren - zwischen den Kategorien „viel bessere“, „bessere“, „schlechtere“ und „viel schlechtere“ Gegenleistung.

Die Akzeptanz von staatlichen Finanzierungsformen und Steuerarten (These 5) berücksichtigen die Fragen, die bezüglich der Inanspruchnahme von staatlichen Finanzierungsformen („Soll der Staat direkte und indirekte Steuern, Beiträge, Gebühren und die Staatsverschuldung mehr oder weniger in Anspruch nehmen?“ (These 5) und „Welche Steuerarten soll der Staat mehr oder weniger in Anspruch nehmen?“) erhoben werden. Probleme hinsichtlich empfundener staatlicher Ineffizienzen und hohen Verschwendungspotentialen werden mit Fragestellungen nach der empfundenen Verschwendung von Steuergeldern sowie der Diskussion um staatliche Finanzkrisen beantwortet (These 6). Hinsichtlich der siebten These der Reformbedürftigkeit des deutschen Steuersystems werden eine Vielzahl von Gegensatzpaaren vorgegeben, anhand derer die Bürger zu einer Bewertung des Steuersystems gebeten werden. Die Frage nach den Eigenschaften des deutschen Steuersystems beziehen sich auf die Kategorien „bekannt vs. unbekannt“, „akzeptabel vs. nicht akzeptabel“, „flexibel vs. statisch“, „einfach vs. kompliziert“, „gerecht vs. ungerecht“, „modern vs. altmodisch“, „bürgernah vs. bürgerfern“ und „effizient vs. ineffizient“.

Die Überprüfung, ob die Privatisierung und die Staatsverschuldung für die Bevölkerung alternative Möglichkeiten zur Finanzierung der Staatstätigkeit darstellen (These 8), basiert auf unterschiedlichen Fragestellungen. Die Privatisierungskomponente wird dadurch ermittelt, daß die Bürger gefragt werden, ob der „Staat zur Lösung seiner finanziellen Probleme öffentliche Einrichtungen privatisieren soll" und wenn ja, bei welchen Einrichtungen sie dies tendenziell befürworten. Als Alternativen werden den Befragungsteilnehmern die Bereiche Schulen/ Hochschulen, Hallenbäder/ Sporteinrichtungen, Krankenhäuser, Theater/ Museen/ Kultur, Müllabfuhr und öffentliche Nahverkehrsmittel vorgegeben.

Hinsichtlich der Staatsverschuldung wird zunächst danach gefragt, wie die Bürger die Höhe der Staatsverschuldung in Deutschland empfinden („viel zu hoch" vs. „viel zu niedrig") und im Anschluß daran, wie der Staat ein vorhandenes Haushaltsdefizit ausgleichen sollte.[56] Daneben wurden die Bürger gefragt, ob sie persönlich bereit wären, für eine Reduzierung der Staatsverschuldung finanzielle Opfer zu bringen und wenn ja, welche von zwei vorgegebenen Alternativen (Höhere Steuern vs. Staatliche Leistungen kürzen) sie präferieren würden.

Den Abschluß der Staatsverschuldungsproblematik bildete die Frage, welche von zwei Alternativen (Steuern oder Staatsverschuldung) die Bürger zur Finanzierung der Staatsausgaben bevorzugen würden. Aus intergenerativer Perspektive wurde sie zudem danach befragt, ob sie immer noch für eine Finanzierung über Kredite wären, wenn man davon ausgeht, daß aufgrund der Staatsverschuldung künftige Generationen mit Steuererhöhungen stark belastet werden (These 9). Die zehnte und elfte These bezüglich präferenzdeterminierender Einflußfaktoren und präferenzbasierender Finanzierungsetats werden auf der Grundlage statistischer und mathematischer Umrechnungsverfahren - Transformation von ordinalen Präferenzäußerungen in kardinal meßbare Daten - versucht zu bestätigen. Neben den zuvor dargelegten thematischen Fragen werden eine Vielzahl von sozio-ökonomischen Merkmalen der Befragungsteilnehmer erhoben. Explizit wurde das Geschlecht, das Alter, der Familienstand, der Bildungsabschluß, der Beruf, das monatliche verfügbare Einkommen der Haushalte und die Haushaltsgröße ermittelt.

56 Als Alternativen zum Ausgleich des Defizits wurden vorgeschlagen: (1) Erhöhung von Steuern, (2) Erhöhung der Staatsverschuldung, (3) Reduzierung der Ausgaben, oder (4) Privatisierung).

3.3.4 Die statistische Modellprüfung

Zur Auswertung und Analyse der empirischen Ergebnisse werden multivariate Analyseverfahren (vornehmlich Logit- und Regressionsanalysen) in Anspruch genommen, die mögliche Einflüsse von betrachteten Variablen konkretisieren.[57] Mit Hilfe dieser statistischen Auswertungsprogramme lassen sich Beziehungen zwischen kategorialen (dichotomen) abhängigen Y-Variablen (staatliche Finanzierungsformen) und einer oder mehreren unabhängigen X-Variablen überprüfen, womit Aussagen hinsichtlich einer zustimmenden oder ablehnenden Haltung zu einzelnen staatlichen Finanzierungsinstrumenten aufgezeigt werden können.

Wesentliche Zielsetzung dieser Analysemethoden ist es, den Einfluß der unabhängigen Variablen auf die abhängigen Variablen zu analysieren, mögliche Korrelationen aufzuzeigen und wesentliche Einflußfaktoren (Determinanten) zu analysieren. Zur Bestimmung von Einflußfaktoren der Präferenzäußerung bedarf es eines mehrstufigen Auswahlprozesses, der aufgrund von statistischen und inhaltlichen Überlegungen determinierende Prediktoren herausfiltert.

Der Auswahlprozeß zur Ermittlung spezifischer Determinanten der Finanzierungspräferenzen verläuft in mehreren Phasen. In jeder dieser Phasen werden unterschiedliche Bewertungskriterien zur Auswahl herangezogen, die die Einflußfaktoren einerseits bezüglich ihrer theoretisch-logischen bzw. inhaltlichen Relevanz und andererseits bezüglich ihrer statistischer Signifikanz testen. Um die in dem mehrstufigen Auswahlprozeß benötigten statistischen Ergebnisse zu ermitteln, werden die Verfahren der Logit-Analyse, der Kontingenzanalyse, der Regressionsanalyse sowie der Berechnung von Korrelationskoeffizienten verwendet.

Die Logit-Analyse ist eine Datenanalyse unter Verwendung eines multivariaten Statistikmodells, des sogenannten Logit-Modells. Das Logit-Modell ist dabei ein der linearen Regression ähnliches Schätzmodell, wobei der Einfluß von erklärenden Variablen (X-Variablen) auf die zu erklärende Variable (Y-Variable) geschätzt wird. Die Besonderheit des Logit-Modells besteht darin, daß die zu erklärende Variable nicht eine kontinuierliche Werteverteilung oder ein zumindest metrisches Meßniveau aufweist, sondern daß es sich um eine qualitative Variable handelt.[58] Ein Logit-Modell ist

57 Ein guter Überblick über die bekanntesten Methoden und deren Anwendung findet sich bei Backhaus, J., Erichson, B., Plinke, W., Weiber, R. (1993[7]), Multivariate Analysemethoden: Eine anwendungsorietierte Einführung, Berlin.

58 Qualitative Variablen liegen vor, wenn die Ausprägungen der Variablen anhand einer Nominalskala gemessen werden, d.h. die alternativen Ausprägúzngen nur deren Verschiedenheit zum Ausdruck bringen (z.B. Geschlecht)

besonders dann geeignet, wenn es sich bei der zu erklärenden Variablen um eine qualitative Variable mit diskreten Ausprägungen handelt.

Das Ergebnis der Schätzung ermöglicht die Interpretation der in diesem Modell spezifizierten Einflußfaktoren. Bei der Untersuchung der Präferenz für mehr oder weniger staatliche Finanzierungsinstrumente steht nicht die quantitative Angabe der gewünschten Höhe der staatlichen Finanzierungsformen im Mittelpunkt des Interesses, sondern vornehmlich die Frage, für welche Alternative (mehr oder weniger) sich die Bürger entscheiden.[59]

Das aufzustellende Logit-Modell dient der empirischen Überprüfung des theoretischen Präferenzmodells und hat die Funktion eines Meßmodells. Um die Variablen auf ihre statistische Signifikanz hin zu untersuchen, werden Kontingenztafeln gebildet, aus denen die Ausprägungen der Y-Variablen für die einzelnen Befragungsteilnehmer mit den jeweiligen Ausprägungen der einzelnen X-Variablen ersichtlich sind. Zusätzlich wird jede Variable in ein Logit-Modell eingesetzt, das neben der zu betrachtenden Variablen nur die Konstante enthält. Es wird eine Rangfolge der einzelnen Variablen nach den Kriterien und den Ergebnissen des Bestimmtheitsmaß R^2 aufgestellt. Logit-Modelle und lineare Regressionsmodelle haben eine wichtige gemeinsame Charakteristik. Sie sind beide Regressionsmodelle, d.h. Modelle, mit denen versucht wird, die Veränderungen einer Y-Variablen auf Einflüsse einer oder mehrerer X-Variablen zurückzuführen. Die Anwendung eines linearen Regressionsmodells eignet sich, wenn die Y-Variable eine kontinuierliche Variable ist, d.h. eine stetige Variable, bei der es prinzipiell unendlich viele mögliche Ausprägungen gibt. Das binäre Logit-Modell hingegen ist das geeignete Regressionsmodell, wenn die Y-Variable nur genau zwei Ausprägungen („mehr“ oder „weniger“) hat.

Die Regressionsanalyse kann in einfacher Form als ein deskriptives Analysewerkzeug verwendet werden. Sie erlaubt in der vorliegenden Untersuchung die Überprüfung die Art der Beziehungen zwischen einer oder mehreren erklärten Variablen und einer oder mehreren erklärenden Variablen. Dabei sind im Rahmen einer Mehrfachregression - multiple Regressionsanalyse - Zusammenhänge zu erkennen und zu erklären sowie Werte der abhängigen Variablen zu schätzen bzw. zu prognostizieren.[60] Wesentliche Aufgabe der Regressionsanalyse ist es, eine lineare Funktion zu finden,

59 Hat die abhängige Variable nur genau zwei Ausprägungen spricht man von einer binären Variablen und damit auch von einem binären Logit-Modell.

60 Im Unterschied zu anderen multivariaten Verfahren müssen sowohl die abhängige Variable als auch die unabhängige Variablen metrisch skaliert sein. Vgl. Backhaus, J., Erichson, B., Plinke, W., Weiber, R. (1993[7]), a.a.O., S. 2.

die die Abhängigkeit der abhängigen Variablen von mehreren sozio-demographischen, ökonomischen und finanzpsychologischen Variablen quantifiziert.[61]

Bei der Modelltestung werden unterschiedliche Verfahren zum Einschluß von erklärenden Variablen verwendet.[62] Bei Regressionsanalysen ist der Determinationskoeffizient R^2 die übliche Bewertungsgröße für die Signifikanz des Gesamtmodells. Es kann berechnet werden, in dem man den Quotient aus der Summe der quadrierten Residuen und die Summe der quadrierten Abweichung zwischen dem Mittelwert von Y und den einzelnen beobachteten Y-Werten von 1 subtrahiert. R^2 kann somit Werte zwischen 0 und 1 annehmen. Je näher der Wert an 1 liegt, desto höher ist die Güte des Modells einzuschätzen.

Die Kontingenzanalyse verdeutlicht Zusammenhänge zwischen zwei kategorialen Variablen. Dazu werden Signifikanztests mit dem Chi-Quadrat-Test vorgenommen, um zufallsbedingte Ergebnisse abzusichern.[63] Während Signifikanztests also angeben, ob ein beobachteter Zusammenhang zwischen zwei Variablen statistisch abzusichern ist oder nicht, können sie jedoch keine Information darüber bereitstellen, wie eng der beobachtete Zusammenhang ist, da das Ergebnis eines Signifikanztests auch von der Größe der Stichprobe abhängt. Die Messung der Stärke eines Zusammenhangs erfolgt deshalb mit der Ermittlung von Zusammenhangs- oder Assoziationsmaßen. Die Zusammenhangsmaße berücksichtigen dabei zusätzlich den Grad der Assoziation sowie die Informationen über die Randverteilung.[64] Den Abschluß der statistischen Auswertung bildet die Formierung von Korrelationskoeffizienten. Damit werden für die in das Modell eingeschlossenen Variablen Pearson'sche Korrelationskoeffizienten mit Signifikanzen und optional zusätzlichen statistischen Maßzahlen ermittelt.[65] Die Koeffizienten geben einen Überblick über die betrachteten Variablenpaare und stellen ein adäquates Mittel dar, die Modellanpassung bei konstanter Zahl von Einflußfaktoren zu verbessern.

---

61 Vgl. Janssen, J., Laatz, W. (1994), a.a.O., S. 359 und Bortz, J. (1993), Statistik für Sozialwissenschaftler, Berlin, u.a., S. 167.

62 Vgl. Janssen, J., Laatz, W. (1994), a.a.O., S. 396.

63 Dies geschieht deshalb, weil die Daten keiner Vollerhebung entstammen, sondern nur ein Teil der Zielpopulation sind. In diesem Fall kann nicht ohne weitere Prüfung ein in einer Tabelle erkannter Zusammenhang zwischen zwei Variablen als gesichert gelten. Der Chi-Quadrat-Test sichert hingegen zufallsbedingte Ergebnisse weitgehend ab. Vgl. Janssen, J., Laatz, W. (1994), Statistische Datenanalyse mit SPSS für Windows: eine anwendungsorientierte Einführung in das Basissystem, Berlin, S. 217.

64 Vgl. Müller, W. (1997), SPSS-gestützte Häufigkeitsanalysen, in: Wisu, Heft 3, S. 221.

65 Vgl. Brosius, G. (1988), SPSS, PC+ Advances Statistics and Tables: Einführung und praktische Beispiele, Hamburg, New York, S. 303 f.

Viertes Kapitel

BÜRGERPRÄFERENZEN FÜR STAATSEINNAHMEN

4.1 Die empirische Eigenuntersuchung

Aktuelle Finanzierungsprobleme der öffentlichen Haushalte und ein hoher zukünftiger Finanzierungsbedarf begründen vor dem Hintergrund der derzeitigen Steuer- und Abgabenbelastungen mit daraus resultierenden Abgabenwiderständen die Überprüfung der Akzeptanz des staatlichen Finanzierungsinstrumentariums. Mit der Einbeziehung der Akzeptanzdimension der Finanzierungsseite des Staates wird im Rahmen der vorliegenden Arbeit auf der Grundlage einer empirisch-analytischen Untersuchung wissenschaftliches Neuland in einem Bereich betreten, der bislang weitgehend vernachlässigt wurde.

Die Darstellung der Untersuchungsergebnisse gliedert sich in zwei wesentliche Teilbereiche. Zunächst werden die theoretischen Grundlagen der empirischen Eigenuntersuchung in Form der Darstellung der Datenerhebung und -auswertung verdeutlicht. Im Anschluß daran werden die empirischen Ergebnisse analysiert, wobei zunächst Präferenzen für unterschiedliche staatliche Finanzierungsformen bzw. -instrumente und erkennbare Präferenzprofile und danach präferierte Finanzierungsstrukturen aufgedeckt werden. Den Abschluß bildet die Überprüfung der im Vorfeld aufgestellten Hypothesen sowie die Darstellung der sich aus den Untersuchungsergebnissen ergebenden Konklusionen und Perspektiven. Die folgende Abbildung gibt einen Überblick über die Vorgehensweise der Präsentation der Untersuchungsergebnisse.

Abb. 22: Vorgehensweise der Darstellung der empirischen Untersuchungsergebnisse

4.1 Die empirische Eigenuntersuchung
- ➪ Gegenstand der Untersuchung
- ➪ Datenerhebung und -auswertung

4.2 Ergebnisse der Untersuchung
- ➪ Präferenzen für Staatseinnahmen
- ➪ Präferenzprofile und Finanzierungsstrukturen
- ➪ Überprüfung der Hypothesen

4.1.1 Gegenstand der Untersuchung

Die Zielsetzung dieser Untersuchung besteht darin, die Akzeptanzdimension des staatlichen Finanzierungsinstrumentariums im Bewußtsein der Bürger zu ergründen. Die Ermittlung von Bürgerpräferenzen und präferenzbestimmenden Determinanten erfolgt dabei auf der Grundlage einer empirischen Umfrageerhebung. Eine solche empirisch ausgerichtete Untersuchung erlaubt einen Vergleich zwischen den vom Staat realisierten und den von den Bürgern präferierten Finanzierungsinstrumenten.

Die als Ergebnis dieser Untersuchung zu erwartenden Disharmonien bzw. Diskrepanzen zwischen dem Bürgerwillen und den derzeitigen öffentlichen Finanzierungsformen können helfen, die fiskalische Zielsetzung im öffentlichen Sektor zu verbessern sowie die allseits beklagte Staats- und Politikverdrossenheit zu vermindern. Für die vorliegende Untersuchung wurde im Zeitraum 1. Juni bis 31. Juli 1998 eine Umfrageerhebung zum Thema „Die öffentlichen Finanzen“ durchgeführt, an der insgesamt 1335 Personen teilnahmen.[1]

4.1.2 Die Datenerhebung

Es wurde bereits im dritten Kapitel verdeutlicht, daß sich die vorliegende empirische Erhebung zur Ermittlung von Bürgerpräferenzen für staatliche Finanzierungsinstrumente der Befragung mittels eines standardisierten Fragebogens bedient. Im Rahmen der Bestimmung der Erhebungsmethodik, die in erster Linie die Festlegung der Herkunft der Informationsquellen hinsichtlich Sekundär- oder Primärquellen umfaßt, zeigte sich ebenfalls, daß unter Kosten-, Durchführungs- und Auswertungsgesichtspunkten eine empirische Umfrageerhebung die einzig sinnvolle Alternative zur Erhebung von Bürgerpräferenzen darstellt. Umfrageerhebungen ermitteln im allgemeinen detaillierte Angaben über jeden einzelnen Befragungsteilnehmer. Es liegt daher nahe, daß mit ihrer Hilfe Bestimmungsgründe für unterschiedliche Präferenzen ermittelt werden können.

Durch die Wahl des Erhebungsinstrumentariums wird die grundsätzliche Vorgehensweise bestimmt, die sich aus einer Reihe von Elementen zusammensetzt. Dezidiert handelt es sich bei der standardisierten Befragung einer repräsentativen Bevölke-

1 Die Repräsentativität für die Region Aachen wird durch die Anwendung eines Quota-Verfahrens gewährleistet. Von insgesamt 1335 ausgefüllten Fragebögen waren nur 1008 geeignet, um in der Auswertung Berücksichtigung zu finden.

rungsstichprobe um eine Querschnittsanalyse, die empirische Daten untersucht, die sich auf einen bestimmten Zeitpunkt beziehen und in erster Linie die Beschreibung von Präferenzen und Präferenzprofilen hinsichtlich struktureller Einnahmen- bzw. steuersystematischer Tatbestände zum Ziel haben.[2] Als methodische Elemente sind im folgenden der Fragebogen und die Stichprobenauswahl hinsichtlich ihrer Repräsentativitätsproblematik näher zu betrachten.

4.1.2.1 Zur Methodik des Fragebogens

Das Ziel der Umfrageerhebung besteht darin, von den befragten Personen Aussagen über die Akzeptanz bzw. Ablehnung des derzeitigen Instrumentariums zur Finanzierung staatlicher Ausgaben zu erhalten. Als Befragungsgruppe sind Privatpersonen in der Region Aachen ausgewählt worden, denen einmalig durch die Vorlage eines Fragebogens eine Vielzahl von Fragen zum deutschen Steuer- bzw. Abgabensystem im allgemeinen sowie zu Steuern, kommunalen Gebühren, Sozialversicherungsbeiträgen und der öffentlichen Kreditaufnahme im speziellen gestellt wurden. Der Standardisierungsgrad der Erhebung, d.h. die Festlegung der Formulierung, die Zahl und die Reihenfolge der Fragen, ist durch den Fragebogen exakt vorgegeben, weshalb man auch von einem voll standardisierten Interview sprechen kann.[3]

Das standardisierte Interview gilt als eines der wichtigsten Instrumente der Umfrageforschung. In der häufigsten Ausprägung als repräsentativ einmalige Befragung (Ad-hoc-Umfrage) dient es überwiegend der Gewinnung zeitpunktorientierter Querschnittsinformationen. Wie die Bezeichnung bereits erkennen läßt, ist das standardisierte Interview dadurch charakterisiert, daß die Fragen vor dem Interview schriftlich festgelegt wurden (Erstellung des Fragebogens) und allen Befragten mit dem gleichen Wortlaut und in der gleichen Reihenfolge gestellt werden. Der verwendete Fragebogen enthält ausschließlich geschlossene Fragen, die bereits mit Antwortkategorien versehen sind und nach denen die Antworten vom Interviewer gruppiert werden können. Als häufigste Antwortkategorie werden Skalenfragen verwendet, die der Einstufung der graduellen Ausprägung bzw. der Intensität von Tatbeständen oder Meinungen dienen. Die Verwendung dieser Frageform ermöglicht in der Datenanalyse die Anwendung

2 Vgl. Böhler, H. (1991), a.a.O., S. 32 f.

3 Vgl. Tränkle, U. (1983), Fragebogenkonstruktion, in: Feger, H., Bredenkamp, J. (Hrsg.), Datenerhebung, Forschungsmethoden der Psychologie, Band 2, Göttingen, S. 178-185.

multivariater Auswertungsmethoden, die für die Erstellung von Präferenzprofilen die notwendigen Ausgangsdaten liefern. Daneben werden „Ja/Nein"-Fragen und Fragestellungen mit einer Auswahl von möglichen Antworten bzw. Mehrfachnennungen verwendet.

Der Fragebogen ist in insgesamt fünf Bereiche unterteilt. Formal sind dabei (1) Sachfragen, die das Gros der eigentlichen Befragung ausmachen, (2) Kontrollfragen, die in gewissem Umfang zur Überprüfung von Befragungsauskünften - insbesondere deren Konsistenz - dienen sollen und (3) persönliche Fragen zur Erfassung der erhebungs- bzw. auswertungsrelevanten Merkmale der Befragten, zu unterscheiden.[4] Zu Beginn werden die Teilnehmer zur Beantwortung allgemeinerer Einleitungs- bzw. Kontaktfragen gebeten, die den Auskunftspersonen vor allem eine eventuelle Befangenheit nehmen und Aufgeschlossenheit für die weiteren Fragen herbeiführen sollen. Daran anschließend werden sie mit Fragen zum Steuer- bzw. Abgabensystem, mit detaillierten Fragen speziell zu Steuern, Beiträgen und Gebühren sowie letztlich mit einem Fragenkomplex zur Staatsverschuldung konfrontiert. Den Abschluß bilden Fragen zur Person, die alle sozio-demographischen Merkmale der Teilnehmer erfassen.

Im ersten Teil des Fragebogens werden die Bürger nach ihrer Informiertheit sowie ihrer persönlichen wirtschaftlichen Situation befragt. Zusätzlich sollen sie in diesem allgemeineren Teil ihre Ansichten über den Staat und das öffentliche Finanzgebaren bekunden sowie darlegen, ob sie bei finanzpolitischen Entscheidungen mehr mit einbezogen werden wollen oder nicht. Daneben werden die Bürger um eine Einschätzung des staatlichen Leistungsangebotes gebeten mit der Erkundung, ob dieses aufrecht erhalten, erhöht oder gesenkt werden soll. Explizit dient diese Frage der Überprüfung, inwieweit die Bürger das öffentliche Güterangebot wahrnehmen bzw. inwieweit sie die Notwendigkeit staatlicher Leistungen erachten.

Der zweite Fragenkomplex richtet sich auf die Systematik der staatlichen Finanzierungsformen und stellt insbesondere auf das Belastungsgefühl der Befragten mit staatlichen Einnahmen, auch im Vergleich zu anderen, ab. Detailliert wird die Frage der Mehr- oder Minderinanspruchnahme für den gesamten Bereich der staatlichen Finanzierungsformen erhoben. Hinsichtlich der Reziprozität staatlicher Ausgaben und Einnahmen sollen die Respondenten bewerten, ob sie für die zu zahlenden Finanzie-

4 Vgl. Tacke, W. (1984), Der Fragebogen und seine Bedeutung in der empirischen Forschung, in: Planung und Analyse, 11. Jahrgang, S. 103-106, Hüttner, M. (1989[4]), Grundzüge der Marktforschung, Berlin et al., Liechti, U. (1976), Fragebogen-Aufbau und -Formulierung in der Demoskopie, in: Die Unternehmung, Nr. 4, S. 299-317, Kreutz, H., Titscher, S. (1974), Die Konstruktion von Fragebögen, in: Koolwijk, J. v., Wieken-Mayser, M. (Hrsg.), Techniken der empirischen Sozialforschung, Band 4, München, S. 24-82 und Kirchhofer-Bozenhardt, A.v., Kaplitza, G. (1975), Der Fragebogen, in: Holm, K. (Hrsg.), Die Befragung, Band 1, München, S. 14-21.

rungsbeiträge eine entsprechende Gegenleistung von Staat bekommen oder nicht. Es kann durchaus recht positive Auswirkungen auf die Beurteilung von Staatseinnahmen haben, wenn die Bürger eine entsprechende staatliche Ausgabentätigkeit mit Finanzierungsbeiträgen verbinden.[5] Aus diesem Grunde wird den Respondenten vor dem Hintergrund, was der Staat mit den Staatseinnahmen finanziert, eine Kontrollfrage gestellt, ob sich die Beurteilung ändert, wenn sie explizit mit den entsprechenden staatlichen Gegenleistungen konfrontiert werden. Des weiteren werden die Befragten gebeten, ihre Meinung bezüglich der Konsolidierung der Staatsfinanzen, der Verschwendung von Steuergeldern sowie der Beurteilung der Entwicklung von kommunalen Gebühren und Sozialversicherungsbeiträgen zu bekunden.

Im Mittelpunkt dieser Untersuchung steht die Auswertung der Fragen hinsichtlich der Akzeptanz von staatlichen Finanzierungsinstrumenten. Die Umfrageteilnehmer werden darum gebeten, für eine Vielzahl von Steuerarten zu bekunden, ob diese Steuerarten zur Finanzierung der staatlichen Ausgaben mehr, weniger oder gleich viel in Anspruch genommen werden sollen. Im Ergebnis läßt sich daraus ein virtueller Finanzierungsetat ableiten, der mit der tatsächlichen Finanzierungsgewichtung verglichen werden kann und somit mögliche Dissonanzen bzw. Disharmonien aufzeigen. In ähnlicher Weise wie an dieser Stelle eine virtuelle Steuereinnahmenkomposition konstruiert wird, kann auf Basis der Befragung zu Gebühren, Beiträgen und zur Staatsverschuldung eine ähnliche Komposition für das gesamte System der staatlichen Einnahmen abgeleitet werden.

Der letzte inhaltliche Fragenteil beschäftigt sich mit der öffentlichen Kreditaufnahme als kompensatorische Finanzierungsform im öffentlichen Haushalt. Neben Fragen zur Empfindung der Höhe der Staatsverschuldung und der Entscheidung über mögliche Alternativen eines Defizitausgleichs wird bei den Umfrageteilnehmern ergründet, inwieweit sie für eine Reduzierung der Staatsverschuldung persönliche Opfer zu erbringen bereit sind. Abschließend werden die Respondenten vor die Entscheidung gestellt, sich zur Finanzierung von Staatsausgaben ausschließlich zwischen Steuern und der Staatsverschuldung zu entscheiden, womit insbesondere auf die intergenerativen Folgen der Kreditfinanzierung abgezielt ist. Den Abschluß dieses Fragebogens bildet die Feststellung sozio-demographischer Merkmale der Befragungsteilnehmer. Neben dem Geschlecht, dem Alter und dem Familienstand werden Angaben über den

---

5 Der Anteil von Befragten, die eine positive Antwort für die Bezahlung von Steuern äußern, stieg von 24,5% auf 88,5 % als ihnen der Zweck der Steuer erklärt wurde. Vgl. Lewis, A. (1979), An Empirical Assessment of Tax Mentality, in: Public Finance, Bd. 34, S. 250. Damit wird deutlich, daß sich die Akzeptanz zu staatlichen Einnahmen erheblich verbessern kann, wenn man die Steuern zusammen mit ihrem Ausgabenziel zu bewerten hat.

Bildungsabschluß und den Beruf der Respondenten erhoben. Ergänzt werden diese Fragen mit dem monatlichen Haushaltseinkommen sowie der Anzahl der im Haushalt lebenden Personen. Bezüglich der mit dem Fragebogen ermittelten Resultate gilt es einschränkend zu berücksichtigen, daß der komplexe Fragebogen teilweise vereinfachte und wenig präzise Fragestellungen enthält, um die Befragungsteilnehmer nicht zu überfordern. So müssen die Respondenten beispielsweise bei der Bekundung ihrer Abgabenbelastung nicht differenzieren, welche Steuern dem Bund, den Ländern oder den Gemeinden zukommen, obwohl sie die Finanzausstattung der einzelnen föderalen Ebenen wahrscheinlich unterschiedlich bewerten würden. In ähnlicher Weise werden Bezeichnungen wie Steuern und Abgaben oftmals synonym verwendet, weil der Bürger nicht explizit die dabei vorhandenen definitorischen Abgrenzungen in der Aufstellung seines Belastungskalkül berücksichtigt.

4.1.2.2 Die Problematik der Repräsentativität

Die Gültigkeit empirischer Ergebnisse steht und fällt mit der Vergleichbarkeit der zugrunde liegenden Stichprobe mit der übergeordneten Grundgesamtheit. Die Zielsetzung empirischer Untersuchungen besteht darin, auf der Basis vorhandenen Datenmaterials abgesicherte Aussagen über den Untersuchungsgegenstand zu treffen. Dabei werden von einer Stichprobe Rückschlüsse auf die Grundgesamtheit gezogen. Als nur eine von mehreren Voraussetzungen, um die Stichprobenergebnisse auf die Grundgesamtheit verallgemeinern zu können, wird häufig die Repräsentativität der Stichprobe genannt. Deren Nachweis basiert vielfach auf einem Vergleich der Stichprobe mit der Grundgesamtheit anhand einer oder mehrerer - aber in der Regel weniger - Schlüsselvariablen.[6]

Grundsätzliche Probleme, die sich bei der Repräsentativitätsprüfung durch den Vergleich der Stichprobe mit der Grundgesamtheit ergeben können, liegen im Bereich der Begriffsdefinition. Eine Lösung für das mit dem Begriff der Repräsentativität verbundene Problemfeld einer umfassenden Begriffsbestimmung und für die angesprochenen methodischen Probleme kann sicherlich nicht geliefert werden. Vielmehr gilt, daß „[...] *die mit dem Thema gestellte Frage sich je nach Datenverwendung unterschiedlich beantwortet und daher nur differenziert und von Fall zu Fall näher be-*

6 Vgl. Niggemann, H. (1997), Ist Repräsentativität meßbar? Zum Verständnis von Repräsentativität und zur Vergleichbarkeit von Primär- und Sekundärstatistiken am Beispiel des NIFA-Panels, Forschungsstelle für Sozialwissenschaftliche Innovations- und Technologieforschung, Ruhr-Universität, Bochum, S. 1.

schrieben werden kann. Repräsentativität an sich, als ein allgemeines, von der Fragestellung unabhängiges Gütekriterium, gibt es somit nicht."[7]

Es stellt sich dennoch die Frage, welche Antworten die empirische Sozialforschung und die Stichprobentheorie auf die Abgrenzung einer Stichprobe bietet. Die Frage nach der Repräsentativität einer Stichprobe wirft ein Problem auf, das zu Beginn der Konzeptionierung einer jeden empirischen Studie steht bzw. stehen sollte. Bestimmt werden müssen die Größe der Stichprobe. Hierbei sind nicht nur Zeit- und Kostenaspekte entscheidend, sondern auch die Verteilung einiger „Schlüsselvariablen" innerhalb der Stichprobe, wobei sich letztere aus der entsprechenden Verteilung in der Grundgesamtheit und dem Untersuchungsziel ergibt. Nach Abschluß dieser Überlegungen erfolgt die Datenerhebung, woran sich noch vor der eigentlichen Auswertung der Vergleich der Stichprobe mit der Grundgesamtheit hinsichtlich dieser „Schlüsselvariablen" anschließt, die sog. Repräsentativitätsprüfung. Symptomatisch für die Verwendung des Repräsentativitätsbegriffs in empirischen Arbeiten ist, daß er in sehr unterschiedlichen und unklaren Kontexten benutzt wird. Darüber hinaus erfolgt die Repräsentativitätsprüfung sehr unstandardisiert, was wahrscheinlich eine Konsequenz der unscharfen Begriffsabgrenzung ist.[8]

Hinsichtlich einer definitorischen Abgrenzung des Begriffes formuliert Kromrey: *„Die Stichprobe ist ein „verkleinertes Abbild" einer angebbaren Grundgesamtheit.*"[9] In anderer Weise gilt ein erhobenes Datenmaterial als repräsentativ, wenn von „[...] *einer Stichprobe ein Schluß auf die Gesamtheit erlaubt ist.*"[10] Kreienbaum definiert hingegen, daß „[...] *eine Stichprobe repräsentativ* (heißt), *wenn aus ihr der Mittelwert der Grundgesamtheit „vernünftig" geschätzt werden kann.*"[11] Es zeigt sich, daß die Bedeutung eines geeigneten Maßes für Repräsentativität also durchaus formuliert und auf die problematische Verwendung des Begriffes hingewiesen wird.[12] In einer Gesamtschau zeigt sich, daß weder die empirische Sozialforschung noch die Stichprobentheorie eine befriedigende Begriffsdefinition liefert. Ebenso fehlen - auch auf

---

7 Vgl. Strecker, H., Wiegert, R. (1994), Stichproben, Erhebungsfehler, Datenqualität, S. 1 f.

8 Vgl. Kruskal, W., Mosteller, F. (1979), Representative Sampling; III: The Current Statistical Literature, in: International Statistical Review, Vol. 47, S. 245-265.

9 Vgl. Kromrey, H. (1991⁵), Empirische Sozialforschung, Opladen, S. 197.

10 Vgl. Hartung, H.-J. (1985³), Statistik: Lehr- und Handbuch der angewandten Statistik, München, S. 315.

11 Vgl. Kreienbaum, L. (1993), Einführung in die Stichprobenverfahren, München, S. 41.

12 Vgl. Bischoff, M. (1995), Zur Problematik der Repräsentativität in der empirischen Sozialforschung, Diskussionspapier aus der Fakultät für Sozialwissenschaft, Ruhr-Universität Bochum, Bochum und Tiede, Manfred (1996), Repräsentativität, Diskussionspapier aus der Fakultät für Sozialwissenschaft, Bochum.

seiten der Statistik - mehr oder minder konkrete Gebrauchsanleitungen oder Stellungnahmen, wie Repräsentativität beurteilt werden kann.[13]

In der vorliegenden Untersuchung wird der zuvor angesprochenen Problematik hinsichtlich der Handhabung von Repräsentativität dadurch Rechnung getragen, daß im Vorfeld der empirischen Erhebung anhand von statischen Datenquellen eine Quotierung der Bevölkerungsstruktur erstellt wurde, die die Basis für die Auswahl des befragten Teilnehmerkreises aufzeigt. Als Grundlage für die Anwendung des Quota-Verfahrens dienen sozio-demographische Stammdaten, die anhand von statistischen Strukturdaten und Jahrbüchern ermittelt wurden. Dem Quota-Verfahren liegt folgender Gedanke zugrunde: Wenn die Verteilung aller Merkmalsausprägungen auf allen Merkmalsdimensionen einer Grundgesamtheit bekannt wäre, so wäre es möglich, ein Modell dieser Grundgesamtheit zu erstellen bzw. eine Stichprobe zu entwickeln, die in allen Merkmalen für die Grundgesamtheit repräsentativ ist. In der Praxis beschränkt man sich beim Quota-Verfahren jedoch auf einige wenige Dimensionen, und zwar auf solche, deren Verteilung in der Grundgesamtheit bekannt ist und von denen man weiß bzw. annimmt, daß sie für den Untersuchungsgegenstand eine ausschlaggebende Rolle spielen.

In der vorliegenden Eigenerhebung wird mit dem Quota-Verfahren die Stichprobe aufgrund der Merkmale Geschlecht, Alter und Einkommen spezifiziert. Im einzelnen wurde zunächst das Merkmal Geschlecht, im Anschluß daran das Merkmal Alter und abschließend das persönlich verfügbare Monatseinkommen[14] der Bürger quotiert. Die nachfolgende Tabelle zeigt im Überblick die sozio-demographischen Quoten der Region Aachen mit der sich daraus ergebenden Gewichtung für die Umfrageerhebung (Soll) sowie die Ergebnisse nach Auswertung der Fragebögen (Ist).

---

13 Vgl. Niggemann, H. (1997), a.a.O., S. 6.

14 Vgl. Engel, B. (1982), Einige Probleme bei Einkommensangaben in der empirischen Sozialforschung und Schlußfolgerungen für die Transferumfrage, Sonderforschungsbereich 3, Arbeitspapier Nr. 89, Mannheim, Engel, B. (1988), Sozialstruktur und soziale Sicherheit, Methodische und inhaltliche Analysen zur Einkommensverteilung und zum Tansfersystem in der Bundesrepublik Deutschland, New York.

Tab. 2: Sozio-demographische Quoten der Region Aachen

			-Soll-	-Ist-
S 1:	Geschlecht[15]	weiblich	49,9 %	48,0%
		männlich	50,1 %	52,0%
S 2:	Alter[16]	bis 25 Jahre	25,7 %	23,5%
		26 - 35 Jahre	23,1 %	25,4%
		36 - 55 Jahre	24,9 %	27,7%
		56 und älter	26,3 %	23,4%
S 3:	Familienstand[17]	ledig	41,3 %	41,2%
		verheiratet	44,8 %	54,5%
		Sonstiges	13,9 %	4,4%
S 4:	Bildungsabschluß[18]	Volks-, Hauptschule	72,8 %	18,5%
		Realschule	16,8 %	19,3%
		Abitur	15,2 %	37,0%
		Universität, FH	12,2 %	25,2%
S 5:	Beruf[19]	Selbständig/ Freiberufler	4,1 %	7,0%
		Angestellte/ Beamte	21,8 %	37,3%
		Facharbeiter/ Handwerker	14,2 %	5,4%
		Student/ Azubi	21,3 %	25,3%
		Hausfrau/ Hausmann	10,4 %	7,1%
		Rentner/ Pensionär	22,1 %	15,8%
		Sonstige	6,1 %	2,1%
S 7:	Monatseinkommen[20]	unter 1600,- DM	15,2 %	21,2%
		1601,- bis 3500,- DM	47,2 %	34,9%
		3501,- bis 5000,- DM	21,5 %	23,9%
		über 5001,- DM	16,1 %	19,9%
S 8:	Personen im Haushalt[21]	1 Person	48,4 %	27,6%
		2 Personen	25,7 %	39,7%
		3-4 Personen	22,1 %	26,3%
		mehr als 5 Personen	3,8 %	6,4%

15 Vgl. Statistisches Jahrbuch der Stadt Aachen 1996 (1997), S. 12 f.

16 Vgl. Statistisches Jahrbuch der Stadt Aachen 1996 (1997), S. 12 f.

17 Vgl. Strukturdaten der Volks- und Berufszählung vom 25.5.1987, in: Amt für Statistik und Wahlen (1997) (Hrsg.), Statistisches Jahrbuch der Stadt Aachen 1996, Aachen, S. 12 f.

18 Vgl. Statistisches Jahrbuch Nordrhein-Westfalen (1995), hrsg. vom Landesamt für Datenverarbeitung und Statistik Nordrhein-Westfalen, Düsseldorf, S. 49.

19 Vgl. Strukturdaten der Volks- und Berufszählung vom 25.5.1987, in: Statistisches Jahrbuch der Stadt Aachen 1996 (1997), hrsg. vom Amt für Statistik und Wahlen, Aachen, S. 12 f.

20 Vgl. Statistisches Bundesamt (1997), Statistisches Jahrbuch für die Bundesrepublik Deutschland, Ergebnis der Einkommens- und Verbrauchsstichprobe 1993; ohne Einkommen über 35000 DM und ohne Personen in Anstalten und Gemeinschaftsunterkünften, Wiesbaden, S. 580.

21 Vgl. Strukturdaten der Volks- und Berufszählung vom 25.5.1987, a.a.O., S. 12 f.

4.1.3 Die Datenauswertung

Die Datenauswertung wird sich vordergründig mit der statistischen Vorgehensweise der Datenanalyse sowie dem Auswahlprozeß der für die Präferenzbekundung der Bürger wesentlichen Einflußvariablen beschäftigen. Basierend auf den ermittelten empirischen Daten lassen sich - zusammen mit weiteren in der Umfrage erfragten Themenkomplexen - mit Hilfe unterschiedlicher statistischer Verfahren Zusammenhänge von mehreren unabhängigen Variablen auf eine bzw. mehrere abhängige Variablen sowie die statistische Bedeutsamkeit (Signifikanz) dieser Zusammenhänge aufzeigen.[22] Dazu bedarf es zunächst eines Auswahlprozesses, um die Vielzahl der zu Beginn betrachteten Einflußfaktoren zu reduzieren und die wesentlichen Determinanten der Finanzierungspräferenzen aufzudecken. Der nachfolgend skizzierte Auswahlprozeß der zur Modellbildung herangezogenen Einflußfaktoren begründet sich in der Abwägung statistischer Signifikanzen und theoretischer Überlegungen der einzelnen Variablen.

Nur für wenige Modelle sind die abhängigen Einflußfaktoren (X-Variablen) und ihr spezifischer Erklärungsgehalt von vornherein bekannt. Am häufigsten stellt sich die Situation, daß es eine Vielzahl unabhängiger Variablen gibt, die in ein Modell miteinbezogen werden können. Insofern stellt sich für die Analyse von Einflußfaktoren die Frage, nach welchen Kriterien eine Variablenauswahl getroffen, ein Modell aufgestellt und eventuelle Interaktionen berücksichtigt werden sollen. Grundsätzlich sind dazu neben statistischen Methoden auch theoretische Überlegungen von Bedeutung. Für den vorliegenden Auswahlprozeß wurde eine bestimmte Vorgehensweise entwickelt, mit deren Hilfe Variablen systematisch ausgewählt und Methoden eingesetzt werden können, die sowohl die Eignung der einzelnen charakteristischen Modellgrößen als auch die des Gesamtmodells überprüfen.

Der Auswahlprozeß von Einflußvariablen für die Erklärung von Steuerpräferenzen verläuft in mehreren Phasen. In jeder dieser Phasen werden unterschiedliche Bewertungskriterien zur Auswahl herangezogen. Zunächst wurden aufgrund von vermuteten Einflußgrößen auf die Präferenzäußerung der Bürger insgesamt 21 Variablen ausgewählt, für die theoretische und ältere empirische Erkenntnisse über die Beeinflussung der Präferenzbekundung vorliegen. In einer zweiten Phase werden diese Variablen aufgrund von statistischen Überprüfungen und ihrer inhaltlichen Relevanz hin sichtlich der Aussagefähigkeit für die Präferenzbekundung für alle einzelnen staatlichen Finanzierungsformen auf jeweils sechs Variablen reduziert. Als Ausscheidungskriterium der zuvor spezifizierten Variablen werden innerhalb der statistischen Analy-

22 Vgl. Janssen, J., Laatz, W. (1994), a.a.O., S. 35.

se die Ergebnisse von Logit- und Regressions-Analysen verwendet. Die einzelnen Variablen werden im Rahmen der Logit-Analyse, einem der linearen Regression ähnlichen Schätzmodell, jeweils separat in ein Logit-Modell eingesetzt. Die Logit-Analyse mißt dabei den Einfluß von erklärenden (unabhängigen) X-Variablen auf die zu erklärenden (kategorial abhängigen) Y-Variablen. Die Besonderheit der Anwendung des Logit-Modells besteht darin, daß die zu erklärende Variable nicht eine kontinuierliche Werteverteilung oder ein zumindest metrisches Meßniveau aufweist, sondern daß es sich um eine dichotome Variable handelt. Im Rahmen der Ermittlung der Signifikanzwerte der einzelnen Einflußfaktoren werden explizit Kontingenztafeln aufgestellt, die die Häufigkeiten der möglichen Kombinationen von Ausprägungen beinhalten, womit abschließend eine Rangfolge aufgestellt werden kann, die konkrete Aussagen über statistische Signifikanzwerte und Zusammenhangsmaße der Variablen ermöglicht.

Neben dieser Überprüfung werden parallel Regressionsanalysen durchgeführt - zum einen mit der Methode „Stepwise" (schrittweise Ausschluß nicht signifikanter Einflußfaktoren), zum anderen mit der Methode „Enter" (Einbeziehung aller Einflußfaktoren) - die die Ergebnisse des gewählten Auswahlprinzips der Logit-Analyse sicherstellen sollen. Mit denen am Ende dieses Auswahlprozesses verbliebenen Einflußfaktoren (Determinanten) werden dann Basismodelle und Modellergänzungen aufgestellt, die den Einfluß der zuvor ausgewählten Variablen hinsichtlich ihrer Aussagefähigkeit für die Präferenzbekundung für staatliche Finanzierungsformen bzw. instrumente überprüfen sollen. Den Abschluß der Analyse der Determinanten der Präferenzbekundung bildet die Überprüfung auf bestehende Korrelationen zwischen den unabhängigen Variablen. In der empirischen Umfrageerhebung wurden die Befragungsteilnehmer darum gebeten, ihre Meinung für mehr oder weniger staatliche Finanzierungsformen zu bekunden. Um die Einflußgrößen für die polarisierenden Präferenzen zu ermitteln, erfolgte eine Zusammenfassung der bekundeten Kategorien zu zwei Extremen. Die Kategorien <1> („*viel mehr*") und <2> („*mehr*") wurden zur neuen Kategorie „*mehr*" (<1>), die Kategorien <3> („*gleich viel*"), <4> („*weniger*") und <5> („*viel weniger*") zur der neuen Kategorie „*weniger*" (<0>) zusammengefaßt. Daß die dritte Kategorie, in der Beantwortung des Fragebogens die mittlere Bekundung im Sinne einer Aufrechterhaltung der derzeitigen Konstellation, dem Bereich der Befürwortung einer geringeren Inanspruchnahme zugeordnet wurde, beruht auf der Überlegung, daß die Bürger für die derzeitige Komposition des Finanzierungsinstrumentariums insgesamt eine hohe finanzielle Belastung bekunden und daraus sich eine generelle Unzufriedenheit bzw. Ablehnung ableiten läßt.

4.2 Ergebnisse der Untersuchung

Im Vorfeld der Präsentation der Untersuchungsergebnisse und der Analyse der Präferenzbekundung der Bürger kann festgestellt werden, daß die grundlegende Annahme, Individuen besäßen unterschiedliche Präferenzen für verschiedene staatliche Finanzierungsinstrumente, empirisch nachweisbar ist. Mit dieser noch relativ allgemein gehaltenen Erkenntnis sei bereits an dieser Stelle angedeutet, daß im folgenden mittels der durchgeführten empirischen Umfrageerhebung unterschiedliche Präferenzprofile aufgedeckt werden, die teilweise exakte Rückschlüsse auf die individuellen Präferenzen der Bürger erlauben.

4.2.1 Präferenzen für Staatseinnahmen

Im Mittelpunkt der folgenden Abschnitte steht die Präsentation und Analyse des in der Umfrageerhebung erhobenen empirischen Datenmaterials. Im Hinblick auf die Offenlegung von Präferenzen und Präferenzprofilen für das gesamte staatliche Finanzierungsinstrumentarium werden zunächst Bürgerpräferenzen für staatliche Finanzierungsformen - explizit für direkte und indirekte Steuern, Sozialversicherungsbeiträge, kommunale Gebühren und die öffentliche Kreditaufnahme - dargestellt. Daran anschließend werden die Präferenzen für einzelne Steuerarten genauer analysiert. Den Abschluß dieser ersten Teilergebnisse der Untersuchung bildet die Diskussion um alternative Möglichkeiten zur Finanzierung der Staatstätigkeit.

4.2.2.1 Präferenzen für staatliche Finanzierungsformen

4.2.2.1.1 Direkte und indirekte Steuern

Die Auswertung der Untersuchungsergebnisse bezüglich der unterschiedlichen staatlichen Finanzierungsformen erfolgt auf der Basis der im vorherigen Abschnitt (Auswahlprozeß der Variablen) formulierten Vorgehensweise. Dabei beinhaltet die Präsentation der Präferenzbekundung für direkte Steuern neben der Darstellung der wichtigsten Erkenntnisse und der Beschreibung der wesentlichen Einflußfaktoren auch eine ausführliche Darlegung der Ermittlung der statistischen Ergebnisse, auf die in den nachfolgenden Ausführungen bei den ergänzenden staatlichen Finanzierungsformen sowie den ausgewählten steuerlichen Finanzierungsinstrumenten im einzelnen verzichtet wird.

Es kann vorangestellt werden, daß die Untersuchungsergebnisse der Präferenzbekundung für direkte und indirekte Steuern grundsätzlich den im Vorfeld vermuteten Erwartungen entsprechen. Für direkte Steuern besteht eine generell geringere Akzeptanz in der Bevölkerung als für indirekte Steuern. Diese erwartete Präferenzbekundung läßt sich mit den für direkte und indirekte Steuern bei der Formulierung von Hypothesen verorteten Argumenten hinsichtlich ihrer Akzeptanz belegen. Danach werden indirekte Steuern zur Finanzierung der Staatstätigkeit von den Bürger tendenziell bevorzugt, weil sich indirekte Steuern durch ihre „relative" Unmerklichkeit sowie die individuell zu gestaltende Einkommensverwendung auszeichnen, direkte Steuern dagegen durch hohe Fühlbarkeiten und nur geringe Ausweichmöglichkeiten (Abzug bei Einkommensentstehung) gekennzeichnet sind.

Ungeachtet der - *en détail* - durchaus differenzierender Akzeptanzbekundung der Bürger für direkte und indirekte Steuern ist festzustellen, daß beide steuerlichen Finanzierungsformen keine hohe Akzeptanz in der Bevölkerung aufweisen. Die Ermittlung von Mittelwerten und präferierten Veränderungen, die in der nachfolgenden Tabelle verdeutlicht sind, belegen diese Erkenntnis.

Tab. 3: Präferenzbekundung für steuerliche Finanzierungsformen

Finanzierungsform	**Erwartete Tendenz der Präferenz-äußerung**	**Präferierte Änderung (in %)**	**Mittel-wert**
Direkte Steuern	--	- 9,5 %	3,810
Indirekte Steuer	-	- 6,4 %	3,570

Es wird deutlich, daß beide Mittelwerte - auf einer Skala von 1 bis 5 - deutlich im negativen Akzeptanzbereich liegen, wobei der Wert für die Direktbesteuerung deutlich schlechter ausfällt. Ebenso zeigen sich damit auch die - in prozentualen Größen - gewünschten Veränderungen.[23] Direkte Steuern sollten auf der Basis der derzeitigen Aufkommenshöhe theoretisch um 9,5% reduziert werden, allgemeine und spezielle Verbrauchsteuer zusammen um 6,4%. Vor dem Hintergrund dieser Präferenzbekundung gilt es, die für die Präferenzbekundung der Bürger wesentlichen Einflußfaktoren zu analysieren. Es wurde bereits verdeutlicht, daß der gesamte Auswahlprozeß der Variablen unter Abwägung von statistischen Signifikanz- und theoretischen Überlegungen erfolgt. Ausgangsbasis für die zu ermittelnden Ergebnisse sind demnach offenkundige Zusammenhänge einzelner Variablen für mehr oder weniger direkte Steuern. Um die ausgewählten X-Variablen auf ihre statistische Signifikanz hin zu überprüfen, wurden Kontingenztafeln aufgestellt, aus denen die Ausprägungen der unabhängigen Variablen auf die abhängige Variable (direkte Steuern) für die einzelnen Befragungsteilnehmer ersichtlich sind. Ergänzend dazu wurde jede ausgewählte X-Variable separat in ein Logit-Modell eingesetzt, das neben der zu analysierenden Variablen nur eine Konstante enthielt. Daraus ergab sich eine Rangfolge der unabhängigen Variablen.

Tab. 4: Ergebnisse der Logit-Analyse

Variable	**Logit-Analyse**
- alter -	,00000
- distribu -	,00000
- beruf -	,00000
- einkomme -	,00000
- geschlec -	,00000
- mitbest -	,00000
- familien -	,00000
- bildung -	,00000
- haushalt -	,00000
- gegenl_1 -	,00001
- geg_steu -	,00001
- komplex -	,00017
- sit_pers -	,00393
- belastug -	,02545
- fairness -	,08467
- bue_staa -	,32890
- verschwe -	,51496
- infosta -	,51953
- st_ausg -	,79632

23 Werteskala von 1 bis 5, wobei 1 der Präferenz für „viel mehr“ und 5 für „viel weniger“ entspricht.

Als signifikant und mit hoher inhaltlicher Relevanz für die Akzeptanz von direkten Steuern erwiesen sich die Variablen „alter“, „distribu“, „einkomme“, „bildung“, „gegenl_1“ und „belastug“. Um die Ergebnisse der Logit-Analyse zu fundieren, wurden in einem zweiten Gang schrittweise („stepwise“) und einschließende („enter“) Regressionsanalysen durchgeführt, die das zuvor gewählte Auswahlprinzip bestätigen sollten. Bei der schrittweisen Regression werden die X-Variablen gesondert geschätzt, bei der „Enter“-Variation werden alle Variablen eingeschlossen.

Die schrittweise Regression eignet sich besonders gut, um aus einer Vielzahl von unabhängigen Variablen, die statistisch wichtigsten Einflußfaktoren zu lokalisieren, da sich die Wichtigkeit der Variablen allein durch die statistische Signifikanz ihres Koeffizienten definiert. Die in statistischer Hinsicht wichtigste Variable ist bei jedem Schritt der Prozedur genau die Einflußvariable, die zum größten Zuwachs in der Likelihood-Ratio-Statistik („R Square“) führt. Die Anzahl der aufgenommenen Variablen richtet sich nach einem bestimmten Aufnahmekriterium, das mit einem Schwellenwert festgelegt ist.

Für die hier durchgeführte schrittweise Regression wurden Schwellenwerte (Signifikanz von F) von 0,05 für eine Aufnahme und 0,1 für den Ausschluß einer Variablen eingesetzt. Aus den nachfolgenden Tabellen lassen sich einige Einflußfaktoren aufgrund ihres Signifikanzwertes, des Zusammenhangsmaßes sowie ihres theoretisch begründbaren Bezugs zum Untersuchungsgegenstand für die weitere Ermittlung der Determinanten der direkten Präferenzbekundung herausfiltern, die den Ergebnissen der Logit-Analyse entsprechen. In der folgenden Tabelle sind die Ergebnisse der Regressionsanalyse (Methode „enter“) verdeutlicht.

Tab. 5: Ergebnisse der Methode "enter" bei Präferenzbekundung für direkte Steuern

Rang	Variable	Variablen-name	Chi-Square	DF	Cramer's V Phi	Approx. Signific.
1	Beruf	beruf	,00000	6	,48522	,00000
2	Einkommen	einkomme	,00000	3	,40535	,00000
3	Gruppenspezifische Lastverteilung	distribu	,00000	4	,36515	,00000
4	Alter	alter	,00000	3	,34573	,00000
5	Familienstand	familien	,00000	2	,30354	,00000
6	Bildungsabschluß	bildung	,00000	3	,29476	,00000
7	Höhe der subjektiven Belastung	belastug	,00000	4	,26842	,00000
8	Haushaltsgröße	haushalt	,00000	3	,25120	,00000
9	Individuelle wirtschaftliche Situation	pers_sit	,00000	4	,21133	,00000
10	Wahrgenommenes staatliches Leistungsangebot	gegenl_1	,00000	4	,21199	,00000
11	Gesamtwirtschaftliche Situation	wirt_sit	,00000	4	,18645	,00000
12	Geschlecht	geschlec	,00000	1	,16764	,00000
13	Reziprozität von Einnahmen und Ausgaben	gegenl-2	,00001	4	,16764	,00001
14	Grad der politischen Mitbestimmung	mitbest	,00004	4	,15851	,00004
15	Zweckbindungscharakter	geg_steu	,00006	3	,14825	,00006
16	Administrative Fairness	fairness	,00121	4	,13382	,00121
17	Ineffizienzen und staatliche Mißwirtschaft	verschwe	,00850	4	,11637	,00850
18	Komplexität des Steuer- und Abgabensystems	komplex	,01015	4	,11462	,01015
19	Öffentliches Leistungs-angebot	st_ausg	,22783	2	,05417	,22783
20	Informationsstand	infosta	,40873	4	,o6284	,40873
21	Verhältnis Bürger vs. Staat	bue_staa	,61797	4	,05127	,61797

In der nachfolgenden Tabelle sind die Ergebnisse der multiplen Regression mit der Methode „Stepwise" dargestellt.

Tab. 6: Ergebnisse: Multiple Regression (Methode „Stepwise“)

- Variables in the Equation -

Variable	B	SE B	Beta	T	Sig T
ALTER	-,236790	,039467	-,195538	-6,000	,0000
BELASTUG	,190394	,046042	,113366	4,135	,0000
BERUF	,091772	,023502	,115434	3,905	,0001
BILDUNG	,073664	,036982	,058189	1,992	,0467
DISTRIBU	,357951	,039215	,266303	9,128	,0000
EINKOMME	-,142660	,038403	-,111649	-3,715	,0002
GEGENL_1	-,144402	,037103	-,111327	-3,892	,0001
GESCHLEC	-,353375	,070818	-,133800	-4,990	,0000
MITBEST	,067368	,031148	,059273	2,163	,0308
WIRT_SIT	,119829	,031407	,103429	3,815	,0001

- Variables not in the Equation -

Variable	Beta In	Partial	Min Toler	T	Sig T
BUE_STAA	,006892	,008230	,605900	,260	,7952
FAIRNESS	-,032078	-,037906	,604412	-1,197	,2318
FAMILIEN	-,013864	-,012457	,440176	-,393	,6944
GEG_STEU	,012235	,014716	,606098	,464	,6426
GEGENL_2	,026231	,024830	,533709	,783	,4335
HAUSHALT	-,009752	-,010562	,599550	-,333	,7391
INFOSTA	,012237	,014621	,600560	,461	,6447
KOMPLEXI	,028240	,033042	,603017	1,043	,2973
PERS_SIT	-,003266	-,003738	,605662	-,118	,9062
ST_AUSG	,025623	,031228	,602542	,986	,3246
VERSCHWE	,044231	,052148	,605009	1,647	,0998

In der Spalte „B“ werden die Regressionskoeffizienten für die in der ersten Spalte genannten unabhängigen Variablen aufgeführt. Die mit diesen Koeffizienten aufzustellende Schätzgleichung erlaubt es, bei vorgegebenen Werten für die erklärende Variable, den Schätzwert der zu erklärenden Variablen vorherzusagen.[24] In der Spalte „SE B“ werden die Schätzwerte für die Standardabweichungen der Regressionskoeffizienten dargestellt. Die Spalte „Beta“ zeigt die Beta-Koeffizienten für die Erklärungsvaria-

24 Die Vorzeichen der erklärenden Variablen entsprechen der Erwartung.

blen, die sich ergeben, wenn vor der Anwendung der Regressionsanalyse alle Variablen standardisiert worden sind. In der Spalte „T“ sind die empirischen t-Werte als Quotient aus den Werten in der Spalte „B“ und „SE B“ aufgeführt. Bei einer gewählten Irrtumswahrscheinlichkeit von 5% (α=0,05) läßt sich für den Signifikanztest der Regressionskoeffizienten bei 10 Freiheitsgraden (DF) aus einer tabellierten t-Verteilung[25] ein t_{krit} = 1,812 entnehmen. Wegen $t_{emp} > t_{krit}$ sind bei einer Irrtumswahrscheinlichkeit von 5% alle Regressionskoeffizienten signifikant von 0 verschieden. Die Spalte „T“ zeigt diese Erkenntnis, so daß sich das Entnehmen von t_{krit} aus den Tabellen für die t-Verteilung erübrigt. Mit „Sig T“ in der rechten Spalte ist die Wahrscheinlichkeit angegeben, bei Ablehnung von H_0 (keine Abhängigkeit) eine irrtümliche Entscheidung zu treffen. Da für die Regressionskoeffizienten die Angaben für „Sig T“ kleiner als die vorgegebene Irrtumswahrscheinlichkeit in Höhe von α=0,05 ist, wird deutlich, daß die Koeffizienten signifikant sind.

Die vorherigen Ausführungen haben gezeigt, daß sich eine Reihe von Einflußvariablen eignen, aus statistischer Sicht Aussagen über die Präferenz für mehr oder weniger direkte Steuern zu formulieren. Als Ergebnis dieses ersten Auswahlprozesses sind insgesamt 6 Variablen - *empfundene Distribution, Alter, Einkommen, Bildungsstand, wahrgenommenes staatliches Gegenleitungsangebot* und *Belastungsempfinden* - ermittelt worden, deren statistische Bedeutung und inhaltliche Relevanz für die Präferenzbekundung bezüglich direkter Steuern der Bürger eine gewichtige Rolle spielen. Nachfolgend gilt es, die Kausalität und Ausprägung dieser ermittelten Einflußfaktoren genauer zu analysieren.

1. Der Faktor „Empfundene Distribution“:

Mit dem Faktor „Empfundene Distribution“ ist aus statistischer Sicht die wichtigste Variable angesprochen, die im Rahmen der multiplen Regressionsanalyse zum größten Zuwachs in der Likelihood-Ratio-Statistik („R Square“) führte. Auf der Basis der dieser Variablen zugrunde liegenden Theorie der sozialen Vergleichsprozesse wird deutlich, daß Menschen danach streben, ihre eigenen Leistungen und Fähigkeiten mit denen anderer - Kollegen, Freunden oder Bekannten - zu vergleichen, um sich von der Richtigkeit ihrer eigenen Steuerbelastung zu überzeugen. Der angenommenen Grundthese dieser Variablen folgend, zeigt sich in den Untersuchungsergebnissen, daß die Bürger mit einem hohen interpersonellen Belastungsgefühl und einer geringeren Opferbereitschaft eine eher ablehnende Haltung zu den direkten Steuern bekunden, weil sie sich im interindividuellen Vergleich tendenziell eher benachteiligt fühlen.

25 Vgl. Bortz, J. (1993), a.a.O. ,S. 701.

Die Ergebnisse der empirischen Erhebung verdeutlichen, daß mit zunehmendem interindividuellen Belastungsgefühl die Ablehnung von direkten Steuern zunimmt. Während die Bürger, die der Meinung sind, im Vergleich zu anderen „viel mehr" zu bezahlen, die direkten Steuern mit 92% entschieden ablehnt, sinkt der bekundete Wert mit einem sinkenden Ungerechtigkeitsbewußtsein kontinuierlich. Wenngleich diejenigen, die äußern, genau so viel „wie Freunde, Bekannte oder Kollegen" zu zahlen, mit 67,1% in der Mehrzahl die Direktbesteuerung ablehnen, verändert sich die Haltung bei dem Personenkreis, der vermeintlich weniger im interindividuellen Vergleich bezahlt. Entsprechend plädieren nur 29,0% der Gruppe „zahle viel weniger" und 51,9% der Gruppe „zahle weniger" für eine geringere Inanspruchnahme von direkten Steuern. Die folgende Abbildung zeigt die prozentuale Verteilung der Präferenzgruppen für mehr und weniger direkte Steuern in Abhängigkeit von der empfundenen Distribution.

Abb. 23: Präferenzgruppen für mehr und weniger direkte Steuern in Abhängigkeit von der empfundenen Distribution

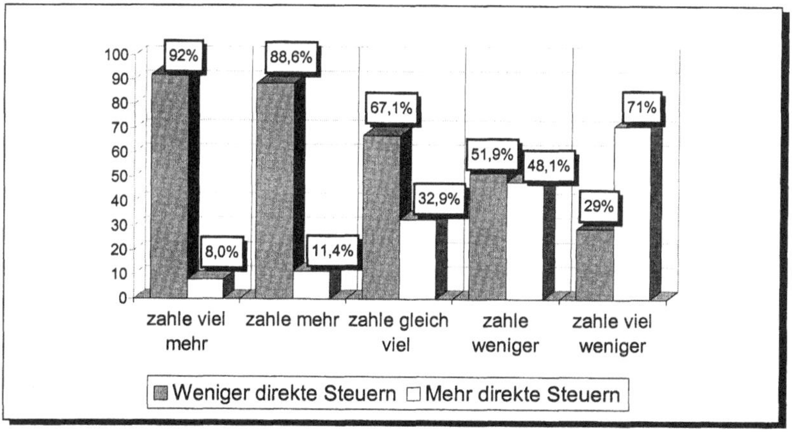

2. Der Faktor „Alter":

Für den Faktor „Alter" zeigt sich insgesamt die Tendenz, daß mit zunehmendem Alter die Präferenz für weniger direkte Steuern stark zunimmt. So ist es nicht überraschend, daß die Gruppe der 18-25-jährigen in der Mehrzahl (59,1%) für mehr direkte Steuern plädiert. Konträr fällt das Ergebnis bei den älteren Bevölkerungsgruppen aus, wobei der Anteil in der Altersgruppe 36-55 Jahre mit einem Prozentanteil von 80,6% für weniger direkte Steuern am größten ist. Deutlich zeigt sich in der Votierung der Bürger, daß diejenigen, die aufgrund ihres Alters und der entsprechenden beruflichen und einkommensspezifischen Stellung in der Regel keine oder nur geringfügige direkten Steuern zahlen, eine höhere Wertschätzung dieser Steuern äußern. Dagegen sind die höheren Altersklassen überwältigend gegen eine stärkere Inanspruchnahme der direkten Steuern, weil sie vom Ausmaß der abzuführenden Entgelte dieser Steuern stärker betroffen sind.

Etwas überraschend ist in diesem Zusammenhang die Präferenzäußerung der Gruppe der über 55-jährigen, die sich immer noch zu 78,4% für weniger direkte Steuern aussprechen. Ursächlich hierfür ist wohl in erster Linie die Zahl derer, die noch im Berufsleben stehen und bei denen die gleichen Argumente wie in der zuvor diskutierten Altersgruppe (36-55 Jahre) verortet werden können. Daneben wirkt sich aber auch die im Laufe eines Berufslebens ausgeprägte negative Erfahrung mit den direkten Steuern aus, die sich aufgrund der in der Vergangenheit zu leistenden hohen individuellen Finanzierungsleistungen nachhaltig im Bewußtsein der Älteren widerspiegelt.

Abb. 24: Präferenzgruppen für mehr und weniger direkte Steuern in Abhängigkeit vom Alter

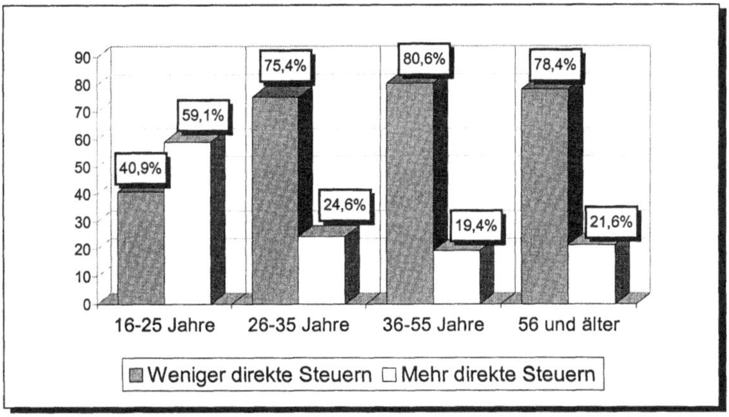

3. Der Faktor „Einkommen“:

Bei der Variablen „Einkommen“ ist ein ähnliches Präferenzprofil wie bei der Variablen „Alter“ zu erkennen. Es zeigt sich, daß mit Ausnahme der Einkommensklasse bis 1600 DM alle anderen Einkommensklassen in hohem Maße weniger direkte Steuern präferieren. Während die geringen Einkommensschichten zu zwei Dritteln (65,4%) direkte Steuern bevorzugen, steigt die Ablehnung mit zunehmendem Einkommen stark an. So lehnen 77% der Einkommensklasse 1601 DM bis 3000 DM mehr direkte Steuern ab, bei der nächsthöheren Gruppe sind es schon 86,3%. Offensichtlich bildet die

Einkommenshöhe den entscheidenden Faktor für die Präferenzbekundung, weil Geringverdiener, deren Einkommen in der Regel über bestimmte Grenzwerte nicht hinausgeht, nur wenig von der direkten Steuerzahlung betroffen sind, höhere Einkommensklassen dagegen aufgrund der Höhe des bei ihnen veranschlagten Steuersatzes und einer folglich höheren Steuerschuld entsprechend negativer eingestellt sind.

Als sehr interessant erweist sich in diesem Zusammenhang auch die Bekundung der Bürger, die der höchsten Einkommensklasse zugeordnet werden können, weil deren Präferenzäußerung für weniger direkte Steuern mit 73,1% unter dem Wert der zweithöchsten Einkommensklasse und deutlich unter dem Wert der dritthöchsten betrachteten Klasse liegt. Wenngleich der immer noch hohe Wert durchaus mit der Ablehnung des individuellen Einkommensopfers zu begründen ist, zeigt sich dennoch, daß bei den überdurchschnittlich Besserverdienenden eine Tendenz für weniger direkte Steuern zu verzeichnen ist. Als ausschlaggebend für diese Präferenzbekundung können vornehmlich vielfältige Variationsmöglichkeiten im Einkommensteuergesetz und - teilweise - legalisierte Steuerspar- und Abschreibungsmodelle angeführt werden, die von den Bürgern der hohen Einkommensklassen intensiv genutzt werden.

Abb. 25: Präferenzgruppen für mehr und weniger direkte Steuern in Abhängigkeit vom Einkommen

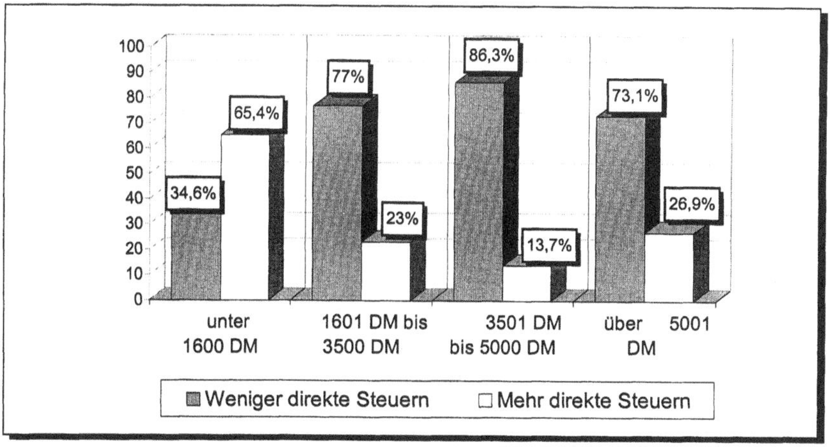

4. Der Faktor „Bildungsstand“:

Mit dem Einflußfaktor „Bildungsstand“ wird darauf abgezielt, inwieweit das Bildungsniveau der Befragten eine Auswirkung auf die Präferenzäußerung für mehr oder weniger direkte Steuern hat. Die Grundthese bezieht sich dabei auf die Annahme, daß mit einem höheren Bildungsniveau bei den Bürgern eine größere Einsicht in die Legitimation der Besteuerung und deren Notwendigkeit für die Bereitstellung öffentlicher Güter- und Leistungsangebote besteht. In der Tendenz wird diese Hypothese in der vorliegenden Untersuchung bestätigt, da sich 78,5% der Bürger mit dem Ausbildungsstand „Haupt- bzw. Volksschule“ und 86,7% mit dem Ausbildungsniveau „Realschule“ für weniger direkte Steuern aussprechen. Dagegen ist der Wert bei den Universitäts- bzw. Fachhochschulabsolventen mit 74,4% etwas geringer, bei den Bürgern mit Abitur mit 52,5% sogar wesentlich geringer. Abgesehen von der tendenziellen Bestätigung der zuvor dargelegten These offenbart sich an dieser Stelle, daß der Personenkreis mit dem höchsten Bildungsniveau eine vergleichbare Ablehnung von direkten Steuern äußert wie die schlechter ausgebildeten Personen. Während bei der letztgenannten Gruppe diese Votierung vornehmlich einer mangelnden Informiertheit und einer dementsprechenden Wahrnehmungsverzerrung über die Notwendigkeit von direkten Steuern geschuldet ist, sind für die besonders gut ausgebildeten Personen (zusätzlich) Argumente anzuführen, die sich in einer vermehrten Wahrnehmung von Verschwendungspotentialen, Ineffizienzen und erkennbaren staatlichen Unzulänglichkeiten begründen.

Abb. 26: Präferenzgruppen für mehr und weniger direkte Steuern in Abhängigkeit vom Bildungsstand

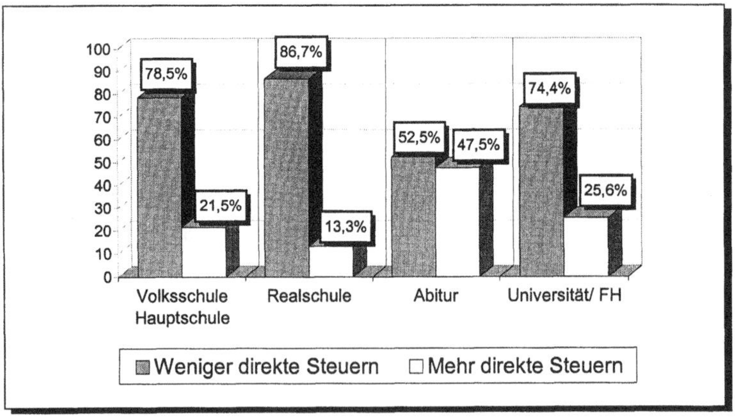

5. Der Faktor „Wahrgenommenes staatliches Gegenleistungsangebot“:

Ein interessantes Ergebnis zeigt sich für die Variable „Wahrgenommenes staatliches Gegenleistungsangebot“. In der Bevölkerung vorhandene fiskalische Illusionen bedeuten, daß direkte Steuern durch die Bürger systematisch überschätzt werden und deshalb zuviel öffentliche Leistungen nachgefragt werden. Fiskalische Illusionen geben aber auch Auskunft darüber, wie die Einschätzung des öffentlichen Preis-Leistungsverhältnisses durch die Bürger ausgelegt ist. Die Befragungsteilnehmer wurden in der Umfrage gebeten, ihre Einschätzung bezüglich der staatlichen Gegenleistung bei direkten Steuern anzugeben.

Als Erkenntnis der Variable „Wahrgenommenes staatliches Gegenleistungsangebot" zeigt sich, daß die Bürger in erheblichem Maße bei den direkten Steuern fiskalischen Illusionen unterliegen. Je stärker die Bürger keine adäquate Gegenleistung bei direkten Steuern erkennen, desto größer wird die Ablehnung dieser Steuerarten. Während der Anteil der Gruppe, die bei direkten Steuern eine volle Gegenleistung bekundet, mit 58,9% für weniger direkte Steuern relativ gering ausfällt (was nicht bedeutet, daß die Bürger keiner erheblichen Wahrnehmungsverzerrung unterliegen), steigt der Wert mit einer sinkenden wahrgenommenen staatlichen Gegenleistung kontinuierlich an. Analog sprechen sich 83% der Gruppe „Keine Gegenleistung" für weniger direkte Steuern aus.

Abb. 27: Präferenzgruppen für mehr und weniger direkte Steuern in Abhängigkeit des wahrgenommenen staatlichen Gegenleistungsangebotes

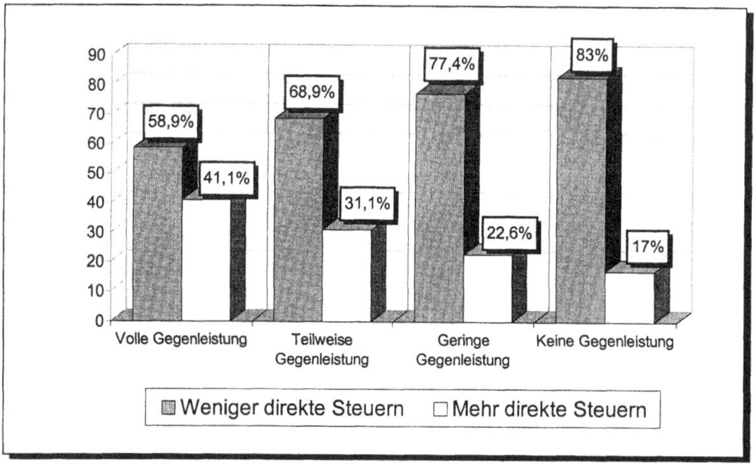

6. Der Faktor „Belastungsempfinden":

Für die Einflußvariable „Belastungsempfinden" zeigt sich eine ähnliche Präferenzbekundung wie bei der betrachteten Determinante „Empfundene Distribution". Je höher das Belastungsempfinden der Bürger ausgeprägt ist, desto eher plädieren sie für weniger direkte Steuern. Während die Gruppe, die sich „sehr hoch" besteuert fühlt, mit 79,8% direkte Steuern und eine höhere Inanspruchnahme dieser Steuern kategorisch ablehnt, steigt die Akzeptanz mit einem sinkenden Belastungsempfinden. So sprechen sich nur noch 14,3% der Gruppe „Belastungsempfinden ist sehr niedrig" für weniger direkte Steuern aus. Wenig konform und mit der Hypothese dieser Variablen nicht erklärbar ist dagegen das Bekunden des Personenkreises, der sich „niedrig" besteuert fühlt, weil diese Gruppe mit 60% zu 40% - entgegen dem Trend - für weniger direkte Steuern plädiert. Die Ergebnisse der Präferierung von direkten Steuern in Abhängigkeit vom empfundenen Belastungsgefühl illustriert die folgende Abbildung.

Abb. 28: Präferenzgruppen für mehr und weniger direkte Steuern in Abhängigkeit von empfundener Belastung

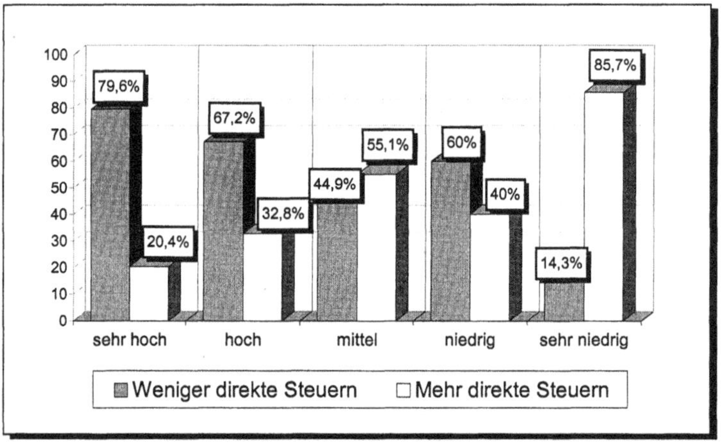

Insgesamt zeigt sich analog zu der im Vorfeld geäußerten Vermutung, daß Personen, die sich hoch besteuert fühlen, eine ablehnende Haltung zu direkten Steuern einnehmen werden, da sie Ungerechtigkeiten, weitere Steuererhöhungen und fehlende staatliche Gegenleistungen damit verbinden. Die Determinante Belastungsempfinden stellt damit einen wesentlichen Bestimmungsfaktor der Präferenzbekundung der Bürger für direkte Steuern dar. Zusammenfassend sind damit die Variablen „alter", „einkomme", „distribu", „bildung", „gegenl_1" und „belastug" als einflußreiche Bestimmungsfaktoren der Präferenzbekundung für direkte Steuern konkretisiert worden.

Für die indirekten Steuern ergeben sich zusammenfassend die in der nachfolgenden Tabelle aufgeführten Ergebnisse. Die Auswahl der für die Präferenzbekundung wesentlichen Einflußgrößen erfolgte - wie bei der Analyse der Direktbesteuerung - unter statistischen Aspekten und der inhaltlichen Relevanz der einzelnen Variablen. Es kann vorweg genommen werden, daß die Präferenzbekundung für indirekte Steuern andere Einflußgrößen von Bedeutung sind. Die nachfolgende Tabelle zeigt die statistischen Ergebnisse bezüglich der Präferenzbekundung für indirekte Steuern.

Tab. 7: Statistische Ergebnisse der Präferenzbekundung für indirekte Steuern

Variable	**Logit-Analyse**	**Lineare Regression: Methode „Enter"**	**Lineare Regression: Methode „Stepwise" *=Var. in the Equation**
- distribu -	,00086	,0006	,0003*
- beruf -	,00493	,1556	,0895
- st_ausg -	,00790	,0198	,0267*
- verschwe -	,01206	,2861	,0142*
- familien -	,01964	,6907	,6858
- belastug -	,03004	,0386	,2126
- sit_pers -	,04224	,0448	,0039*
- komplex -	,04514	,1164	,0250*
- bue_staa -	,04644	,8218	,8074
- geg_steu -	,04979	,0811	,2066
- mitbest -	,05152	,5738	,6114
- haushalt -	,05834	,1249	,5926
- bildung -	,14023	,2039	,2780
- alter -	,22911	,3832	,4613
- gegenl_1 -	,39969	,1492	,2586
- fairness -	,44630	,1351	,2552
- infosta -	,45601	,6465	,6821
- einkomme -	,60126	,3904	,3150
- geschlec -	,99777	,3467	,5662

Als wesentliche Einflußgrößen der Präferenzbekundung für indirekte Steuern sind die Variablen „distribu", „st_ausg", „verschw", „belastug", „sit_pers" und „komplex" ausgewählt worden. Nachfolgend werden diese wesentlichen Einflußfaktoren vorgestellt und begründet, warum gerade sie und nicht andere ausgewählt worden sind. Die obige Tabelle zeigt, daß sich eine Reihe von Einflußvariablen eignen, aus statistischer Sicht Aussagen über die Präferenz für mehr oder weniger indirekte Steuern zu formulieren. Als Resultat werden sechs Variablen ausgewählt, deren statistische Bedeutung und inhaltliche Relevanz für die Präferenzbekundung der Bürger von Bedeutung sind. Nachfolgend werden diese Einflußfaktoren hinsichtlich ihrer Kausalität und Ausprägung genauer analysiert.

1. Der Faktor „Empfundene Distribution":

Der Einflußfaktor „Empfundene Distribution" stellt aus statistischer Sicht die wichtigste Variable der Präferenzbekundung für indirekte Steuern dar. Je weniger die Bürger der Meinung sind, sie würden mehr indirekte Steuern zahlen als vergleichbare Personen, desto größer wird die Akzeptanz für indirekte Steuern. Während die Personengruppe, die glaubt, sie würde mehr als andere zahlen, zu 90,8% der Meinung ist, der Staat sollte sich weniger über die allgemeine und speziellen Verbrauchsteuern finanzieren, so plädieren nur 71% derjenigen dafür, die sich ungerecht behandelt fühlen. Es wird deutlich, daß die Bürger mit einem hohen interpersonellen Belastungsgefühl eine eher ablehnende Haltung zu indirekten Steuern bekunden, weil sie sich im interindividuellen Vergleich tendenziell durch die Steuererhebung benachteiligt fühlen.

Abb. 29: Präferenzgruppen für mehr und weniger indirekte Steuern in Abhängigkeit von der empfundenen Distribution

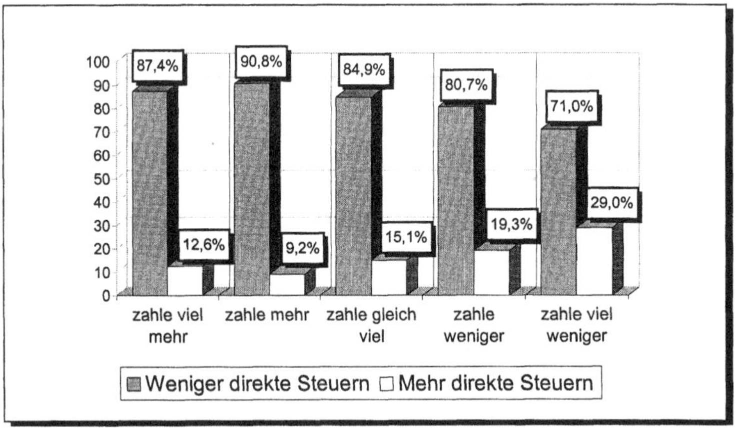

2. Der Faktor „Staatliches Leistungsangebot":

Als weiterer Einflußfaktor der Präferenzbekundung für indirekte Steuern erwies sich die Variable „Staatliches Leistungsangebot". Die Variable „Staatliches Leistungsangebot" verdeutlicht, daß die Bürger tendenziell für eine geringere Finanzierung des Staates über indirekte Steuern plädieren, wenn sie generell weniger staatliche Leistungen wünschen.

Abb. 30: Präferenzgruppen für mehr und weniger indirekte Steuern in Abhängigkeit vom staatlichen Leistungsangebot

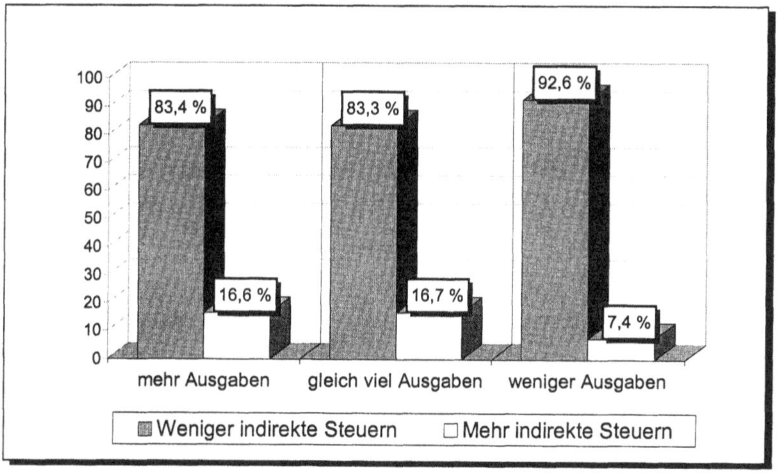

Damit wird deutlich, daß der Wunsch nach Mehrausgaben durchaus mit der Legitimation einer (Zusatz-) Erhebung von indirekten Steuern einhergeht. Dementsprechend sprechen sich nur 83,4% der Bürger für weniger indirekte Steuern aus, die für eine Ausweitung der staatliche Leistungen sind, wohingegen 92,6% der Befragten, die für weniger staatliche Ausgaben sind, auch für weniger indirekte Steuern plädieren. Die Bürger erkennen in diesem Fall den Zusammenhang zwischen der Ausweitung des staatlichen Leistungsangebotes und der dazu notwendigen Erhebung von (indirekten) Steuern. Die nachfolgende Abbildung zeigt die Präferenzgruppen für mehr und weniger indirekte Steuern in Abhängigkeit vom staatlichen Leistungsangebot.

3. Der Faktor „Wahrgenommene Verschwendung“:

Der Einflußfaktor „Wahrgenommene Verschwendung“ zeigt die eindeutige Tendenz, daß die Bürger mit einer geringer empfundenen Verschwendung von Steuergeldern im öffentlichen Sektor eine höhere Akzeptanz für indirekte Steuern bekunden. Damit wird deutlich, daß die Ablehnung der indirekten Besteuerung in hohem Maße nicht der eigentlichen Steuererhebung geschuldet ist, sondern sehr stark von der Verwendung bzw. der Effizienz der Verwendung abhängt. Diejenigen Bürger, die eine sehr hohe bzw. hohe öffentliche Verschwendung empfinden, bekunden zu über 85%, daß der Staat sich weniger über indirekte Steuern finanzieren soll. Dagegen sind es in der Gruppe derer, die keine bzw. nur eine geringe Verschwendung von Steuergeldern wahrnimmt nur 68,4% bzw. 67,0%. Damit zeigt sich in der nachfolgenden Abbildung deutlich der Einfluß des öffentlichen Verschwendungspotentials auf die Akzeptanz der indirekten Steuern.

Abb. 31: Präferenzgruppen für mehr und weniger indirekte Steuern in Abhängigkeit von der empfundenen Verschwendung

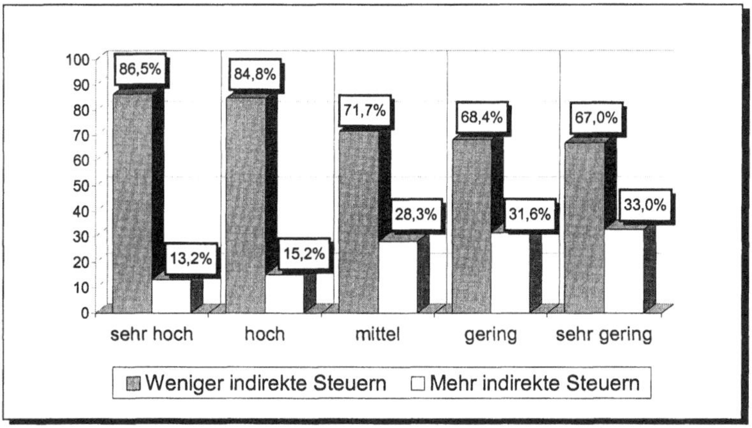

4. Der Faktor „Empfundene Belastung":

Für die Einflußvariable „Empfundene Belastung" offenbart sich eine ähnliche - wenngleich etwas stärkere - Tendenz wie bei der empfundenen öffentlichen Verschwendung. Während die Gruppen, die sich sehr hoch bzw. hoch belastet fühlen, zu 86% bzw. 86,4% eine stärkere Finanzierung über indirekte Steuern ablehnen, steigt der Anteil derer, die die indirekte Besteuerung bevorzugen mit sinkendem Belastungsgefühl an. Bürger mit geringem Belastungsgefühl lehnen die Mehrfinanzierung über die allgemeine und speziellen Verbrauchsteuern nur mit 65% ab, diejenigen, die sich sehr gering belastet fühlen, plädieren sogar nur mit 57,1% für eine geringere Finanzierung über diese Steuerarten. Es überrascht nicht, daß die Präferenzbekundung für indirekte Steuern mit sinkendem Belastungsgefühl zunimmt, weil ein geringes Belastungsgefühl bzw. die Unmerklichkeit von Steuern mit hohen Präferenz- bzw. Akzeptanzstandards gleichgesetzt werden kann.

Abb. 32: Präferenzgruppen für mehr und weniger indirekte Steuern in Abhängigkeit von der empfundenen Belastung

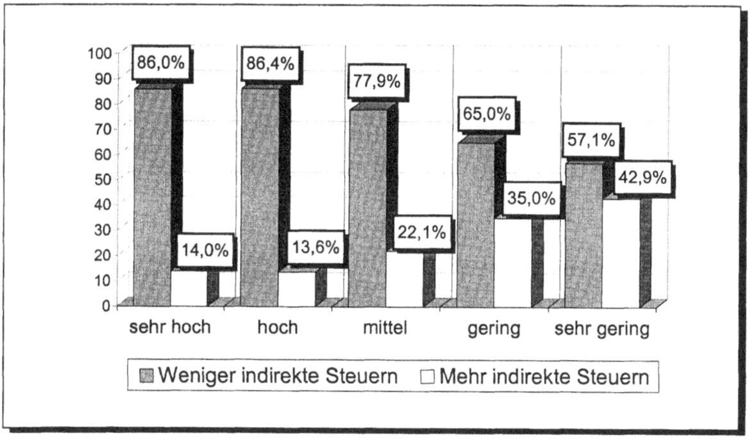

5. Der Faktor „Persönliche wirtschaftliche Situation“:

Mit dem Faktor „Persönliche wirtschaftliche Situation“ verdeutlicht sich die Erkenntnis, daß die Bürger, die sich selber eine sehr gute individuelle ökonomische Situation attestieren und dadurch vermutlich eine geringere Belastung wahrnehmen, positiver zu indirekten Steuern eingestellt sind. Diese Gruppe plädiert nur zu 77,2% für weniger indirekte Steuern. Umgekehrt wünschen 95,3% derer, die sich selbst in eine sehr schlechte persönliche (finanzielle) Situation einordnen würden, daß der Staat sich weniger über die indirekte Besteuerung finanziert. Damit offenbart sich in der nachfolgenden Abbildung der Trend, daß sich mit einer schlechter bekundeten individuellen Situation die Wahrnehmungsfilter der steuerlichen Belastung verstärken und die Bürger entsprechend weniger indirekte Steuern präferieren.

Abb. 33: Präferenzgruppen für mehr und weniger indirekte Steuern in Abhängigkeit von der persönlichen wirtschaftlichen Situation

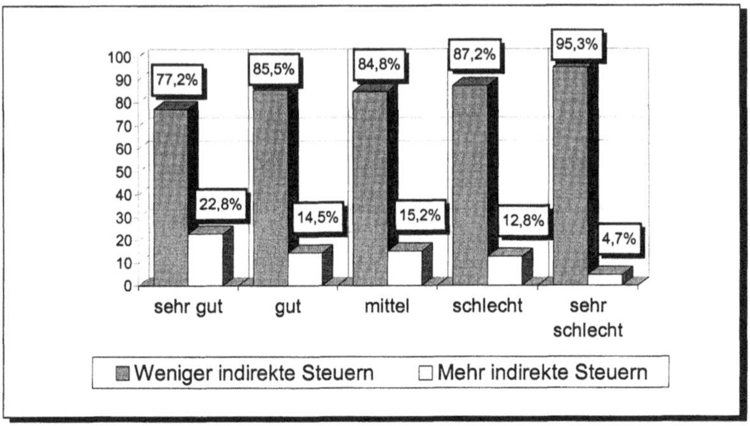

6. Der Faktor „Komplexität des Steuersystems":

Eine vergleichbare Beobachtung der individuellen persönlichen Situation läßt sich auch für den Faktor „Komplexität des Steuersystems" formulieren. Wenngleich sich die Präferenzbekundung nicht kontinuierlich verändert, so kann festgestellt werden, daß die Bürger, die das deutsche Steuersystem für „kompliziert" bzw. „sehr kompliziert" halten, in höherem Maße indirekte Steuern ablehnen, als die diejenigen, die es als „einfach" bzw. „sehr einfach" empfinden. Während die Gruppe, die das Steuersystem als einfach bezeichnet, zu 75% indirekte Steuern ablehnt, plädieren 83,7% (kompliziert) bzw. 82,6 (sehr kompliziert) derer, die es als kompliziert ansehen, für eine geringere staatliche Finanzierung über die indirekte Besteuerung. Daß der Trend von der „einfachen" zur „sehr komplizierten" Bekundung nicht parallel mit einer steigenden Ablehnung der Besteuerung einhergeht, kann damit begründet werden, daß es eine Vielzahl von Bürgern gibt, die sich einerseits mit dem deutschen Steuersystem nicht beschäftigen und daher eine eher indifferente Meinung vertreten, andererseits aber auch eine Reihe von Bürgern Steuerberater in Anspruch nehmen und sich dementsprechend nicht mit der Ausgestaltung des Systems auseinandersetzen, weshalb sie vermutlich ebenfalls eine eher indifferente Position in der Einschätzung des deutschen Steuersystems einnehmen werden. Die folgende Abbildung zeigt die sich für diese Variable ergebenden Resultate.

Abb. 34: Präferenzgruppen für mehr und weniger indirekte Steuern in Abhängigkeit von empfundener Komplexität des Steuersystems

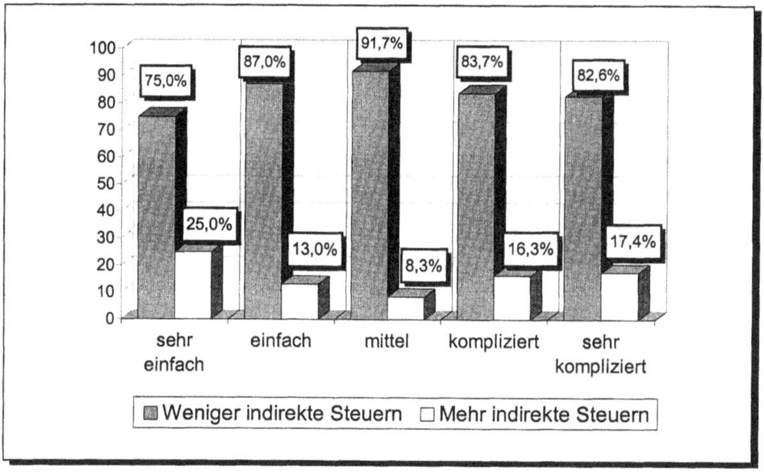

Insgesamt sind im Rahmen der Präferenzbekundung hinsichtlich der von den Bürgern präferierten staatlichen Finanzierungsform „Indirekte Steuerarten" sechs Einflußvariablen verdeutlicht worden, die die Akzeptanz dieser staatlichen Erhebungsform bestimmen. Im folgenden wenden wir uns von den steuerlichen Finanzierungsinstrumenten des Staates zu den nicht-steuerlichen Arten in Form von Sozialversicherungsbeiträgen und kommunalen Gebühren, für die ebenfalls spezifische Bürgerpräferenzen verdeutlicht und Einflußfaktoren analysiert werden können.

4.2.1.1.2 Sozialversicherungsbeiträge und Gebühren

Im Vorfeld der Betrachtung von Sozialversicherungsbeiträgen und kommunalen Gebühren war zu erwarten, daß die Bürger für diese Entgeltabgaben aufgrund von gegenwärtigen hohen Belastungen eine geringe Akzeptanz bekunden werden, obwohl sie Finanzierungsformen darstellen, die mit einem Hinweis auf die Begünstigung des Abgabenpflichtigen für näher zu spezifizierende staatliche Leistungen erhoben werden (Gegenleistung im Mittelpunkt).[26] Die Berücksichtigung der jeweiligen Konzeption

26 Vgl. Birk, D. (1994²), a.a.O., S. 30.

dieser staatlichen Finanzierungsformen ließ sogar vermuten, daß die Bürger für Sozialversicherungsbeiträge eine geringere Akzeptanz bekunden werden, weil die Bürger bei Sozialversicherungsbeiträgen lediglich für die Einräumung einer bestimmten Rechtsposition bezahlen, Gebühren hingegen eine individuelle Entgeltabgabe für eine öffentliche Leistung darstellen, aus der die Bürger einen unmittelbaren, direkten und persönlich zurechenbaren Vorteil ziehen (strenges Quid-Pro-Quo-Prinzip) können.

Es gilt zunächst danach zu fragen, wie die Bürger die finanzielle Belastung der Sozialversicherungsbeiträge und kommunalen Gebühren generell beurteilen. Bei einer hoch empfundenen finanziellen Belastung ist es offenkundig, daß der Wunsch nach einer Reduzierung der individuellen Finanzierungslast *sui generis* im Interesse der Bürger liegt. Die Untersuchungsergebnisse zeigen, daß eine überwältigende Mehrheit der Bürger die derzeitige finanzielle Belastung mit Sozialversicherungsbeiträgen und kommunale Gebühren beklagt. Die hohe Belastungsbekundung bei den Sozialversicherungsbeiträgen - nur 16,2% empfinden eine geringe bzw. sehr geringe Belastung, von denen jedoch über 90% keine Sozialversicherungsbeitragszahler sind - begründet sich in dem prozentual sehr hohen Anteil an den insgesamt abzuführenden Abgaben in Form von Beiträgen zur Arbeitslosen-, Kranken-, Renten- und Pflegeversicherung.

Ein ähnliches Bild zeigt sich auch für die Gebühren. Recht überraschend bekunden zwei Drittel der Befragten (66,4%) eine hohe bzw. sehr hohe Belastung, obwohl den Gebühren aus finanzwissenschaftlicher Sicht noch der größte Gegenleistungscharakter zugebilligt werden kann. Als Begründung ist an dieser Stelle eine in den letzten Jahren überdurchschnittlich gestiegene Gebührenanpassung der Kommunen zu verorten, die sich realiter in Form von Gebührenerhöhungen sowie einer unzureichenden Ausgestaltung der Gebührentarife ausdrückt.[27] Diese beträchtlich gestiegene Belastung ist in hohem Maße im Bewußtsein des Bürgers verankert, da Gebührenansätze vornehmlich aufgrund ihrer regionalen Differenziertheit und unterschiedlich benötigtem Finanzbedarf einzelner Gemeinden durch kommunale Verwaltungen recht regelmäßig variiert werden.[28]

Die zuvor beschriebenen Tendenzen bestätigen sich mit der Beantwortung der in der Umfrageerhebung gestellten Frage, wie sich in den letzten Jahren die Beiträge und Gebühren im Verhältnis zu den Steuern als aufkommensgrößte Einnahmequellen

27 Hier ganz im Sinne von Gebührenerhöhungen, wobei die Bürger sicherlich nicht zwischen unterschiedlichen kommunalen Gebühren differenzieren werden.

28 Dies ist überraschend, weil Gebühren in der finanzwissenschaftlichen Theorie faktisch den höchsten staatlichen Gegenleistungscharakter (im Sinne des Quid-pro-quo-Prinzips) haben.

des Staates entwickelt haben. Danach empfinden etwas mehr als zwei Drittel der Befragten (68,0%), daß die Sozialversicherungsbeiträge im Verhältnis zu den Steuern in der jüngeren Vergangenheit gestiegen sind, und sogar 92,8% sind der Meinung, daß die Gebühren in den letzten Jahren um ein Vielfaches gestiegen sind. Es wird deutlich, daß die Bürgerakzeptanz dieser staatlichen Finanzierungsformen sehr gering ausgeprägt ist, weshalb sie auch in hohem Maße in der Präferenzbekundung abgelehnt werden. Die transformierte Präferenzbekundung für die Sozialversicherungsbeiträge und kommunalen Gebühren ist in der nachfolgenden Tabelle dargestellt.

Tab. 8: Präferenzbekundung für Sozialversicherungsbeiträge / kommunale Gebühren

Finanzierungsform	**Erwartete Tendenz der Präferenz-äußerung**	**Präferierte Änderung (in %)**	**Mittel-wert**	**Disharmonie**
Sozialversicherungsbeiträge	-	-9,0%	3,528	
Kommunale Gebühren	-/+	-5,9%	3,774	●

Vor diesem Hintergrund können im folgenden präferenzbestimmende Einflußfaktoren für Sozialversicherungsbeiträge und kommunale Gebühren erörtert werden, die aufgrund ihrer statistischen Bedeutung und inhaltlichen Relevanz geeignet sind, Aussagen über die Präferenz für mehr oder weniger Sozialversicherungsbeiträge bzw. kommunale Gebühren zu treffen. Aus statistischer Sicht ergeben sich die Ergebnisse der folgenden Tabelle.

Tab. 9: Statistische Ergebnisse für Sozialversicherungsbeiträge /kommunale Gebühren

Sozialversicherungsbeiträge				**Kommunale Gebühren**			
Variable	Logit-Analyse	Lin. Regr.: „Enter“	Lin. Regr.: „Stepwise“ *=Var. in Equ.	Variable	Logit-Analyse	Lin. Regr.: „Enter“	Lin. Regr.: „Stepwise“ *=Var. in Equ.
- alter -	,00000	,0000	,0000*	- alter -	,00000	,0001	,0001*
- belastug -	,00000	,0000	,0000*	- mitbest -	,00000	,0002	,0000*
- distribu -	,00000	,0000	,0000*	- distribu -	,00000	,0136	,0005*
- beruf -	,00000	,0212	,0037*	- familien -	,00000	,0664	,0070*
- einkomm-	,00000	,3784	,3698	- haushalt -	,00000	,1483	,0914
- familien -	,00000	,6156	,6730	- beruf -	,00000	,2438	,0901
- bildung -	,00000	,8898	,9020	- einkomme -	,00000	,5276	,2836
- mitbest -	,00001	,2246	,1391	- bildung -	,00000	,7889	,9728
- gegenl_1 -	,00002	,4072	,3121	- bue_staa -	,00001	,0001	,0000*
- geschlec -	,00007	,0740	,0553*	- verschwe -	,00002	,1570	,1638
- haushalt -	,00019	,9674	,7510	- geschlec -	,00009	,0068	,0218*
- geg_steu -	,00206	,6920	,9338	- belastug -	,00009	,8516	,4703
- verschwe -	,00393	,4728	,3370	- geg_steu -	,00026	,8937	,9517
- komplex -	,02054	,0308	,0209*	- fairness -	,00048	,5764	,9907
- fairness -	,03106	,7950	,5436	- gegenl_1 -	,00129	,3636	,0809
- bue_staa -	,19454	,9053	,7336	- infosta -	,10401	,2057	,1772
- st_ausg -	,43138	,0203	,0207*	- komplex -	,17417	,5999	,5546
- infosta -	,59231	,6988	,8169	- st_ausg -	,29802	,0862	,1114
- sit_pers -	,98686	,0651	,0413*	- sit_pers -	,66540	,0826	,1188

Die Resultate verdeutlichen, daß sich eine Reihe von Einflußvariablen eignen, aus statistischer Sicht die Präferenzen der Bürger für mehr oder weniger Sozialversicherungsbeiträge bzw. Gebühren zu konkretisieren. Für diese nicht-steuerlichen Finanzierungsformen des Staates werden im folgenden die jeweils sechs präferenzbestimmenden Variablen dargestellt. Recht überraschend ergaben sich für beide staatliche Finanzierungsformen aufgrund der inhaltlichen Relevanz und statistischen Bedeutung die gleichen Einflußfaktoren der Präferenzbekundungen.

1. Der Faktor „Alter":

Sowohl für die Sozialversicherungsbeiträge als auch für die kommunalen Gebühren zeigt sich eindeutig der Trend, daß die Bürger mit zunehmendem Alter eine geringere Akzeptanz für diese staatlichen Finanzierungsformen bekunden. Während die Altersgruppe 16-25 Jahre die Sozialversicherungsbeiträge nur zu 62,0% und die Gebühren zu 69,2% verringert sehen möchte, steigt die prozentuale Ablehnung mit der Altersgruppe 36-55 Jahre auf über 90%. Die Gruppe der Bürger über 56 Jahre plädiert sogar mit 92,4% für weniger Sozialversicherungsbeiträge und mit 95,8% für weniger kommunale Gebühren. Deutlich zeigt sich in diesem Präferenzprofil der Einfluß des Alters auf Beiträge und Gebühren, weil mit zunehmendem Alter die Bürger mehr Entgelte dieser Form bezahlen müssen und entsprechend negativ ihnen gegenüber eingestellt sind.

Abb. 35: Präferenzgruppen für mehr und weniger Sozialversicherungsbeiträge bzw. kommunale Gebühren in Abhängigkeit vom Alter

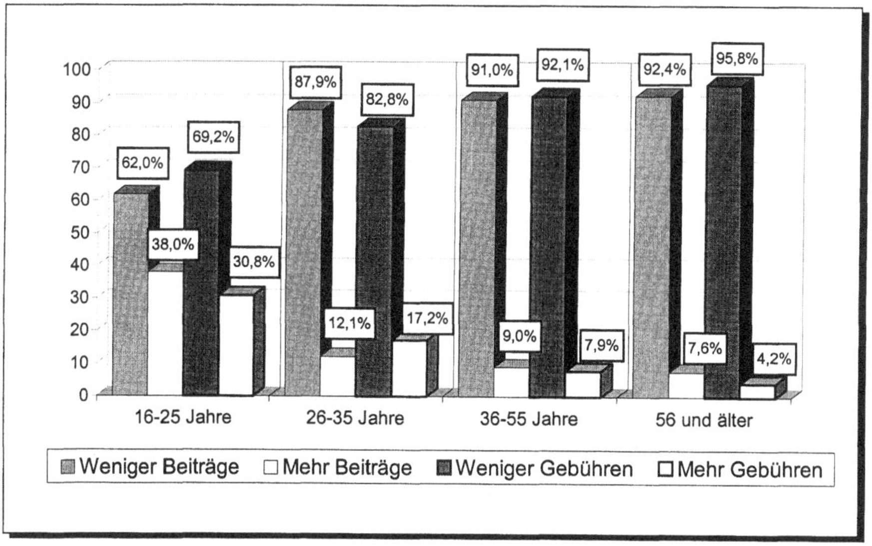

2. Der Faktor „Empfundene Belastung":

Ein ähnlicher Trend läßt sich auch für die empfundene Belastung erkennen. Je höher sich die Bürger belastet fühlen, desto geringer wird die Akzeptanz bzw. Präferenzbekundung für Sozialversicherungsbeiträge und kommunale Gebühren. Es ist aus der nachfolgenden Abbildung erkennbar, daß die Bürger mit einem hohen empfundenen

Belastungsgefühl eine sehr niedrige Bekundung für Beiträge und Gebühren bekunden, konträr bei einem sehr niedrigen Belastungsgefühl sehr hohe Akzeptanzstandards zu beobachten sind.

Abb. 36: Präferenzgruppen für mehr und weniger Sozialversicherungsbeiträge bzw. kommunale Gebühren in Abhängigkeit von der Belastung

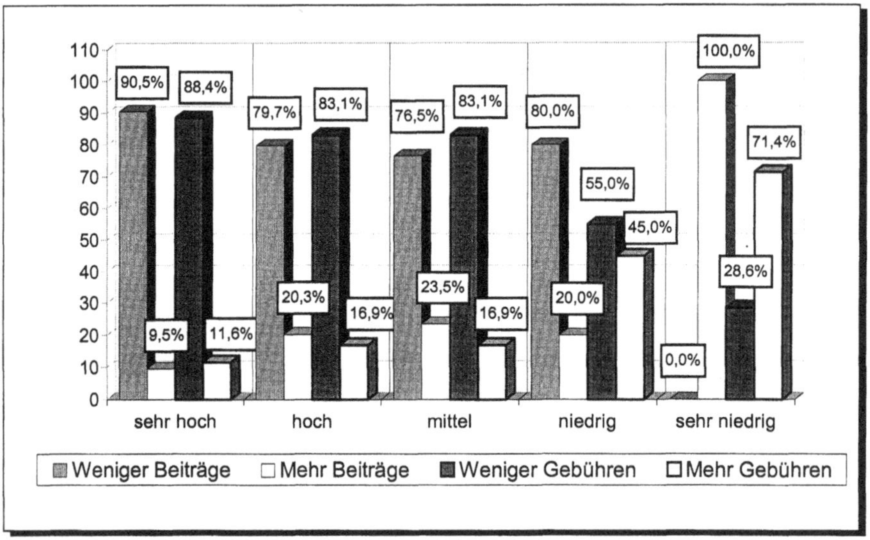

Bei einem hohen empfundenen Belastungsgefühl lehnen die Bürger zu 90,5% die Sozialversicherungsbeiträge und zu 88,4% die kommunalen Gebühren als staatliche Finanzierungsalternative ab. Wenngleich die Präferenzbekundungen der Bürger auch bei mittleren - bei den Sozialversicherungsbeiträgen sogar noch bei niedrigen - Belastungsgefühlen recht eindeutig in Richtung Ablehnung ausfallen, so verändert sich die Wertschätzung dieser Finanzierungsformen mit einem sehr niedrigen Belastungsgefühl. Danach bekunden alle Bürger eine Mehrinanspruchnahme der Sozialversicherungsbeiträge und immerhin 71,4% eine stärkere Finanzierung über kommunale Gebühren. Die vergleichsweise geringere Akzeptanz der kommunalen Gebühren ist dabei vornehmlich der in den letzten Jahren gestiegenen Gebührenbelastung (z.B. Müll- und Abwassergebühren) geschuldet, die in hohem Maße aus dem gestiegenen Finanzbedarf der Gemeinden resultierte.

3. Der Faktor „Empfundene Distribution":

Neben der Variable „Alter" und „empfundene Belastung" zeigt auch der Faktor der empfundenen Distribution statistisch signifikante Einflüsse auf die Präferenzbekundung der Bürger für Sozialversicherungsbeiträge und kommunale Gebühren. Je ungerechter sich die Bürger behandelt fühlen („sie zahlen viel mehr als andere"), desto ablehnender sind sie gegenüber den Sozialversicherungsbeiträgen und kommunalen Gebühren eingestellt. Die Gruppe derer, die glaubt, „viel mehr zu zahlen als andere" votiert mit 95,4% (Sozialversicherungsbeiträge) bzw. 93.1% (kommunale Gebühren) für eine geringere Inanspruchnahme dieser Finanzierungsformen. Dagegen präferieren 58,0% (bei Sozialversicherungsbeiträgen) und 43,5% (bei kommunalen Gebühren) der Bürger, die der Meinung sind, sie würden „weniger als andere bezahlen", eine stärkere staatliche Inanspruchnahme dieser Finanzierungsarten. Die folgende Abbildung zeigt die Verteilung der Präferenzgruppen für mehr und weniger Sozialversicherungsbeiträge bzw. kommunale Gebühren in Abhängigkeit von der empfundenen Distribution.

Abb. 37: Präferenzgruppen für mehr und weniger Sozialversicherungsbeiträge bzw. kommunale Gebühren in Abhängigkeit von der empfundenen Distribution

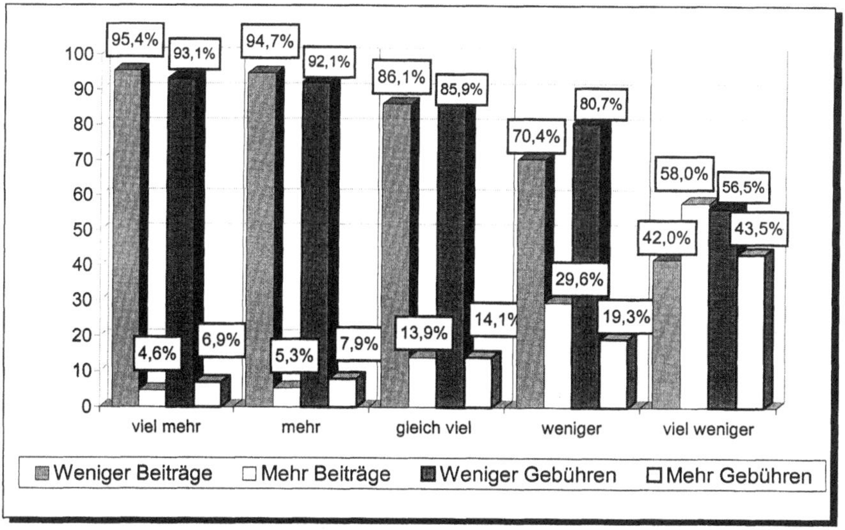

4. Der Faktor „Einkommen":

Bei der Einflußvariable „Einkommen" zeigt sich sowohl für die Sozialversicherungsbeiträge als auch für die kommunalen Gebühren ein einheitlicher Trend. Während die geringeren Einkommensklassen diese Finanzierungsformen stärker akzeptieren, lehnen die Besserverdienenden beide Abgabeformen relativ deutlich ab. Während die Gruppe der Einkommen bis 1600 DM mehr Sozialversicherungsbeiträge mit einem Prozentanteil von 29,9% und kommunale Gebühren mit einem Anteil von 27,6% präferiert, lehnen die mittleren Einkommensbezieher mit 90,5% (Sozialversicherungsbeiträge) bzw. 92,9% (kommunale Gebühren) diese Art der Staatsfinanzierung konsequent ab. Eine etwas stärkere Akzeptanz zeigt sich dagegen bei den hohen Einkommen, die - auf immer noch sehr hohem Niveau - mit 88,6% die Sozialversicherungsbeiträge bzw. mit 86,6% die Gebühren in geringerem Maße ablehnen. Als ursächlich für die Präferenzbekundung der Bürger für kommunale Gebühren - im Sinne der stärkeren Akzeptanz - ist der geringere Anteil der Gebührenbelastung an der Gesamtbelastung anzuführen.

Abb. 38: Präferenzgruppen für mehr und weniger Sozialversicherungsbeiträge bzw. kommunale Gebühren in Abhängigkeit vom Einkommen

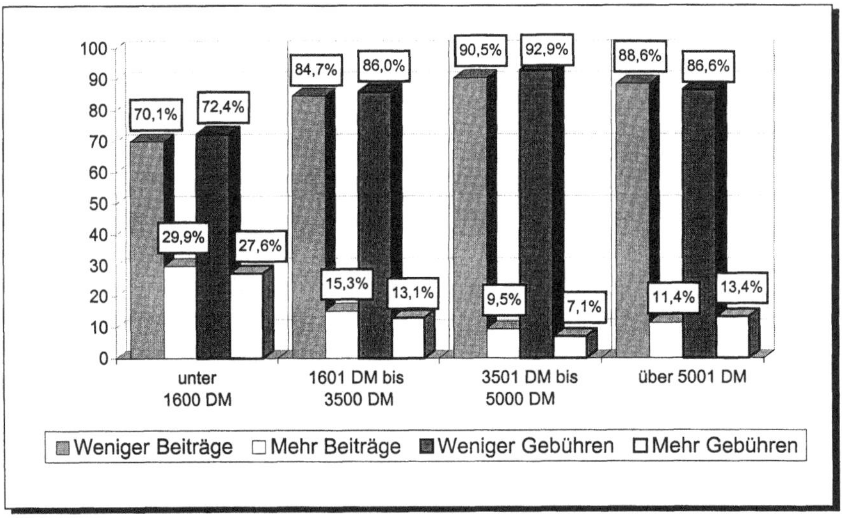

5. Der Faktor „Bildungsstand“:

Mit der Einflußvariablen „Bildungsstand“ wird deutlich, daß das Bildungsniveau der Befragten eine Auswirkung auf die Präferenzäußerung für mehr oder weniger Sozialversicherungsbeiträge und kommunale Gebühren hat. Offensichtlich haben die Bürger mit einem höheren Bildungsniveau eine größere Einsicht in die Ausgestaltung (Gegenleistungsprinzip) und Legitimation dieser staatlichen Finanzierungsformen. Über

90% der Bürger mit dem Ausbildungsstand „Haupt- bzw. Volksschule“ (93,5% Sozialversicherungsbeiträge; 96,8% kommunale Gebühren) plädieren für weniger Beiträge und Gebühren. Im Gegensatz dazu sinkt der Anteil derer, die diese Finanzierungsformen ablehnen mit steigendem Bildungsniveau, da nur 76,1% der Bürger mit Abitur weniger Sozialversicherungsbeiträge und nur 78,6% weniger kommunale Gebühren entrichten wollen. Diese Beobachtung läßt sich bei den schlechter Ausgebildeten mit einer mangelnden Informiertheit und einer dementsprechenden Wahrnehmungsverzerrung für die Notwendigkeit dieser Entgelte begründen. Für die insgesamt dennoch sehr geringe Akzeptanz der Sozialversicherungsbeiträge und kommunalen Gebühren können eine vermehrte Wahrnehmung von öffentlichen Verschwendungspotentialen, Ineffizienzen bei der Verwendung der Mittel und erkennbare staatliche Unzulänglichkeiten angeführt werden. Die folgende Abbildung zeigt die Präferenzbekundung der Bürger in Abhängigkeit vom Bildungsstand.

Abb. 39: Präferenzgruppen für mehr und weniger Sozialversicherungsbeiträge bzw. kommunale Gebühren in Abhängigkeit vom Bildungsstand

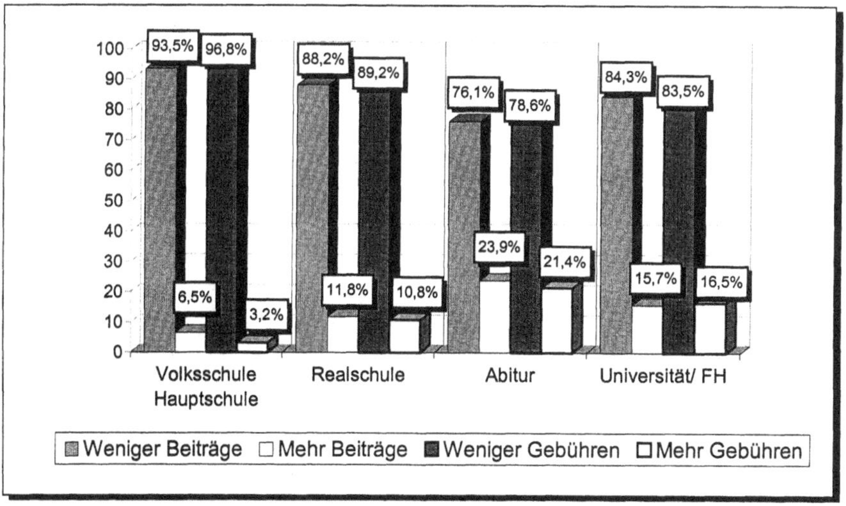

6. Der Faktor „Wahrgenommenes staatliches Gegenleistungsangebot“:

Auch für die Variable „Wahrgenommenes staatliches Gegenleistungsangebot“ können - wie schon bei der Diskussion um direkte Steuern - fiskalische Illusionen beobachtet werden, denen die Bürger unterliegen, in dem sie die staatlichen Gegenleistungen von

Sozialversicherungsbeiträgen und kommunalen Gebühren systematisch unterschätzen und dementsprechend ihre Präferenzbekundung für diese Finanzierungsformen daran ausrichten. In der Umfrageerhebung wurden die Bürger gebeten, ihre Einschätzung bezüglich der staatlichen Gegenleistung bei Sozialversicherungsbeiträgen und kommunalen Gebühren anzugeben. Als Erkenntnis dieser Variable zeigt sich, daß je stärker die Bürger eine adäquate Gegenleistung bei Beiträgen und Gebühren erkennen, desto größer wird die Akzeptanz dieser Finanzierungsarten. Während die Gruppe, die bei Sozialversicherungsbeiträgen (bzw. kommunalen Gebühren) eine volle Gegenleistung bekundet, mit 60,9% (bzw. 73,9%) eine relative Akzeptanz dieser Staatseinnahmen bekundet, steigt der Nicht-Akzeptanzwert mit einer sinkenden wahrgenommenen staatlichen Gegenleistung kontinuierlich an. Analog sprechen sich 93% der Gruppe „Keine Gegenleistung" für weniger Sozialversicherungsbeiträge und 88,9% für weniger kommunale Gebühren aus.

Abb. 40: Präferenzgruppen für mehr und weniger Sozialversicherungsbeiträge bzw. kommunale Gebühren in Abhängigkeit des wahrgenommenen staatlichen Gegenleistungsangebotes

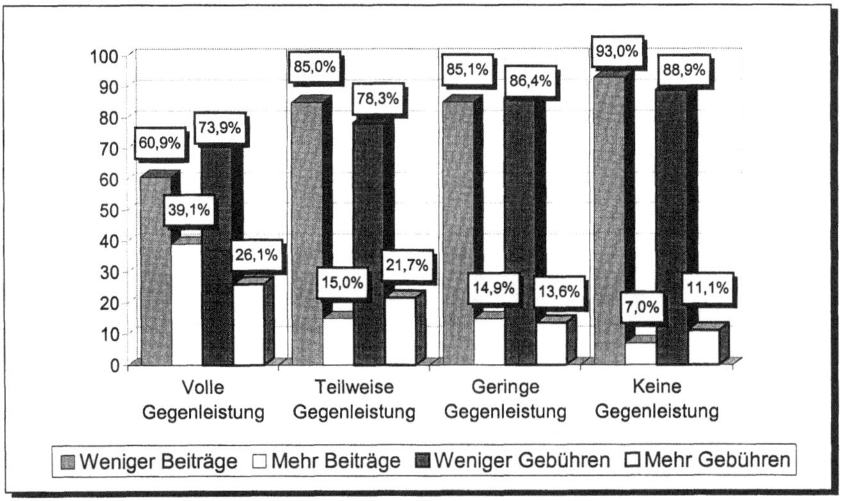

4.2.1.2.3 Öffentliche Kreditaufnahme

Im Gegensatz zu den bisher betrachteten staatlichen Finanzierungsformen wird die Inanspruchnahme der öffentlichen Verschuldung von der Bevölkerung erwartungsgemäß viel positiver beurteilt. Es ist ein ausgewogenes Bild des bekundeten Belastungsgefühls erkennbar. Aggregiert man die bekundeten Belastungsempfindungen, so drittelt sich das Erscheinungsbild. Demzufolge empfinden 28,6% eine hohe bzw. sehr hohe Belastung, 33,8% eine mittlere Belastung und 37,6% eine geringere bis sehr geringe Belastung. Die Gründe für dieses Erscheinungsbild, das eine schwache Tendenz zu einem niedrigeren Belastungsempfinden aufweist, sind sehr vielfältig. Zum einen wird die Staatsverschuldung befürwortet, weil damit bestehende Ausgabenprogramme aufrecht erhalten werden können und sich diesbezüglich entsprechende Steuerbelastungen reduzieren, zum anderen wird sie abgelehnt, weil sich die Bürger weniger an der Frage der prinzipiellen Möglichkeit der Staatsverschuldung orientieren, sondern der Problematik der zeitlichen Lastverschiebung - im Sinne einer zukünftigen höheren Steuerzahlung - eine gewichtigere Bedeutung beimessen.

Im ersten zuvor beschriebenen Fall erhalten die Bürger einen vermeintlich kostenlosen Nutzen durch eine in der Höhe der aufgenommenen staatlichen Kredite geringeren gegenwärtigen Steuerbelastung. Wenn sich die öffentliche Hand verschuldet, entsteht den Bürgern ein falsches Bild von der Belastung[29], die sie als Steuerzahler in der Gegenwart (und in der Zukunft) tragen müssen. Die fiskalische Illusion, der die Bürger durch die verminderte finanzielle Belastung infolge der öffentlichen Kreditaufnahme unterliegen, stellt einen entscheidenden Parameter für die Bekundung des recht hohen Akzeptanzgrades der Staatsverschuldung dar. Im zweiten Fall der kritischen Beurteilung der vermehrten Inanspruchnahme der Staatsverschuldung orientieren sich die Bürger weniger an der Frage der prinzipiellen Möglichkeit der Verwendung der Staatsverschuldung, als vielmehr an dem normativen Argument der zeitlichen Lastverschiebung, wonach die öffentliche Schuld als finanzpolitisches Instrument geeignet ist, für eine gerechte Lastverteilung zwischen den Generationen zu sorgen.[30] Vergleichsweise kann der einzelne die langfristigen Wirkungen einer überhöhten Nachfrage nur schwerlich abschätzen, oft bleiben sie ihm sogar verborgen. Dennoch erkennen die Bürger die Problematik der Staatsverschuldung und berücksichtigen die betreffenden Komponenten der öffentlichen Kreditaufnahme, weil ihnen die Konsequenzen zukünftiger Steuererhöhungen und die entsprechende Belastung zukünftiger Generationen durchaus bewußt ist. Bestätigt werden in diesem Zusammenhang auch die Ergebnisse früherer Studien, wonach ältere Menschen aufgrund ihres kürzeren Lebenshorizontes (keine spätere Steuerrückzahlung) ein geringeres Belastungsgefühl, respektive eine höhere Akzeptanz der Staatsverschuldung, bekunden. Etwas weniger als die Hälfte der

29 Vgl. Leineweber, N. (1988), a.a.O., S. 171.
30 Vgl. Musgrave, R. A., Musgrave, P. B., Kullmer, L. (1987), a.a.O., S. 197.

über 55-jährigen (46,1%) verbinden mit der Staatsverschuldung eine hohe Belastung, wohingegen der Prozentanteil der Jüngeren immerhin bei 62,5% liegt.

In Zeiten von Rekordschuldenständen und daraus resultierenden hohen Zinslastquoten, die die öffentlichen Haushalte belasten und den zukünftigen Handlungsspielraum einengen muß danach gefragt werden, ob die öffentliche Kreditaufnahme immer noch als eine sinnvolle Alternative angesehen wird, oder ob die Bürger, geht man davon aus, daß aufgrund der Staatsverschuldung künftige Generationen mit höheren Steuern stark belastet werden, eher für eine vermehrte Steuerfinanzierung plädieren. Hinsichtlich der Staatsverschuldung als kompensatorische staatliche Finanzierungsform wurden die Bürger befragt, wie sie generell die Höhe der Staatsverschuldung in Deutschland empfinden. Die Ergebnisse der Untersuchung zeigen, daß mit 80% der Befragten eine überwältigende Mehrheit die Staatsverschuldung als zu hoch erachtet, lediglich 14,6% halten sie für genau richtig und - fast unbedeutend - 1,6% stufen sie als viel zu niedrig ein. Mit der Bekundung wird deutlich, daß die Bürger die mittlerweile erreichten Rekordschuldenstände sowie die daraus resultierenden Zinslasten und entsprechenden Restriktionen im Sinne von Minderausgaben in zukünftigen Haushalten mißbilligen.

In der traditionellen Argumentation ergibt sich die Attraktivität der Staatsverschuldung für die Anbieter und Nachfrager staatlicher Leistungen aus der institutionell bedingten Logik des demokratischen Entscheidungsprozesses. Dabei können sich die Akteure von einer Kreditfinanzierung trotz der negativen langfristigen Folgen persönliche Vorteile versprechen. Entscheidend hierfür sind die außerordentlich starke Gegenwartsbezogenheit der Gesellschaft und die Rationalitätsbeschränkungen, denen die Akteure unterliegen. Insofern stellt die Kreditfinanzierung durchaus eine politische Konsensformel dar, bietet sie doch den idealen Weg dafür, die Steuerzahlung über die Kreditfinanzierung in die Zukunft zu verschieben.[31] Kreditfinanzierte Leistungen erscheinen den Bürgern kostenlos und für eine Beschränkung eigener Ansprüche besteht folglich kein Anlaß. Die gewählten Politiker, von denen die Erfüllung dieser Ansprüche erwartet wird, können sich diesem Druck nur schwerlich entziehen.

In der Umfrage wurden die Bürger weiterhin gebeten, sich - bei zwei gegebenen Alternativen - zwischen der Steuer- und Kreditfinanzierung zur Finanzierung von Staatsausgaben zu entscheiden. Etwas überraschend entscheiden sich etwa zwei Drittel der Befragten (65,3%) für eine steuerfinanzierte öffentliche Leistungserstellung. Damit zeigt sich, daß die Bürger nicht ausnahmslos fiskalischen Illusionen unterliegen und

31 Vgl. Gandenberger, O. (1988), a.a.O., S. 173 f., Caesar, R. (1991), a.a.O., S. 220 f. und Gandenberger, O. (1981), a.a.O., S. 27 f.

ihnen durchaus die Budgetrestriktion des Staates bewußt ist, wonach eine heutige Verschuldung zwangsläufig eine zukünftige höhere Steuerzahlung nach sich zieht.[32] Die Bürger verneinen mit ihrer Bekundung die vielfach angeführte Argumentation, wonach der begrenzte Zeithorizont der Individuen zu einer höheren Attraktivität der Verschuldung führt[33] (Diskussion um das „Steuerzahler-Leben“[34]), die Verschuldung eine sozialisierte Verbindlichkeit darstellt[35] und die öffentliche Verschuldung zur Aufrechterhaltung bereits bestehender Ausgabenprogramme notwendig ist.[36] Konträr entsprechen die Bürger vielmehr dem von Barro formulierten Einwand eines begrenzten Zeithorizonts in dessen Neuformulierung der Ricardianischen Äquivalenztheorems, dem er mit dem Konzept des „intergenerativen Altruismus“[37] begegnet. Die Beobachtung, daß Eltern ihren Kindern substantielle Erbschaften hinterlassen, scheint zu belegen, daß ihnen die Wohlfahrt ihrer Kinder ebenso am Herzen liegt wie die eigene.[38] Für die Attraktivität der Verschuldung bzw. der Verneinung einer weiteren Verschuldung ist demnach mitentscheidend, wie eng die jeweiligen persönlichen Bindungen zwischen den Generationen sind.

Es offenbaren sich an dieser Stelle Erkenntnisse, die im Zusammenhang mit der politischen Popularität der Kreditfinanzierung auf den ersten Blick nicht ersichtlich sind.[39] Deutlicher wird dies im Zusammenhang mit dem angedeuteten altruistischen Verhalten der Bürger, wenn diese explizit über die negativen Folgen der Staatsverschuldung informiert sind. Sofern sich die Bürger für die Kreditfinanzierung und gegen die Steuerfinanzierung öffentlicher Leistungen entschieden hatten, sollten sie bekunden, ob sie auch dann noch für eine Kreditfinanzierung plädieren, wenn man davon ausgeht, daß künftige Generationen aufgrund der Staatsverschuldung mit Steuererhöhungen stark belastet werden. Mehr als die Hälfte der Befragten (51,3%) lehnt eine Finanzierung von Staatsausgaben über Kredite ab, wenn dadurch nachfolgende Generationen mit zusätzlichen Steuern stärker belastet werden. Da sich etwa ein Viertel der Befragten (22,1%) indifferent äußert, präferieren nur 17,4% „durchaus“ bzw. 9,4% „unbedingt“ eine kreditfinanzierte Ausgabentätigkeit. Damit beträgt der Anteil der

---

32 Vgl. Tabellini, G., Alesina, A. (1990), Voting on the Budget Deficit, in: American Economic Review, Vol. 80, S. 37-49.

33 Vgl. Blankart, C. B. (1991²), a.a.O., S. 298 f.

34 Vgl. Buchanan, J. M., Wagner, R. E. (1977), a.a.O., S. 139 ff.

35 Vgl. Wagner, R. E. (1986) Liability Rules, Fiscal Institutions and the Debt, in: Buchanan, J. M., Rowley, C. K., Tollison R. D. (Hrsg.), Deficits, Oxford, S. 204 ff.

36 Vgl. Jägers, T. (1995), Die goldene Regel staatlicher Kreditaufnahme, in: WiSt, Heft 4, S. 414 f.

37 Vgl. Barro, R. J. (1974), Are Government Bonds Net Wealth?, in: Journal of Political Economy, Vol. 82, S. 1095-1117.

38 Vgl. Seater, J. (1993) Ricardian Equivalence, in: Journal of Economic Literature, Vol. 31, S. 42.

39 Vgl. Weizsäcker, R. K. von (1992), a.a.O., S. 54.

Bürger, die die negativen Konsequenzen der kreditfinanzierten Staatstätigkeit bewußt negieren ungefähr ein Viertel derer, die sich gegen eine Steuer- und für eine Kreditfinanzierung ausgesprochen haben.

Mit der Ablehnung der Staatsverschuldung verdeutlichen die Bürger, daß sie nicht auf Kosten zukünftiger Generationen leben möchten. Mit dieser Erkenntnis kann auf ein Konzept Bezug genommen werden, das neuerdings unter der Bezeichnung „*Generationenbilanzierung*" bzw. „*Generational Accounting*[40]" diskutiert wird.[41] Mit dieser Neukonzeption wird untersucht, welche finanzpolitischen Korrekturen notwendig wären, um zukünftige Generationen mit Abgaben und Steuern nicht stärker zu belasten, als dies lebenden Jahrgängen zugemutet wird.[42] So zeigt sich unter den Prämissen der Generationenbilanzierung, die Anfang der neunziger Jahre von amerikanischen Ökonomen um Kotlikoff entwickelt wurde, daß ein im Jahr 1995 geborener Deutscher in seinem Leben umgerechnet 139.000 DM mehr an den Staat zahlen wird, als er zurück bekommt.[43] Die Bürger vertreten mit ihrer Votierung indirekt die Ansicht, daß die derzeitige Finanzpolitik, einschließlich der Handhabung der bestehenden Sozialsysteme, nicht ohne gravierende Folgen in Form von höheren Abgaben oder geringeren Leistungen für spätere Generationen fortgesetzt werden kann. Die tendenzielle Ablehnung der Staatsverschuldung zeigt sich zusätzlich in der Erkenntnis, daß zwei Drittel (65,4%) der Befragten nicht bereit sind, für eine Rückführung der Staatsverschuldung finanzielle Opfer zu bringen.

Bei der Frage nach der Art der finanziellen Opferbereitschaft, die sich diejenigen vorstellen könnten, die eine generelle Opferbereitschaft zur Rückführung der Staatsverschuldung bejahten, ergibt sich ein fast identisches Bild wie bei der Beurteilung des staatlichen Leistungsangebotes und der Verwendung von Steuergeldern. Demnach können sich 67,5% der Befragten eine Kürzung der staatlichen Leistungen vorstellen, 10,5% eine Erhöhung der Steuern und 15,6% eine abgestimmte Kombination aus beidem. Lediglich 6,5% wissen überhaupt nicht, in welcher Form sie ein Opfer

---

40 Das Prinzip des Generational Accounting geht zurück auf Thaler. Vgl. Thaler, R. (1980), a.a.O., S. 39 f.

41 Vgl. Kotlikoff, L. J. (1991), Generational Accounts - A meaningful Alternative to Deficit Accounting, Cambridge.

42 Das Konzept basiert auf dem Grundgedanken, daß das, was der Staat nicht von den lebenden Zeitgenossen kassiert, um seine Schulden und geplanten Staatsausgaben zu finanzieren, von den späteren Generationen bezahlt werden muß. Vgl. Deutsche Bundesbank (1997), Die fiskalische Belastung zukünftiger Generationen - eine Analyse mit Hilfe des Generational Accounting, Monatsbericht November, Frankfurt/ Main, S. 17-30.

43 Für den durchschnittlichen Vertreter einer zukünftigen Generation sind es dagegen schon 357.000 DM. Vgl. Kotlikoff, L. J. (1995), Applying Generational Accounting to Developing Countries, IED Discussion Paper, No. 67, Pennsylvania.

zu bringen bereit wären. Hinsichtlich der untersuchten Einflußfaktoren für die Akzeptanzbekundung der öffentlichen Kreditaufnahme kristallisieren sich ebenfalls sechs – ex ante bestimmte - Variablen heraus, die das Präferenzbekunden der Bürger beeinflussen. Es handelt sich um die Faktoren „einkomme", „belastug", „distribu", „bildung", „komplex" und „gegenl_1", die im folgenden - auf Basis der statistischen Auswertung - hinsichtlich ihrer Kausalität und inhaltlichen Relevanz diskutiert werden.

Tab. 10: Statistische Ergebnisse bezüglich der öffentlichen Kreditaufnahme

Variable	**Logit-Analyse**	**Lin. Regr. „Enter"**	**Lin. Regr.: „Stepwise" *=Var. in the Equation**
- haushalt -	,00000	,0098	,0023*
- beruf -	,00000	,0190	,0004*
- einkomme -	,00000	,1443	,1909
- belastug -	,00000	,3728	,1144
- geschlec -	,00002	,0009	,0005*
- distribu -	,00003	,1165	,0952
- bildung -	,00006	,1000	,0275*
- komplex -	,00008	,0216	,0856
- gegenl_1 -	,00021	,0285	,0009*
- infosta -	,00048	,0013	,0036*
- st_ausg -	,00145	,3985	,6127
- alter -	,00547	,0239	,1302
- bue_staa -	,02592	,0363	,1776
- geg_steu -	,02962	,2192	,2608
- familien -	,03104	,0014	,0034*
- mitbest -	,05204	,5566	,5296
- verschwe -	,07886	,2612	,1818
- fairness -	,17916	,6196	,7839
- sit_pers -	,20809	,0002	,0010*

1. Der Faktor „Einkommen":

Der Faktor Einkommen zeigt insgesamt ein recht einheitliches Bild. In allen Einkommensklassen bestehen vergleichsweise ähnliche Präferenzvorstellungen über die Inanspruchnahme der öffentlichen Kreditaufnahme. Dennoch läßt sich eine Tendenz erkennen, wonach sich Besserverdienende in höherem Maße gegen eine Finanzierung über die öffentliche Kreditaufnahme aussprechen. Während in der Einkommensklasse bis

1600 DM etwa zwei Drittel (62,1%) der Befragten die öffentliche Kreditaufnahme ablehnen, so sind es in der Gruppe der Einkommen über 5000 DM etwas mehr als drei Viertel (75,6%). Der Trend, daß Besserverdienende die öffentliche Kreditaufnahme weniger präferieren, kann damit begründet werden, daß diese Gruppen durchaus in der Lage sind, höhere Steuerlasten in der Gegenwart zu tragen und dementsprechend den negativen Auswirkungen der öffentlichen Kreditaufnahme in der Zukunft vorbeugen wollen. Die folgende Abbildung zeigt die diesbezüglichen Ergebnisse.

Abb. 41: Präferenzgruppen für mehr und weniger Staatsverschuldung in Abhängigkeit vom Einkommen

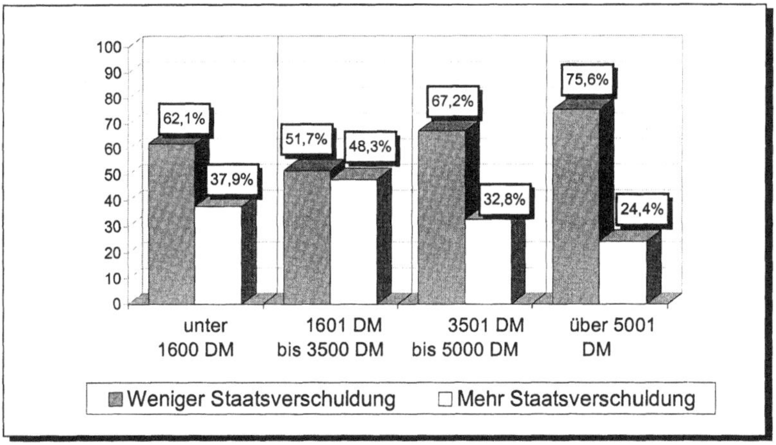

2. Der Faktor „Empfundene Belastung“:

Für die Variable „Empfundene Belastung“ läßt sich ein eindeutiges Präferenzbekunden der Bürger erkennen. Je geringer das Belastungsempfinden bei der öffentlichen Kreditaufnahme ausgeprägt ist, desto stärker präferieren die Bürger die Finanzierung des Staates über dieses Instrumentarium. Die folgende Abbildung zeigt die Präferenzbekundung der Bürger.

Abb. 42: Präferenzgruppen für mehr und weniger Staatsverschuldung in Abhängigkeit von empfundener Belastung

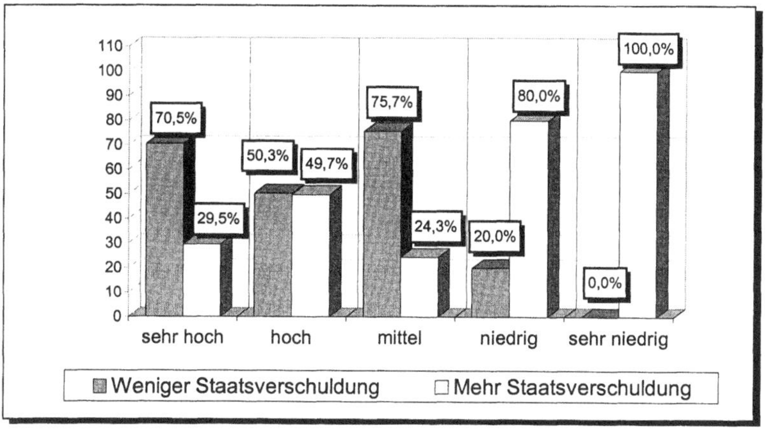

Während die Gruppe derer, die sich aufgrund der öffentlichen Kreditaufnahme und der daraus resultierenden Staatsverschuldung sehr hoch belastet fühlt, zu 29,5% für mehr öffentliche Kredite plädiert, verändern sich die Präferenzbekundungen mit abnehmendem Belastungsgefühl erheblich. Es wird deutlich, daß die Bürger mit einem niedrigen Belastungsgefühl zu 80% die öffentliche Kreditaufnahme präferieren, die Bürger mit „sehr niedrigem" Belastungsgefühl sogar ausnahmslos (100,0%) die Inanspruchnahme der öffentlichen Verschuldung akzeptieren. Verdeutlicht wird mit diesen Präferenzäußerungen, daß die Komponente „Unmerklichkeit" - im Sinne eines geringen Belastungsgefühls - nachhaltig die Bürgerpräferenzen für die öffentliche Kreditaufnahme determinieren.

3. Der Faktor „Empfundene Distribution":

Der Einflußfaktor „Empfundene Distribution" verdeutlicht, daß die Bürger mit einem abnehmenden empfundenen Ungerechtigkeitsbewußtsein („sie zahlen vergleichsweise weniger als Freunde, Bekannte und Gleichgestellte") eine stärkere Akzeptanz für die öffentliche Kreditaufnahme bekunden. Die Bürger, die ihrer Meinung nach „zu viel zahlen", befürworten die öffentliche Kreditaufnahme nur zu einem Drittel (33,3%), dagegen präferieren diejenigen, die eine gerechte Distribution empfinden („zahle viel weniger als andere"), zu 56,5% die Finanzierung des Staates über eine erhöhte öffentliche Kreditaufnahme. Betrachtet man dieses Präferenzbekunden der Bürger, so überrascht das Ergebnis, weil durchaus zu erwarten war, daß diejenigen Bürger, die glauben, vergleichsweise viel zu zahlen, sich eher für eine erhöhte öffentliche Kreditaufnahme aussprechen würden, um ihre gegenwärtige Belastung zu senken bzw. zumindest konstant zu halten.

Abb. 43: Präferenzgruppen für mehr und weniger Staatsverschuldung in Abhängigkeit von der empfundenen Distribution

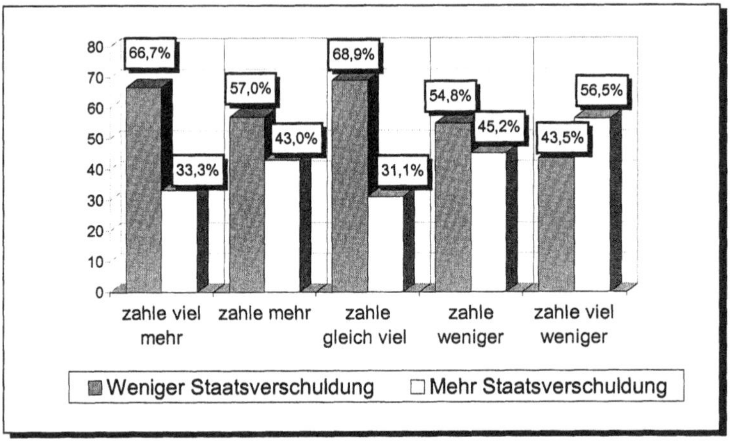

4. Der Faktor „Bildungsstand":

Für die Variable „Bildungsstand" zeigt sich ein recht ausgeglichenes Präferenzprofil. Sowohl die Gruppe der Bürger mit dem Ausbildungsstand „Haupt- und Volksschule" (63,4%) als auch die Bürger mit „Universitäts- bzw. FH"-Abschluß (74,0%) lehnen in der Mehrheit die Finanzierung des Staates über die öffentliche Kreditaufnahme ab.

Die deutlich höhere Ablehnung der Bürger mit einem höheren Ausbildungsstand kann damit begründet werden, daß diesen Gruppen die Konsequenzen zukünftiger Steuererhöhungen und die entsprechende Belastung zukünftiger Generationen viel bewußter ist und sie dementsprechend für weniger Staatsverschuldung plädieren. Die nachfolgende Abbildung zeigt die prozentuale Verteilung der Präferenzgruppen für mehr und weniger Staatsverschuldung in Abhängigkeit vom Bildungsstand.

Abb. 44: Präferenzgruppen für mehr und weniger Staatsverschuldung in Abhängigkeit vom Bildungsstand

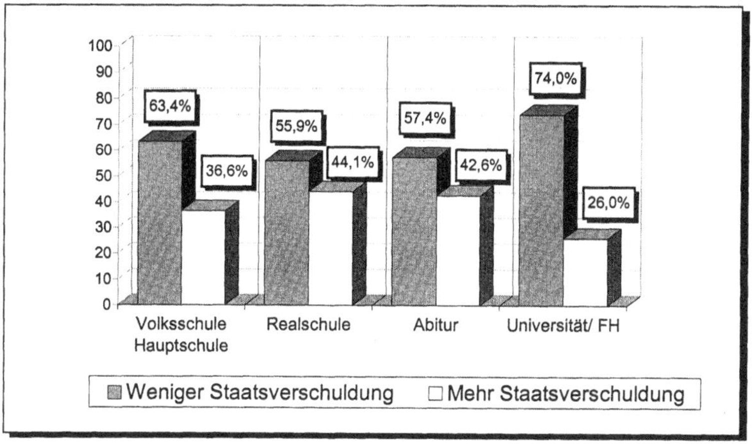

5. Der Faktor „Komplexität des Steuersystems":
Hinsichtlich dieser Variablen kann festgestellt werden, daß die Bürger, die das deutsche Steuersystem für kompliziert halten, in höherem Maße die öffentliche Kreditaufnahme ablehnen, als diejenigen, die es als „einfach" bzw. „sehr einfach" beurteilen.

Abb. 45: Präferenzgruppen für mehr und weniger Staatsverschuldung in Abhängigkeit von empfundener Komplexität des Steuersystems

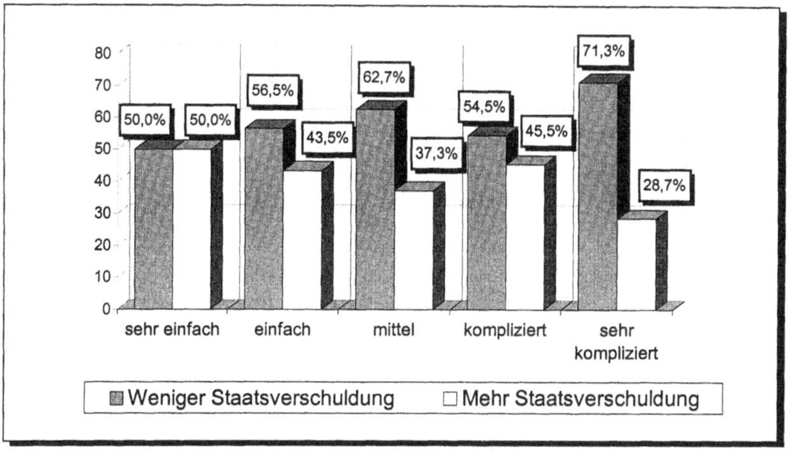

Während diejenigen Bürger, die das Steuersystem als „einfach“ bezeichnen, zu einem Anteil von nur 50,0% die öffentliche Kreditaufnahme ablehnen, präferieren fast drei Viertel der Bürger (71,3%), die es als „sehr kompliziert“ ansehen, eine geringere staatliche Finanzierung über die Verschuldungskomponente. Offenkundig führt die Empfindung von komplexen Strukturen des Steuersystems zu eine ablehnenden Haltung gegenüber der Kreditaufnahme, weil die Bürger nicht mit undurchsichtigen Verschuldungsstrukturen und nicht absehbaren Zukunftswirkungen konfrontiert werden wollen.

6. Der Faktor „Wahrgenommene staatliche Gegenleistung“:

Die letzte Einflußvariable „Wahrgenommene staatliche Gegenleistung“, die hinsichtlich der Präferenzbekundung für die öffentliche Kreditaufnahme ausgewählt wurde, verdeutlicht, daß die Bürger mit einer zunehmend erkennbaren Gegenleistung - im Sinne einer nachvollziehbaren Verwendung - für die öffentliche Kreditaufnahme durchaus eine hohe Präferenz bzw. Akzeptanz bekunden. Insgesamt 58,7% der Bevölkerung, die bei der öffentlichen Verschuldung eine volle Gegenleistung erkennen, plädieren für eine weitere Ausdehnung dieser Finanzierungsalternative. Dagegen lehnen 79,0% der Bürger, die „keine Gegenleistung“ bekunden, eine erhöhte öffentliche Kreditaufnahme kategorisch ab, womit dokumentiert ist, daß die Bürger - ähnlich wie bei Steuern, Sozialversicherungsbeiträgen und kommunalen Gebühren - auch bei der Kreditaufnahme eine Gegenleistung für zukünftige höhere Steuerbelastungen erwarten.

Abb. 46: Präferenzgruppen für mehr und weniger Staatsverschuldung in Abhängigkeit der wahrgenommenen staatlichen Gegenleistung

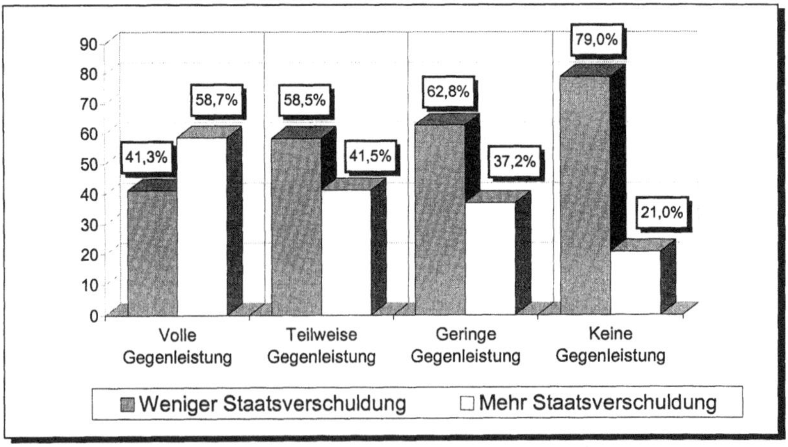

Zusammenfassend kann zu den Ergebnissen bezüglich der Präferierung der öffentlichen Kreditaufnahme konstatiert werden, daß die Bürger vom Staat erwarten, daß er ihnen einerseits möglichst große Handlungsspielräume verschafft, andererseits ihnen jedoch auch alle möglichen Risiken abnimmt. Staatliches Handeln wird insofern als Ausdruck gesellschaftlicher Solidarität verstanden, da Forderungen an den Staat eine mit persönlichen Opfern verbundene individuelle Solidarität ersetzt. Insgesamt werden die Folgen der wachsenden öffentlichen Verschuldung daher - teils absichtlich, teils unabsichtlich - weiter hingenommen, weil dies eigenen Präferenzen und Wertvorstellungen entspricht und institutionalisierte Verhaltensregler individuelle und kollektive Rationalitätsbeschränkungen nicht mehr kompensieren, sondern diese sogar verursachen. Nichtsdestotrotz ist insgesamt ein Trendbruch im Verschuldungsverhalten der Bevölkerung festzustellen, der vornehmlich aus veränderten Wertvorstellungen und gestiegenen Informationen resultiert. Die Bürger sind sich der Problematik hoher Verschuldungsgrößen mit den sich daraus ergebenden Konsequenzen für die Zukunft durchaus bewußt. In der vorliegenden Untersuchung zeigt sich dies in der Erkenntnis, daß die Bürger ein großes Mißbehagen bei der uneingeschränkten Verwendung der Staatsverschuldung zur Kompensation von Finanzierungsengpässen bekunden.

Zukünftig besteht daher weiterhin ein verstärkter Handlungsbedarf, ein Bewußtsein für die öffentliche Kreditaufnahme in der Bevölkerung zu wecken, da jeder Versuch einer dauerhaften Schuldenbegrenzung letztlich erfolglos bleibt, solange dazu in der Gesellschaft keine hinreichende Bereitschaft besteht. Wenn der Staat nicht auch künftig den Weg in die Verschuldungsfalle beschreiten und zu einem Hemmschuh für Wohlstand und den daraus zu finanzierenden sozialen Fortschritt werden will, ist ein ebenso strikter wie klarer und verläßlicher Konsolidierungskurs aller staatlichen Ebenen, der Vertrauen in der Bevölkerung schafft und Handlungsspielräume zurückgewinnt, das oberste Gebot der Stunde.[44]

4.2.1.2 Präferenzen für einzelne Steuerarten

Nachdem zuvor die Präferenzbekundungen für grundlegende staatliche Finanzierungsformen dargestellt wurden, gilt es im folgenden, die Akzeptanz bzw. Ablehnung einzelner Steuerarten genauer zu analysieren. Grundsätzlich können dabei ähnliche Argumente verortet werden, die schon bei der Differenzierung von direkten und indirekten Steuern benannt wurden, wonach direkte Steuern vornehmlich durch hohe Fühl-

44 Vgl. Schlesinger, H., Weber, M., Ziebarth, G. (1993), a.a.O., S. 7.

barkeiten sowie ein mangelndes Überwälzungsvermögen, indirekte Steuern hingegen vornehmlich durch die individuell zu gestaltende Einkommensverwendung gekennzeichnet sind. Dessenungeachtet können für einzelne Steuerarten ergänzende Parameter angeführt werden, die deren Akzeptanzgrad in der Bevölkerung bestimmen.

4.2.1.2.1 Einkommensteuer und Solidaritätszuschlag

Aufgrund von hohen Belastungsempfindungen, empfundenen Ungerechtigkeiten bei der Besteuerung und nicht zuletzt gering wahrgenommenen staatlichen Gegenleistungen für die gezahlten Steuerentgelte konnte bereits im Rahmen der Darstellung der Präferenzbekundung für staatliche Finanzierungsformen festgestellt werden, daß die Bürger direkte und indirekte Steuerarten nur eingeschränkt akzeptieren. Ob sich die geringe Akzeptanz für die Steuererhebung generell auch bei ausgewählten Steuerarten in dieser Form erkennen läßt und sich die Bürger entsprechend für eine Umstrukturierung bzw. Veränderung der derzeitigen Komposition der steuerlichen Finanzierungsinstrumente aussprechen werden, soll im folgenden genauer analysiert werden. Zunächst werden die Ergebnisse der präferierten Mehr- bzw. Minderinanspruchnahme der Lohn- und Einkommensteuer und des Solidaritätszuschlages betrachtet.

Abb. 47: Präferierte Inanspruchnahme der Lohn- und Einkommensteuer und des Solidaritätszuschlages

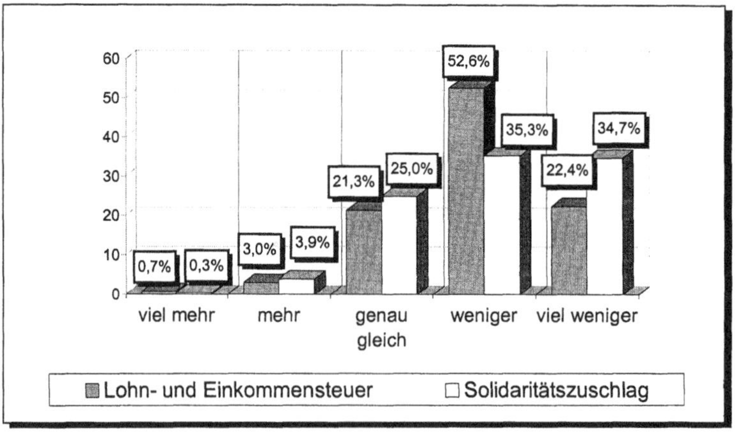

Die Akzeptanz der aufkommenspolitisch bedeutendsten direkten Steuerarten - Lohn- und Einkommensteuer sowie Solidaritätszuschlag - zeigt ein ähnliches Bild wie die Bekundung der Bürger für die direkte Besteuerung insgesamt. Die Lohn- und Einkommensteuer sowie der Solidaritätszuschlag werden als Finanzierungsquelle des Staates mit einer überwältigenden Mehrheit abgelehnt, wobei der Solidaritätszuschlag im direkten Vergleich mit der Lohn- und Einkommensteuer noch schlechter abschneidet. Drei Viertel der Befragten (75%) lehnen eine generelle Finanzierung über die Lohn- und Einkommensteuer kategorisch ab. Beim Solidaritätszuschlag ist der Anteil mit 70% insgesamt etwas niedriger, jedoch ist bei dieser Finanzierungsform die Anzahl derer, die für eine Aufrechterhaltung der derzeitigen Erhebungsform plädieren, mit 25,5% zu 21,3% bei der Lohn- und Einkommensteuer etwas höher. Die Ablehnung der Lohn- und veranlagten Einkommensteuer resultiert in erster Linie aus ihrer objektiven Höhe (Spitzensteuersatz von 53%), der damit verbundenen hohen Merklichkeit durch den direkten Abzug (der Lohnsteuer) vom Arbeitslohn[45] sowie der fehlenden Möglichkeit der Steuerüberwälzung aufgrund der Steuerfestsetzung im Zuge der Steuerveranlagung bei den Steuerpflichtigen. Insgesamt verkörpert die Ausgestaltung der Lohn- und Einkommensteuer eine Steuerart, die für die Bürger wenig transparent und deren Veranlagung aufgrund einer Vielzahl von Ausnahmen, Sonderregeln und Begünstigungen teilweise schwer nachvollziehbar ist.

Die präferierte Rückführung des zeitlich befristeten Solidaritätszuschlages, der als Ergänzungsabgabe zur geschuldeten Lohn-, Einkommen- und Körperschaftsteuer abgeführt werden muß, begründet sich darin, daß der Akzeptanzgrad für die weitere Aufrechterhaltung dieser Abgabe sehr gering ist. Die Bürger (im Westen) sind offenbar nicht länger bereit, die Kosten für den Wiederaufbau in den neuen Bundesländern zu finanzieren, da der für sie daraus resultierende Nutzen nicht erkennbar ist und weil die sich mit der deutschen Wiedervereinigung offenbarende marode Wirtschaft der ehemaligen DDR einen kaum zu stillenden Finanzierungsbedarf erfordert. Die anfängliche Euphorie und Solidarität ist mittlerweile, auch aufgrund des großen Unmuts bezüglich der enormen Verschwendung von Steuergeldern[46], einer Verdrossenheit über die Finanzierung von Aufwendungen für die neuen Bundesländer gewichen.

---

45 Vornehmlich handelt es sich dabei natürlich um Einkünfte aus nichtselbständiger Arbeit.

46 Beispielsweise im Zuge der Abwicklung der staatseigenen Betriebe durch die Treuhandanstalt. Vgl. Brücker, H. (1995), Privatisierung in Ostdeutschland - Eine institutionen-ökonomische Analyse, Reihe Wirtschaftswissenschaften, Band 32, Frankfurt, New York, Kap. 4 und 6.

4.2.1.2.2 Mehrwertsteuer und spezielle Verbrauchsteuern

Etwas anders - konträr der sich bei den betrachteten direkten Steuerarten im vorherigen Abschnitt bestätigenden Minderakzeptanz von Steuern - sieht die Präferenzbekundung für indirekte Steuern aus. In den nachfolgenden Ausführungen werden dazu die präferierte Inanspruchnahme der Mehrwertsteuer als allgemeine Verbrauchsteuer sowie eine Vielzahl spezieller Verbrauchsteuern (z.B. Mineralöl-, Tabak- und Versicherungsteuer) verdeutlicht, wobei die Bürger explizit befragt wurden, welche der vorgegebenen indirekten Steuerarten der Staat generell als Finanzierungsquelle mehr oder weniger in Anspruch nehmen sollte.

Abb. 48: Präferierte Inanspruchnahme der Mehrwertsteuer

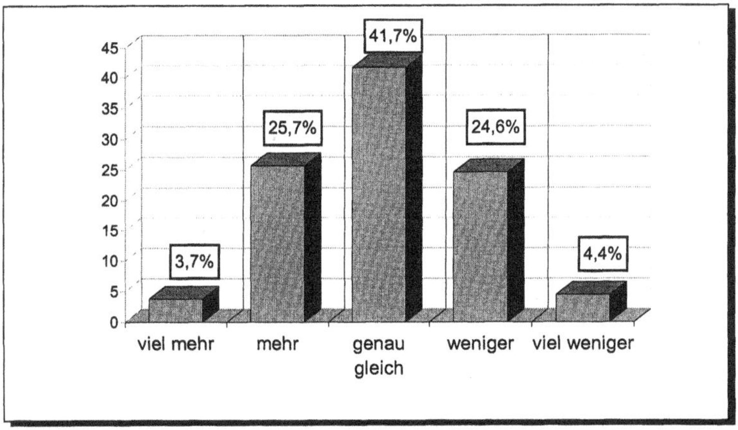

Die obige Abbildung dokumentiert, daß sich insgesamt 29,4% der Befragten (3,7% viel mehr und 25,7% mehr) für eine höhere Inanspruchnahme der Mehrwertsteuer aussprechen und 41,7% für eine Aufrechterhaltung der derzeitigen Höhe plädieren. In der Summe befürworten damit 71% der Bürger die Mehrwertsteuer als staatliches Finanzierungsinstrument. Unterstützt wird diese Erkenntnis mit dem Untersuchungsergebnis, das sich aus der Bekundung von Alternativen zur Konsolidierung der Staatsfinanzen ergibt. Danach geben immerhin 13,6% der Befragten an, daß sie sich die Mehrwertsteuer durchaus als eine alternative Finanzierungsquelle vorstellen können, und dies, obwohl den Befragungsteilnehmer sechs weitere Antwortkategorien (u.a. „*an anderen Stellen zu sparen*“) zur Verfügung standen. Mit der Mehrwertsteuer verfügt der Staat damit - auch langfristig - über eine Finanzierungsform, die ein erhebliches (zukünftiges) Steueraufkommenspotential zur Finanzierung der Staatstätigkeit darstellt. Im Vergleich zu den anderen europäischen Staaten ist zudem der Mehrwertsteuersatz in der Bundesrepublik Deutschland relativ gering, den es aus staatlicher Sicht langfristig zur Konsolidierung der Staatsfinanzen zu nutzen gilt.[47] Für die speziellen Verbrauchsteuern zeigt sich kein einheitliches Bild. Wie die nachfolgende Abbildung zeigt, differenzieren die Bürger bei ihrer Wertschätzung für die unterschiedlichen Steuerarten erheblich.

Abb. 49: Präferierte Inanspruchnahme von speziellen Verbrauchsteuern

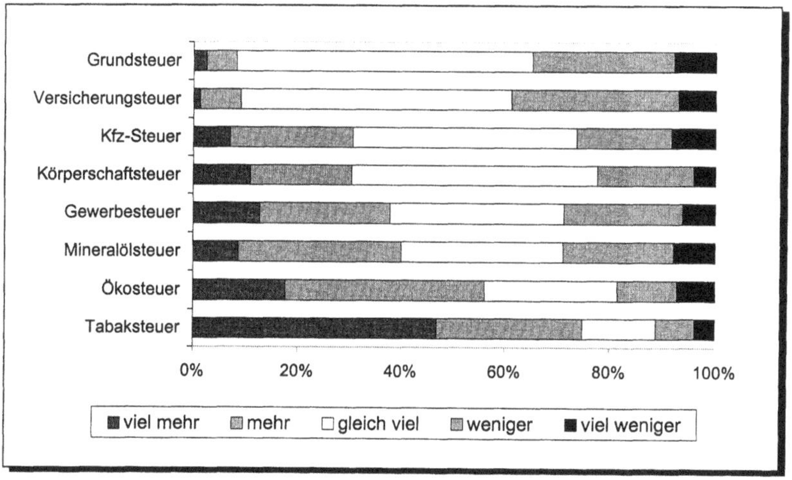

Mit großem Abstand präferieren die Bürger eine größere Inanspruchnahme der Tabaksteuer. Drei Viertel der Befragten (74,9%) befürwortet eine Erhöhung der Tabaksteuer und 14,0% der Bürger präferieren die Aufrechterhaltung des derzeitigen Niveaus. Damit ist die Tabaksteuer die am meisten bevorzugte spezielle Verbrauchsteuer, die jedoch aufgrund ihres steuerlichen Gesamtaufkommens (1997: 20,9 Mrd. DM) für die grundsätzliche Staatsfinanzierung eine eher untergeordnete Rolle spielt. Für die Mineralölsteuer als aufkommensstärkste spezielle Verbrauchsteuer (1997: 66,1 Mrd. DM) und - ansatzweise - für die Gewerbesteuer zeigt sich in der Bewertung der Bürger eine relative Tendenz in Richtung Erhöhung der bisherigen Veranlagung. Bei der Mineral-

47 Vergleichsweise liegt der Mehrwertsteuersatz 1998 in Dänemark und Schweden bei 25%, in Finnland bei 22% oder in Irland und Belgien bei 21%. Vgl. Bundesministerium der Finanzen (1996), Die wichtigsten Steuern im internationalen Vergleich, in: Informationsdienst zur Finanzpolitik des Auslands, Bonn, S. 12.

ölsteuer sprechen sich 31,2% für die Aufrechterhaltung des derzeitigen Niveaus aus und 40,0% könnten sich eine Erhöhung des aktuellen Mineralölsteuersatzes vorstellen. Daß insbesondere bei der Tabak- und Mineralölsteuer ein Trend zu einer vermehrten Inanspruchnahme besteht, resultiert daraus, daß mit diesen Abgaben eine lenkungspolitische Komponente verbunden wird. Erwartungsgemäß bekunden diejenigen eine stärkere Inanspruchnahme der Tabak- und Mineralölsteuer, die aufgrund ihrer persönlichen Situation nicht von diesen Steuern betroffen sind bzw. einen gesundheits- und umweltpolitischen Lenkungseffekt damit verbinden.

Bei der Gewerbesteuer ergibt sich ein ähnliches Bild. Etwa ein Drittel der Umfrageteilnehmer (37,8%) würde eine erhöhte Beanspruchung der Gewerbesteuer zur Finanzierung der Staatstätigkeit begrüßen, ein weiteres Drittel (33,5%) spricht sich für die derzeitige Konzipierung aus und 28,7% präferieren eine Rückführung dieser Steuer. Der erkennbare Wunsch einer Ausdehnung der Gewerbesteuer kann damit belegt werden, daß die Bürger bei Unternehmen und Betrieben - aufgrund offensichtlich hoher Gewinnanteile - eine höhere steuerliche Belastung als wenig abträglich erachten. Recht unentschlossen ist das Bild dagegen bei der Präferenzbekundung für die übrigen betrachteten speziellen Verbrauchsteuern. Sowohl bei der Körperschaftsteuer (47,3%), der Kfz-Steuer (43,1%), der Versicherungsteuer (52,0%) und bei der Grundsteuer (56,9%) dominiert bei den Befragten die Präferenz für eine Beibehaltung der derzeitigen Besteuerung. Diese indifferente Präferenzäußerung läßt sich vornehmlich darauf zurückführen, daß die Bürger diese Steuern in ihr Belastungskalkül kaum mit einbeziehen und wenig über deren Ausgestaltung bzw. deren tatsächliche Belastungshöhe informiert sind.

Eine besondere Rolle nimmt in der zuvor dargelegten Auflistung unterschiedlicher Steuerarten die Ökosteuer ein. Sie unterscheidet sich von den übrigen Steuerarten dahingehend, daß sie eine „imaginäre“ Steuer darstellt, die derzeit nicht im deutschen Steuersystem erhoben wird. Für diese theoretisch vorstellbare Steuer ist ein relativ hoher Akzeptanzgrad in der Bevölkerung zu verzeichnen. Mehr als die Hälfte der Befragten (56,1%) spricht sich eindeutig für eine Ökosteuer aus, nur 7,2% lehnen sie kategorisch ab. Ökosteuern stehen damit stellvertretend für die Berücksichtigung des derzeitigen umweltpolitischen Dilemmas und die Internalisierung externen Effekte, da der Grundsatz einer solchen Steuer besagt, daß derjenige, der die Umwelt nutzen möchte, auch dafür bezahlen soll. Langfristig beabsichtigt ist damit eine Änderung des gesamten volkswirtschaftlichen Produktionsapparates mit der Zielsetzung, monetäre Anreize zu erzielen, um den Umstrukturierungsprozeß der Wirtschaft zu beschleunigen. Insofern beinhaltet eine mögliche „Ökosteuer“ vielfältige Komponenten, die für einen hohen Akzeptanzgrad in der Bevölkerung bei der Einführung von Ökosteuern bzw. der Ergänzung des bestehenden Steuersystems durch Umweltabgaben sprechen.

Resümierend kann festgestellt werden, daß die Bevölkerung die Finanzierung der Staatstätigkeit über die Mehrwertsteuer und andere spezielle Verbrauchsteuern (z.B. Mineralöl-, Kfz- und Tabaksteuer) dahingehend toleriert, daß sie die grundsätzliche Form der Erhebung dieser Steuern zur Finanzierung der Staatsausgabentätigkeit weitgehend akzeptiert. Für einzelne Steuerarten ist die Ausweisung einer Akzeptanz- bzw. Nicht-Akzeptanzausrichtung insgesamt jedoch recht schwierig, da die Bürger in der Regel nur einige wenige Steuern in ihr Belastungskalkül mit einbeziehen und sie bestimmten Besteuerungsarten ohnehin nicht unterliegen (z.B. Gewerbe- bzw. Körperschaftsteuer). Allen betrachteten Steuerarten ist gemein, daß die Bürger sie nur unvollständig wahrnehmen, sie (in der Regel) unspezifisch in ihr steuerliches Belastungskalkül integrieren und selten eine konkrete Gegenleistung damit verbinden. Erkennbar ist ein Trend weg von individuell zurechenbaren und hin zu speziellen, mit offenkundigen Lenkungseffekten verbundenen Verbrauchsteuern (auch zur allgemeinen Verbrauchsteuer) zu erkennen. Nachdem zuvor Bürgerpräferenzen für staatliche Finanzierungsinstrumente dargestellt wurden, verlagert sich der Untersuchungsgegenstand nun auf die Überprüfung der Aussagefähigkeit der Determinanten der Präferenzbekundung.

4.2.1.3 Determinanten der Präferenzbekundung

Im Mittelpunkt der nachfolgenden Betrachtung steht die Überprüfung von Modellen, die auf Basis von Schätzgleichungen (vgl. 3.3.2) durch die Auswahl von bestimmenden Einflußfaktoren aufgestellt wurden. Die Analyse der aufgestellten Modelle umfaßt dabei die Ermittlung der Signifikanzansprüchen der Gesamtmodelle sowie die Berücksichtigung von Effekten und Wechselwirkungen (Korrelationen bzw. Anpassungsgüte), die sich aus den einzelnen in den Modellen verwendeten Variablen ergeben.

4.2.1.3.1 Die Schätzung der aufgestellten Modelle

Grundsätzlich dient die Schätzung von Modellen dazu, die Parameter einer Funktion so zu schätzen, daß die Wahrscheinlichkeit, mit ihnen die empirisch ermittelten Datensätze zu modellieren, maximiert wird. Um eine ausreichende Qualität der Schätzung zu erreichen, müssen grundlegende Kriterien als Anwendungsvoraussetzung berücksichtigt werden, womit (a) eine ausreichende Größe der Stichprobe, (b) die Überprüfung der Kollinearität zwischen den X-Variablen sowie (c) die Vermeidung von X-Variablen, die sich als perfekter Prädiktor entpuppen (da sonst die Maximum-Likelihood-Schätzung ins Unendliche ginge) gewährleistet werden sollte. Die Bewertung der aufgestellten und geschätzten Modelle beinhaltet sowohl die Signifikanzprüfung des Einflusses der unabhängigen Variablen als auch die Überprüfung der Anpassungsgüte des Modells sowie den Signifikanzanspruch der Gesamtmodelle.

Mit den empirisch ermittelten Daten und den lokalisierten X-Variablen ist es möglich, für die unterschiedlichen staatlichen Finanzierungsformen jeweils ein Basismodell aufzustellen. Ausgehend von dem für die jeweiligen Finanzierungsformen - direkte und indirekte Steuern, Sozialversicherungsbeiträge, kommunale Gebühren und Staatsverschuldung - formulierten Basismodellen werden jeweils sechs weitere Modelle aufgestellt, bei denen schrittweise X-Variablen nicht berücksichtigt wird. Mit dieser Vorgehensweise soll überprüft werden, ob alle ausgewählten X-Variablen einen signifikanten Beitrag zur Präferenzbekundung der Bürger für die staatliche Finanzierungsseite leisten oder ob sich einzelne Variablen aufgrund ihres geringen Einflusses als unbedeutend erweisen. Die Überprüfung der Signifikanz einzelner Variablen erfolgte auf Basis einer Logit-Analyse und den parallel durchgeführten Regressionsanalysen. Die sich dabei ergebenden Resultate sind bereits im Zusammenhang mit der Darstellung der Präferenzbekundung der Bürger verdeutlicht worden. Für die unterschiedlichen staatlichen Finanzierungsformen ergaben sich unterschiedliche signifikante Einflußfaktoren. Mit den jeweils wesentlichen Determinanten werden im folgenden Modelle aufgestellt und überprüft, die Aussagen über die den Signifikanzanspruch der Gesamtmodelle und ihrer Anpassungsgüte erlauben.

Hinsichtlich des Signifikanzanspruchs der Gesamtmodelle können für alle Modelle Null-Hypothesen - ähnlich der Vorgehensweise beim T-Test, der die Aufstellung von Null-Hypothesen beinhaltet, wonach ein Parameter-Koeffizient nicht signifikant ist - formuliert werden, die alle im Modell enthaltenen Wirkungen und Einflußgrößen als irrelevant definieren. Im Rahmen der Logit-Analyse bietet sich der Likelihood-Ratio-Test an, der eine Maßzahl berechnet (Bestimmtheitsmaß R^2), die Werte zwischen 0 und 1 annehmen kann. Damit kann gezeigt werden, welche Verbesserung durch das aktuelle Modell im Gegensatz zum Null-Modell erreicht werden kann. Ist R^2 gleich Null, beinhalten die X-Variablen keinen Erklärungsgehalt hinsichtlich der abhängigen Variablen. Bei Werten zwischen 0,2-0,4 spricht man von signifikanten Ergebnissen.[48]

48 Bei den Modellen werden jeweils einzelne Variablen aus dem Modell entfernt, um dessen Gesamtsignifkanz ohne diese Variablen zu überprüfen.

Tab. 11: Ergebnisse aufgestellter Modelle und Modellerweiterungen

	Basis-Modell	Modell 1	Modell 2	Modell 3	Modell 4	Modell 5	Modell 6
Direkte Steuern	,23524 alle	,20865 alter	,16909 distribu	,22343 einkomme	,23272 bildung	,22859 gegenl_1	,22856 belastug
Indirekte Steuern	,03931 alle	,02959 distribu	,03462 st_ausg	,03464 verschwe	,03784 belastug	,03164 sir_pers	,03359 komplex
Beiträge	,17081 alle	,14200 alter	,15557 belastug	,12780 distribu	,17051 einkomme	,17581 bildung	,16850 gegenl_1
Gebühren	,10956 alle	,07584 alter	,09920 distribu	,10942 einkomme	,10825 bildung	,10742 belastug	,10296 gegenl_1
Staatsver-schuldung	,04621 alle	,03276 einkomme	,04428 belastug	,04577 distribu	,04074 bildung	,04256 komplex	,03715 gegenl_1

Es zeigt sich in der obigen Tabelle, daß der Signifikanzanspruch der betrachteten Modelle bei den direkten Steuern am größten ist. Insgesamt ist dabei erkennbar, daß der Einfluß der Variablen empfundene Distribution („distribu"), der sich aufgrund des geringen R^2 bei Entfernung dieser Variable ergibt, bei direkten und indirekten Steuern am größten ist. Bei den Beiträgen und Gebühren ist es dagegen die Variable Alter („alter"). Bei der staatlichen Finanzierungsform über die öffentliche Kreditaufnahme ergibt sich die Variable Einkommen („einkomme") als diejenige, die bei Entfernung aus dem Modell zu dem geringsten Zuwachs des R^2 führt.

4.2.1.3.2 Korrelationen

Die Anpassungsgüte eines Logit-Modells wird notwendig, wenn vorhandene Korrelationen zwischen den X-Variablen genauer analysiert werden sollen. Als Anpassungsgüte eines Modells bezeichnet man die Effektivität des Modells bei der Beschreibung seiner Ergebnisvariablen.[49] Die Güte eines Modells läßt mit Hilfe von Maßzahlen ableiten (Pearson), die sich aus Signifikanztests ergeben. Der Pearson-Test basiert dabei auf der Differenz zwischen den beobachteten und den geschätzten Y-Werten. Bei Pearson wird eine spezielle Fehlergröße definiert, die man als Pearson-Residuum bezeich-

49 Vgl. Hosmer, D.W., Lemeshow, S. (1989), Applied Logistic Regression, New York, S. 135.

net. Sie bildet die Grundlage der Gewichtung, die auf der Überlegung basiert, daß bei einer kleineren Varianz der Y-Werte die Y-Werte leichter zu schätzen sind als bei einer größeren Varianz. Es wird dazu eine Null-Hypothese aufgestellt, die bei zu niedriger Irrtumswahrscheinlichkeit verworfen werden muß und dadurch einer schlechteren Anpassung entspricht.

Eine gute Modellanpassung liegt dann vor, wenn die Irrtumswahrscheinlichkeit, mit der die Null-Hypothese verworfen werden kann, genügend hoch ist. In der bisherigen Analyse der Präferenzbekundungen der Bürger für staatliche Finanzierungsformen und -instrumente sind nur direkte Einflüsse der ausgewählten unabhängigen Variablen auf die abhängige Variablen betrachtet worden. Unberücksichtigt sind bisher dagegen die Effekte und Wechselwirkungen (Korrelationen), die sich aus den einzelnen in den Modellen verorteten Variablen ergeben.

Eine Korrelation zwischen zwei unabhängigen Variablen liegt vor, wenn der Einfluß, den eine unabhängige Variable auf eine abhängige Variable hat, nicht über die Ausprägungen der anderen unabhängigen Variablen konstant ist. Dies würde für die vorliegende Untersuchung bedeuten, daß beispielsweise die Korrelation zwischen den zwei unabhängigen Variablen „Einkommen" und „Geschlecht" zeigt, daß sich der Einfluß, den das Einkommen auf die Präferenz für direkte Steuern (unabhängige Variable) hat, bei Frauen und Männern statistisch signifikant unterscheidet. Korrelationskoeffizienten messen demzufolge die Signifikanz der Assoziation zwischen den beiden Variablen.

In der nachfolgenden Tabelle zeigt sich, daß alle Korrelationen, die die Variablen „distribu" (Empfundene Distribution) beinhalten sowie die beiden Korrelationen „alter*einkomme" und „belastug*gegenl_1" aus statistischer Sicht signifikant sind. Die Korrelationspaare mit der Variable „distribu" verdeutlichen, daß die Präferenz für mehr oder weniger direkte Steuern gleichzeitig von der individuell empfundenen Distribution und dem Alter, der empfundenen Belastung, dem Einkommen, dem Geschlecht und der Wahrnehmung des öffentlichen Leistungsangebotes abhängen kann. So ist es durchaus vorstellbar, daß die empfundene Distribution mit dem Alter und dem Einkommen korreliert, weil sich mit zunehmendem Alter und Einkommen das Gerechtigkeitsempfinden aufgrund von erreichten Lebensstandards entsprechend verändert. Die sich an dieser Stelle bestätigenden Zusammenhänge sind aber bereits im Rahmen der Vorstellung der wesentlichen Einflußfaktoren vermutet bzw. diskutiert worden. Nachvollziehbar sind aber auch die sich statistisch ergebenden Zusammenhänge der Variablen „alter*einkomme" und „belastug*gegenl_1".

Tab. 12: Korrelationskoeffizienten der Variablenpaare (direkte Steuern)

Korrelationen	**Signifikanzwert**	**Signifikanz**
alter * belastug	,737	
alter * distribu	,000	signifikant
alter * einkomm	,000	signifikant
alter * gegenl_1	,344	
alter * geschlec	,055	
belastug * distribu	,000	signifikant
belastug * einkomme	,012	
belastug * gegenl_1	,000	signifikant
belastug * geschlec	,457	
distribu * einkomme	,000	signifikant
distribu * gegenl_1	,000	signifikant
distribu * geschlec	,000	signifikant
einkomme * gegenl_1	,301	
einkomme * geschlec	,088	
gegenl_1 * geschlec	,061	

Es ist evident, das hat im Vorfeld die Darstellung der Einflußvariablen gezeigt, daß das Einkommen eines Bürgers, beispielsweise aufgrund der beruflichen Stellung, positiv mit dem Alter korreliert, et vice versa.

In gleicher Weise besteht der Zusammenhang bei dem Korrelationspaar „belastug*gegenl_1“, da bei einem nur gering wahrgenommenen öffentlichen Leistungsangebot entsprechend ein höheres Belastungsempfinden von den Bürgern bekundet wird. Für die indirekten Steuern, die Sozialversicherungsbeiträge und die kommunalen Gebühren ergeben sich die in der nachfolgenden Tabelle aufgeführten Werte der durchgeführten Korrelationsanalyse.

Tab. 13: Korrelationskoeffizienten der Variablenpaare für indirekte Steuern, Sozialversicherungsbeiträge, kommunale Gebühren und die Staatsverschuldung

Indirekte Steuern	**Signif.**	**Sozialversicherungsbeiträge**	**Signif.**	**Kommunale Gebühren**	**Signif.**	**Staatsverschuldung**	**Signif.**
distribu*st_ausg	,368	alter * belastug	,118	alter * distribu	,000*	einkomme * belastug	,037
distribu*verschwe	,000*	alter * distribu	,000*	alter * einkomme	,000*	einkomme * distribu	,000
distribu*belastug	,000*	alter * einkomm	,000*	alter * bildung	,000*	einkomme * bildung	,985
distribu*sit_pers	,000*	alter * bildung	,000*	alter * belastug	,567	einkomme * komplex	,124
distribu*komplex	,119	alter * gegenl_1	,025	alter * gegenl_1	,034	einkomme * genl1	,596
st_ausg*verschwe	,957	belastug * distribu	,000*	distribu * einkomme	,000*	belastug * distribu	,000
st_ausg*belastug	,982	belastug * einkomme	,146	distribu * bildung	,000*	belastug * bildung	,144
st_ausg*sit_pers	,093	belastug * bildung	,012	distribu * belastug	,000*	belastug * komplex	,000
st_ausg*komplex	,018	belastug * genl_1	,000*	distribu * gegenl_1	,000*	belastug * genl_1	,000
verschwe*belastun	,000*	distribu * einkomme	,000*	einkomme * bildung	,317	distribu * bildung	,000
verschwe*sit_pers	,413	distribu * bildung	,000*	einkomme * belastug	,037	distribu * komplex	,043
verschwe*komplex	,003	distribu * genl_1	,000*	einkomme * genl_1	,618	distribu * genl_1	,000
belastug*sit_pers	,331	einkomme * bildung	,341	bildung * belastug	,026	bildung * komplex	,000
belastug*komplex	,000*	einkomm * genl_1	,745	bildung * gegenl_1	,013	bildung * genl_1	,001
sit_pers*komplex	,645	bildung * genl_1	,010	belastug * genl_1	,000*	komplex * genl_1	,000

Bei den indirekten Steuern korreliert die empfundene Distribution positiv mit der Höhe der empfundenen Verschwendung, weil hohe Verschwendungen mit notwendigen Steuermehrbelastungen gleichgesetzt werden, die zu weiteren empfundenen Ungerechtigkeiten führen. Positiv korreliert auch die empfundene Distribution mit den Faktoren Belastung und persönliche wirtschaftliche Situation. Je höher die Bürger belastet sind und je schlechter ihre individuelle ökonomische Situation ist, desto größer ist auch die empfundene Ungerechtigkeit der empfundenen Steuerlastverteilung.

Daneben bestehen positive Korrelationen auch zwischen den Variablen empfundene Verschwendung („verschwe") und Belastungsempfinden („belastug"), weil hohe Verschwendungspotentiale mit höherer Steuererhebung und entsprechend höheren Belastungen gleichgesetzt werden. Die letzte Korrelation besteht zwischen den Variablen Belastungsempfinden und Komplexität des Steuersystems. Ein intransparentes Steuersystems, in dem die Belastungs-, Überwälzungs- und Erhebungsmodalitäten undurchsichtig sind, führen in der Tendenz zu einem stärkeren Belastungsgefühl.

Bei den Sozialversicherungsbeiträge bestehen hohe signifikante Zusammenhänge zwischen der Variablen Alter und den Faktoren empfundene Distribution, Einkommen und Bildungsniveau. Für die Präferenzbekundung der Bürger zeigt sich, daß Alter und Einkommen positiv miteinander korrelieren, weil höheres Alter mit tendenziell höherem Einkommen gleichgesetzt werden kann. Für die empfundene Distribution ist denkbar, daß die Bürger mit steigendem Alter (aufgrund höherer Einkommen) stärkere Ungerechtigkeiten wahrnehmen, weil sie stetig höhere Beiträge abführen müssen. Ähnlich wie bei den direkten und indirekten Steuern korrelieren die Variablen Belastung und empfundene Distribution positiv miteinander, weil hohe Belastungen bei der Entrichtung von Sozialversicherungsbeiträgen mit hohen Ungerechtigkeiten kombiniert werden. Für die Korrelationspaare „distribu" mit „einkomme" bzw. „bildung" lassen sich ebenfalls die zuvor genannten Einflußwirkungen (hohes Einkommen führt zu empfundenen Ungerechtigkeiten) anführen. Recht eindeutig läßt sich auch die negative Korrelation der empfundenen Distribution mit der empfundenen staatlichen Gegenleistung deuten. Je geringer die empfundene Gegenleistung ist, die ein Individuum für seine gezahlten Entgelte empfindet, desto größer wird die verteilungspolitisch empfundene Ungerechtigkeit ausgebildet sein.

Für die kommunalen Gebühren lassen ebenfalls eine Reihe von Korrelationen verdeutlichen. Hier korrelieren vornehmlich die Variablen Alter und Distribution, die bereits in den vorher betrachteten Finanzierungsformen - aufgrund der dort angeführten Argumente und Zusammenhänge - von besonderer Bedeutung waren. Insofern korreliert das Alter bezüglich der empfundenen Distribution negativ sowie mit dem Einkommen und dem Bildungsstand positiv. Hohe empfundene Ungerechtigkeiten gehen einher mit steigendem Einkommen, hohem Bildungsstand und hohen Belastungsempfindungen. Dagegen besteht ein negativer Zusammenhang zwischen der empfundenen Distribution und dem staatlichen Gegenleistungsangebot bei kommunalen Gebühren, weil mit sinkenden Gegenleistungen entsprechend größere Ungerechtigkeiten verbunden werden. Für die Staatsverschuldung bzw. das staatliche Finanzierungsinstrument der öffentlichen Kreditaufnahme lassen sich vergleichsweise die meisten Korrelationen beobachten. Hohe Belastungen korrelieren positiv mit empfundenen Ungerechtigkeiten, weil die Bürgern aufgrund der Verschiebung der Zahllast in die Zukunft mit höheren Steuerbelastungen höhere Ungerechtigkeiten verbinden. Zwischen der empfundenen Gegenleistung, die die Bürger mit der öffentlichen Kreditaufnahme verbinden, und der empfundenen Distribution besteht eine negative Korrelation, weil geringere Gegenleistungen zu höher empfundenen Ungerechtigkeiten (über höhere Belastungen) führen. Insgesamt zeigt sich, daß in den aufgestellten Modellen eine Vielzahl von Wechselwirkungen (Korrelationen) erkennbar sind, die sich aus den in den Modellen berücksichtigten Variablen ergeben.

4.2.1.4 Alternativen zur Staatstätigkeit

Die vorherigen Ausführungen haben gezeigt, daß dem öffentlichen Sektor eine Vielzahl von Finanzierungsinstrumenten zur Finanzierung der Staatstätigkeit bzw. zur Konsolidierung der Staatsfinanzen zur Verfügung stehen, die auf eine mehr oder weniger starke Akzeptanz in der Bevölkerung treffen. Neben den traditionellen Einnahmeformen kann der Staat zusätzlich auf alternative Finanzierungsformen zurückgreifen, womit in erster Linie auf die Privatisierung öffentlicher Einrichtungen sowie eine Reduzierung staatlicher Ausgaben abgestellt ist.

Sparwille und Reduzierung der Ausgaben

In der Befragung wurden die Teilnehmer darum gebeten, aus vorgegebenen Alternativen zur Konsolidierung der öffentlichen Finanzen diejenigen zu benennen, die ihrer Meinung nach am sinnvollsten zu einer Verbesserung der derzeit prekären finanziellen Situation der öffentlichen Haushalte beitragen könnten. Zunächst wurden die Bürger zu einer konkreten Situation befragt:

Im Mittelpunkt stand das zu Beginn des Jahres 1998 mit der Erhöhung der Mehrwertsteuer von 15% auf 16% finanzierte „Loch in der Rentenkasse". Die Bürger sollten angeben, welche der vorgegebenen Alternativen zur Finanzierung des Rentenversicherungsdefizits ihnen am zweckmäßigsten erscheinen.

Tab. 14: Präferierte Alternativen zum Ausgleich von Finanzierungsdefiziten

Alternativen zum Ausgleich von Finanzierungsdefiziten (Bsp.: Rentenversicherung)	**Anteil (in %)**
Erhöhung der Lohn- und Einkommensteuer	0,8
Erhöhung der Mehrwertsteuer	13,6
Erhöhung der Mineralölsteuer	6,4
Erhöhung der Rentenversicherungsbeiträge	4,9
An anderen Stellen sparen	56,3
Absenkung des Rentenniveaus	8,0
weiß nicht	9,9

Mehr als die Hälfte der Befragten (56,3%) plädiert dafür, keine speziellen staatlichen Finanzierungsformen in Anspruch zu nehmen, sondern durch erhöhte Sparmaßnahmen im bestehenden Ausgabenprogramm die entsprechenden Finanzierungsmittel zu erzielen, womit implizit eine Reduzierung bzw. effizientere Verwendung der gesamten Ausgabentätigkeit verbunden wird. Immerhin entscheiden sich 13,6% der Befragten für die Erhöhung der Mehrwertsteuer - eine Maßnahme, die von der Bundesregierung im Frühjahr 1998 ergriffen wurde - und 9,9% wissen überhaupt nicht, wie der Staat in einer solchen Situation handeln sollte. Wenn sich 8,0% der Befragten für eine Absenkung des Rentenniveaus aussprechen, so ist es recht aussagekräftig, daß dieser Prozentanteil ausschließlich durch jüngere Bevölkerungsgruppen zustande kommt, dementsprechend der fehlende Zugang zu diesen staatlichen Leistungen mit einer geringeren Notwendigkeit der Staatstätigkeit in diesem Bereich gleichgesetzt wird. Die Erhöhung der Mineralölsteuer (6,4%) und eine Erhöhung der Rentenversicherungsbeiträge (4,6%) findet eine geringe Akzeptanz, die Erhöhung der Lohn- und Einkommensteuer wird kategorisch abgelehnt (0,8%).

Nachdem die Bürger bezüglich der Finanzierungsalternativen zum Ausgleich von Finanzierungsdefiziten in der Rentenversicherung befragt wurden, sollten sie sich zwischen mehreren Alternativen zu einem generellen Ausgleich von Haushaltsdefiziten entscheiden. Auch bei dieser Frage konkretisiert sich der bereits zuvor eruierte Wunsch nach einer Reduzierung der staatlichen Ausgabentätigkeit, da sich - bei fünf vorgegebenen Möglichkeiten - mehr als zwei Drittel (68,9%) für eine Reduzierung der Ausgaben entscheiden. Der sich an dieser Stelle manifestierende Wunsch der Reduzierung der Staatstätigkeit steht jedoch im krassen Widerspruch zu der im Rahmen der

Beurteilung des staatlichen Leistungsangebotes von den Bürgern präferierten grundsätzlichen Handhabung der Staatsausgaben, wonach sie sich generell für eine Ausweitung des öffentlichen Leistungsangebotes aussprechen.

Es offenbart sich eine gewisse Form der Inkonsistenz im Antwortverhalten der Respondenten. Werden die Bürger generell zum staatlichen Ausgabenprogramm befragt, so plädieren sie für eine tendenzielle Erhöhung des derzeitigen Niveaus; werden sie hingegen mit Finanzierungskonsequenzen, Defiziten und Verwendungspotentialen konfrontiert, so sprechen sie sich entschieden für eine Reduzierung der allgemeinen Staatsausgaben aus. Im Ergebnis führt die Verdeutlichung von Finanzierungskonsequenzen bei Staatsausgaben und die Illustration von staatlichen Gegenleistungen bei der Beurteilung der Staatseinnahmen zu einer weniger illusorischen Präferenzbekundung. Während der Anteil derer, die eine Erhöhung der Steuern (2,3%) befürwortet bzw. nicht wissen, mit welcher Maßnahme der Staat ein Haushaltsdefizit regulieren sollte (9,7%), annähernd der Beantwortung der vorherigen Frage entspricht, ergeben sich interessante Erkenntnisse aus der gewünschten Inanspruchnahme der Privatisierung, die im folgenden genauer analysiert wird. Von den Befragten befürworten 13,9% die Privatisierung staatlicher Leistungen zum Ausgleich von Haushaltsdefiziten aus.

Tab. 15: Präferierte Maßnahmen zum Ausgleich von Haushaltsdefiziten

Maßnahmen zum Ausgleich genereller Haushaltsdefizite	**Anteil (in %)**
Erhöhung der Staatsverschuldung	6,2
Erhöhung der Steuern	2,3
Reduzierung der Ausgaben	68,9
Privatisierung	13,9
weiß nicht	9,7

Privatisierung als Zauberformel

In der Bevölkerung ist ein geringer Wille zur Privatisierung von Staatsleistungen zu beobachten, womit speziell die Verlagerung bestimmter - bisher staatlicher Aktivitäten - in den privaten Sektor der Volkswirtschaft gemeint ist, um die Allokation der öffentlichen Ressourcen durch den als effizienter eingestuften privaten Markt zu verbessern.[50] Eine absolute bzw. relative Privatisierung von Produktivvermögen liegt immer dann vor, wenn der Staat in seinem Eigentum befindliche Unternehmen (Anteile) daran vollständig an Private veräußert.[51]

Seit vielen Jahren beschäftigen sich Ökonomen und Politiker gleichermaßen mit der Frage der Privatisierung öffentlicher Leistungen und Tätigkeiten. Die Ökonomen interessieren sich dafür, weil sie hoffen, wissenschaftliche Methoden und ökonomische Vernunft auch auf den Staat zu übertragen, die Politiker, um in der Privatisierung einen Ansatz vorzufinden, mit dessen Hilfe man die chronisch angespannten Staatskassen entlasten könnte. Weitere Beweggründe für die von den Bürgern präferierte Privatisierung ergeben sich aus dem Umfang und der Effektivität der Verwaltungstätigkeit und einer ausgeprägten Form der Staatskritik. Die Gestaltungsmacht des Staates gegenüber der Gesellschaft wird als zu groß empfunden, weil der Staat eine Vielzahl privater Ressourcen bindet und zu viele öffentliche Aufgaben in der Erfüllung und im Ergebnis hinter den Erwartungen der Bürger zurückbleiben. Um der konkreten Frage der Privatisierung als Alternative zum Ausgleich von Finanzierungsengpässen zu entsprechen, wurden die Umfrageteilnehmer danach befragt, ob der Staat zur Lösung seiner großen Finanzprobleme öffentliche Einrichtungen privatisieren sollte oder nicht. Mehr als zwei Drittel der Befragten (69,7%) sprachen sich in der Erhebung für die Inanspruchnahme der Privatisierung aus.

Durch die Privatisierung staatlicher Aktivitäten können sich langfristig Einsparungen in öffentlichen Haushalten ergeben. Zudem wird vielerorts die Auffassung vertreten, daß die Erfüllung öffentlicher Aufgaben sogar verbessert werden kann, wenn sie in den privaten Sektor verlagert wird, da die staatliche Aufgabenerfüllung häufig mit höheren Lohnkosten in öffentlichen Unternehmen, geringeren Mitbestimmungsregelungen und einer fehlenden marktlichen Konkurrenz verbunden ist.[52] Als problematisch erweist sich bei der Privatisierung auch die Frage, was überhaupt privatisiert werden kann und ob durch die Privatisierung öffentlicher Monopolunternehmen nicht zwangsläufig private Monopolunternehmen entstehen. Es ist evident, daß unter heutigen Gesichtspunkten ein modernes Management, leistungsbezogene Entgelte und die Leistungserstellung nach Effizienzgesichtspunkten[53] als wesentliche Komponenten bei der Diskussion um die vollständige Überführung einzelner öffentlicher Betätigungsfel-

50 Vgl. Büllesbach, A. (1995), Staat im Wandel: mehr Dienstleistung, weniger Verwaltung, Köln, S. 12 f.

51 Vgl. Grossekettler, H. (1989), Deregulierung und Privatisierung: Erscheinungsformen, Legitimationskriterien und politische Verhaltenstendenzen, in: WiSt, Heft 10, S. 437.

52 Vgl. Miller, M. (1992), Wie Deregulierung, Privatisierung, Dezentralisierung und Entbürokratisierung das Staatsversagen verhindern sollen, in: Der Öffentliche Dienst, Heft 1/2, S. 12 f.

53 Vgl. Hanusch, H. (1978) (Hrsg.), Reform öffentlicher Leistungen, Baden-Baden.

der in den Privatsektor diskutiert werden sollten.[54] In den letzten Jahren ist die Tendenz zu beobachten, daß man einerseits Teile der öffentlichen Verwaltung verselbständigt und öffentliche Aufgaben in größerem Umfang unternehmerisch zu erfüllen versucht (z.B. Krankenhäuser, Forschungseinrichtungen), andererseits dehnen öffentliche Verwaltungen ihre Aktivitäten aber auch auf neue Bereiche aus bzw. gliedern sich Annexbetriebe an (z.B. Druckereien, Werkstätten etc.).

Wenn also die Privatisierung eine durchaus sinnvolle Alternative zur Konsolidierung der Staatsfinanzen darstellt, so gilt es danach zu fragen, in welchen Bereichen die Bürger die größten Privatisierungspotentiale sehen bzw. welche öffentlichen Betätigungsfelder ihrer Meinung nach privatisiert werden sollten. Die nachfolgende Abbildung zeigt das Ergebnis der Untersuchung, wobei den Umfrageteilnehmern mehrere Aufgabenbereiche vorgegeben wurden und Mehrfachantworten möglich waren.

Abb. 50: Privatisierung öffentlicher Betätigungsfelder

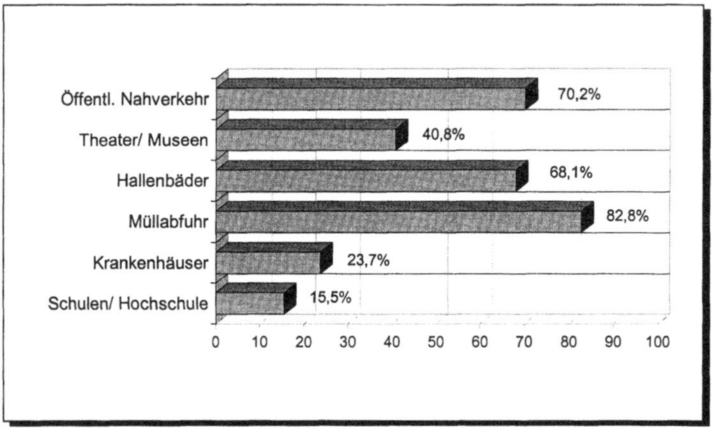

Die Frage der Differenzierung möglicher Privatisierungsfelder richtete sich ausschließlich an die 69,7% der insgesamt Befragten, die in der Privatisierung eine mögliche Alternative zur Konsolidierung der Staatsfinanzen sehen. Insofern liegt die Höchstzahl der möglichen Nennungen bei 702 (=100%) von insgesamt 1008 Befragten. Mit großem Abstand plädieren die Bürger für die Privatisierung der Müllabfuhr

54 Vgl. Hanusch, H. (1978), Privatisierung einer öffentlichen Tätigkeit: Das Beispiel Theater, in: von Weizsäcker, C. C. (Hrsg.), Staat und Wirtschaft, Verhandlungen auf der Arbeitstagung der Gesellschaft für Wirtschafts- und Sozialwissenschaften - Verein für Socialpolitik - in Hamburg, Berlin, S. 172.

(82,8% aller Befragten), gefolgt vom öffentlichen Nahverkehr mit 70,2% und der Privatisierung von Hallenbädern und Sporteinrichtungen (68,1%). Der geringste Privatisierungswunsch entfällt auf den Bereich der Schulen und Hochschulen mit 15,5% sowie den Krankenhäusern mit 23,7%.

Deutlich wird in diesen Ergebnissen, daß die Bürger bei der Müllabfuhr und dem öffentlichen Nahverkehr die größten Kosteneinsparungspotentiale sehen, dagegen den umfassenden Staatsaktivismus im Schul-, Hochschul- und Gesundheitswesen sehr positiv bewerten, da sie sich in diesen Bereichen nur in geringem Maße für eine nichtstaatliche Leistungserfüllung aussprechen. Mit den Bereichen Müllabfuhr, öffentlicher Nahverkehr und Sporteinrichtungen (Hallenbäder) sind drei staatliche Betätigungsfelder dokumentiert, die konzeptionell zur Privatisierung zur Verfügung stehen.[55] Neben den bereits genannten Bereichen ist der Staat in weiteren Wirtschaftszweigen präsent, in denen er in bedeutendem Umfang private Güter erzeugt. Vornehmlich zu nennen sind die Sparten Elektrizität[56], Wasserversorgung[57], Bank- und Kreditwesen[58] sowie den Grundbesitzverwaltung[59], die für die Zukunft erhebliche Privatisierungspotentiale versprechen.[60] In den vorherigen Ausführungen wurde deutlich, daß sich die Bürger die Privatisierung staatlicher Leistungen in weiten Teilen des öffentlichen Lebens durchaus als Alternative zur Refinanzierung von Staatsdefiziten und Finanzierungsengpässen vorstellen können.

4.2.1.5 Zwischenergebnis

Nachdem die theoretischen Grundlagen der empirischen Eigenuntersuchung zu Beginn dieses Kapitels in Form der Darstellung der Datenerhebung und -auswertung verdeut-

---

55 Vgl. Leipold, H. (1992), Probleme und Konzepte der Privatisierung von Staatseigentum, in: WiSt, Heft 2, S. 59.

56 Die neun großen Elektrizitätskonzerne, mehrheitlich im Besitz der öffentlichen Hand, sind seit 1948 in der Deutschen Verbundgesellschaft (DVG) zusammengefaßt.

57 Wasserversorgung wird fast ausschließlich von den Gemeinden - in ca. 7000 kommunalen Wasserversorgungsunternehmen - durchgeführt.

58 Die Mehrzahl der Banken sind im Besitz der öffentlichen Hand: Landesbanken, Sparkassen, Universalbanken oder etwa Spezialkreditinstitute.

59 Die Länder sind die größten Grundbesitzer der Bundesrepublik Deutschland, da 30% der Wälder Landes- und weitere 25% Kommunaleigentum sind.

60 Vgl. Osborne, D., Gaebler, T. (1992), Reinventing Government: How the entrepreneurial spirit is transforming the public sector, New York. Siehe auch: Butler, R. (1994), Public Management - Reinventing Government: A Symposium, in: Public Administration, Vol. 72, S. 263-270.

licht wurden, widmete sich der zweite Teil den spezifischen Ergebnissen der Untersuchung. Dazu wurden zunächst die ermittelten Präferenzen für staatliche Finanzierungsformen - direkte und indirekte Steuern, Sozialversicherungsbeiträge, kommunale Gebühren und die öffentliche Kreditaufnahme - und im Anschluß daran die Präferenzen für einzelne ausgewählte Steuerarten präsentiert. Der Abschluß dieses Teils der Analyse bestand in der Aufdeckung von präferenzbestimmenden Determinanten, der Schätzung von aufgestellten Modellen sowie der Überprüfung von möglichen Korrelationen zwischen den betrachteten Einflußvariablen.

Hinsichtlich der Präferenzbekundung für staatliche Finanzierungsformen ergaben sich unterschiedliche Präferenzprofile. Für direkte Steuern besteht bei den Bürgern eine generell geringere Akzeptanz als für indirekte Steuern. Deutlich zeigte sich, daß indirekte Steuern zur Finanzierung der Staatstätigkeit von den Bürger tendenziell bevorzugt werden, weil sich indirekte Steuern durch ihre „relative" Unmerklichkeit sowie die individuell zu gestaltende Einkommensverwendung auszeichnen, direkte Steuern dagegen durch hohe Fühlbarkeiten und nur geringe Ausweichmöglichkeiten (Abzug bei Einkommensentstehung) gekennzeichnet sind und dementsprechend weniger akzeptiert werden. Der Vergleich von Gebühren und Sozialversicherungsbeiträgen weist für die Gebühren - vorrangig durch auffällige Gebührenerhöhungen in den letzten Jahren bedingt - eine geringer bekundete Akzeptanz aus.

Dagegen erscheint die öffentliche Verschuldung mit einem ausgewogenen Erscheinungsbild, da ältere Menschen aufgrund ihres kürzeren Lebenshorizontes ein geringeres Belastungsgefühl bekunden und jüngere - auch aufgrund antizipierter zukünftiger höherer Steuerzahlungen - mit der Staatsverschuldung eine hohe Belastung verbinden und damit eine geringere Präferenz für die öffentliche Kreditaufnahme als sinnvolle staatliche Finanzierungsform äußern. Die Präferenzbekundung für bzw. die Akzeptanz der staatlichen Finanzierungsformen in der Bevölkerung - in Form der Ermittlung von Mittelwerten - für eine höhere oder niedrigere Inanspruchnahme, einer daraus abgeleiteten prozentualen Veränderung sowie den sich ergebenden Disharmonien im Vergleich zur Erwartung - ist in der nachfolgenden Tabelle zusammengefaßt.

Tab. 16: Präferenzbekundung für staatliche Finanzierungsformen

Finanzierungsform	**Erwartete Tendenz der Präferenz-äußerung**	**Präferierte Änderung (in %)**	**Mittel-wert**	**Disharmo-nie**
Direkte Steuern	--	- 9,5 %	3,810	
Indirekte Steuer	-/+	- 6,4 %	3,570	●
Sozialversicherungsbeiträge	-	-9,0%	3,528	
Kommunale Gebühren	-/+	-5,9%	3,774	●
Staatsverschuldung	-/+	+1,7%	2,858	●

Es wird deutlich, daß die Bürger offenkundig nach einer erheblichen Reduzierung der Gesamtbelastung aufgrund ihrer derzeitig starken individuellen Traglast streben. Die in der obigen Tabelle skizzierten Mittelwerte sowie die daraus abgeleiteten prozentualen Veränderungsvorstellungen offenbaren in der Summe erhebliche Disharmonien zwischen der tatsächlichen Staatsfinanzierung und dem Bürgerwillen.

Betrachtet man dazu das explizit bekundete Belastungsempfinden der Bürger, ist fast die Hälfte der Befragten (46,1%) der Meinung, daß die Belastung in Deutschland sehr hoch ist, empfinden 38,7% eine hohe Belastung und nur 1,7% bekunden ein niedriges bzw. sehr niedriges Belastungsempfinden. Insofern spielen übergeordnete Zielsetzungen, wie z.B. die Realisierung von optimalen Steuerregeln oder die Frage eines gerechten oder effizienten Steuersystems, für das Verhalten und die Präferenzbekundung der Bürger nur eine untergeordnete Rolle. Nachfolgend werden die Ergebnisse der Präferierung einzelner Steuerarten dargestellt.

Tab. 17: Präferierung einzelner Steuerarten

Steuerart	Erwartete Tendenz der Präferenzäußerung	Präferierte Änderung (in %)	Mittelwert	Disharmonie
Lohn- und Einkommensteuer	-	- 10,1	3,931	
Mehrwertsteuer	-	- 0,1	3,003	●
Solidaritätszuschlag	-	- 11,8	4,003	
Mineralölsteuer	-/+	+ 1,2	2,881	●
Körperschaftsteuer	-/+	+ 1,9	2,848	●
Gewerbesteuer	-/+	+ 1,9	2,842	●
Tabaksteuer	-/+	+ 12,9	1,931	●
Kfz-Steuer	-/+	+ 0,3-	2,968	●
Grundsteuer	-/+	- 3,5	3,320	
Versicherungsteuer	-/+	- 3,8	3,355	
Ökosteuern	+	+ 5,3	2,521	

Die Ermittlung von Präferenzen für einzelne Steuerarten zeigt insgesamt ein sehr differenziertes Bild. Direkte Steuerarten wie die Lohn- und Einkommensteuer und der Solidaritätszuschlag werden zur Finanzierung der Staatstätigkeit in der Mehrheit strikt abgelehnt. Dagegen finden eine höhere Inanspruchnahme der Mehrwertsteuer einen indifferenten und lenkungsbezogene spezielle Verbrauchsteuern durchaus Zuspruch in der Bevölkerung. Bei den speziellen Verbrauchsteuern zeigt sich jedoch kein einheitliches Bild, da die Bürger eine unterschiedliche Wertschätzung für die betrachteten speziellen Verbrauchsteuern bekunden. Mit großem Abstand präferieren sie die Inanspruchnahme der Tabaksteuer, gefolgt von der Mineralölsteuer und der Gewerbesteuer. Unentschlossen zeigen sie sich dagegen bei der Frage der Mehr- oder Minderinanspruchnahme der Körperschaft-, Kfz-, Versicherung- und Grundsteuer, was vornehmlich auf die nur schemenhafte Wahrnehmung dieser Steuern zurückzuführen ist. Mehr als die Hälfte der Befragten spricht sich dagegen für die Einführung einer Ökosteuer ins deutsche Steuersystem aus.

Ergänzend wird deutlich, daß der Staat neben der Privatisierung öffentlicher Einrichtungen in erster Linie auf der Ausgabenseite erhebliche Einsparungen durch eine Reduzierung des staatlichen Ausgabenprogramms vornehmen sollte. Entgegen der im Vorfeld geäußerten Vermutung wird die Staatsverschuldung als einzige sinnvolle Alternative zur Konsolidierung der öffentlichen Finanzen abgelehnt. Bei der Wahrnehmung und präferierten Inanspruchnahme der öffentlichen Verschuldung ist ein neuer Trend zu erkennen, der aus einem veränderten Verschuldungsempfinden („Wandel in der Verschuldungskultur") in der Gesellschaft resultiert. Staatliche Schulden gelten demnach heutzutage als unschicklich und den Bürgern ist die Problematik der beträchtlichen Staatsverschuldung viel bewußter. Wegen der Problematik intergenerativer Aspekte lehnt die Mehrheit der Befragten eine kreditfinanzierte Ausgabentätigkeit ab, weil dadurch nachfolgende Generationen mit zusätzlichen Steuern zu stark belastet werden.

Der zweite Schwerpunkt der Analyse der empirischen Daten bestand in der Überprüfung der im Vorfeld aufgestellten Schätzgleichungen sowie der aus den determinierenden Einflußfaktoren formulierten Schätzmodelle. Die Grundüberlegung für die Aufstellung von Schätzgleichungen für unterschiedliche staatliche Finanzierungsformen bestand darin, daß rational handelnde Individuen versuchen, ganz im Sinne der Maximierung einer Erwartungsnutzenfunktion, ihren individuellen Nutzen unter Berücksichtigung der ihnen entstehenden Kosten zu maximieren. Neben der Ermittlung der Signifikanzansprüche der aufgestellten Gesamtmodelle wurden zusätzlich Effekte und Wechselwirkungen (Korrelationen) der sich ergebenden Determinanten analysiert. Im Rahmen der Präferenzbekundung der Bürger ergaben sich für die unterschiedlichen staatlichen Finanzierungsformen differierende Bestimmungsfaktoren. Die nachfolgende Tabelle zeigt Variablen, die Einfluß auf die Präferenzbekundung der Bürger hinsichtlich der jeweiligen staatlichen Finanzierungsformen haben.

Tab. 18: Determinanten der Präferenzbekundung

Direkte Steuern	alter	distribu	einkomme	bildung	gegenl_1	belastug
Indirekte Steuern	distribu	st_ausg	verschwe	belastug	sit_pers	komplex
Beiträge	alter	belastug	distribu	einkomme	bildung	gegenl_1
Gebühren	alter	distribu	einkomme	bildung	belastug	gegenl_1
Staatsverschuldung	einkomme	belastug	distribu	bildung	komplex	gegenl_1

Eine Gesamtbetrachtung der einzelnen Variablen und deren Wirkungsweise auf die Präferenzbekundungen der Bürger für staatliche Finanzierungsformen offenbart, daß es eine Reihe von Determinanten existieren, die generell das Präferenzbekunden der Bürger beeinflussen. In der folgenden Tabelle ist in der rechten Spalte die Anzahl dargestellt, die angibt, wie oft die entsprechende Variable für die einzelnen staatlichen Finanzierungsformen in die Schätzgleichung einbezogen wurde.

Tab. 19: Determinanten der Präferenzbekundung für staatliche Finanzierungsformen

Variablen	Direkte Steuern	Indirekte Steuern	Kommunale Gebühren	Sozialversicherungsbeiträge	Öffentlicher Kredit	Summe Niveau 0,05
alter	,00000	,22911	,00000	,00000	,00547	•••
belastug	,02545	,03004	,00009	,00000	,00000	•••••
beruf	,00000	,00493	,00000	,00000	,00000	
bildung	,00000	,14023	,00000	,00000	,00006	••••
bue_staa	,32890	,04644	,00001	,19454	,02592	••
distribu	,00000	,00086	,00000	,00000	,00003	•••••
einkomme	,00000	,60126	,00000	,00000	,00000	••••
fairness	,08467	,44630	,00048	,03106	,17916	
familien	,00000	,01964	,00000	,00000	,03104	
geg_steu	,00001	,04979	,00026	,00206	,02962	
gegenl_1	,00001	,39969	,00129	,00002	,00021	••••
geschlec	,00000	,99777	,00009	,00007	,00002	
haushalt	,00000	,05834	,00000	,00019	,00000	
infosta	,51953	,45601	,10401	,59231	,00048	
komplex	,00017	,04514	,17417	,02054	,00008	••
mitbest	,00000	,05152	,00000	,00001	,05204	
sit_pers	,00393	,04224	,66540	,98686	,20809	•
st_ausg	,79632	,00790	,29802	,43138	,00145	•
verschwe	,51496	,01206	,00002	,00393	,07886	•

Danach erweisen sich die Variablen „alter“, „belastug“, „bildung“, „distribu“, „einkomme“ und „gegenl_1“ als wesentliche Determinanten der Präferenzbekundung für Staatseinnahmen. Damit läßt sich abschließend eine allgemeine Präferenzgleichung aufstellen, die die wesentlichen Bestimmungsfaktoren der Präferenzbekundung für mehr oder weniger staatliche Finanzierungsformen bzw. ausgewählte Finanzierungsinstrumente beinhaltet. Es kann festgestellt werden, daß das Alter der Bürger, ihr (subjektives) Belastungsempfinden, der Bildungsstand, die empfundene Distribution, das Einkommen sowie die empfundene staatliche Gegenleistung die Präferenzen der Bürger nachhaltig bestimmen. Eine allgemeine Schätzgleichung für die Präferenzbekundung der Bürger ist danach eine Funktion, die sich aus den zuvor genannten Einflußfaktoren (Determinanten) zusammensetzt. Zusammenfassend werden in der nachfolgenden Abbildung - in der Reihenfolge ihrer Bedeutung - die ermittelten Determinanten der Präferenzbekundung herausgestellt.

Abb. 51: Funktion zur Bestimmung der Präferenzen für Staatseinnahmen

$PRÄF_{SE}$ = f (
- EMPFUNDENE DISTRIBUTION
- EMPFUNDENE BELASTUNG
- EINKOMMEN
- BILDUNGSSTAND
- STAATLICHE GEGENLEISTUNG
- ALTER)

4.2.2 Präferenzprofile und Finanzierungsstrukturen

Nachdem in den vorherigen Abschnitten die spezifischen Präferenzen der Bürger für staatliche Finanzierungsformen und -instrumente ermittelt wurden und eine Vielzahl von Einflußfaktoren bzw. Determinanten der Steuerpräferenzen aufgedeckt sind, beschäftigen sich die nachfolgenden Ausführungen explizit mit der Darstellung und Diskussion von Präferenzprofilen sowie tatsächlichen und präferierten Finanzierungsstrukturen. Damit verlagert sich die Analyse des staatlichen Finanzierungsinstrumentariums von der individuellen Präferenzebene der Bürger auf die Betrachtung der Auswirkungen und Möglichkeiten für die öffentliche Finanzpolitik, die sich aus präferenzorientierten Entscheidungsprozessen ergeben können.

Basierend auf den Erkenntnissen der empirischen Erhebung werden vorhandene Disharmonien bzw. Dissonanzen zwischen den Präferenzen der Bürger und dem staatlicherseits auferlegten Finanzierungsinstrumentarium aufgedeckt. Dabei werden zunächst generelle Vergleiche zwischen der tatsächlichen und der gewünschten Richtung öffentlicher Finanzierungsinstrumente sowie Veränderungen in der aktuellen Haushaltsstruktur der Jahre 1997-1998 sowie der entsprechend mehrheitlich gewünschten Richtungsänderung betrachtet.

Darauf aufbauend wird ein virtueller Finanzierungsetat aufgestellt, der ausgewählte Einnahmeformen des Bundeshaushaltes 1997 und gewichtete präferierte Finanzierungsposten vergleicht. Die nachfolgende Tabelle zeigt die tatsächliche und gewünschte Richtung öffentlicher Finanzierungsinstrumente.

Tab. 20: Tatsächliche und gewünschte Richtung öffentlicher Finanzierungsinstrumente[61]

Finanzierungsart	**Tatsächliche Entwicklung 1996-1998**[62]	**Mehrheitlich gewünschte Richtung**	**Disharmonie**
Direkte Steuern	+6,8%	-	•
Indirekte Steuern	-1,2%	+/-	•
Sozialversicherungsbeiträge	+2,7%	-	•
Kommunale Gebühren	+5,1%	-	•
Staatsverschuldung	-26,1%	+/-	•

Es zeigt sich, daß bei allen staatlichen Finanzierungsformen Disharmonien zwischen der tatsächlichen Entwicklung (dokumentiert für die Jahre 1996-1998) und der von den Bürgern präferierten Tendenz bestehen. Besonders deutlich ist dieser Umstand bei der Staatsverschuldung, die jedoch aufgrund ihres kompensatorischen Charakters eine eher untergeordnete Bedeutung in diesem Zusammenhang hat. Viel gravierender ist dagegen die gewünschte und tatsächliche Entwicklung bei direkten Steuern und kommunalen Gebühren, bei denen in den Jahren 1996 bis 1998 Zuwächse von 6,8% bzw. 5,1% zu verzeichnen sind, wohingegen die Bürger aber eine Reduzierung dieser Finanzierungsformen wünschen. Einzig die tatsächliche Entwicklung der indirekten Steuern ist präferenzkonform und läßt nur eine geringe Disharmonie erkennen.

Basierend auf den zuvor dargestellten - und eher allgemein formulierten - Erkenntnissen über die gesamten staatlichen Finanzierungsformen, verlagert sich die folgende detaillierte Betrachtung auf die aktuelle Haushaltsstruktur und insbesondere auf die steuerlichen Finanzierungsformen, um anhand des derzeitigen bundesstaatlichen Finanzierungsetats gewünschte und tatsächliche Veränderungen zu analysieren. Die nachfolgende Tabelle zeigt die geplanten Veränderungen in der Haushaltsstruktur des

61 Eigene Berechnung gem. Bundesministerium der Finanzen (1997), a.a.O., S. 233 und 347, Institut der deutschen Wirtschaft (1997), a.a.O., S. 78 und Deutsche Bundesbank (1997), a.a.O., S. 6.

62 Vgl. Bundesministerium der Finanzen (1997), a.a.O., S. 269 ff.

Jahres 1999 im Vergleich zum Jahr 1998 sowie die in diesen Bereichen - mit Gewichtungsfaktoren ermittelt - gewünschte Richtungsänderung der Bevölkerung.[63]

Tab. 21: Veränderungen in der Finanzierungsstruktur 1997-1998 und von den Bürgern gewünschte Richtungsänderung

Finanzierungsart	**1998-1999 (in %)**[64]	**Mehrheitlich gewünschte Richtung (in%)**[65]	**Disharmonie**
Lohn- u. Einkommensteuer	+ 5,1	- 10,1	•
Mehrwertsteuer	+ 3,1	- 0,1	•
Solidaritätszuschlag	+ 4,9	- 11,8	•
Mineralölsteuer	+ 1,4	+ 1,2	-
Körperschaftsteuer	+ 6,7	+ 1,9	-
Gewerbesteuer	+ 4,5	+ 1,9	-
Tabaksteuer	+ 0,5	+ 12,9	-
Kfz-Steuer	+ 1,9	+ 0,3	-
Grundsteuer	+ 4,1	- 3,5	•
Versicherungsteuer	+ 2,1	- 3,8	•
Ökosteuern	-	+ 5,3	•

Auf den ersten Blick erscheinen die tatsächliche Entwicklung und die präferierte Inanspruchnahme der steuerlichen Finanzierungsformen recht konform. So bestehen nur in fünf der betrachteten zehn Steuerarten der staatlichen Finanzierungsseite Disharmonien. Auffällig ist dabei, daß die höhere Inanspruchnahme der speziellen Verbrauchsteuern von der Bevölkerung - mit Ausnahme der Versicherungssteuer (-3,8%) - fast durchweg befürwortet wird. Wenig konform ist dagegen das Ausmaß der von den Bürgern präferierten und vom Staat veranlagten Steuerarten. So bestehen insbesondere bei der Tabaksteuer (+0,5% versus +12,9%) und der Körperschaftsteuer (+6,7% versus +1,9%) nicht unerhebliche Diskrepanzen in der Niveauveränderung der tatsächlichen und präferierten Inanspruchnahme. Kongruent sind die Präferenzen der Bürger und die

63 Schwierigkeiten treten zumeist bei der Auswertung auf, wenn ordinal geäußerte Bekundungen in kardinal meßbare Daten transformiert werden müssen. Vgl. Gretschmann, Klaus (1989), Welfare spending preferences - Empirical evidence from a logit analysis, Bielefeld, S. 19.

64 Vgl. Bundesministerium der Finanzen (1997), a.a.O., S. 245.

65 Die mehrheitlich gewünschte Richtung ergibt sich aus der Übersetzung der ordinal gemessenen Aussagen in kardinal meßbare Größen. Die Gewichtungsfaktoren ergeben sich aus der Erkenntnis früherer Untersuchungen, wonach die Präferenz für „sehr viel weniger“ in der Regel einem Minus von 25% und ein „weniger“ einem Minus von 10% entspricht. Entsprechendes gilt auch für die Zuwachstendenzen. Vgl. Gretschmann, K. (1994), a.a.O., S. 159.

Veränderungen des Staates letztlich nur bei der Mineralölsteuer, bei der lediglich eine Differenz von 0,2% ermittelt wurde.

Während die Finanzierung über spezielle Verbrauchsteuern also durchaus an den Präferenzen der Bürger orientiert erscheint, offenbaren sich bei den anderen Steuerarten - teilweise erhebliche - Disproportionen. Allen voran werden aus der Sicht der Bürger die Lohn- und Einkommensteuer (+5,1 versus -10,1%) und der Solidaritätszuschlag (+4,9% versus -11,8%) viel zu stark in Anspruch genommen. Die Ablehnung dieser steuerlichen Finanzierungsformen ist vor dem Hintergrund der hohen Steuerausfälle in den letzten Jahren besorgniserregend, da die Lohn- und Einkommensteuer die aufkommenspolitisch größte staatliche Einnahmequelle darstellt. Konträr stellt der geringe Widerspruch gegen eine Ausgabenfinanzierung über die Mehrwertsteuer (-0,1%) eine mögliche Alternative dar, um auch zukünftig die Staatstätigkeit mit Steuermitteln ausreichend finanzieren zu können. Ergänzend zeigt sich in den Untersuchungsergebnissen, daß die Bürger der Einführung einer Ökosteuer durchaus offen gegenüberstehen, da sie mit +5,3% präferiert wird. Die folgende Abbildung verdeutlicht die Unterschiede realer und präferierter Veränderungen, wobei insbesondere beim Solidaritätszuschlag und der Lohn- und Einkommensteuer erhebliche Abweichungen bestehen.

Abb. 52: Reale und präferierte Veränderungen in der Finanzierungsstruktur

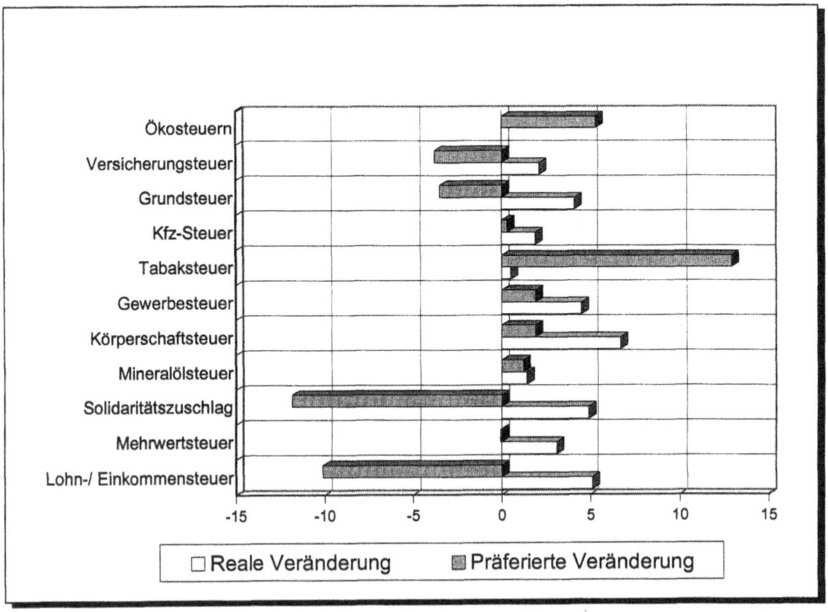

Nachdem zuvor die tatsächlichen Finanzierungsstrukturen und die präferierten Veränderungswünsche untersucht wurden und teilweise erhebliche Disharmonien aufgedeckt werden konnten, steht nachfolgend ein virtueller Finanzierungsetat im Mittelpunkt der Betrachtung.

Zur Aufstellung eines solchen Finanzierungshaushaltes bedarf es zunächst - anhand des Bundeshaushaltes 1997 - der Gewichtung der ordinal erhobenen Präferenzbekundungen der Bürger für steuerliche Finanzierungsinstrumente und einer entsprechende Transformation in kardinale Strukturverschiebungen. Die nachfolgende Tabelle zeigt die sich ergebenden Soll- und Ist-Werte sowie die absoluten und prozentualen Differenzen. Es wird ersichtlich, daß sich hohe prozentuale Veränderungswünsche teilweise nur marginal im absoluten Steueraufkommen niederschlagen, wie beispielsweise die Tabaksteuer - bei einer präferierten Ausweitung um +12,9% mit +2,7 Mrd. DM virtuelles Steuermehraufkommen -verdeutlicht. Dagegen bedeutet eine 10,1%-ige präferierte Minderinanspruchnahme der Lohn- und Einkommensteuer realiter ein steuerliches Minderaufkommen von 12,2 Mrd. DM.

Tab. 22: Präferenzen für Staatseinnahmen gewichtet, und in Strukturverschiebungen der Finanzierungsseite transformiert[66]

Finanzierungsart	**Ist (Mrd. DM)**	**Soll (Mrd. DM)**	**Differenz (abs.)**	**Differenz (in %)**
Lohn- u. Einkommensteuer	117,4	105,2	-12,2	-10,1
Mehrwertsteuer	82,9	82,8	-0,1	-0,1
Solidaritätszuschlag	26,8	23,7	-3,1	-11,8
Mineralölsteuer	66,1	66,9	0,8	1,2
Körperschaftsteuer	16,7	17,0	0,3	1,9
Gewerbesteuer	2,4	2,4	0,0	1,9
Tabaksteuer	20,9	23,6	2,7	12,9
Versicherungsteuer	14,5	13,9	-0,6	-3,8
Haushalt insgesamt	347,7	344,1	-3,6	-1,0

Für die Aufstellung eines virtuellen Finanzierungsetats sind in der folgenden Tabelle steuerliche Finanzierungsformen des Bundeshaushaltes 1997 sowie die präferenzadäquaten Größen vergleichend dargestellt.

66 Vgl. Bundesministerium der Finanzen (1997), a.a.O., S. 47 und 269 ff.

Tab. 23: Bundeshaushaltes 1997 und präferierte Finanzierung im Vergleich

	Einnahmen Bundeshaushalt 1997	Präferenzadäquate Finanzierung
Lohn- und Einkommensteuer	33,86	30,56
Mehrwertsteuer	23,83	24,06
Solidaritätszuschlag	7,65	6,88
Mineralölsteuer	19	19,44
Körperschaftsteuer	4,8	4,94
Gewerbesteuer	0,69	0,69
Tabaksteuer	6,01	6,85
Versicherungsteuer	4,17	4,04

Die Darstellung der absoluten Veränderungen ist auf den ersten Blick wenig aussagekräftig. Deshalb wird in der folgenden Abbildung die prozentuale Veränderung dargestellt, womit Modifikationen für einen präferenzadäquaten Haushalt angezeigt sind.

Abb. 53: Veränderungen in einem virtuellen Finanzierungshaushalt

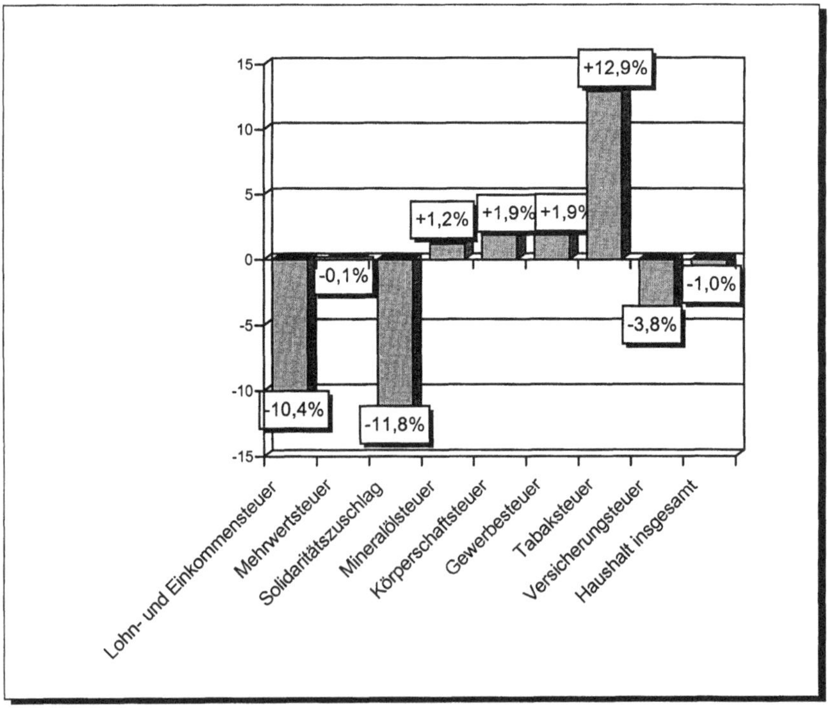

Resümierend zeigt sich, daß im öffentlichen Einnahmesystem insgesamt durchaus Finanzierungsstrukturen vorhanden sind, deren Ausgestaltung und Inanspruchnahme von der Bevölkerung akzeptiert und befürwortet werden. Nichtsdestotrotz existieren aber auch erhebliche Disharmonien zwischen dem tatsächlichen - staatlicherseits auferlegten - Finanzierungsinstrumentarium und der von den Bürgern präferierten Systematik bzw. Komposition. Deutliche Unterschiede bestehen insbesondere in der Beurteilung der direkten und indirekten Steuern. Während die Mehrwertsteuer als allgemeine Verbrauchsteuer mit Einschränkungen durchaus von der Bevölkerung akzeptiert wird, die speziellen Verbrauchsteuern aufgrund von assoziierten Lenkungseffekten - teilweise - sogar verstärkt genutzt werden sollen, lehnen die Bürger die derzeitige Finanzierung der Staatstätigkeit über direkte Steuern (Lohn- und Einkommensteuer und Solidaritätszuschlag) kategorisch ab.

4.2.3 Zur Überprüfung der Hypothesen

Im Mittelpunkt dieses Abschnitts steht die Überprüfung der aufgestellten Hypothesen. Es kann vorweggenommen werden, daß sich die Mehrzahl der im Vorfeld aufgestellten Hypothesen in dieser Untersuchung bestätigten.

These 1: „bestätigt“

Die erste These bezüglich bestehender Informationsmängel über das staatliche Finanzierungsinstrumentarium wird in der Untersuchung eindeutig bestätigt. In der Umfrageerhebung wurden die Bürger zunächst befragt, wie sie sich über den Bereich der öffentlichen Finanzen informiert fühlen. Der im Vorfeld geäußerten Vermutung folgend, ist der Informationsstand in breiten Bevölkerungsgruppen schlecht ausgebildet.[67] Nur 22,2% der Befragten bekunden, sie wären gut bzw. sehr gut über die Einnahmen und Ausgaben des Staates informiert. Offensichtlich ist es den Politikern bisher nicht gelungen, die öffentliche Diskussion transparenter zu gestalten, denn fast die Hälfte der Befragten (48,9%) fühlt sich über die öffentlichen Finanzen schlecht informiert.

Der unzureichend ausgeprägte Informationsstand der Bürger führt zwangsläufig dazu, daß die Zensiten keine genauen Angaben über ihre tatsächliche (objektive) Besteuerung und die Ausgestaltung des deutschen Steuer- und Abgabensystems haben,

67 Vgl. klassische Ansätze: Hansen, S. B. (1983), The Politics of Taxation, New York, S. 179 ff. und Grunow, D., Hegner, F., Kaufmann, F.-X. (1978), Steuerzahler und Finanzamt, Frankfurt, New York, S. 179 ff.

womit die subjektive Bewertung der Finanzierungsbelastung sehr stark beeinflußt wird. Es ist evident, daß gut informierte Bürger dem Staat eine viel höhere Steuer- bzw. Abgabenerhebung konzedieren, da ihnen die Notwendigkeit des staatlichen Zugriffs aufgrund des damit finanzierten staatlichen Güter- und Leistungsangebotes viel stärker bewußt ist. Informationsdefizite sind primär der unzureichenden Informationspolitik der Bundes-, Länder- und Kommunalregierungen, der in den Medien geführten Diskussion sowie dem verbreiteten Desinteresse der Informationsempfänger geschuldet. Eine daraus resultierende Politik- und Staatsverdrossenheit kann aber auch Ausdruck von individueller Unzufriedenheit, Unwissenheit und Orientierungslosigkeit infolge nicht (mehr) nachvollziehbarer staatlicher Maßnahmen sein.

These 2: „bestätigt"

Die zweite These hinsichtlich differierender Belastungsempfindungen für staatliche Finanzierungsformen und unterschiedliche Finanzierungsinstrumente wird in der Untersuchung ebenfalls bestätigt. Zunächst wurde deutlich, daß eine überwältigende Mehrheit der Bürger die derzeitige finanzielle Belastung mit Steuern, Beiträgen und Gebühren beklagt. Fast die Hälfte der Befragten (46,1%) ist der Meinung, daß die Belastung in Deutschland sehr hoch ist und 38,7% empfinden eine hohe Belastung. Die Steuerzahler streben offenkundig nach einer Reduzierung der Gesamtbelastung aufgrund ihrer derzeitigen starken individuellen Belastung.

In den vorherigen Ausführungen wurden bereits ausführlich die unterschiedlichen Belastungsprofile der Bevölkerung für die staatlichen Finanzierungsformen diskutiert. Deutlich zeigte sich, daß indirekte Steuern aufgrund von „relativen" Unmerklichkeiten und individuell zu gestaltenden Einkommensverwendungen zur Finanzierung der Staatstätigkeit von den Bürger tendenziell bevorzugt werden, direkte Steuern dagegen in hohem Maße abgelehnt werden, weil sie sich durch geringe Ausweichmöglichkeiten und hohe Fühlbarkeiten auszeichnen.

Der Vergleich von Gebühren und Sozialversicherungsbeiträgen weist für die Gebühren eine geringere Akzeptanz aus, obwohl sie per definitionem eine adäquatere staatliche Gegenleistung darstellen. Dagegen erscheint die öffentliche Verschuldung mit einem ausgewogenen Erscheinungsbild, die von allen betrachteten staatlichen Finanzierungsformen insgesamt die größte Akzeptanz erfährt.

These 3 und 4: „bestätigt"

Die Hypothese der generell geringen Wahrnehmung von staatlichen Gegenleistungen und der empfundenen differierenden Gegenleistung bei Steuern, Sozialversicherungsbeiträgen und kommunalen Gebühren findet in den Untersuchungsergebnissen ebenfalls Bestätigung. Die Beurteilung des staatlichen Güter- und Leistungsangebotes erfolgt auf der Basis eines schlecht ausgebildeten Informationsstandes. In der Summe sprechen sich die Bürger für eine Ausweitung des staatlichen Leistungsangebotes aus.

Die Analyse der bekundeten staatlichen Gegenleistung offenbart eine unterschiedliche Wahrnehmung des staatlichen Güter- und Leistungsangebotes, wobei staatliche Gegenleistungen generell stark unterschätzt werden. Sehr deutlich wird die verzerrte Wahrnehmung der Staatstätigkeit bei einer differenzierten Betrachtung der Staatseinnahmen in Form der Bekundung des Gegenleistungscharakters von Steuern, Beiträgen und Gebühren. In einer Gesamtschau wird den Steuern die geringste Gegenleistung konzediert, gefolgt von den Sozialversicherungsbeiträgen und den Gebühren.

Ausgangspunkt für den individuellen Vergleich des durch Steuern und Abgaben bedingten Einkommensopfers und den durch das öffentliche Güter- und Leistungsangebot gestifteten Nutzen ist die empirische Beobachtung, daß der Zusammenhang zwischen diesen beiden Elementen staatlicher Finanzpolitik vom Bürger meist nicht direkt wahrgenommen wird. Dieser Umstand hat zur Folge, daß die Bürger dazu neigen, den persönlichen Nutzen, den sie aus der staatlichen Aktivität ziehen, nicht vollständig wahrnehmen und sich vom Staat und den politischen Entscheidungsträgern entsprechend ungerecht behandelt fühlen.

Die Zufriedenheit der Bürger mit dem staatlichen Finanzierungsinstrumentarium ergibt sich aus dem individuell resultierenden Nutzen des staatlichen Leistungsangebotes. Dieser wahrgenommene Nutzen ist davon abhängig, wie der Staat im Bewußtsein der Bürger erscheint und ob fiskalische Ausgaben nach dessen Struktur und Höhe den Vorstellungen der Steuerzahler entsprechen. Bezüglich der Beurteilung des staatlichen Güterangebotes wurden die Bürger gebeten, die Bereiche anzugeben, in denen ihnen staatliche Leistungen wieder zugute kommen. In der nachfolgenden Abbildung sind die Bereiche empfundener staatlicher Gegenleistungen zusammenfassend dargestellt.

Abb. 54: Bereiche empfundener staatlicher Gegenleistungen

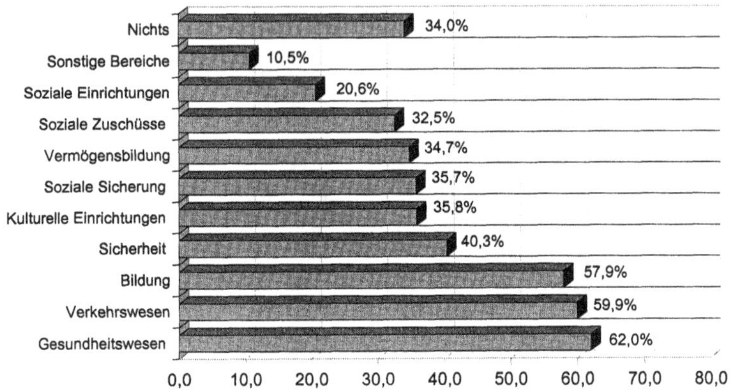

Die Analyse der bekundeten staatlichen Gegenleistung offenbart eine unterschiedliche Wahrnehmung des staatlichen Güter- und Leistungsangebotes. Mit großem Abstand nehmen die Bürger die staatliche Tätigkeit im Gesundheitswesen (62,0%), im Verkehrswesen (59,9%) und im Bildungswesen (57,9%) war. Die relativ hohen Besetzungszahlen sprechen dafür, daß der Zugang zur Inanspruchnahme dieser Leistungen fast allen Bürgern einfach möglich ist und sie entsprechend die staatliche Aufgabenerfüllung transparent wahrnehmen.

Geringer ausgeprägt ist dagegen der Wahrnehmungsgrad bzw. die Empfindung der individuell empfangenen staatlichen Gegenleistung bei der inneren und äußeren Sicherheit (40,3%), kulturellen Einrichtungen (35,8%), der sozialen Absicherung in Form von Arbeitslosen- und Sozialhilfe (35,7%), der Vermögensbildung (34,7%) sowie den sozialen Zuschüssen (z.B. Kindergeld) mit 32,5%. Deutlich sinkt mit einem geringeren Kreis partizipierender Bürger auch die gesamte Wahrnehmung bzw. Wertschätzung dieser öffentlichen Aufgabenerfüllung. Recht überraschend plaziert sich dabei die innere und äußere Sicherheit auf einem Mittelfeldplatz, obwohl Sicherheitsleistungen ausnahmslos allen Bürgern zugute kommen. Als ursächlich für die geringe Wertschätzung des Ausgabenbereichs Sicherheit kann die in der Vergangenheit durch die Bevölkerung vielfach beklagte mangelnde Bekämpfung der gestiegenen Kriminalität und ein infolgedessen erhöhtes perzipiertes Unsicherheitsempfinden angeführt werden. Lediglich 10,6% der Befragten bekunden, daß ihnen überhaupt keine Leistungen zugute kommen, womit dem Staat konzidiert werden kann, daß er sein breit gefächertes Leistungsprogramm durchaus im Bewußtsein der Bürger verortet, es jedoch aufgrund seiner Struktur und insbesondere des Niveaus der staatlichen Tätigkeit insgesamt nur unzureichend wahrgenommen wird.

Bezüglich des derzeitigen Güter- und Leistungsangebotes wurden die Umfrageteilnehmer danach befragt, ob der Staat sein Ausgabenprogramm insgesamt erhöhen, konstant halten oder senken sollte. Aus den Untersuchungsergebnissen wird deutlich, daß die mit Beginn der 70er Jahre begonnene umfassende staatliche Aufgabenübernahme weiter erwünscht ist und verschiedene gesellschaftliche Gruppen ihre Ansprüche weiter durchsetzen wollen. So plädieren 41,2% für eine Erhöhung der Staatstätigkeit und 41,5% für die Aufrechterhaltung der derzeitigen Höhe der Staatsausgaben. Unabhängig von der Frage der Finanzierung öffentlicher Leistungen wird vom Staat die Aufrechterhaltung des gegenwärtigen staatlichen Leistungsangebotes erwartet. Vier Fünftel der Bürger (82,7%) wollen keine Veränderung auf der Ausgabenseite, zumindest nicht in Richtung Einsparung, womit der zur Finanzierung von Staatsausgaben notwendige Finanzierungsmittelbedarf wenigstens konstant bleiben muß.

Vor dem zuvor skizzierten Hintergrund stellte sich die Frage, inwieweit das staatliche Leistungsangebot von den Bürgern wahrgenommen wird und ob die Bürger die staatliche Gegenleistung als angemessen empfinden oder nicht. Für die Beurteilung der gruppenspezifischen Ausgewogenheit der Staatstätigkeit ist in erster Linie aber nicht die prinzipielle Bereitstellung von öffentlichen Gütern von Bedeutung, sondern speziell die gruppenspezifische Ausgewogenheit dieser Güter. Die Respondenten wurden darum gebeten, auf einer Skala von 1 bis 5 eine Einschätzung des Grades der von ihnen wahrgenommenen staatlichen Gegenleistung zu bekunden. Im weiteren Verlauf des Fragebogens wurde den Respondenten in einer Übersicht das gesamte staatliche Güter- und Leistungsprogramm verdeutlicht, um im Anschluß daran, eine wiederholte Beurteilung der Reziprozität von Einnahmen und Ausgaben vorzunehmen. Es zeigt sich, daß der berechnete Mittelwert vor dem Hintergrund der Offenlegung der Staatstätigkeit tendenziell günstiger ausfällt. Vor der Darstellung des Staatsangebotes ergab sich ein Mittelwert von 3,1 Punkten, danach ein (besserer) Wert von 2,8 Punkten.[68] Auch wenn die Bürger nach der Offenlegung Güterangebotes eine höhere staatliche Gegenleistung bekunden, so fallen die Mittelwerte insgesamt doch recht schlecht zu-

68 Der Wert <1> entsprach dabei der Bekundung einer vollen staatlichen Gegenleistung, der Wert <5> entsprechend keiner wahrgenommenen staatlichen Gegenleistung.

gunsten einer verzerrten Wahrnehmung der empfangenen staatlichen Leistungen aus. Deutlicher wird dies bei einer differenzierten Betrachtung der Einnahmen in Form der Bekundung des Gegenleistungscharakters von Steuern, Beiträgen und Gebühren.

Abb. 55: Bekundete Gegenleistung bei Steuern, Beiträgen und Gebühren

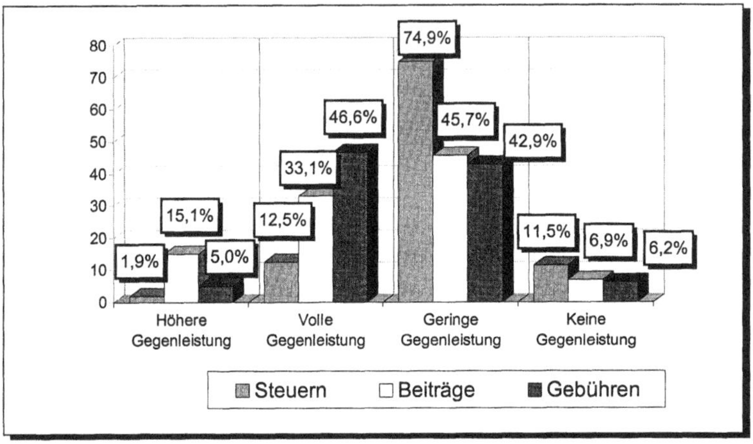

Insbesondere bei den Steuern (direkte und indirekte Steuern) empfinden fast drei Viertel der Befragten (74,9%), daß sie keine adäquate Gegenleistung für ihre gezahlten Entgelte erhalten, gefolgt von der bekundeten Gegenleistung bei Sozialversicherungsbeiträgen mit immerhin noch 45,7% und - unerwartet - den kommunalen Gebühren mit 42,9%. Auch wenn ein gewisser Grad der Wahrnehmungsverzerrung durchaus verständlich ist, weil sich die Bürger über den Zusammenhang zwischen öffentlichen Leistungen und der Finanzierung nicht vollständig bewußt sind, so ist das Ergebnis überraschend.

Wenngleich man bei Steuern die Wahrnehmungsverzerrung ansatzweise vermuten konnte, weil die zu zahlenden Steuern im Dickicht der gesamten Mittelverwendung scheinbar zu verschwinden drohen und ihnen somit offensichtlich keine adäquate Gegenleistung zu erkennen ist (Non-Affektation), erscheint die Votierung bei Beiträgen und Gebühren eindeutig die Folge fiskalischer Illusionen zu sein, der die Bürger in erheblichem Maße unterliegen. Immerhin erkennen bei den Gebühren noch 46,2% der Befragten eine volle staatliche Gegenleistung, wohingegen dies bei den Beiträgen nur knapp ein Drittel (32,8%) äußert. Aus Gründen der Akzeptanz und insbesondere der Finanzierungsbedeutung der wichtigsten staatlichen Einnahmequellen - den Steuern -

ist es geradezu besorgniserregend, daß nur 12,4% bei Steuern eine volle empfundene Gegenleistung bekunden.

Die Ergebnisse der Erhebung zeigen aber dennoch, daß den Gebühren der höchste Grad staatlicher Gegenleistung zugesprochen wird. Daß gleichwohl eine Vielzahl von Bürgern in erheblichem Maße fiskalischen Illusionen unterliegt, ist vornehmlich der hohen Sensibilität der Bürger für das Verhältnis von Kosten und Nutzen bei Gebühren zuzuschreiben. Die in den letzten Jahren erfolgten massiven Erhöhungen der Gebühren für Abfall- und Abwasserentsorgung rufen einen breiten Widerspruch in der Bevölkerung hervor und die gänzliche Streichung von Leistungen auf kommunaler Ebene fallen wesentlich stärker ins Auge als auf Landes- oder Bundesebene. Die Erklärung der Beurteilung der Gegenleistung von Sozialversicherungsbeiträgen mag in erster Linie der unterschiedlichen Inanspruchnahme der damit verbundenen Leistungen geschuldet sein, weil ein Zusammenhang zwischen der tatsächlichen Inanspruchnahme staatlicher Leistungen und der Bekundung der dabei empfundenen Gegenleistung besteht.

Resümierend offenbart sich eine unspezifische Wahrnehmung des staatlichen Leistungsangebotes. Das eruierte Mißverhältnis basiert darauf, daß die Steuerzahler eine Vielzahl öffentlicher Leistungen nur passiv konsumieren und daß der Zusammenhang zur Wahrung des Leistungsfähigkeitsprinzips der Besteuerung von seiten des Staates bewußt vermieden wird. Die Bürger unterliegen daher in erheblichem Maße fiskalischen Illusionen, weil sie systematisch die Steuer- und Abgabenkomponente überschätzen und ihren Nutzen aus der Inanspruchnahme staatlicher Leistungen unterschätzen. Werden die Bürger explizit mit dem ihnen zugute kommenden öffentlichen Güter- und Leistungsangebot konfrontiert, bekunden sie eine tendenziell höhere staatliche Gegenleistung. Für die finanzpolitischen Entscheidungsträger ergibt sich hieraus langfristig die Verantwortung und Verpflichtung, mehr zweckgebundene Finanzierungsformen zu implementieren, womit eine umfassende Dokumentation der Mittelverwendung gewährleistet und eine höhere Transparenz bzw. bessere Belastungsakzeptanz erreicht werden könnte. Zudem bedarf es eines erhöhten Informationsflusses, um den Bürgern die vielfältige Aufgabenerfüllung des öffentlichen Sektors zu vergegenwärtigen.

These 5: „bestätigt“

Die Ermittlung von Präferenzen für einzelne Steuerarten zeigt ein differenziertes Erscheinungsbild. Lohn- und Einkommensteuer und der Solidaritätszuschlag werden in der Mehrheit abgelehnt, die Inanspruchnahme der Mehrwertsteuer und spezielle Verbrauchsteuern finden dagegen - teilweise - Zuspruch. Bei den speziellen Verbrauchsteuern werden vornehmlich die Tabaksteuer, gefolgt von der Mineralölsteuer und der Gewerbesteuer präferiert. Indifferent zeigen sich die Bürger bei der Körperschaft-, Kfz-, Versicherung- und Grundsteuer, was auf eine nur schemenhafte Wahrnehmung dieser Steuern zurückzuführen ist, wohingegen sich die Hälfte der Befragten für die Einführung einer Ökosteuer ins deutsche Steuersystem ausspricht.

These 6: „bestätigt"

Auch die sechste These bezüglich der Verwendung von staatlichen Finanzierungsmitteln und hohen Verschwendungspotentialen wird bestätigt. Vor dem Hintergrund der Aufrechterhaltung des staatlichen Leistungsangebotes und den zuvor festgestellten Wahrnehmungsverzerrungen bei unterschiedlichen Einnahmearten, besteht zusätzlich das Problem der tatsächlichen und wahrgenommenen Ineffizienz staatlicher Tätigkeiten. Bei der Frage nach der Verschwendung von Steuergeldern offenbart sich in der Bevölkerung eine unmißverständliche Tendenz.

Abb. 56: Die Verschwendung von Steuergeldern

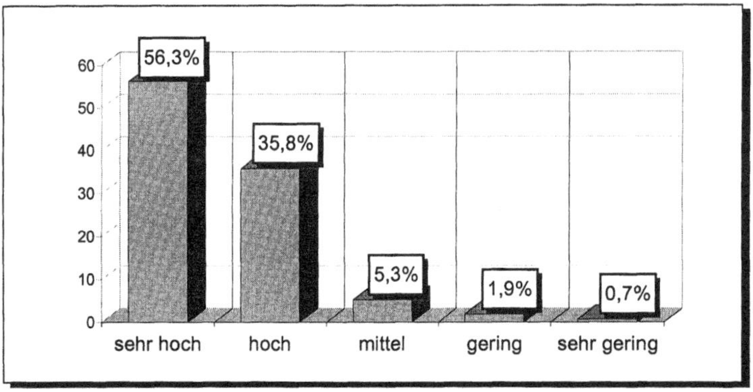

Bei der Finanzierung von Staatsleistungen und insbesondere der Verwendung von Steuergeldern sehen 56,3% der Befragten ein sehr hohes und 35,8% ein hohes Verschwendungspotential. Damit liegt der Prozentanteil derer, die das Problem der öffentlichen Verschwendung beklagen, bei über 92%. Es ist insofern ein Zustand zu beklagen, den es nachhaltig zu regulieren gilt, um nicht gänzlich das Vertrauen der Bevölkerung zu verlieren. Im Zusammenhang mit der Verschwendung von Steuergeldern ist weiterhin danach zu fragen, inwieweit die Wirtschaftssubjekte staatliche Ineffizienzen wahrnehmen, d.h. ob Steuermittel für bestimmte staatliche Aufgabenbereiche richtig (effizient) verwendet werden, oder ob ein Teil des Steueraufkommens im Bewußtsein der Bürger durch den Staat unwirtschaftlich verwendet wird. Bezüglich der Verwendung von Steuergeldern durch den Staat empfinden die Bürger eine extrem hohe staatliche Ineffizienz. Sie erkennen in hohem Maße Verschwendungspotentiale, öffentliche Ineffizienzen und Unzulänglichkeiten bei der staatlichen Aus- und Aufgabenerfüllung. So wird häufig Kritik an den aus Imagegründen überdimensionierten öffentlichen Investitionsprojekten, wie beispielsweise an übertriebenen Stadtverschönerungsmaßnahmen geübt. Zudem wird vielfach beklagt, daß Steuergelder in Milliardenhöhe verschwendet und notwendige Ausgaben und Transferzahlungen eingespart werden.[69]

Angesichts der zuvor formulierten Problematik stellt sich die Frage, ob die im öffentlichen Sektor wahrgenommenen Ineffizienzen für die Steuerzahler Veranlassung genug sind, eine weniger starke Nachfrage nach öffentlichen Leistungen zu artikulieren, da das Preis-Leistungsverhältnis der staatlichen Güterbereitstellung nicht mehr für adäquat gehalten wird, oder ob sie für eine Reduzierung der Steuer- und Abgabenlast plädieren. Letzteres hieße, aufgrund eines geringeren Finanzierungsbeitrages, ein geringeres staatliches Leistungsangebot zu ermöglichen, womit in der Wirkung das öffentliche Verschwendungspotential verringert werden könnte. Wie die Erkenntnisse in diesem Abschnitt zeigen, spricht sich die große Mehrheit der Bürger gegen eine Kürzung der Staatsausgaben aus, womit der zuvor geäußerten Vermutung entsprochen wird, daß die Befragten eine Verringerung von Verschwendungspotentialen durch eine Reduzierung der steuerlichen Belastung bevorzugen. Mit der Verringerung der öffentlichen Verschwendung verbinden die Bürger dementsprechend eine Rückführung der individuellen Finanzierungslast.

Vor dem zuvor skizzierten Hintergrund bestätigt sich die These, daß je mehr die Bürger über die Verwendung von Steuergeldern wissen, desto höher wird ihre Bereitschaft sein, die Abgabenbelastung zu ertragen. Mehr als die Hälfte der Befragten (53,9%) würde die derzeitige finanzielle Steuerbelastung dulden, wenn bekannt wäre, wie die Steuergelder verwendet würden. Die nachfolgende Abbildung verdeutlicht die geäußerte Bekundung.

69 Vgl. Bund der Steuerzahler (1997), Die öffentliche Verschwendung - Schwarzbuch des Bundes der Steuerzahler, Wiesbaden, S. 4 f. und Bund der Steuerzahler (1998), Die öffentliche Verschwendung - Schwarzbuch des Bundes der Steuerzahler, Wiesbaden, S. 3 f.

Abb. 57: Akzeptanz der Abgabenbelastung bei Kenntnis der Verwendung

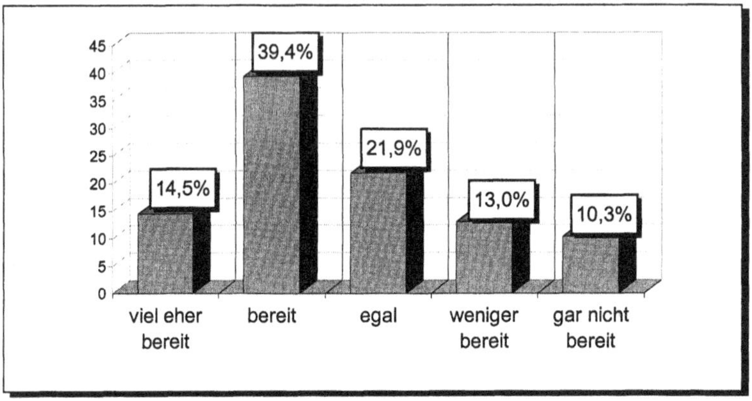

Der recht hohe Prozentanteil derer, die bekunden, sie wären auch bei einer Offenlegung der Verwendung der steuerlichen Mittel nicht bereit, die hohe Steuerbelastung hinzunehmen, ist damit zu erklären, daß selbst bei zweckgebundenen Finanzierungsinstrumenten staatliche Ineffizienzen nicht gänzlich zu unterbinden sind, weshalb ein Viertel der Befragten (13,3% „weniger bereit", 10,3% „gar nicht bereit") gewisse Vorbehalte hegt.

These 7: „bestätigt"

Die Untersuchungsergebnisse zeigen, daß das deutsche Steuersystem von den Bürgern als reformbedürftig angesehen wird und ein Umbau der gegenwärtigen Finanzierungsstruktur unausweichlich erscheint, womit die siebte These bestätigt wird. Vor dem Hintergrund eines schlecht ausgebildeten Informationsstandes bewerten die Bürger das deutsche Steuersystem. Es gilt in der Bevölkerung als leistungsfeindlich, intransparent und wenig praktikabel. Aus der Ermittlung von Mittelwerten ergibt sich für das deutsche Steuersystem ein eindeutiges Profil, das in dem nachfolgend dargestellten Eindrucksdifferential erkennbar ist.[70]

---

70 Die gewählte Darstellungsmethode bezeichnet man auch als „semantisches Differential". Vgl. Schnell, R., Hill, P. B., Esser, E. (1995[5]), Methoden der empirischen Sozialforschung, München, Wien, S. 166 und Osgood, C. E., Suci, G. J., Tannenbaum, P. H. (1957), The Measurement of Meaning, Urbana.

Abb. 58: Beurteilung des deutschen Steuersystems[71]

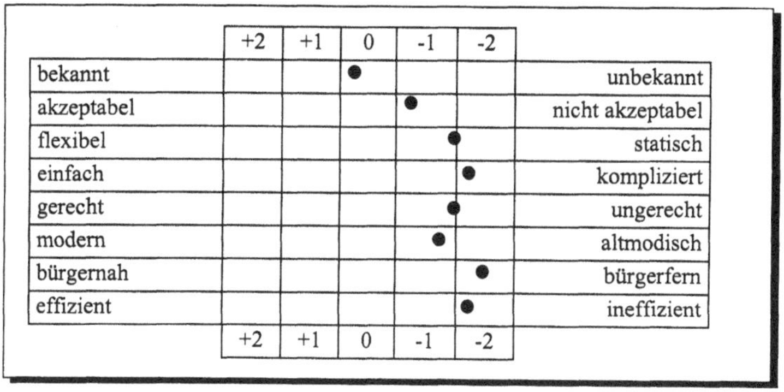

Das deutsche Steuersystem wird in der Einschätzung der Bevölkerung fast durchweg negativ beurteilt. Lediglich die erste Frage der Bekanntheit des Steuersystems, wird mit einer „positiven" Tendenz in dem Sinne bewertet, daß der Mehrheit der Befragten das Steuersystem bekannt ist. In der übrigen Beurteilung tendieren die Befragten jedoch fast ausnahmslos zu den negativen Attributen der gebildeten Gegensatzpaare. Im allgemeinen erscheint das Steuersystem damit wenig flexibel, altmodisch und nur mit einer geringen Bürgernähe ausgestattet. In seiner spezifischen Ausgestaltung wird es zudem als ineffizient, ungerecht und kompliziert angesehen. Es zeigt sich, daß sich die mit ideologischen und parteipolitischen Positionen überfrachtete steuerpolitische Diskussion durch die Unbeweglichkeit der Politik in eine Sackgasse manövriert hat. Zudem ist das Einkommensteuersystem in hohem Maße zu einem Verteilungs- und Lenkungsinstrument denaturiert, weil zu viele Lenkungsnormen zu ständigen Zielkonflikten und Zielverletzungen führen.

Vor diesem Hintergrund empfinden nur 5% der Befragten das deutsche Steuer- und Abgabensystem als gerecht, hingegen verbinden mehr als zwei Drittel (68,7%) damit mehr Ungerechtigkeiten. Die offenkundige Unzufriedenheit der Bevölkerung resultiert dabei weitgehend aus subjektiv wahrgenommenen Steuerungerechtigkeiten, ungelösten finanzpolitischen Problemen sowie gruppenspezifischen Wahrnehmungsfiltern.[72] Insofern ist die Forderung von Tipke einsichtig, der zur Überwindung des Mißverhältnisses von tatsächlicher und empfundener Ungerechtigkeit, eine „[...] *ge-*

71 Die Bürger konnten auf einer Skala von -2 (pos.) bis +2 (neg.) ihre Meinung bekunden.

72 Letztere führen zu einer Überschätzung der eigenen Finanzierungsbeiträge und einer Unterschätzung der Finanzierungsleistung anderer Gruppen.

rechte Verteilung der Gesamtsteuerlast auf die einzelnen Bürger als einen (...) Imperativ der Ethik [...]" bezeichnet.[73]

Die Komplexität und Intransparenz des Steuersystems verstärkend, zeigt sich, daß fast zwei Drittel (59,8%) der Befragten bekunden, sie hätten zu wenig Zeit, um sich mit den öffentlichen Finanzen zu beschäftigen. Indirekt dokumentiert sich in diesem Punkt eine gewisse Form der Resignation und Verdrossenheit, weil gleichzeitig nur ein Fünftel der Befragten (19,5%) den Bereich der öffentlichen Finanzen für zu kompliziert halten. Zudem offenbart sich eine Form der Uninteressiertheit an öffentlichen Dingen, die sich zum größten Teil aus der Unkenntnis der staatlichen Einnahmestruktur und des Steuersystems selbst begründet, letztlich aber auch einer allgemeinen Grundstimmung der Individuen zum Staat als Institution geschuldet ist. Bisherige Versuche und Ansätze, grundlegende Systemreformen auf den Weg zu bringen, waren nur mit mäßigem Erfolg verbunden.[74] Es dominiert in der derzeitigen Steuerreformdebatte vielmehr ein Reform-Inkrementalismus, der an aktuellen und punktuellen Handlungsbedürfnissen ausgerichtet ist. Eine systematische, an übergeordneten Prinzipien orientierte und nachhaltig angelegte Innovationskraft ist nur selten zu entdecken. Die Steuerpolitik entwickelte in den letzten Jahren zudem in weiten Bereichen ein problematisches Eigenleben, das durch Immobilismus und Unsystematik gekennzeichnet ist, weil Steuern oder Steuernormen, die konzeptionell nicht mehr in das Steuersystem passen, nur unter großen politischen Widerständen reformiert werden können.[75]

Aus der Analyse der Bewertung des deutschen Steuersystems ergibt sich ein erheblicher steuerpolitischer und -systematischer Veränderungs- bzw. Korrekturbedarf. In der Bevölkerung besteht ungebrochen der Wunsch nach einer Veränderung der derzeitigen Situation. Für zwei Drittel der Befragten (65,2%) sind in der derzeitigen Konstellation und Ausgestaltung des deutschen Steuersystems Reform- bzw. Verbesserungspotentiale vorhanden, wohingegen nur 19,2% die Meinung äußern, daß man an der derzeitigen Situation nichts ändern kann. Dem in der Bevölkerung weit verbreiteten Reformbestreben wird durch den Wunsch nach einer stärkeren individuellen Partizipation an finanzpolitischen Entscheidungen Nachdruck verliehen, da mehr als zwei Drittel (66,5%) der Bürger eine stärkere individuelle Mitbestimmung bei politischen Entscheidungen wünschen. Es ist evident, daß Bürger, die in den politischen Willensbildungsprozeß - vornehmlich im Bereich der Steuerpolitik bzw. im finanzpolitischen

73 Vgl. Tipke, K. (1993), a.a.O., S. 261.
74 Vgl. Bach, S. (1997), a.a.O., S. 291 f.
75 Vgl. Bach, S. (1997), a.a.O., S. 298.

Entscheidungsprozeß - stärker integriert bzw. berücksichtigt sind, das staatlicherseits auferlegte Finanzierungsinstrumentarium eher dulden werden.

Durch eine erkennbar bessere Partizipationsmöglichkeit (z.B. Volksbefragungen) besteht für die Bevölkerung ein größerer Anreiz, sich über die Höhe der eigenen Steuer- und Abgabenbelastung zu informieren, um auf diese Weise nach eigenen Vorstellungen und Belastungsempfindungen entscheiden zu können. Verhindert wird auf diese Weise auch die bewußte oder unbewußte Mißachtung der Präferenzen der Bürger, wenn die gewählten politischen Repräsentanten finanzpolitische Entscheidungen treffen. Die Ergebnisse der Untersuchung zeigen, daß 26,1% der Befragten eine viel stärkere Mitbestimmung bei finanzpolitischen Entscheidungen wünschen, 40,4% eine stärkere Mitbestimmung bevorzugen und lediglich 9,7% eine geringere bzw. viel geringere Mitbestimmung präferieren.

In der Konsequenz führt ein kompliziert anmutendes Steuersystem und eine ablehnende Haltung der Bürger zu Finanzbeamten, Staatsdienern und politischen Entscheidungsträgern zu einer im allgemeinen größer empfundenen Unsicherheit der Bevölkerung. Insofern bewirkt die Unübersichtlichkeit und Komplexität des deutschen Steuersystems, daß nur einzelne bzw. wenige Individuen vollständig über die Ausgestaltung, Wirkungsweise und interpersonelle Verteilungsstruktur des Steuer- und Abgabensystems informiert sind. Es ist offensichtlich, daß die unüberschaubare und willkürliche Vielfalt des staatlichen Zugriffs zu Frustrationen und Verdrossenheiten in der Bevölkerung führt, die sich in der Summe zu einer ablehnenden Haltung gegenüber vielen kontrovers geführten finanzpolitischen - in erster Linie einnahmeseitigen - Vorschlägen und Maßnahmen formieren. Auch angesichts der ständigen Diskussion um geplante Steuer- und Steuerrechtsänderungen ist es fraglich, inwieweit Politikäußerungen zu diesem Thema heute noch glaubwürdig erscheinen. Auch wenn die Erwartungen der Bevölkerung an die Reform des deutschen Steuer- und Abgabensystems im Hinblick auf Wachstum, Wohlstand und Beschäftigung kurz- und mittelfristig tiefer gehängt werden müssen, ist es langfristig wichtig, die Effizienz der Wirtschaft durch Anpassungen bei den steuerlichen Rahmenbedingungen zu verbessern. In diesem Zusammenhang gilt es gleichermaßen die Steuergerechtigkeit zu erhöhen, eine Vereinfachung des Steuer- und Abgabensystems herbeizuführen[76], die Belastungsgleichheit zu verbessern und die Vollzugskosten zu verringern.

76 Vgl. Isensee, J. (1994), Vom Beruf unserer Zeit für Steuervereinfachung, in: Steuer und Wirtschaft, Zeitschrift für die gesamten Steuerwissenschaften, S. 3 f.

These 8: „nicht bestätigt“

Die achte These, wonach die Privatisierung und die Staatsverschuldung für die Bürger alternative Möglichkeiten zur Finanzierung der Staatstätigkeit darstellen, wird nicht bestätigt. Die Ergebnisse zeigen, daß der Staat neben der Privatisierung öffentlicher Einrichtungen vornehmlich auf der Ausgabenseite erhebliche Einsparungen durch eine Reduzierung des staatlichen Ausgabenprogramms vornehmen sollte. Und entgegen der im Vorfeld geäußerten Vermutung wird die Staatsverschuldung als sinnvolle Alternative zur Konsolidierung der öffentlichen Finanzen abgelehnt. Es ist vielmehr ein neuer Trend bezüglich der öffentlichen Verschuldung zu erkennen, der aus einem veränderten Verschuldungsempfinden der Bürger resultiert, wonach staatliche Schulden heutzutage als unangemessen gelten und den Bürgern die Problematik der Staatsverschuldung viel bewußter ist.

These 9: „bestätigt“

Die neunte These hinsichtlich der Wirkungsweise der Staatsverschuldung bei einer Konfrontation mit zukünftigen Steuererhöhungen wird dagegen bestätigt. Wegen der Problematik intergenerativer Aspekte lehnt die Mehrheit der Befragten die kreditfinanzierte Staatsausgabentätigkeit ab, weil dadurch nachfolgende Generationen mit Steuererhöhungen belastet werden.

These 10: „bestätigt“

Die These über grundsätzlich stabile Finanzierungspräferenzen, aber unterschiedliche Determinanten der Präferenzbekundung wird bestätigt. Die Analyse der Untersuchungsergebnisse zeigt für die staatlichen Finanzierungsformen die Existenz unterschiedlicher Determinanten auf, die das Präferenzbekunden der Bürger beeinflussen. Vornehmlich handelt es sich dabei um die Variablen „alter“, „belastug“, „bildung“, „distribu“, „einkomme“ und „gegenl_1“. Hinsichtlich der Wirkungsweise der einzelnen Variablen und ihrer Kausalität sei auf die Ausführungen in Kapitel 4.2.1.1 („Präferenzen für staatliche Finanzierungsformen“) hingewiesen.

These 11: „bestätigt“

Bestätigung findet auch die elfte These, wonach der idealtypische präferenzbasierte Finanzierungsetat - teilweise erheblich - von den tatsächlichen Finanzierungsstrukturen abweicht. Die Untersuchung von tatsächlichen Finanzierungsstrukturen und präferierten Veränderungswünschen führte zur Aufdeckung von erheblichen Disharmonien. Auch wenn sich hohe prozentuale Veränderungswünsche teilweise nur marginal im absoluten Steueraufkommen niederschlagen, sind doch deutlich präferierte Verschiebungen erkennbar. Deutliche Unterschiede bestehen insbesondere in der Beurteilung der direkten und indirekten Steuern. Während die Mehrwertsteuer als allgemeine Verbrauchsteuer mit Einschränkungen durchaus von der Bevölkerung akzeptiert wird, lehnen die Bürger die derzeitige Finanzierung der Staatstätigkeit über die Lohn- und Einkommensteuer sowie den Solidaritätszuschlag kategorisch ab.

These 12: „bestätigt"

Vor dem Hintergrund der vorherigen elf Hypothesen, die größtenteils durch die Untersuchungsergebnisse bestätigt wurden, kann auch die letzte These der unzureichenden Orientierung des Staates an den Präferenzen der Bürger als bestätigt gelten. Die vorherigen Ausführungen haben gezeigt, daß die öffentliche Finanzpolitik bzw. das staatliche Finanzgebaren nicht an den Präferenzen der Bürger ausgerichtet ist. In Übereinstimmung mit den Ergebnissen früherer Untersuchungen sind die Wahrnehmung der Einführung oder Veränderung einzelner staatlicher Finanzierungsinstrumente sowie Veränderungen der Komposition des staatlichen Finanzierungsinstrumentariums nicht an individuellen bzw. kollektiven Vorstellungen Präferenzen der Bürger orientiert. Die Konsequenz dieser langfristigen Fehlentwicklung kann ursächlich mit dem in der Bevölkerung wahrgenommenen Bild des öffentlichen Finanzgebarens, dem in den letzten Jahren aufgrund höherer Abgabenbelastung gestiegenen Abgabenwiderstand sowie dem unbefriedigenden Verhältnis von Bürger und Staat begründet werden.

Zusammenfassend kann festgestellt werden, daß das öffentliche Finanzgebaren von den Bürgern verschwommen und die Beurteilung der öffentlichen Finanzen bezüglich des staatlichen Leistungs- und Finanzierungssystems auf dieser Basis unspezifisch wahrgenommen wird. Hinsichtlich der Offenlegung von Belastungsprofilen, präferierten Steuerarten und der Bewertung des staatlichen Finanzierungsinstrumentariums unterliegen die Bürger fiskalischen Illusionen, die sich in der Konsequenz zu einer tendenziell ablehnenden Haltung (geringen Akzeptanz) gegenüber den gesamten Staatseinnahmen formieren. Die in diesem Abschnitt eruierten Erkenntnisse verdeutlichen nachdrücklich, daß die Komposition des staatlichen Finanzierungsinstrumentariums und Veränderungen an bestehenden Finanzierungsformen offensichtlich nur partiell an den Vorstellungen und Präferenzen der Bürger orientiert sind.

4.2.4 Konklusionen und Perspektiven

Wie die Untersuchungsergebnisse insgesamt zeigen, hat es den Anschein, als habe der Staat die ökonomischen und psychologischen Grenzen der Einnahmeerzielung erreicht.[77] Steuer- und finanzpolitische Schwellenwerte, von denen manche heutzutage schon erreicht sind, führen zu Reaktionen, die sich in Form von fehlenden Investitionen, geringerer Produktivität und Steuerhinterziehung äußern. In der Konsequenz bedeutet dies für die gesamte Volkswirtschaft eine Abnahme des Volkseinkommens (economic limits) und eine Verminderung des Steueraufkommens (fiscal limits).[78] Um jedoch die Leistungsfähigkeit eines marktwirtschaftlichen Systems nicht zu gefährden, müssen objektive und subjektive Grenzen der öffentlichen Einnahmeerzielung beachtet werden. Insofern offenbart die vorliegende Untersuchung zur Ermittlung von Bürgerpräferenzen für staatliche Finanzierungsinstrumente und die Komposition der steuerlichen Finanzierungssystematik eine Vielzahl interessanter Erkenntnisse, die langfristig dazu beitragen können, die Akzeptanz für den staatlichen Zugriff in der Bevölkerung zu erhöhen und den notwendigen öffentlichen Finanzierungsbedarf zu realisieren.

Ausgangspunkt dieser Untersuchung war die Erkenntnis, daß sich in der Bevölkerung eine allgemeine Unzufriedenheit mit dem derzeitig erhobenen staatlichen und insbesondere steuerlichen Finanzierungsinstrumentarium verbreitet hat und zuzunehmen scheint, obwohl die volkswirtschaftliche Steuerquote in den letzten 20 Jahren nahezu konstant geblieben ist. Darüber hinaus wurde vermutet, daß die Bürger einzelne Steuerarten hinsichtlich ihrer tatsächlichen Höhe und Belastungswirksamkeit nicht richtig einschätzen, weil sie aufgrund eines häufig verzerrten Blickwinkels Finanzierungsentgelte, die sie entrichten müssen, überschätzen und Entgelte, die andere Gruppen abführen müssen, systematisch unterschätzen. Für die Bürger bedeutet dies, daß sie die wahren Kosten des öffentlichen Leistungsangebotes kaum oder gar nicht wahrnehmen und fiskalischen Illusionen unterliegen.

Für die politischen Entscheidungsträger stellt sich vor diesem Hintergrund die Frage, welche öffentlichen Finanzierungsinstrumente in welcher Komposition die größte Akzeptanz in der Bevölkerung finden, um langfristig die Finanzierung des öffentlichen Mittelbedarfs aufrecht erhalten zu können. Unlängst treten zudem Forderungen auf, die darauf zielen, daß die Art der staatlichen Finanzierungstätigkeit den Präferenzen und Erwartungen der Bürger stärker Rechnung tragen muß, weil die Berücksichtigung von Bürgerpräferenzen der offenkundigen Staats- bzw. Politikverdrossenheit sowie den neuerdings erheblich zu beklagenden Steuerausfällen entgegenwirkt.

---

77 Vgl. Schmölders, G., Hansmeyer, K.-H. (1980^5), Die Grenzen der Besteuerung, in: Allgemeine Steuerlehre, Berlin, S. 97-130, Forschungsstelle für empirische Sozialökonomik (1997), a.a.O., Köln und Niessen, H.-J., Haarland, H. P. (1995), a.a.O., S. 33 f.

78 Vgl. Gretschmann, K. (1996), Öffentliche Anhörung im Haushalts- und Finanzausschuß des Landtages NRW zum Gesetzentwurf zur Änderung der Verfassung des Landes NRW und der Landeshaushaltsordnung zur Begrenzung der Neuverschuldung, Düsseldorf, S. 20 f.

In gleicher Weise ist eine sparsame Haushaltspolitik den Bürgern leichter zu vermitteln und damit auch besser durchsetzbar, wenn die Präferenzen der Bürger bezüglich der Zusammensetzung des öffentlichen Finanzierungsinstrumentariums und der anteiligen Gewichtung einzelner Finanzierungsinstrumente stärker beachtet werden.

Im Mittelpunkt dieser Untersuchung stand primär die Beantwortung der Frage, inwieweit die Finanzierung des Staates durch einzelne staatliche Finanzierungsinstrumente und deren Komposition an den Präferenzen der Bürger orientiert ist und welche Determinanten der individuellen Präferenzäußerung zugrunde liegen. Hinsichtlich der traditionellen Finanzierungsinstrumente offenbarte sich ein differenziertes Erscheinungsbild. Direkte Steuern und kommunale Gebühren werden stark abgelehnt, indirekte Steuern und Sozialversicherungsbeiträge werden - mit Abstrichen - akzeptiert und bei der öffentlichen Kreditaufnahme zeigt sich ein ausgeglichenes Bild bezüglich der Akzeptanz. Bei der Betrachtung einzelner Steuerarten wird deutlich, daß die derzeitige Inanspruchnahme der Lohn- und Einkommensteuer sowie des Solidaritätszuschlags entschieden abgelehnt wird, die Mehrwertsteuer und einzelne spezielle Verbrauchsteuern (z. B. Tabak-, Mineralöl- und Gewerbesteuer) hingegen zur Finanzierung der Staatstätigkeit akzeptiert bzw. befürwortet werden.

In der politischen Willensbildung zeichnet sich gegenwärtig - in Ansätzen analog den in dieser Untersuchung ermittelten Präferenzen der Bürger - ein Konsens ab, Entlastungen bei der direkten Besteuerung mit der indirekten Besteuerung des Verbrauchs zu finanzieren.[79] Diskutiert werden in diesem Zusammenhang vornehmlich die Anhebung der Mineralöl- und Mehrwertsteuer, eventuell auch ergänzt durch Umweltabgaben.[80] Basierend auf den Erkenntnissen der vorliegenden Arbeit erscheint diese Umstrukturierung gleichermaßen sinnvoll und zukunftsweisend, da sie auf eine relativ breite Zustimmung in der Bevölkerung treffen würde. Doch allein eine Erhöhung der Mehrwert- oder Mineralölsteuer, das zeigen die Erfahrungen der 90er Jahre, bedeutet noch keine fundamentale Veränderung im Verhältnis der Bürger zum Staat. Der in der politischen Diskussion angedachte Umstrukturierungsprozeß muß im Rahmen einer großen Steuerreform mit gezielten Maßnahmen, die nachfolgend als Ergebnis dieser Untersuchung formuliert sind, konsequent begonnen und fortgeführt werden.

79 Vgl. Mitschke, J. (1994), Integration von Steuer- und Sozialleistungssystem - Chancen und Hürden, in: Steuer und Wirtschaft, S. 153 f.

80 Vgl. Bach, S. (1997), a.a.O., S. 291.

Aufgrund der gegenwärtigen Intransparenz und Komplexität des deutschen Steuersystems fällt der Wirtschaftsstandort Deutschland im internationalen Wettbewerb zurück, belasten falsche Steueranreize dringend notwendiges Wirtschaftswachstum und verletzen ständige Korrekturen das Prinzip der Rechtssicherheit.[81] Letztlich führt dies zu einem Verlust der Plausibilität und damit zu einer geringeren Überzeugungskraft für die Bürger.

Die Zielsetzung einer zukünftigen Steuerreform muß es deshalb sein, die Steuer- und Abgabenbelastungen gerechter zu verteilen, Leistungsanreize zu stärken, Fehllenkungswirkungen der Besteuerung zu verringern und damit längerfristig auch die wirtschaftlichen Rahmenbedingungen für einen effizienten Einsatz der Produktionsfaktoren zu verbessern.[82] Dabei gilt es zunehmend die aktuellen Reformperspektiven und Diskussionslinien einer möglichen Steuerreform im Hinblick auf die Lösung des wohl größten Problems - der Bekämpfung der Arbeitslosigkeit - zu beachten.[83]

Neben der Reform der Lohn- und Einkommensteuer mit der Veränderung von Steuervergünstigungen[84], der Reform der Unternehmens- und Kapitaleinkommensbesteuerung, der Senkung der Belastung der Arbeitseinkommen mit Sozialabgaben sowie der Reform der Vermögensbesteuerung (Erbschaft-, Schenkung-, Grunderwerb- und Grundsteuer) muß vor allem eine Verlagerung des Steueraufkommens auf den Verbrauch stattfinden, um positive Steuermentalitäten zu erhalten und nicht gänzlich das Vertrauen in den Staat zu zerstören.

Die Ergebnisse der Untersuchung lassen erkennen, daß im öffentlichen Einnahmesystem durchaus Finanzierungsinstrumente und -strukturen vorhanden sind, die auf eine gewisse Akzeptanz in der Bevölkerung treffen. Insgesamt läßt sich jedoch erkennen, daß die Finanzierung der Staatstätigkeit viel stärker an die Präferenzen der Bürger angepaßt werden muß, weil teilweise erhebliche Disharmonien zwischen dem tatsächlichen Finanzierungsinstrumentarium und der von den Bürgern präferierten Komposition existieren, weshalb sich die Bürger generell auch gegen die Aufrechterhaltung des derzeitigen Niveaus und der Struktur der Finanzierungssystematik aussprechen. In diesem Zusammenhang sind eine Reihe von Empfehlungen zur Umorientierung bzw. Umstrukturierung des deutschen Steuersystems abzuleiten. Um eine an

---

81 Zudem wirkt sich die Mehrfachbelastung des staatlichen Zugriffs negativ auf Investitionen und Beschäftigung aus, da die Kapitalbildung durch eine Mehrfachbesteuerung nicht begünstigt wird.

82 Vgl. Bach, S. (1997), a.a.O., S. 291.

83 Vgl. Deutsches Institut für Wirtschaftsforschung (1997), Steuerreform 1998/99: Kein Durchbruch bei der Bekämpfung der Arbeitslosigkeit, Wochenbericht, Nr. 15, S. 242 f.

84 Vgl. Borell, R. (1996), Steuerentlastung, Steuervereinfachung, Steuergerechtigkeit: Bausteine für eine umfassende Reform der Lohn- und Einkommensteuer, Karl-Bräuer-Institut, Karlsruhe.

den Präferenzen der Bürger konforme Staatsfinanzierung nachhaltig zu gestalten, sollte im Zuge einer großen Steuer- bzw. Finanzierungsreform:

- *der Solidaritätszuschlag ganz abgeschafft oder zumindest erheblich gesenkt werden, weil in der Bevölkerung - zumindest im Westen - keine (weitere) Bereitschaft mehr besteht, den Aufbau der neuen Bundesländer zu finanzieren,*

- *die Besteuerung über die direkte Lohn- und veranlagte Einkommensteuer gesenkt werden, da die Bürger eine weitere hohe Inanspruchnahme dieser Steuern aufgrund ihrer Merklichkeit, der im Erhebungsverfahren fehlenden Ausweichmöglichkeit und des nicht erkennbaren Gegenleistungswertes ablehnen,*

- *die Mehrwertsteuer konstant gehalten bzw. im Falle eines erkennbaren notwendigen Verwendungszweckes - wie z.B. bei einer Erhöhung zur Refinanzierung der Rentenversicherung im Frühjahr 1998 geschehen - entsprechend erhöht werden,*

- *eine Reihe von speziellen Verbrauchsteuern (z.B. Tabak-, Mineralöl-, und Gewerbesteuer) - teilweise erheblich - erhöht werden, weil die Bürger damit einen spezifischen Lenkungseffekt verbinden und durch eine Variation der Konsum- bzw. privaten Ausgabentätigkeit - ähnlich wie bei der Mehrwertsteuer - den staatlichen Zugriff individuell gestalten und damit ihre Belastungshöhe selbst kontrollieren können,*

- *die Beitragssätze zur Sozialversicherung - auch auf hohem Niveau - nur marginal verändert werden, weil die Bürger für ihre gezahlten Entgelte durchaus eine entsprechende staatliche Gegenleistung wahrnehmen,*

- *die kommunale Gebührenerhebung - nach privatwirtschaftlichem Vorbild - im Rahmen einer reinen Kostendeckung erheblich reduziert, den Bürgern die mit den Gebühren finanzierte staatliche Tätigkeit stärker verdeutlicht und die Gebührenzusammensetzung tranparenter gestaltet werden*[85]*,*

- *die öffentliche Kreditaufnahme aufgrund von langfristigen Zins- und Tilgungsverpflichtungen (Stichwort: Zinslastquote) weniger in Anspruch genommen werden, weil damit zukünftige haushaltspolitische Handlungsspielräume erheblich eingeschränkt und zukünftige Steuerbelastungen erhöht werden,*

---

85 Vgl. Gawel, E. (1994), Kommunale Gebühren auf dem Prüfstand, in: Wirtschaftsdienst, Nr. 9, Hamburg, S. 449 f.

- *insgesamt eine generelle Verlagerung weg von der direkten - wenig individuell zu beeinflussenden - Einkommensbesteuerung, hin zu einer stärkeren indirekten - mit individuell zu gestaltenden Ausgaben- und Konsummöglichkeiten ausgestatteten - Verbrauchsbesteuerung erfolgen.*

Die Erhöhung der Mehrwertsteuer zur Gegenfinanzierung einer Reform der direkten Besteuerung oder die Entlastung der Sozialversicherung von versicherungsfremden Leistungen, das zeigen auch die empirischen Ergebnisse dieser Untersuchung, erscheint mittlerweile auf weitgehende Akzeptanz in der Bevölkerung zu stoßen. Die Mehrwertsteuer gilt dabei als vergleichsweise allokationsneutrale Steuer, da sie nur geringe Einflüsse auf die wirtschaftlichen Entscheidungen auslöst.[86] Zudem bietet sich auch auf europäischer Ebene eine Perspektive, da bei der Mehrwertsteuer noch Erhöhungsspielräume beim Normalsteuersatz bestehen, der bisher am unteren Rand der von der Europäischen Union vorgegebenen Mindestsätze liegt.[87]

Eine andere Möglichkeit stellt die Erhöhung der Mineralölsteuer aus umweltpolitischen Aspekten sowie die Einführung von speziellen Umweltsteuern dar. Bei Ökosteuern sollen beispielsweise der individuelle Energieverbrauch oder Co_2-Emissionen als Beitrag zum Klimaschutz sowie weitere umweltrelevante Tatbestände besteuert werden. Die mit dieser ökologischen Umorientierung verbundene Reformierung des Steuersystems würde zu zwei Effekten führen. Zum einen setzen Umweltabgaben einen wirtschaftlichen Anreiz, Umweltbelastungen zu vermeiden und umweltfreundliche Produkte und Produktionsverfahren zu entwickeln, zum anderen kann das erzielte fiskalische Aufkommen zur Entlastung traditioneller Steuern und Abgaben genutzt werden und dadurch - neben der Verbesserung der Umweltqualität - auch das vorhandene Finanzierungssystem effizienter und gerechter gestaltet werden.[88] Die Präferenzbekundung der Bürger zeigt, daß für eine derartige Umorientierung eine hohe Akzeptanz in der Bevölkerung besteht.

Aus der präferierten geringeren Inanspruchnahme der direkten Besteuerung erscheint es langfristig sinnvoll, mehr zweckgebundene Finanzierungsformen im deutschen Steuersystem zu implementieren, womit eine umfassende Dokumentation der

---

86 Vgl. Theile, C. (1994), Die Belastungswirkung der Umsatzsteuer: Steuerrechtswissenschaftlicher Glaube, gesetzgeberischer Wille und ökonomische Wirklichkeit, in: Steuer und Wirtschaft, S. 154 f. und Tofaute, H. (1994), Verteilungswirkungen der Mehrwertsteuer auf private Haushalteinkommen, in: WSI-Mitteilungen, Köln, S. 444 f.

87 Vgl. Genser, B. (1995), Auf der Suche nach einer föderativen Finanzverfassung für Europa, Konstanz.

88 Einschränkend muß jedoch beachtet werden, daß das mit den Ökosteuern erzielte Aufkommen nicht durch eine Vermeidung bzw. Umgehung des umweltbelastenden Tatbestandes wegfallen darf, wenn damit vollzugsverbindliche Ausgabenansätze finanziert werden.

Mittelverwendung gewährleistet und eine höhere Transparenz bzw. bessere Belastungsakzeptanz erreicht werden könnte. Mit einem solchen Umstrukturierungsprozeß ist ein neuerwachtes Interesse an Finanzierungsformen dokumentiert, wonach bestimmte Steueraufkommen, entgegen dem Non-Affektationsgrundsatz, mit einer Zweckbindung - ganz im Sinne der Handhabung bestimmter Aufkommensanteile der Mineralölsteuer für den Straßenbau oder der Mehrwertsteuererhöhung im Frühjahr 1998 zur Refinanzierung der Rentenversicherung - versehen werden könnten. Betrachtet man die spezifischen Steuerpräferenzen der Bürger und die daraus resultierenden Veränderungen der Steueraufkommen, könnte allein schon bei einem aufkommensneutralen Umstrukturierungsprozeß eine Verbesserung der Steuerakzeptanz erreicht werden. Basierend auf dieser Annahme, daß eine prozentual geringer präferierte Inanspruchnahme einer Steuer, die Erhöhung dieser Steuer mit einem entsprechenden erzielten Mehraufkommen von 10% (z.B. Mineralölsteuer) bedeutet und eine höher präferierte Mehrinanspruchnahme eine Steigerung von 20% (z.B. Tabaksteuer) betragen könnte, lassen sich mit dem zusätzlichen Steueraufkommen reduzierte - oder gar abgeschaffte - direkte Steuern kompensieren.

Im konkreten Fall des in dieser Untersuchung betrachteten bundesstaatlichen Haushaltes könnte durch eine Erhöhung der Mehrwert-, Mineralöl-, Körperschaft- und Gewerbesteueraufkommen von jeweils 10% ein zusätzliches Steueraufkommen von ca. 21 Mrd. DM erzielt werden, womit problemlos der Solidaritätszuschlag abgeschafft, die Entlastung der Familien finanziert (vgl. Urteil BVerfG. vom Januar 1999) oder Vergünstigungen bei der Lohn- und veranlagten Einkommensteuer geschaffen werden könnten.[89] Diese - bewußt vorsichtig vorgenommenen - aufkommensneutralen Umstrukturierungen können jedoch ohne weiteres ausgeweitet werden, um zusätzliche Steueraufkommen zu erzielen. Insbesondere eignet sich dazu die Mehrwertsteuer, weil jeder höhere Prozentpunkt Mehrwertsteuer[90] eine erheblich höhere Finanzausstattung aller Gebietskörperschaften bedeutet.[91]

Eine unerläßliche Voraussetzung jedes leistungsfähigen Steuer- und Abgabensystems ist es, daß das Gemeinwesen - zumindest bis zu einem gewissen Grad - von

---

89 Bei der Mehrwertsteuer würden in diesem Beispiel 8,29 Mrd. DM, bei der Mineralölsteuer 6,61 Mrd. DM, bei der Körperschaftsteuer 1,67 Mrd. DM, bei der Gewerbesteuer 0,25 Mrd. DM und bei der Tabaksteuer 4,18 Mrd. DM mehr erzielt. Berechnung erfolgte gem. Tab. 16 im vierten Kapitel.

90 Ein Prozentpunkt mehr Mehrwertsteuer bedeutet ein zusätzliches Steueraufkommen von etwa 16 Mrd. DM.

91 Vgl. Krause-Junk, G. (1991), Eine bessere Alternative ist nicht in Sicht, in: Wirtschaftsdienst, Hamburg, S. 552 ff., Borchert, J., Wieczorek, H., Milbradt, G. H., Schleusser, H., Waldenfels, G. von (1992), Wie kann der mittelfristige Finanzbedarf gedeckt werden?, in: Wirtschaftsdienst, Hamburg, S. 503 f.

den Bürgern anerkannt und akzeptiert wird. Man könnte sich vorstellen, daß der Zwang zu Steuerleistung auch ohne Einsicht in die Notwendigkeit der hoheitlichen Abgabenerhebung zur Durchsetzung der Besteuerung ausreicht. Ein Blick in die derzeitige Steuerpraxis zeigt jedoch, daß selbst eine perfekt organisierte staatliche Steuerkontrolle niemals ohne eine - zumindest - passive Duldung durch die Steuerpflichtigen auskommt. Gerade regelmäßig wiederkehrende Steuerhinterziehungen lassen sich meist nicht von einzelnen Steuerschuldner allein bewirken, sondern setzen ein Zusammenspiel mehrerer Personen - oder wenigstens die Mitwisserschaft anderer - voraus. Wenn jedoch Steuerzahler aufgrund von verlorengegangener positiver Steuermentalität und einer daraus resultierenden schlecht ausgeprägten Steuermoral von Steuerdelikten nicht zurückschrecken, sind notwendige Steuererhebungen nicht realisierbar.

Angesichts der weiterhin angespannten Situation der öffentlichen Haushalte, der Notwendigkeit zur längerfristigen Haushaltskonsolidierung sowie den bisherigen negativen Erfahrungen in der Diskussion um eine große Steuerreform mit durchgreifenden Entlastungen bei den Steuersätzen und Verbreiterungen der Bemessungsgrundlagen, empfiehlt es sich, eine Umstrukturierung des Steuersystems mit einem weiteren Ausbau der indirekten Besteuerung vorzunehmen.[92] Diese Maßnahme erscheint angesichts der dabei möglichen Berücksichtigung von aggregierten Bürgerpräferenzen sinnvoll, weil die Bürger durch eine Variation der privaten Ausgabentätigkeit den staatlichen Zugriff individuell gestalten und damit die Belastungshöhe selbst kontrollieren können. Und wenn diese Umorientierung zudem in der Weise an der Präferenzbekundung der Bürger erfolgt, wie es die Empfehlungen der vorliegenden Arbeit aufzeigen, dann kann langfristig die Finanzierung der Staatstätigkeit gewährleistet und verlorengegangenes Vertrauen in die Steuerpolitik zurückgewonnen werden.

ZUSAMMENFASSENDE BETRACHTUNG

Im Mittelpunkt dieser empirisch-analytischen Untersuchung steht die Erhebung von Bürgerpräferenzen für das staatliche Finanzierungsinstrumentarium sowie die Ermittlung einer präferenzadäquaten Komposition der staatlichen Finanzierungsseite. Auf der Grundlage einer empirischen Umfrageerhebung werden Präferenzbekundungen der Bürger ermittelt, präferenzbestimmende Einflußfaktoren (Determinanten) analysiert und Präferenzprofile für generelle Finanzierungsstrukturen bzw. einzelne präferierte

92 Vgl. Bach, S. (1997), a.a.O., S. 308.

Steuerarten aufgedeckt. Die Ergebnisse dieser Arbeit offenbaren eine Vielzahl interessanter Erkenntnisse, die langfristig dazu beitragen können, die Akzeptanz für den staatlichen Zugriff in der Bevölkerung zu erhöhen, um langfristig den notwendigen öffentlichen Finanzierungsbedarf zu realisieren.

Insgesamt zeigt sich, daß im öffentlichen Einnahmesystem durchaus Finanzierungsinstrumente vorhanden sind, die von den Bürgern präferiert (akzeptiert) werden, gleichwohl in bestimmten Bereichen deutliche Disharmonien zwischen dem staatlicherseits in Anspruch genommenen Finanzierungsinstrumentarium und den von den Bürgern zur Finanzierung der Staatstätigkeit präferierten Finanzierungsformen existieren. Abgeleitet aus den Erkenntnissen dieser Untersuchung lassen sich Empfehlungen und steuersystematische Handlungsweisen formulieren, die helfen können, die Interessen (Präferenzen) der Bevölkerung besser zu berücksichtigen, um langfristig positive Steuermentalitäten zu erreichen und nicht gänzlich das Vertrauen in die staatliche Steuerpolitik zu verlieren.

Im ersten Kapitel wird zunächst die Situation der öffentlichen Finanzen - unter besonderer Betrachtung der staatlichen Finanzierungsseite - beleuchtet. Vor dem Hintergrund der derzeitigen wirtschaftlichen und finanzpolitischen Situation offenbart sich, daß die Staatsfinanzen in höchstem Maße angespannt sind und eine ausgewogene Steuerpolitik insofern ein wichtiges Korrektiv finanzpolitischer Verfehlungen und Versäumnisse darstellt. Die Analyse der Struktur der staatlichen Finanzierungssystematik und die aus dem staatlichen Zugriff resultierenden Belastungen der Bürger führen zu der Erkenntnis, daß steuersystematische Reformüberlegungen nur auf der Basis von ermittelten Bürgerpräferenzen angestellt werden können.

Das zweite Kapitel behandelt dazu - im Hinblick auf die für diese Arbeit eigens durchgeführte Umfrageerhebung - explizit die Diskussion über die Behandlung und Ermittlung von Bürgerpräferenzen in ökonomischen Handlungserklärungen und bisherigen Studien. Nachdem zunächst die soziologisch geprägte Präferenzermittlung in den Kontext der finanzpsychologischen Theorie eingeordnet wird und deren Bedeutung für die wissenschaftliche Forschung formuliert ist, wird deutlich, daß es immer noch ein lange beklagtes Desiderat ökonomischer Forschungsbemühungen ist, zu erklären, wie individuelle Präferenzen zustande kommen und in Modellen zu behandeln sind. Daß der diesbezügliche Stand der Theorienbildung in vielem nicht der Idealvorstellung entspricht, ist zu beklagen. Für die Ermittlung von Bürgerpräferenzen bedeutet dies sogar, daß eine Modifikation bzw. Revidierung dieser Theorien hinsichtlich des vorliegenden Untersuchungsgegenstandes in kritischer Weise durchaus konstruktiv sein kann.

Nachdem die Erforschung von Bürgerpräferenzen für staatliche Ausgabenbereiche in den 80er Jahren konkrete Präferenzprofile der Befragten erkennen ließ, verlagerte sich die Diskussion in der jüngeren Vergangenheit auf die staatliche Finanzierungsseite. Mit dieser Umorientierung wird in der vorliegenden Arbeit wissenschaftliches Neuland betreten, in dem explizit die Popularität und Akzeptanz von öffentlichen Finanzierungsinstrumenten untersucht wird. Die Berücksichtigung bisheriger Studien und Untersuchungen hinsichtlich der Präferenzermittlung für staatliche Einnahmen und Ausgaben verdeutlicht dabei bereits im Vorfeld, daß eine Vielzahl von Einflußvariablen existieren, die die Präferenzbekundung der Bürger bestimmen, wobei sich wechselseitige Interaktionen von Variablen und Determinanten untereinander als zunehmend problematisch erweisen.

Das dritte Kapitel konkretisiert den Untersuchungsgegenstand durch die Aufstellung von Modellen zur Ermittlung von Finanzierungspräferenzen. Dazu wird ein Gesamtmodell mit individuellen Optimierungskalkülen entwickelt, das eine Vielzahl von sozio-demographischen, ökonomischen und finanzpsychologischen Einflußfaktoren beinhaltet. Darauf aufbauend werden Schätzgleichungen für unterschiedliche staatliche Finanzierungsformen aufgestellt, mit denen überprüft wird, wie Individuen durch die Aufstellung von Optimierungskalkülen versuchen, ihren Nutzen aus der Inanspruchnahme des öffentlichen Güterangebotes mit den Kosten ihrer Finanzierungsbeiträge „gegenzurechnen".

Das Optimierungskalkül bildet die Grundlage für die Präferenzbekundung der Bürger, weil eine Situation, in der die Bürger - subjektiv empfindend - mehr staatliche Leistungen empfangen, zu einem hohen Erwartungsnutzen und zu einer - zumindest tendenziellen - höheren Akzeptanz des staatlichen Finanzierungsinstrumentariums führt, dagegen die Wahrnehmung von Unzulänglichkeiten auf der Finanzierungsseite zu einer Ablehnung staatlicher Finanzierungsformen führen wird. Dabei ist festzustellen, daß das öffentliche Finanzgebaren von den Bürgern oftmals nur verschwommen wahrgenommen wird und die Offenlegung von Belastungsprofilen, präferierten Steuerarten sowie die Bewertung des staatlichen Finanzierungsinstrumentariums entsprechend von fiskalischen Illusionen abhängt, die sich in der Konsequenz zu einer tendenziell ablehnenden Haltung gegenüber den gesamten Staatseinnahmen formieren. Dem Repräsentativitätsanspruch der für die vorliegende Arbeit durchgeführten empirischen Umfrageerhebung wird durch die Anwendung des Quota-Verfahrens entsprochen.

Das letzte Kapitel widmet sich der Präsentation der ermittelten Untersuchungsergebnisse. Dazu werden Einflußfaktoren zur Bestimmung von „Steuerpräferenzen" mittels Logit- und Regressionsanalysen statistisch analysiert, Präferenzprofile einzelner Steuerarten aufgedeckt sowie die von den Bürgern präferierte Komposition staatlicher Finanzierungsformen ermittelt. Hinsichtlich der Wahrnehmung des öffentlichen Finanzgebarens - insbesondere auf der Finanzierungsseite - offenbart sich, daß die

Bürger nur schemenhaft die tatsächliche Besteuerung wahrnehmen und die Bewertung der Steuerbelastung deshalb sehr subjektiv im Sinne einer Überschätzung der Zahllast erfolgt. Aus der Analyse ergibt sich zudem ein hohes Reformbegehren zur Veränderung der derzeitigen Ausgestaltung des Finanzierungsinstrumentariums sowie der Wunsch der Bürger, an finanzpolitischen Entscheidungen stärker beteiligt zu werden.

Die Betrachtung der bekundeten staatlichen Gegenleistungen offenbart eine differenzierte Wahrnehmung, wobei staatliche Gegenleistungen generell stark unterschätzt werden. Deutliche Wahrnehmungsverzerrungen zeigen sich bei der Bekundung des Gegenleistungscharakters von Steuern, Beiträgen und Gebühren. Den Steuern wird dabei die geringste, den Sozialversicherungsbeiträgen eine mittlere und den kommunalen Gebühren eine mittlere bis hohe Gegenleistung konzediert.

Die Untersuchungsergebnisse zeigen anschaulich, daß die Bürger - auf der Basis hoher wahrgenommener Verschwendungspotentiale - bei der Verwendung von Steuergeldern fiskalischen Illusionen unterliegen, weil sie systematisch die Steuer- und Abgabenpreise öffentlicher Leistungen überschätzen und den Nutzen aus der Inanspruchnahme staatlicher Leistungen unterschätzen. Dies ist nicht zuletzt auch dem Umstand geschuldet, daß einerseits Ineffizienzen und Unzulänglichkeiten bei der staatlichen Aus- und Aufgabenerfüllung offensichtlich sind, andererseits aber auch Steuermittel im Erscheinungsbild der Bürger nicht richtig bzw. unwirtschaftlich verwendet werden.

Hinsichtlich der finanziellen Belastung und der damit positiv korrelierenden Akzeptanz von Finanzierungsinstrumenten zeigen die Bürger ein differenziertes Empfinden bei unterschiedlichen staatlichen Finanzierungsformen. Während das Belastungsempfinden bei den direkten Steuern und Gebühren am höchsten ist, wird die Belastung durch indirekte Steuern und die Beiträge zur Sozialversicherung tendenziell geringer bewertet. Ein ausgewogenes Erscheinungsbild der Belastung zeigt sich bei der öffentlichen Verschuldung, die von älteren Menschen tendenziell höher bewertet wird (infolge des kürzeren Lebenshorizontes), dagegen von jüngeren Bevölkerungsschichten aufgrund antizipierter zukünftiger (höherer) Steuerzahlungen eher abgelehnt wird. Zur Finanzierung der Staatstätigkeit mittels spezieller Steuerarten ergibt sich ebenfalls ein differenziertes Bild. Die Lohn- und Einkommensteuer sowie der Solidaritätszuschlag als direkte Steuerarten werden zur Finanzierung der Staatstätigkeit kategorisch abgelehnt. Dagegen finden die Mehrwertsteuer und (teilweise) spezielle Verbrauchsteuern durchaus Zuspruch in der Bevölkerung. Mit großem Abstand präferieren die Bürger eine höhere Inanspruchnahme der Tabaksteuer, gefolgt von der Mineralölsteuer und der Gewerbesteuer. Indifferent äußern sie sich dagegen bei der Körperschaft-, Kfz-, Versicherung- und Grundsteuer. Ergänzend kann sich, auch im Hinblick auf eine zukünftige ökologisch orientierte Ausrichtung des Steuersystems, etwa die Hälfte der

Bevölkerung die Einführung einer speziellen Ökosteuer ins deutsche Steuersystem vorstellen.

Zur Konsolidierung der Staatsfinanzen sollte der Staat vornehmlich öffentliche Einrichtungen privatisieren und auf der Ausgabenseite erhebliche Einsparungen vornehmen. In diesem Zusammenhang wird die Staatsverschuldung (im Sinne einer höheren öffentlichen Kreditaufnahme) jedoch als Alternative zur Verwirklichung bzw. Finanzierung der öffentlichen Ausgabentätigkeit abgelehnt, womit im Bewußtsein der Bürger tendenziell ein Wandel der Verschuldungskultur zu erkennen ist. Die öffentliche Verschuldung gilt heutzutage als wenig sinnvoll und praktikabel, weil den Bürgern die Höhe und Problematik der Staatsverschuldung - auch aus intergenerativen Aspekten - viel bewußter ist und schon heute die dramatischen Folgen steigender Zinslastquoten zu erkennen sind. Resümierend kann konstatiert werden, daß das öffentliche Finanzgebaren verschwommen und das staatliche Leistungs- und Finanzierungssystem unspezifisch wahrgenommen werden. Bezüglich der Bekundung von Belastungen, der Einschätzung von unterschiedlichen Steuerarten und der Bewertung der staatlichen Finanzierungssystematik unterliegen die Bürger fiskalischen Illusionen, die sich im Ergebnis zu einer ablehnenden Haltung gegenüber dem Staat formieren.

Da die bestehenden öffentlichen Finanzierungsformen offensichtlich nicht ausreichend an den Präferenzen der Bürger orientiert sind, verlagerte sich die Analyse des staatlichen Finanzierungsinstrumentariums auf die Bestimmung von Determinanten, die sich als ursächlich für die Präferenzbekundung der Bürger herausstellen. Der Auswahlprozeß zur Ermittlung spezifischer Einflußfaktoren verlief in mehreren Phasen. In jeder dieser Phasen wurden unterschiedliche Bewertungskriterien bezüglich der inhaltlichen und statistisch signifikanten Relevanz der betrachteten Variablen zur Auswahl herangezogen. Von zunächst 21 ausgewählten Variablen stellten sich am Ende dieses Selektionsprozesses jeweils sechs Determinanten für die betrachteten fünf staatlichen Finanzierungsformen heraus, die sich als wesentlich für die Präferenzbekundung erwiesen. In einer Gesamtschau erwiesen sich - in der Rangfolge der Stärke ihres Einflusses - die Variablen „Empfundene Distribution", „Empfundene Belastung", „Einkommen", „Bildungsstand", „Staatliches Gegenleistungsangebot" und „Alter" als wesentliche Determinanten der Präferenzbekundung für staatliche Finanzierungsformen bzw. -instrumente.

Nachdem die wesentlichen Einflußfaktoren der Bekundung der Akzeptanz von staatlichen Finanzierungsformen aufgedeckt wurden, verlagerte sich die Untersuchung auf die Analyse der ermittelten Präferenzprofile und Finanzierungsstrukturen sowie die sich daraus ergebenden Konsequenzen und Empfehlungen für die öffentliche Finanzpolitik. Auf der Basis der Erkenntnisse der empirischen Umfrageerhebung wurden vorhandene Disharmonien zwischen den Präferenzen der Bürger und dem staatlichen Finanzierungsinstrumentarium aufgedeckt. Dabei wurden zum einen Vergleiche zwischen der tatsächlichen und der gewünschten Richtung öffentlicher Finanzierungsinstrumente, zum anderen Veränderungen in der aktuellen Haushaltsstruktur der Jahre 1997-1998 und der entsprechend mehrheitlich gewünschten Richtungsänderung genauer analysiert.

Es zeigte sich, daß im bundesstaatlichen Einnahmesystem durchaus Finanzierungsinstrumente und -strukturen vorhanden sind, die auf eine gewisse Akzeptanz in der Bevölkerung treffen. Dies sind in erster Linie einzelne spezielle Verbrauchsteuern, die aufgrund ihres Lenkungscharakters befürwortet werden, und - mit Abstrichen - die Mehrwertsteuer, die aufgrund der prinzipiellen Möglichkeit der individuellen Beeinflussung der Konsumtätigkeit einen hohen Stellenwert einnimmt. Deutliche Disharmonien bestehen dagegen bei den direkten Steuern (Lohn- und Einkommensteuer und Solidaritätszuschlag), deren derzeitige und weitere hohe Inanspruchnahme entschieden abgelehnt wird. Bezüglich des Ausmaßes der von den Bürgern präferierten und vom Staat veranlagten Steuerarten bestehen bei der Lohn- und Einkommensteuer (+5,1 versus -10,1%), dem Solidaritätszuschlag (+4,9% versus -11,8%), der Tabaksteuer (+0,5% versus +12,9%) und der Körperschaftsteuer (+6,7% versus +1,9%) die größten Diskrepanzen.

Aufbauend auf diesen Erkenntnissen wurde ein virtueller Finanzierungsetat erstellt, der ausgewählte Einnahmeformen des Bundeshaushaltes 1997 und die diesbezüglich gewichteten (präferierten) Finanzierungsposten beinhaltet. Bei diesem Vergleich wird deutlich, daß sich hohe prozentuale Veränderungswünsche teilweise nur marginal im absoluten Steueraufkommen niederschlagen (Tabaksteuer: +12,9% entsprechen +2,7 Mrd. DM), hingegen die präferierte Minderinanspruchnahme der Lohn- und Einkommensteuer ein hohes steuerliches Minderaufkommen (-10,1% entsprechen -12,2 Mrd. DM) bedeutet. Auf der Basis dieser offenkundigen Diskrepanzen zwischen tatsächlichen und präferierten Finanzierungsstrukturen zeigt sich als Gesamtergebnis, daß es langfristig erforderlich ist, die Finanzierung der Staatstätigkeit von der Direkt- zur Verbrauchsbesteuerung zu verlagern, um die öffentliche Aufgabenerfüllung auch weiterhin zu gewährleisten und verlorengegangenes Vertrauen in die Steuerpolitik zurückzugewinnen. Eine stärkere Orientierung an den Bürgerpräferenzen kann damit zukünftig dazu beitragen, gleichermaßen politische Verdrossenheiten zu verringern, Abgabenwiderstände zu überwinden und die Finanzierung der Staatstätigkeit auch langfristig zu gewährleisten.

Gesetze und statistische Quellen

Abgabenordnung vom 16.03.1976 in der Fassung der Bekanntmachung vom 23.06.1993: BGBl. (1993), S. 944 f.

Bundeshaushaltsordnung (BHO) vom 19. August 1969: BGBl. (1969), Teil I, S. 1284.

Einführungserlaß zur Abgabenordnung vom 14. 12. 1976: BGBl. (1976), Teil I 3341.

Gesetz über die Deutsche Bundesbank vom 26. Juli 1957: BGBl. (1957), Teil I, S. 745.

Gesetz über die Grundsätze des Haushaltsrechts des Bundes und der Länder vom 19. August 1969: BGBl. (1969), Teil I, S. 1273.

Gesetz zur Anpassung des Umsatzsteuergesetzes an den EG-Binnenmarkt vom 25.8.1992: BGBl. (1992), Teil I, S. 1548 u. 1561.

Gesetz zur Einführung eines befristeten Solidaritätszuschlags und zur Änderung von Verbrauchsteuer- und anderen Gesetzen vom 23.6.1993: BGBl. (1993), Teil I, S. 1318.

Gesetz zur Förderung der Stabilität und des Wachstums der Wirtschaft vom 8. Juni 1967: BGBl. (1967), Teil I, S. 582.

Gesetz zur Neufassung des Finanzberichts vom 11. Juni 1980: BGBl. (1980), Teil I, S. 673.

Gesetz zur Umsetzung des föderalen Konsolidierungsprogramms vom 23. Juni 1993: BGBl. (1993), Teil I, S. 944.

Grundgesetz für die Bundesrepublik Deutschland vom 23.5.1949: BGBl. (1949), S.1.

Haushaltsgesetz von 1949 und vorläufige Haushaltsordnung vom 7.6.1950: BGBl. (1950), Teil I, S. 199 f.

Jahressteuergesetz 1996: BGBl. (1995), Teil I, S. 1250.

Jahressteuergesetz 1997: BGBl. (1996), Teil I, S. 2049.

Reichshaushaltsordnung vom 31.12.1922: RGBl. (1922), Teil II, S. 17.

Amt für Statistik und Wahlen (1997), Statistisches Jahrbuch der Stadt Aachen, Aachen.

Landesamt für Datenverarbeitung und Statistik Nordrhein-Westfalen (1995), Statistisches Jahrbuch Nordrhein-Westfalen, Düsseldorf.

Statistisches Bundesamt (1997), Statistisches Jahrbuch für die Bundesrepublik Deutschland, Wiesbaden.

Literaturverzeichnis

ADAMS, J. S. (1963), Toward Understanding of Inequity, in: Journal of Abnormal and Social Psychology, Vol. 67, S. 422-436.

AIJZEN, I., FISHBEIN, M. (1980), Understanding Attitudes and Predicting Social Behavior, New Jersey.

AIJZEN, I., MADDEN, T. J. (1986), Prediction of goal directed behavior: attitudes, intentions and perceived behavioral control, in: Journal of Experimental Social Psychology, Vol. 22, S. 453-474.

AJZEN, I. (1985), From Intentions to Actions: A Theory of Planned Behaviour, in: Kuhl, J., Beckmann, J. (Hrsg.), Action-Control: From Cognition to Behaviour, Heidelberg.

AJZEN, I. (1987), Attitudes, Trait and Actions: Dispositional Predictions of Behaviour in Personality and Social Psychology, in: Berkowitz, L. (Hrsg.), Advances in Experimental Psychology, Bd. 20, San Diego.

AKERLOF, G. A. (1984), An Economic Theorist's Book of Tales, Cambridge.

ALBERS, W., BORN, K. E., DÜRR, E., HESSE, H., KRAFT, A., LAMPERT, H., ROSE, K., RUPP, H.-H., SCHERF, H, SCHMIDT, K., WITTMANN, W. (1988) (Hrsg.), Handwörterbuch der Wirtschaftswissenschaft, 9 Bände und Register, Stuttgart, New York.

ALESINA, A., TABELLINI, G. (1990), A positive theory of fiscal deficits, in: Review of Economic Studies, Vol 57, S. 403-414.

ALLAIS, M., HAGEN, O. (1979), Expected Utility Hypothesis and the Allais Paradox, Dordrecht.

ALLINGHAM, M. G., SANDMO, A. (1972), Income tax evasion: A theoretical analysis, in: Journal of Public Economics, Vol. 1, S. 323-338.

ALLPORT, G. W. (1935), Attitudes, Handbook of Social Psychology, Worcester.

ALTHAMMER, W. (1994), Optimale Struktur von Verbrauchsteuern - Einige Regeln, in: WiSt, Heft 3, München, Frankfurt, S. 132-134.

AMBROSIUS, G. (1990), Konzeptionelle Überlegungen zum Begriff des Steuerstaates seit dem 19. Jahrhundert, in: Sozialwissenschaftliche Informationen, 19. Jg., Heft 1, S. 16-22.

ANDEL, N. (1992[3]), Finanzwissenschaft, Tübingen.

ANDREAE, C. A., MAUSER, S. (1969), Finanztheorie, Stuttgart.

ANDREONI, J. (1988), Why Free Ride? Stratedies and Learning in Public Goods Experiments, in: Journal of Public Economics, Vol. 37, S. 291-304.

ARNDT, H.-W. (1988), Grundzüge des Allgemeinen Steuerrechts, Lernbuch für Wirtschaft und Recht, München.

ARROW, K. J. (1951), Social Choice and Individual Values, New York.

ARROW, K. J. (1970), The Theory of Risk-Bearing, North-Holland.

ARROW, K. J. (1986), Rationality of self and others in an economic system, in: Journal of Business, Vol. 59, No. 4, S. 385-399.

AULD, D. (1978), Public Awareness and Preferences in Ontario, Discussion Paper, Guelph, Ontario.

BACH, S. (1992), Cash-flow-Steuern: Ein Weg zu einem konsumorientierten Steuersystem, in: Wirtschaftsdienst, Hamburg, S. 325-332.

BACH, S. (1993), Die Idee der Cash-flow-Steuer vor dem Hintergrund des gegenwärtigen Steuersystems, Sonderheft des DIW, Nr. 150, Berlin.

BACH, S. (1994), Wachstumspolitische Fragen der Steuerpolitik in den neunziger Jahren, in: Wachstumsperspektiven in den neunziger Jahren, Zeitschrift für angewandte Wirtschaftsforschung, Beihefte der Konjunkturpolitik, Heft 42, Berlin, S. 223-255.

BACH, S. (1994), Warum sind alte Steuern gute Steuern?, Canard'sche Steuerregel und neue Theorieansätze, in: Wirtschaftsdienst, Nr. 3, Hamburg, S. 151-156.

BACH, S. (1997), Steuereform in Deutschland, in: Vierteljahreshefte zur Wirtschaftsforschung, Heft 3-4, Schwerpunktheft Steuerreform, Berlin, S. 294-323.

BACKHAUS, J. G. (1994), Die Kategorie des Steuerstaates und die moderne Finanzwissenschaft, in: Rieter, H. (Hrsg.), Deutsche Finanzwissenschaft zwischen 1918 und 1939, Studien zur Entwicklung der ökonomischen Theorie, Band 13, Berlin, S. 249-282.

BACKHAUS, J., ERICHSON, B., PLINKE, W., WEIBER, R. (1993[7]), Multivariate Analysemethoden: Eine anwendungsorietierte Einführung, Berlin u.a.

BAREIS, H.P. (1996), Steuerreform durch Steuersystembereinigungen, in: Baron, S., Handschuh, K. (1996), Wege aus dem Steuerchaos, Aktueller Stand der steuerpolitischen Diskussion in Deutschland, Stuttgart, S. 29-65.

BARON, S., HANDSCHUH, K. (1996) (Hrsg.), Steuerreform durch Steuersystemwechsel - ein Streitgespräch, in: Wege aus dem Steuerchaos, Aktueller Stand der steuerpolitischen Diskussion in Deutschland, Stuttgart, S. 1-28.

BARRO, R. J. (1974), Are Government Bonds Net Wealth?, in: Journal of Political Economy, Vol. 82, S. 1095-1117.

BARRO, R. J. (1989), The Ricardian Approach to Budget Deficits, in: Journal of Economic Perspectives, Vol. 3, S. 37-54.

BARRO, R. J. (1974), Are Government Bonds Net Wealth?, in: Journal of Political Economy, Vol. 82, S. 1095-1117.

BECKER, E. (1996), The illusion of fiscal illusion: unsticking the flypaper effect, in: Public Choice, Vol. 86, No. 1/2, S. 85-102.

BECKER, G. S. (1976), The Economic Approach to Human Behavior, Chicago.

BECKER, G. S. (1982), Der ökonomische Ansatz zur Erklärung menschlichen Verhaltens, Tübingen.

BECKER, H. (1990), Finanzwissenschaftliche Steuerlehre - Steuerwirkung, Steuerfinanzierung, Steuerpolitik, München.

BECKER, H. (1995), Fiskalstaat Deutschland: Entwicklung-Zustand-Perspektiven, München.

BECKER, U., NIESSEN, H.-J. (1979), Steuermentalität der bundesdeutschen Steuerzahler und deren Vorstellungsbild vom Bund der deutschen Steuerzahler, Forschungsstelle für empirische Sozialökonomik, Köln.

BECKER, W., BÜCHNER, H.J., SLEEKING, S. (1987), The Impact of Public Transfer Expenditures on Tax Evasion: An Experimental Approach, in: Journal of Public Economics, Vol. 34, S. 243-263.

BECKER, W., GRETSCHMANN, K., MACKSCHEIDT, K. (1992), Präferenzen für Staatsausgaben: Zur theoretischen und empirischen Bestimmung der Nachfrage nach öffentlichen Gütern, Baden-Baden.

BEGG, D., FISCHER, S., DORNBUSCH, R. (1994⁴), Economics, London u.a.

BEISE, M. (1997a), Minister Waigel will seine letzten Perlen verkaufen, in: Hb. 6.5.97, S. 7.

BEISE, M. (1997b), Zahlen-Fechtereien vor der Steuerschätzung, in: Hb. v. 4.11.1997, S. 5.

BERNHOLZ, P., BREYER, F. (1984), Grundlagen der politischen Ökonomie, Tübingen.

BIETA, V. (1992), Präferenzoffenbarung wirtschaftspolitischer Entscheidungsträger als Element der Politikgestaltung im Kontext der asymmetrischen Information, in: Jahrbücher für Nationalökonomie und Statistik, Stuttgart, Heft 5/6, Vol. 210, S. 457-477.

BILLETER, E. P. (1970), Grundlagen der repräsentativen Statistik: Stichprobentheorie und Versuchsplanung, Wien.

BIRDSALL, W. C. (1965), „A Study of the Demand Public Goods“, in: Musgrave, Richard A. (Hrsg.), Essays in Fiscal Federalism, Washington, D. C., S. 235-294.

BIRK, D. (1991), Verfassungsrechtliche Grenzen der Konsumbesteuerung, in: Rose, M. (Hrsg.), Konsumorientierte Neuordnung des Steuersystems, Berlin, S. 362-387.

BIRK, D. (1994²), Steuerrecht I: Allgemeines Steuerrecht - Ein Studienbuch, München.

BIRK, D., ECKHOFF, R. (1992), Kommentierung von §3 AO, in: Hübschmann, W., Hepp, E., Spitaler, A. (Hrsg.), Kommentar zur Abgabenordnung und Finanzgerichtsordnung, Loseblattausgabe, Stand 12/1992, Köln.

BISCHOF, G. (1997), Der Marshall-Plan in Europa 1947-1952, in: Aus Politik und Zeitgeschichte, Beilage zur Wochenzeitung „Das Parlament“, Bonn.

BISCHOFF, M. (1995), Zur Problematik der Repräsentativität in der empirischen Sozialforschung, Diskussionspapier aus der Fakultät für Sozialwissenschaft, Ruhr-Universität Bochum, Bochum.

BLANKART, C. B. (1994), "Neue Finanzwissenschaft" - Eine alternative Sicht, in: Zeitschrift für Wirtschafts- und Sozialwissenschaften (ZWS) 114, Duncker & Humblot, Berlin, S. 245-254.

BLANKART, C. B. (1994²), Öffentliche Finanzen in der Demokratie, München.

BLAUG, M. (1980), The Methodolgy of Economics, Cambridge.

BLEJER, M. I., TER-MINASSIAN, T. (1997), Fiscal Policy and Economic Reform, London.

BLEJER, M. I., CHEASTY, A. (1991), The Measurement of Fiscal Deficits: Analytical and Methodological Issues, in: Journal of Economic Literature, Vol. 29, S. 1644-1678.

BÖCKER, F. (1986), Präferenzforschung als Mittel marktorientierter Unternehmensführung, in: zfbf, Jg. 38, Nr. 7/8, S. 543-574.

BÖHLER, H. (1991), Formulierung des Forschungsproblems und Wahl des Forschungsdesigns, in: Marktforschung, Berlin, S. 25-33.

BOHLEY, P. (1976), Gebühren und Beiträge, in: Handbuch der Finanzwissenschaft, Band 2, Tübingen, S. 915-947.

BOHLEY, P. (1977), Gebühren und Beiträge - Ihre wirtschaftspolitischen Funktionen und ihr Platz im System der öffentlichen Einnahmen, Tübingen.

BOHNET, A. (1994), Finanzwissenschaft: Staatliche Verteilungspolitik, München.

BORCHERT, J., WIECZOREK, H., MILBRADT, G. H., SCHLEUSSER, H., WALDENFELS, G. von (1992), Wie kann der mittelfristige Finanzbedarf gedeckt werden?, in: Wirtschaftsdienst, Hamburg, S. 503 - 512.

BORELL, R. (1996), Steuerentlastung, Steuervereinfachung, Steuergerechtigkeit: Bausteine für eine umfassende Reform der Lohn- und Einkommensteuer, Karl-Bräuer-Institut, Karlsruhe.

BORNHOFEN, M., BUSCH, E. (1991[12]), Steuerlehre 1, Wiesbaden.

BORTZ, J. (1984), Lehrbuch der empirischen Forschung für Sozialwissenschaftler, Berlin.

BORTZ, J. (1993), Statistik für Sozialwissenschaftler, Berlin u.a.

BÖS, D. (1987), Die neue Finanztheorie: Revolution oder geschicktes Wissenschaftsmanagement?, Wirtschaftspolitische Blätter 34, S. 253-258.

BOSS, A., LORZ, J. O. (1995), Die öffentliche Verschuldung in der Bundesrepublik Deutschland - Ausmaß und Belastungswirkung, Institut für Weltwirtschaft an der Universität Kiel, Kieler Arbeitspapiere, Nr. 669, Kiel.

BOULDING, K. E. (1979), Ethics of the Critique of Preferences, in: Finnin, W. M. J., Smith, G. A. (Hrsg.), The Morality of Scarcity, Louisiana, S. 103-111.

BRANDSTÄTTER, H. (1994), Determinanten der Steuerhinterziehung: Ergebnisse der experimentellen Psychologie, in: Smekal, C., Theurl, E. (Hrsg.), Stand und Entwicklung der Finanzpsychologie, Baden-Baden, S. 213-245.

BRANDT, R. (1979), A Theory of the Good and the Right, Oxford.

BRECHT, A. (1932), Das Gesetz der progressiven Parallelität von Ausgaben und Bevölkerungsmassierung, Leipzig.

BREITUNG, A. (1979), Kritische Analyse der Validitätsproblematik von Verfahren der Einstellungsmessung - Ein methodologischer Beitrag, in: Meffert, H., Steffenhagen, H., Freter H. (Hrsg.), Konsumentenverhalten und Information, Schriftenreihe Markt und Marketing, Wiesbaden, S. 209-224.

BRENNAN, G., BUCHANAN, J. M. (1977), Towards a Tax Constitution for Leviathan, in: Journal of Public Economics, Vol. 8, S. 255-273.

BRENNAN, G., BUCHANAN, J. M. (1980), The Power to Tax - Analytical Foundations of a Fiscal Constitution, Cambridge.

BRENNAN, G., BUCHANAN, J. M. (1988), Besteuerung und Staatsgewalt, Analytische Grundlagen einer Finanzverfassung, hrsg. von Cay Folkers, Hamburg.

BROCKHOFF, K. (1993[3]), Produktpolitik, Stuttgart.

BROSIUS, G. (1988), SPSS, PC+ Advances Statistics and Tables: Einführung und praktische Beispiele, Hamburg, New York, S. 303 f.

BRÖSSE, U. (1992[6]), Allgemeine Volkswirtschaftslehre - Mikroökonomie, Aachen.

BRÜCKER, H. (1995), Privatisierung in Ostdeutschland - Eine institutionen-ökonomische Analyse, Reihe Wirtschaftswissenschaften, Band 32, Frankfurt, New York.

BRÜMMERHOFF, D. (1990[5]), Finanzwissenschaft, München, Wien.

BRÜMMERHOFF, D. (1992[6]), Finanzwissenschaft, München, Wien.

BUCHANAN, J. M. (1977), Why Does Government Grow?, in: Borcherding, T. E. (Hrsg.), Budget and Bureaucrats: The Sources of Government Growth, Durham.

BUCHANAN, J. M. (1960), Fiscal Theory and political economy: selected essays, North Carolina.

BUCHANAN, J. M. (1967), Public Finance, in: Democratic Process, Chapel Hill, S. 126-143.

BUCHANAN, J. M. (1977), Freedom in Constitutional Contract, College Station, New York.

BUCHANAN, J. M., WAGNER, R. E. (1977), Democrazy in Deficit, New York.

BUCHHOLZ, W. (1990), Der moderne Steuerstaat. Bedingungen seiner Entstehung und Entwicklung in Mittelalter und Neuzeit, in: Sozialwissenschaftliche Informationen, 19. Jg., Heft 1, S. 5-21.

BÜLLESBACH, A. (1995), Staat im Wandel: mehr Dienstleistung, weniger Verwaltung, Köln.

BUND DER STEUERZAHLER (1996), Die öffentliche Verschwendung - Schwarzbuch des Bundes der Steuerzahler, hrsg. vom Präsidium des Bundes der Steuerzahler e.V., Wiesbaden.

BUND DER STEUERZAHLER (1997), Die öffentliche Verschwendung - Schwarzbuch des Bundes der Steuerzahler, hrsg. vom Präsidium des Bundes der Steuerzahler e.V., Wiesbaden.

BUND DER STEUERZAHLER (1998), Die öffentliche Verschwendung - Schwarzbuch des Bundes der Steuerzahler, hrsg. vom Präsidium des Bundes der Steuerzahler e.V., Wiesbaden.

BUNDESMINISTERIUM DER FINANZEN (1985), Aufgaben und Ziele einer neuen Finanzpolitik - Grenzen staatlicher Verschuldung, Schriftenreihe des Bundesministeriums der Finanzen, Heft 36, Bonn.

BUNDESMINISTERIUM DER FINANZEN (1993), Die neue Finanzverteilung, Bonn.

BUNDESMINISTERIUM DER FINANZEN (1995), Auftrag der Einkommensteuer-Kommission erteilt durch BMF am 11.11.1993, in: Bundesministerium der Finanzen (Hrsg.) Thesen der Einkommensteuer-Kommission zur Steuerfreistellung des Existenzminimums ab 1996 und zur Reform der Einkommensteuer, Schriftenreihe des Bundesministeriums der Finanzen, Heft 55, Bonn.

BUNDESMINISTERIUM DER FINANZEN (1995), Finanzbericht 1996, Bonn.

BUNDESMINISTERIUM DER FINANZEN (1996), Die wichtigsten Steuern im internationalen Vergleich, in: Informationsdienst zur Finanzpolitik des Auslands, Bonn.

BUNDESMINISTERIUM DER FINANZEN (1996), Finanzbericht 1997, Bonn.

BUNDESMINISTERIUM DER FINANZEN (1996), Unsere Steuern von A - Z, Bonn.

BUNDESMINISTERIUM DER FINANZEN (1997), Finanzbericht 1998, Bonn.

BUNDESRECHNUNGSHOF (1997), Jahresbericht: Bemerkungen des Bundesrechnungshofes 1997 zur Haushalts- und Wirtschaftsführung (einschließlich der Feststellungen zur Jahresrechnung des Bundes 1995 und 1996), Deutscher Bundestag, 13. Wahlperiode, Drucksache 13/8550 gem. § 97 Abs. 1 BHO, Bonn.

BUTLER, R. (1994), Public Management - Reinventing Government: A Symposium, in: Public Administration, Vol. 72, S. 263-270.

CAESAR, R. (1991), Theoretische Grundfragen der Staatsverschuldung, in: WiSt 5, München, Frankfurt, S. 218-224.

CANARD, N.-F. (1958), Grundsätze der Staatswirtschaft (Principes d`économie politique, 1801), Stuttgart, Tz. 107.

CARL, D. (1995), Bund-Länder-Finanzausgleich im Verfassungsstaat, Baden-Baden.

CARTER, R. (1982), Beliefs and Errors in Voting Choices: A Restatement of the Theory of Fiscal Illusion, in: Public Choice, Vol. 39, S. 343-360.

CITRIN, J. (1979), Do People Want Something For Nothing: Public Opinion on Taxes and Government Spending, in: National Tax Journal, Vol. 32, S. 113-129.

CITRIN, J., GREEN, D. P. (1985), Policy and Opinion in California after Proposition 13, in: National Tax Journal, Vol. 38, S. 15-35.

COFFEY, P. (1995), The Future of Europe, Aldershot.

COOPER, J., WORCHEL, S. (1970), Role of Undesired Consequences in Arousing Cognitive Dissonance, in: Journal of Personal Social Psychology, Vol. 16, S. 199-206.

COURANT, P. N., GRAMLICH, E. M., RUBINFELD, D. L. (1980), Why Voters Support Tax Limitation Amendments: The Michigan Case, in: National Tax Journal, Vol. 33, Chicago, S. 1-20.

COWELL, F. A. (1992), Tax Evasion and Inequity, in: Journal of Economic Psychology, Vol. 13, S. 521-543.

CULLIS, J., LEWIS, A. (1985), Some Hypotheses and Evidence on Tax Knowledge and Preference, in: Journal of Economic Psychology, Vol. 6, S. 271-287.

CULLIS, J. G., JONES, P. R. (1987), Fiscal illusion and "excessive" budgets: some indirect evidence, in: Public finance quarterly, Vol. 15, S. 219-228.

DÄKE, K.-H. (1995), Steuerbelastung und Steuermoral in Deutschland: Auswirkungen auf den Steuerwiderstand 1995, in: Bund der Steuerzahler (Hrsg.), Pressekonferenz im Presseclub Bonn, Bonn, S. 1-9.

DARNELL, A. T., GALLAHER, H. E., SMITH, K. W. (1987), Public Attitudes toward Taxes: Measuring Public Opinion from 1947 to 1984, American Bar Foundation, Chicago, Illinois.

DAWSON, R. E., ROBINSON, J. A. (1963), Inter-party Competition, Economic Variables and Welfare Policies in the American States, in: Journal of Politics, Vol. 25, S. 265-289.

DEUTSCHE BUNDESBANK (1993), Die Bedeutung von Nebenhaushalten im Zuge der deutschen Vereinigung, Monatsbericht Mai, 45. Jg., S. 43-57.

DEUTSCHE BUNDESBANK (1995), Statistisches Beiheft zum Monatsbericht 1, Frankfurt.

DEUTSCHE BUNDESBANK (1997), Die fiskalische Belastung zukünftiger Generationen - eine Analyse mit Hilfe des Generational Accounting, Monatsbericht November, Frankfurt/ Main, S. 17-30.

DEUTSCHE BUNDESBANK (1997), Neuere Entwicklungen der Steuereinnahmen, Monatsbericht August, Frankfurt.

DEUTSCHES INSTITUT FÜR WIRTSCHAFTSFORSCHUNG (1995), Die Belastung der privaten Haushalte in West- und Ostdeutschland durch direkte und indirekte Steuern, in: Wochenbericht Nr. 46, Berlin, S. 781-789.

DEUTSCHES INSTITUT FÜR WIRTSCHAFTSFORSCHUNG (1996), Die öffentlichen Haushalte in den EU-Ländern: Konsolidierung braucht Zeit, in: Wochenbericht Nr. 40, Berlin, S. 637-648.

DEUTSCHES INSTITUT FÜR WIRTSCHAFTSFORSCHUNG (1996), Öffentliche Haushalte 1996/97: Finanzpolitik weiterhin auf schmalem Grat, in: Wochenbericht Nr. 35, Berlin, S. 577-592.

DEUTSCHES INSTITUT FÜR WIRTSCHAFTSFORSCHUNG (1997), Die wirtschaftliche Lage in Deutschland, in: Wochenbericht Nr. 17, Berlin, S. 256-264.

DEUTSCHES INSTITUT FÜR WIRTSCHAFTSFORSCHUNG (1997), Steuerreform 1998/99: Kein Durchbruch bei der Bekämpfung der Arbeitslosigkeit, Wochenbericht Nr. 15, S. 241-257.

DEUTSCHES INSTITUT FÜR WIRTSCHAFTSFORSCHUNG (1998), Verarbeitendes Gewerbe: Inlandsnachfrage im ersten Quartal mit mehr Dynamik, in: Wochenbericht Nr. 22, Berlin, S. 383-408.

DIAMOND, P. A., MIRRLEES, J. A. (1971), Optimal Taxation and Public Production I: Production Efficiency, in: American Economic Review, Vol. 61, S. 8-27.

DIAMOND, P. A., MIRRLEES, J. A. (1971), Optimal Taxation and Public Production II: Tax Rules, in: American Economic Review, Vol. 61, S. 261-278.

DICKERTMANN, D., GELBHAAR, S. (1994), Das System der öffentlichen Einnahmen, in: Steuer und Studium, Berlin, S. 214-227.

DILLON, W. R., KUMAR, A., SMITH DE BORRERO, M. (1993), Capturing Individual Differences in Paired Comparisons: An Extended BTL Model Incorporating Descriptor Variables, in: Journal of Marketing Research, Vol. 30, S. 42-51.

DOLL, J. (1992), Theoretische Überlegungen zur Bedeutung unterschiedlicher Einstellungsgrundlagen: Kognitiv-, affektiv-konstruktiv- und affektiv-erlebnis-basierte Einstellungen, in: Witte, E.-H. (Hrsg.), Einstellung und Verhalten, Beiträge des 7. Hamburger Symposiums zur Methodologie der Sozialpsychologie, Braunschweiger Studien zur Erziehungs- und Sozialarbeits-Wissenschaft, Braunschweig, S. 61-92.

DORNBUSCH, R., FISCHER, S. (1994^6), Macroeconomics, New York.

DOWNS, A. (1957), An Economic Theory of Democrazy, New York.

DOWNS, A. (1960), Why the Government is too small in a Democrazy, in: World Politics, Vol. 13, S. 541-563.

DUE, J. F. (1954), Government Finance, Economics of the Public Sector, Homewood.

DYE, T. R. (1966), Politics, Economics, and the Public Policy Outcomes in the American States, Chicago.

ECKSTEIN, G., PAPPI, F. U. (1994), Die politischen Wahrnehmungen und die Präferenzen der Wählerschaft in Ost- und Westdeutschland: Ein Vergleich, in: Klingemann, H.-D., Kaase, M. (Hrsg.), Wahlen und Wähler, Analysen aus Anlaß der Bundestagswahl 1990, Opladen.

EHRLICHER, W. (1988), Finanzwirtschaft, öffentliche II, in: HdWW, Band 3, Stuttgart, S. 164-195.

EICHENBERGER, R., FREY, B. S. (1990), Entscheidungsanomalien, in: WiSt, Heft 6, München, Frankfurt, S. 270-274.

EICHENBERGER, R., FREY, B. S. (1993), „Superrationalität" oder: Vom rationalen Umgang mit dem Irrationalen, in: Boettcher, E., Herder-Dorneich, P., Schenk, K.-E. (Hrsg.), Jahrbuch für Neue Politische Ökonomie, Band 12, Tübingen, S. 50-84.

EICHENBERGER, R. (1992), Verhaltensanomalien und Wirtschaftswissenschaften, Herausforderung, Reaktionen, Perspektiven, Deutscher Universitäts Verlag, Wiesbaden.

EISENFÜHR, F., WEBER, M. (1993), Rationales Entscheiden.

ELSNER, H. (1979), Das Gemeindefinanzsystem - Geschichte, Ideen, Grundlagen, Köln.

ELSTER, J. (1979), Ulysses and the Sirens, Cambridge.

ELSTER, J. (1983a), Sour Grapes, Studies in the Subversion of Rationality, Cambridge.

ELSTER, J. (1987), Subversion der Rationalität, New York.

ELSTER, J. (1991), Rationality and Social Norms, in: Archives Européenes de Sociologie, Band 27, S. 109-129.

ENGEL, B. (1982), Einige Probleme bei Einkommensangaben in der empirischen Sozialforschung und Schlußfolgerungen für die Transferumfrage, Sonderforschungsbereich 3, Arbeitspapier Nr. 89, Frankfurt am Main, Mannheim.

ENGEL, B. (1988), Sozialstruktur und soziale Sicherheit, Methodische und inhaltliche Analysen zur Einkommensverteilung und zum Tansfersystem in der Bundesrepublik Deutschland, Frankfurt am Main, New York.

ENGELHARDT, G., HEGMANN, H., PANTHER, S. (1994), Fiskalillusion aus der Sicht der Neuen Institutionenökonomik, in: Stand und Entwicklung der Finanzpsychologie, Baden-Baden, S. 121-152.

ESSER, H. (1986), Können Befragte lügen?, in: Kölner Zeitschrift für Soziologie, 3. Teil: Aus dem Leben der Forschung, Band 38, Köln, S. 314-336.

ETZIONI, A. (1988), The Moral Dimension, Toward a New Economics, New York, London.

EWRINGMANN, D. (1994), Umweltsteuern konzeptioneller Wandel des Abgabensystems und instrumentelle Folgen, in: Mackscheidt, K., Ewringmann, D., Gawel, E. (Hrsg.), Umweltpolitik mit hoheitlichen Zwangsabgaben?, Berlin, S. 273-286.

FALKINGER, J. (1988), Tax Evasion and Equity: A Theoretical Analysis, in: Public Finance, Vol. 43, S. 388-395.

FALTLHAUSER, K. (1996), Reform des Steuersystems, in: Baron, S., Handschuh, K. (Hrsg.), Wege aus dem Steuerchaos, Aktueller Stand der steuerpolitischen Diskussion in Deutschland, Stuttgart, S. 177-188.

FERRIS, J. M. (1983), Demands for Public Spending: An Attitudinal Approach, in: Public Choice, Vol. 40, S. 135-154.

FERRIS, J. M. (1985), Interrelationships among Public Spending Preferences: A Micro Analysis, in: Public Choice, Vol. 45, S. 139-153.

FESTINGER, L. (1957), A theory of cognitive dissonance, Stanford.

FINDLING, M. (1992), Die politische Ökonomie der Steuerreform: Eine Untersuchung der politischen Grenzen von Steuerreformen unter besonderer Berücksichtigung der Steuerreform 1990, Essen,

FISHBEIN, M. (1967), A Consideration of Beliefs and Their Role in Attitude Measurement, in: Fishbein, M. (Hrsg.): Readings in Attitude Theory and Measurement, New York, S. 257-266.

FISHBEIN, M. (1967), Readings in Attitude Theory and Measurement, New York.

FISHBEIN, M., AJZEN, I. (1975), Belief, attitude, intention, and behavior: An introduction to theory and research, Massachusetts.

FISHER, R. C. (1985), Taxes and Expenditures in the U.S.: Public Opinion Surveys and Incidence Analysis Compared, in: Economic Inquiry, Vol. 23, S. 525-550.

FOLKERS, C. (1982), Die Ursachen der Steuerzahlerrevolte und der Wählerforderungen nach fiskalischen Begrenzungen in den USA, Diskussionsbeiträge aus dem Institut für Volkswirtschaftslehre der Universität Hohenheim, Stuttgart.

FOLKERS, C. (1983), Zu einer positiven Theorie der Steuerreform, in: Hansmeyer, K.-H. (Hrsg.), Staatsfinanzierung im Wandel, Berlin, S. 189-211.

FOLKERS, C. (1985), Steuerreforminteressen und Steuervergünstigungen in positiver und institutionaler Perspektive, in: Jahrbuch für Sozialwissenschaft, Band 36, S. 274-298.

FORSCHUNGSSTELLE FÜR EMPIRISCHE SOZIALÖKONOMIK E.V. (1990), Die Steuerreform im Meinungsbild der bundesdeutschen Bevölkerung, Köln.

FORSCHUNGSSTELLE FÜR EMPIRISCHE SOZIALÖKONOMIK E.V. (1997), Steuermentalität und Steuermoral der bundesdeutschen Bevölkerung und deren Einstellungen zur Steuerreform, Köln.

FRANKE, S. F. (1991), Umweltabgaben und Finanzverfassung, in: Steuer und Wirtschaft, Heft 1, Köln, S. 217-228.

FRANKFURT, H. H. (1971), Freedom of Will and the Concept of a Person, in: Journal of Philosophy, Vol. 68, S. 5-20.

FRANZ, G. (1984), Wahrnehmung der wirtschaftlichen Lage und ökonomisches Verhalten in Zeiten öffentlicher Verschuldung, Beiträge zu einer Sozialpsychologie der Staatsverschuldung in demokratischen Regierungssystemen, in: Forschungsinstitut für öffentliche Verwaltung, Hochschule für Verwaltungswissenschaften Speyer, Band 2, Speyer.

FRANZ, G. (1985), Staatsverschuldung in der Konkurrenzdemokratie aus der Sicht von Wählern und Gewählten, in: König, R., Neidhardt, F., Lepsius, R. M. (Hrsg.), Kölner Zeitschrift für Soziologie und Sozialpsychologie, Sonderdruck, Heft 3, Speyer.

FREY, B. S. (1980), Ökonomie als Verhaltenswissenschaft, in: Jahrbuch für Sozialwissenschaft, Vol. 25, S. 24-35.

FREY, B. S. (1981), Theorie demokratischer Wirtschaftspolitik, München.

FREY, B. S. (1988), Ökonomische Theorie der Politik, in: HdWW, Band 5, Stuttgart, S. 658-667.

FREY, B. S. (1989), Zur Bedeutung entscheidungstheoretischer Anomalien für die Ökonomik, in: Jahrbücher für Nationalökonomie und Statistik 206, S. 81-101.

FREY, B. S. (1990), Ökonomie ist Sozialwissenschaft - Die Anwendung der Ökonomie auf neue Gebiete, München.

FREY, B. S. (1994), Ökonomie und Psychologie: Die wirtschaftswissenschaftliche Perspektive, in: Smekal, C., Theurl, E. (Hrsg.), Stand und Entwicklung der Finanzpsychologie, Baden-Baden, S. 107-120.

FREY, B. S., FOPPA, K. (1986), Human Behaviour: Possibilities explain action, in: Journal of Economic Psychology, Vol. 7, S. 137-160.

FREY, B.S., KIRSCHGÄSSNER, G. (1978), Wirtschaftspolitik aus der Sicht der Neuen Politischen Ökonomie, in: Lührs, G. (Hrsg.), Theorie und Politik aus kritisch-rationaler Sicht, Berlin, S. 143-158.

FREY, D. (1987), Kognitive Theorien in der Sozialpsychologie, in: Frey, D., Greif, S. (Hrsg.), Sozialpsychologie - Ein Handbuch in Schlüsselbegriffen, München, S. 50-67.

FREY, D. (1993), Die Theorie sozialer Vergleichsprozesse, in: Frey, D., Irle, M. (Hrsg.), Theorien der Sozialpsychologie 1, Bern, S. 81-122.

FREY, D., GASKA, A. (1993), Die Theorie der kognitiven Dissonanz, in: Frey, D., Irle, M. (Hrsg.), Theorien der Sozialpsychologie, Band 1, Bern, S. 275-326.

FREY, D., STAHLBERG, D., GOLLWITZER, P. (1993), Einstellung und Verhalten: Die Theorie des überlegten Handelns und die Theorie des geplanten Verhaltens, in: Frey, D., Irle, M. (Hrsg.), Theorien der Sozialpsychologie 1, Bern, S. 361-398.

FREY, D., GÜLKER, G. (1988), Psychologie und Volkswirtschaftslehre: Möglichkeiten einer interdisziplinären Zusammenarbeit, in: Boettcher, E., Herder-Dorneich, P., Schenk, K.-E. (Hrsg.), Jahrbuch für Neue Politische Ökonomie, Band 7, Tübingen, S. 168-191.

FRICK, S., GRUNOW, D. (1996), Der Steuerstaat als Wohlfahrtsstaat, Literaturüberblick, Diskussions-Survey und Darstellung des finanzwissenschaftlichen „state of the art", Duisburg.

FRICKE, D. (1977), Die „heimlichen Steuererhöhungen", in: Steuer und Wirtschaft, Nr. 54, Köln, S. 243-252.

FRIEDLAND, N., MAITAL, S., RUTENBERG, A. (1978), A simulation of income tax evasion, in: Journal of Public Economics, Vol. 10, S. 107-116.

FRITSCH, M., WEIN, T., EWERS, H.-J. (1993), Marktversagen und Wirtschaftspolitik, München.

FUEST, W., KROKER, R. (1993), Die Finanzpolitik nach der Wiedervereinigung, in: Beiträge zur Wirtschafts- und Sozialpolitik, Institut der deutschen Wirtschaft, Heft 213, Köln.

FUNK, J. (1996), Zwischen Hoffen und Bangen in der Finanz- und Steuepolitik, Institut „Finanzen und Steuern", IFSt-Schrift Nr. 343, Bonn, S. 3-9.

FURNHAM, A., LEWIS, A. (1986), The economic mind: The social psychology of economic behaviour, Brighton.

GANDENBERGER, O. (1981), Die Theorie der öffentlichen Verschuldung, in: Handbuch der Finanzwissenschaft, Band III, Tübingen, S. 27-43.

GANDENBERGER, O. (1983), Thesen zur Staatsverschuldung, in: Hansmeyer, K.-H. (Hrsg.), Staatsfinanzierung im Wandel, Schriften des Vereins für Socialpolitik, N. F.; Band 134, Berlin, S. 843-865.

GANDENBERGER, O. (1988), Was kann die Staatsverschuldung in der Zukunft leisten? - Pessimistische Neubewertung eines wirtschaftspolitischen Instruments, in: Zimmermann, H. (Hrsg.), Die Zukunft der Staatsfinanzierung, Stuttgart, S. 173-184.

GANTNER, M. (1984), Meßprobleme öffentlicher Aktivitäten - Staatsquoten, Preissteigerungen, Outputkonzepte, Schriften zur Monetären Ökonomie, Band 20, Baden-Baden.

GAULKE, J. (1995), Die Steuerschraube: Wie uns der Fiskus abkassiert, München.

GAWEL, E. (1994), Kommunale Gebühren auf dem Prüfstand, in: Wirtschaftsdienst, Nr. 9, Hamburg, S. 449-474.

GEIGANT, F. (Hrsg.), SOBOTKA, D., WESTPHAL, H. M. (1987^5), Lexikon der Volkswirtschaft, Landsberg/ Lech.

GENSER, B. (1995), Auf der Suche nach einer föderativen Finanzverfassung für Europa, Konstanz.

GEORGE, D. (1983), Meta-Preferences: Reconsidering Contemporary Notions of Free Choice, Philadelphia, S. 92-107.

GERLOFF, W., MEISEL, F. (Hrsg.) (1926), Handbuch der Finanzwissenschaft, Band 2, Tübingen.

GILLIES, P. (1995), Steuern und Abgaben: Der Widerstand wächst, in: Trend Nr. 65, S. 6-13.

GOETZ, C. J. (1977), Fiscal Illusion in State and Local Finance, in: Borcherding, T. E., (Hrsg.), Budget and Bureaucrats: The Sources of Government Growth, Durham.

GOLLWITZER, P. M. (1991), Handlungsphasen und Bewußtseinslagen, in: Frey, D. (Hrsg.), Bericht über den 37. Kongreß der Deutschen Gesellschaft für Psychologie in Kiel 1990, Band II, Göttingen.

GOLLWITZER, P. M. (1992), The intention-to-behavior process, in: Hewston, M., Stroebe, W. (Hrsg.), European Review of Social Psychology, Vol. 4, Chichester.

GORMAN, W. M. (1967), Tastes, Habits and Choices, in: International Economic Review, Vol. 8, Tokyo, S. 218-222.

GOTTFRIED, P., WIEGARD, W. (1995), Wunderwaffe Ökosteuern? Eine finanzwissenschaftliche Betrachtung, in: WiSt, Heft 10, München, Frankfurt, S. 500-508.

GRAUMANN, C.-F., FRÖHLICH, W. D. (1957), Ansätze zu einer psychologischen Analyse des sogenannten Steuerwiderstandes, in: Finanzarchiv, Band 17, Tübingen, S. 48-61.

GRETSCHMANN, K. (1988), Tax Attitudes as Limits to Taxation.

GRETSCHMANN, K. (1989), Welfare spending preferences - Empirical evidence from a logit analysis, Bielefeld.

GRETSCHMANN, K., (1991), Measuring the Public Sector: A Contestable Issue, in: Kaufmann, F.-X. (Hrsg.), The Public Sector: Challenge for Coordination and Learning, New York, S. 190-207.

GRETSCHMANN, K. (1994), Die Struktur öffentlicher Ausgaben im Lichte der Bürgerpräferenzen, in: Smekal, C., Theurl, E. (Hrsg.), Stand und Entwicklung der Finanzpsychologie, Baden-Baden, S. 153-169.

GRETSCHMANN, K. (1996), Öffentliche Anhörung im Haushalts- und Finanzausschuß des Landtages NRW am 31.10.1996 zum Gesetzentwurf zur Änderung der Verfassung des Landes NRW und der Landeshaushaltsordnung zur Begrenzung der Neuverschuldung, Düsseldorf.

GRIGAT, H.-G. (1997), Verlagerung von Unternehmensgewinnen in das Ausland und Steuerdumping, in: WSI-Mitteilungen, Nr. 6, Köln.

GROSCHE, G. (1994), Die Konvergenzkriterien - Rolle, Erfüllungsstand und Perspektiven, in: Caesar, R., Scharrer, H.-E. (Hrsg.), Maastricht: Königsweg oder Irrweg zur Wirtschafts- und Währungsunion?, Europäische Schriften des Instituts für Europäische Politik, Band 72, Bonn.

GROSSEKETTLER, H. (1989), Deregulierung und Privatisierung: Erscheinungsformen, Legitimationskriterien und politische Verhaltenstendenzen, in: WiSt, Heft 10, S. 437-445

GRUNOW, D. (1975), Der Kontakt zwischen Verwaltung und Publikum: eine dimensionale Analyse mit Illustrationen aus der Finanzverwaltung und der kommunalen Sozialverwaltung, Bielefeld.

GRUNOW, D. (1978), Steuerzahler und Finanzamt: Forschungsdesign und Ergebnisse, Frankfurt, New York.

GRUNOW, D., HEGNER, F., KAUFMANN, F. X. (1978), Steuerzahler und Finanzamt, Frankfurt, New York

GÜNTHER, K. (1990), Der Wandel der Staatsaufgaben und die Krise regulativen Rechts, in: Grimm, D. (Hrsg.), Wachsende Staatsaufgaben - sinkende Steuerungsfähigkeit des Rechts, Baden-Baden, S. 51-69.

HADARI, S. A. (1987), What are Preference Explanations? The Interpretive Core of Economic Modeling, in: Social Science Quartely, Vol. 68, No. 2, S. 340-357.

HAGEDORN, G. (1968), Aufkommenselastizitäten ausgewählter Steuern in der Bundesrepublik Deutschland 1950-1963, Kieler Studien, Nr. 85, Tübingen.

HALLER, H. (1971²), Die Steuern - Grundlinien eines rationalen Systems öffentlicher Abgaben, Tübingen.

HALLER, H. (1980), Rationale Steuersysteme und Bestimmungsgründe empirischer Steuerverfassungen, in: Neumark, F. (Hrsg.), Handbuch der Finanzwissenschaft, Band II, Tübingen, S. 171-201.

HAMMAN, P., ERICHSON, B. (1994³), Marktforschung, Stuttgart.

HAMPICKE, U. (1992), Neoklassik und Zeitpräferenz - der Diskontierungsnebel, in: Bekkenbach, F. (Hrsg.), Die ökologische Herausforderung für die ökonomische Theorie, Amburg, S. 127-149.

HANKE, T. (1994), Einfach, gerecht und ergiebig - Finanzpolitik: Der Steuerdschungel zwingt zu radikalen Reformen, aber die Politiker zögern noch, in: Die Zeit, Nr. 26 v. 24.06.1994, S. 21.

HANSEN, S. B. (1983), The Politics of Taxation, New York.

HANSJÜRGENS, B. (1992), Umweltabgaben im Steuersystem, Baden-Baden.

HANSMEYER, K.-H. (1979), Das System der öffentlichen Einnahmen (I), in: Wisu, Nr. 6, S. 303-306.

HANSMEYER, K.-H. (1979), Umbau des Steuersystems?, Berlin.

HANSMEYER, K.-H. (1988), Die heutige Steuerreformdiskussion vor dem Hintergrund struktureller Wandlungen des Steuersystems, in: Zimmermann, H. (Hrsg.), Die Zukunft der Staatsfinanzierung, Stuttgart, S. 61-76.

HANSMEYER, K.-H., MACKSCHEIDT, K. (1977), Finanzpsychologie, in: Handbuch der Finanzwissenschaft, Band 1, Tübingen, S. 553-583.

HANSMEYER, K.-H., RÜRUP, B. (1984³), Das Budget der Bundesrepublik Deutschland, in: Staatswirtschaftliche Planungsinstrumente, Tübingen, S. 1-25.

HANUSCH, H. (1978) (Hrsg.), Reform öffentlicher Leistungen, Baden-Baden.

HANUSCH, H. (1978), Privatisierung einer öffentlichen Tätigkeit: Das Beispiel Theater, in: von Weizsäcker, C. C. (Hrsg.), Staat und Wirtschaft, Verhandlungen auf der Arbeitstagung der Gesellschaft für Wirtschafts- und Sozialwissenschaften - Verein für Socialpolitik - in Hamburg, Berlin, S. 171-194.

HARDORP, B. (1991), Konsumsteuer und Gesellschaft - Zum erforderlichen Bewußtseinswandel, in: Rose, M. (Hrsg.), Konsumorientierte Neuordnung des Steuersystems, Berlin, S. 85-111.

HARTUNG, H.-J. (1985³), Statistik- Lehr- u. Handbuch der angewandten Statistik, München.

HASSE, R. H. (1994), Konvergenzkriterien des Maastricht-Vertrages: Können sie Glaubwürdigkeit erzeugen?, in: Franzmeyer, F. (Hrsg.), Das Konvergenzproblem - Wirtschaftspolitik im Europa von Maastricht, Deutsches Institut für Wirtschaftsforschung; Sonderheft 151, Berlin.

HAYEK, F. A. von (1975), Die Irrtümer des Konstruktivismus, Tübingen.

HAYEK, F. A. von (1979), Die drei Quellen menschlicher Werte, Tübingen.

HEDTKAMP, G. (1977²), Lehrbuch der Finanzwissenschaft, Neuwied.

HEDTKAMP, G. (1980), Klassifikation der öffentlichen Einnahmen, in: Handbuch der Finanzwissenschaft, Band 2, Tübingen, S. 63-80.

HEINEMANN, F. (1994), Staatsverschuldung - Ursachen und Begrenzung, Beiträge zur Wirtschafts- und Sozialpolitik Nr. 149, Institut der deutschen Wirtschaft, Köln.

HENKE, K.-D., SCHUPPERT, G. F. (1993), Rechtliche und finanzwissenschaftliche Probleme der Neuordnung der Finanzbeziehungen von Bund und Ländern im vereinten Deutschland, Baden-Baden.

HERKNER, W. (1991⁵), Sozialpsychologie, Bern, Stuttgart, Toronto.

HESSE, H. (1988), Nutzen-Kosten-Analyse I: Theorie, in: Albers, W., Born, K.E., Dürr, E., Hesse, H., Kraft, A., Lampert, H., Rose, K., Rupp, H.-H., Scherf, H, Schmidt, K., Wittmann, W. (Hrsg.), Handwörterbuch der Wirtschaftswissenschaft, 9 Bände und Register, Stuttgart, New York.

HESSLER, H. D. (1983), Die Fundamentalprinzipien der Besteuerung (I), in: Wisu, Heft 6, S. 281-285.

HESSLER, H. D. (1983), Die Fundamentalprinzipien der Besteuerung (II), in: Wisu, Heft 7, S. 329-334.

HETTICH, W., WINER, S. L. (1984), A Positive Model of Tax Structure, in: Journal of Public Economics, Vol. 24, Amsterdam, S. 63-88.

HETTICH, W., WINER, S. L. (1984), Economic and Political Foundations of Tax Structure, in: The American Economic Review, Vol. 78, S. 701-712.

HEWITT, D. (1985), Demand for National Public Goods: Estimates from Surveys, in: Economic Inquiry, Vol. 33, S. 487-506.

HEYNDELS, B., SMOLDERS, C. (1995), Tax complexity and fiscal illusion, in: Public Choice, Vol. 85, No. 1/2, S. 127-141.

HICKS, U. K. (1971³), Public Finance, Cambridge.

HILDEBRANDT, A. (1995), Politisch-ökonomische Ursachen und ökonomisch-institutionelle Restriktionen der Entwicklung öffentlicher Finanzen. Ein Beitrag zur Theorie des Staatshaushalts, Europäische Hochschulschriften, Reihe V, Vol. 1744, Frankfurt.

HINRICHS, H. H. (1966), A General Theory of Tax Structure Change during Economic Development, Cambridge.

HIRAI, G. (1988), Finanzpsychologische Aspekte der Staatsfinanzen, in: Zimmermann, H. (Hrsg.), Die Zukunft der Staatsfinanzierung, Stuttgart, S. 111-120.

HIRSHLEIFER, J. (1980), Privacy: Its Origin, Function, and Future, in: Journal of Legal Studies, Vol. 9, S. 649-666.

HOCKLEY, G., HARBOUR, G. (1983), Revealed Preferences Between Public Expenditures and Taxation Cuts: Public Sector Choice, in: Journal of Public Economics, Vol. 22, S. 387-399.

HOFMANN, G. (1988), Datenverarbeitung in den Sozialwissenschaften: eine anwendungsorientierte Einführung in das Programm-System SPSS-X, Stuttgart.

HOMBURG, S. (1997), Allgemeine Steuerlehre, München.

HOWARD, J. A., SHETH, J. N. (1969), The Theory of Buyer Behavior, New York.

HÜTTNER, M. (1989[4]), Grundzüge der Marktforschung, Berlin.

HWWA-INSTITUT FÜR WIRTSCHAFTSFORSCHUNG (1997), HWWA-Report, Nr. 69, Hamburg.

INSTITUT DER DEUTSCHEN WIRTSCHAFT (1996), Evaluierung des Vorschlags von Gunnar Uldall für eine vereinfachte Einkommen- und Körperschaftsteuer, Köln.

INSTITUT DER DEUTSCHEN WIRTSCHAFT (1997), Zahlen zur wirtschaftlichen Entwicklung der Bundesrepublik Deutschland, Köln.

ISENSEE, J. (1994), Vom Beruf unserer Zeit für Steuervereinfachung, in: Steuer und Wirtschaft, Zeitschrift für die gesamten Steuerwissenschaften, Köln, S. 3-14.

JÄGERS, T. (1995), Die goldene Regel staatlicher Kreditaufnahme, in: WiSt, Heft 4, S. 414-416.

JANSSEN, J., LAATZ, W. (1994), Statistische Datenanalyse mit SPSS für Windows: eine anwendungsorientierte Einführung in das Basissystem, Berlin u.a.

JÖHR, W. A. (1972), Zur Rolle des psychologischen Faktors in der Konjunkturtheorie, in: Ifo-Studien, Nr. 18, S. 157-184.

JÜNGLING, M. (1990), Staatseinnahmen in säkularer Sicht- Eine kritische Studie, Göttingen.

JUSTI, J. H. G. von (1761/1970), Gesammlete Politische und Finanzschriften über wichtige Gegenstände der Staatskunst, der Kriegswissenschaft und des Cameral- und Finanzwesens, Band 1-3, Kopenhagen, Aalen.

JUSTI, J. H. G. von (1762/1977), Ausführliche Abhandlung von denen Steuern und Abgaben nach ächten, aus dem Endzweck der bürgerlichen Gesellschaften abfließenden Grundsätzen, und zur Wohlfarth der Völker dienlichen Maaßregeln, Königsberg, Wiesbaden.

JUSTI, Johann Heinrich Gottlob von (1762/1977), Ausführliche Abhandlung von denen Steuern und Abgaben nach ächten, aus dem Endzweck der bürgerlichen Gesellschaften abfließenden Grundsätzen, und zur Wohlfarth der Völker dienlichen Maaßregeln, Königsberg, Wiesbaden.

JUSTI, Johann Heinrich Gottlob von (1766/1969), System des Finanzwesens, nach vernünftigen aus dem Endzweck der bürgerlichen Gesellschaften, und aus der Natur aller Quellen der Einkünfte des Staates hergeleiteten Grundsätzen und Regeln, Halle, Aalen.

KAHNEMAN, D., SLOVIC, P., TVERSKY, A. (1982) (Hrsg.), Judgment Under Uncertainty: Heuristics and Biases, Cambridge.

KAHNEMAN, D., TVERSKY, A. (1982), Risiko nach Maß - Psychologie der Entscheidungspräferenzen , in: Spektrum der Wissenschaft, Nr. 3, S. 89-98.

KAHNEMAN, D., TVERSKY, A. (1984), Choices, Values, and Frames, in: American Psychologist, Vol. 39, S. 341-350.

KARDES, F. R., KALYANARAM, G., CHANDRASHEKARAN, M., DOROFF, R. J. (1993), Brand Retrieval, Consideration Set Composition, Consumer Choice, and the Pioneering Advantage, in: Journal of Consumer Research, Vol. 20., No. 1, S. 62-75.

KARL-BRÄUER-INSTITUT DES BUNDES DER STEUERZAHLER (1996), Steuerentlastung, Steuervereinfachung, Steuergerechtigkeit. Baussteine für eine umfassende Reform der Lohn- und Einkommensteuer, Sonderinformation Nr. 29, Wiesbaden.

KATONA, G. (1975), Psychological Economics, Amsterdam.

KELLER, R. R., MCKEAN, J. R., PETERSON, R. D. (1982), Preference and Value Formation: A Convergence of Enlightened Orthodox and Institutional Analysis?, in: Journal of Economic Issus, Vol. XVI, No. 4, S. 941-954.

KESSEL, H., ZIMMERMANN, K. (1983), Zur "Wert"-Schätzung öffentlicher Ausgaben, in: Zeitschrift für Parlamentsfragen, Nr. 14, S. 371-390.

KIESLING, H. (1990), Economic and Political Foundations of Tax Structure: Comment, in: The American Economic Review, Vol. 80, S. 931-934.

KIRCHGÄSSNER, G. (1991), Homo Oeconomicus: Das ökonomische Modell individuellen Verhaltens und seine Anwendung in den Wirtschafts- u. Sozialwissenschaften, Tübingen.

KIRCHGÄSSNER, G. (1993), Hält sich der Homo Oeconomicus an Regeln? Einige Bemerkungen zur Rolle von Normen und Regeln im Rahmen der Konzeption der ökonomischen Verhaltensmodells, in: Boettcher, E., Herder-Dorneich, P., Schenk, K.-E. (Hrsg.), Jahrbuch für Neue Politische Ökonomie, Band 7, Tübingen, S. 181-197.

KIRCHHOF, F. (1983), Die Finanzierung des Leistungsstaates, in: Juristische Ausbildung, 10. Jg., S. 505-512.

KIRCHHOF, F. (1988), Vom Steuerstaat zum Abgabenstaat?, in: Die Verwaltung, Heft 2, S. 137-153.

KIRCHHOF, F. (1991), Grundriß des Abgabenrechts: Steuern, Gebühren, Beiträge, EG- und Sonderabgaben, Heidelberg.

KIRCHHOF, P. (1989[7]), Steuerrecht, in: Staatslexikon, Band 5, Freiburg.

KIRCHHOF, P. (1995), Der Bürger wird überfordert - An der gerechten Verteilung der Steuerlast sind Zweifel angebracht. Ein Zeit-Gespräch mit Verfassungsrichter Paul Kirchhof, in: Die Zeit , Nr. 39, S. 27 und 28.

KIRCHHOFER-BOZENHARDT, A.v., KAPLITZA, G. (1975), Der Fragebogen, in: Holm, K. (Hrsg.), Die Befragung, Band 1, München, S. 14-21.

KIRSCH, G. (1983[2]), Neue Politische Ökonomie, Fribourg.

KITTERER, W. (1991), Übergangsprobleme bei Steuerreformen: Einige methodische Anmerkungen, in: Bea, F. X., Kitterer W. (Hrsg.), Finanzwissenschaft im Dienste der Wirtschaftspolitik - Dieter Pohmer zum 65. Geburtstag, Tübingen, S. 285-304.

KLAPPROTT, J. (1975), Die Anatomie von Einstellungen - Empirische Ergebnisse zur Feinstruktur einer Einstellung, hrsg. von dem Sonderforschungsbereich Sozialisation- und Kommunikationsforschung, Band 2, Stuttgart.

KÖCHER, R. (1994), Die Politik wird den Erwartungen der Bürger immer weniger gerecht, in: Wochenzeitung Das Parlament, Nr. 1, Bonn.

KOLMS, H. (1976), Finanzwissenschaft III, Besondere Steuerlehre, Berlin, New York.

KÖRNER, J. (1974), Die Aufkommenselastizität des deutschen Steuersystems 1950-1973, München.

KÖRNER, J. (1993), Fiskus profitiert von heimlichen Steuererhöhungen, in: IFO-Schnelldienst, Nr. 3, S. 3-13.

KOTLIKOFF, L. J. (1991), Generational Accounts - A meaningful Alternative to Defizit Accounting, Cambridge.

KOTLIKOFF, L. J. (1995), Applying Generational Accounting to Developing Countries, IED Discussion Paper, No. 67, Pennsylvania.

KRAUSE-JUNK, G., OEHSEN, J. H. von (1988), Besteuerung, optimale, in: Albers, W. et al. (Hrsg.), HdWW, New York, Tübingen. S. 51-67.

KRAUSE-JUNK, G. (1988), Steuern IV: Verteilungslehren, in: Albers, W. et al. (1988) (Hrsg.), Handwörterbuch der Wirtschaftswissenschaft, New York, Tübingen.

KRAUSE-JUNK, G. (1991), Eine bessere Alternative ist nicht in Sicht, in: Wirtschaftsdienst, Hamburg, Nr. 11, S. 552-553.

KREIENBAUM, L. (1993), Einführung in die Stichprobenverfahren, München.

KRELLE, W. (1968), Präferenz- und Entscheidungstheorie, Köln.

KREUTZ, H., TITSCHER, S. (1974), Die Konstruktion von Fragebögen, in: Koolwijk, J. v., Wieken-Mayser, M. (Hrsg.), Techniken der empirischen Sozialforschung, Band 4, München, S. 24-82.

KROEBER-RIEL, W. (1992^5), Konsumentenverhalten, München.

KROKER, R., FUEST, W. (1983), Grenzen der Steuer- und Abgabenbelastung, in: Beiträge zur Wirtschafts- und Sozialpolitik, Institut der deutschen Wirtschaft, Köln.

KROMREY, H.(1991^5), Empirische Sozialforschung, Opladen.

KRUSE, H. W. (1991), Lehrbuch Steuerrecht, Band 1, Allgemeiner Teil, München.

KRUSKAL, W., MOSTELLER, F. (1979), Representative Sampling III: The Current Statistical Literature, in: International Statistical Review, Vol. 47, S. 245-265.

KUBON-GILKE, G. (1995), Moralische Kosten und die Endogenisierung von Präferenzen in der Neuen Institutionenökonomik, in: Seifert, E. K., Priddat, B. P. (Hrsg.), Neuorientierungen in der ökonomischen Theorie: Zur moralischen, institutionellen und evolutorischen Dimension des Wirtschaftens, Marburg, S. 271-317.

LADD, H. F., WILSON, J. B. (1981), Proposition 2 ½: Explaining the Vote, Research Report R 81-1, Harvard University, John F. Kennedy School of Government, Cambridge, Massachusetts.

LADD, H. F., WILSON, J. B. (1982), Why Voters Support Tax Limitations: Evidence from Massachusetts' Proposoition 2½, in: National Tax Journal, Vol. 35, Chicago, S. 121-148.

LANG, J. (1993), Entwurf eines Steuergesetzbuchs, Schriftenreihe des Bundesministeriums der Finanzen, Heft 49, Köln.

LANG, J. (1996), Vom Steuerchaos zu einem Steuersystem rechtlicher und wirtschaftlicher Vernunft, in: Baron, S., Handschuh, K. (Hrsg.), Wege aus dem Steuerchaos, Stuttgart, S. 117-164.

LANG, J., TIPKE, K. (1989[12]), Steuerrecht, Köln.
LEHNER, F. (1981), Einführung in die Neue Politische Ökonomie, Königstein, Taunus.
LEIBENSTEIN, H. (1976), Beyond Economic Man: A New Foundation for Microeconomics, Cambridge.
LEIBENSTEIN, H. (1966), Allocative Efficiency vs. "X-Efficiency", in: American Economic Review, Vol. 56, S. 37-51.
LEINEWEBER, N. (1988), Das säkulare Wachstum der Staatsausgaben- Eine kritische Analyse, Abhandlungen zu den Wirtschaftlichen Staatswissenschaften, Band 33, Göttingen.
LEINEWEBER, N. (1988), Wagners Gesetz - eine erweiterte Analyse: Ökonomische Faktoren und wachsende Staatsausgaben, in: Leineweber, N. (Hrsg.), Das säkulare Wachstum der Staatsausgaben - Eine kritische Analyse, Abhandlungen zu den Wirtschaftlichen Staatswissenschaften, Band 33, Göttingen.
LEIPOLD, H. (1992), Probleme und Konzepte der Privatisierung von Staatseigentum, in: WiSt, Heft 2, S. 54-59.
LEWIS, A. (1979), An Empirical Assessment of Tax Mentality, in: Public Finance, Bd. 34, S. 245-257.
LEWIS, A., JACKSON, D. (1985), Voting Preferences and Attitudes to Public Expenditures, in: Political Studies, Vol. 33, S. 457-466.
LEWIS, A. (1979), An Empirical Assessment of Tax Mentality, in: Public Finance, Bd. 34, S. 245-257.
LEWIS, A. (1982), Public expenditure: perceptions and preferences, in: Journal of Economy Psychology, Vol. 3, North-Holland, S. 159-167.
LEWIS, A. (1982), The Psychology of Taxation, Oxford.
LEWIS, A. (1991), Attitudes to public expenditure and their relationship to voting preferences, in: Political Studies, Vol. 28, S. 284-292.
LEWIS, A., WEBLEY, P., FURNHAM, A. (1995), The New Economic Mind: The Social Psychology of Economic Behaviour, New York.
LIECHTI, U. (1976), Fragebogen-Aufbau und -Formulierung in der Demoskopie, in: Die Unternehmung, Nr. 4, S. 299-317.
LOWERY, D. (1985), Public opinion, fiscal illusion, and tax revolution: the political demise of the property tax, in: Public budgeting & finance, S. 76-88.
LUCKENBACH, H. (1991), Markt- und Staatsversagen - Ursachen und wirtschaftspolitische Gegenmaßnahmen, in: WiSt, Heft 5, München, Frankfurt, S. 225-230.
MACKSCHEIDT, K. (1971), Das optimale Budget: Von der Lösung zum Problem, in: Hansmeyer, K.-H. (Hrsg.), Das rationale Budget, Köln, S. 25-55.
MACKSCHEIDT, K. (1993), Abgabenbelastung und Steuerwiderstand, in: Mit Steuern steuern?, Wiesbaden, S. 59-78.
MACKSCHEIDT, K. (1994), Die Entwicklung der Kölner Schule der Finanzpsychologie, in: Smekal, C., Theurl, E. (Hrsg.), Stand und Entwicklung der Finanzpsychologie, Baden-Baden, S. 41-64.
MANN, F. K. (1972), Die drei Finanzwissenschaften, in: Finanzarchiv, N.F., Band 30, Tübingen, S. 1-13.
MARSHALL, A. (1972[8]), Principles of Economics, London.

MATZNER, E. (1978), Wohlfahrtsstaat und Wirtschaftskrise, Hamburg.
MAUCH, S. P., ITEN, R., WEIZSÄCKER, E. U. von, JESINGHAUS, J. (1995²), Ökologische Steuerreform - Europäische Ebene und Fallbeispiel Schweiz, Chur, Zürich.
MEILICKE, H. (1989), Heimliche Steuererhebung über öffentlich-rechtliche Gebühren, in: Betriebs-Berater, Zeitschrift für Recht und Wirtschaft, Heft 4, S. 225-229.
MEINHARDT, V., SEIDEL, B., STILLE, F., TEICHMANN, D. (1995), Transferleistungen in die neuen Bundesländer und deren wirtschaftliche Konsequenzen, Deutsches Institut für Wirtschaftsforschung, Sonderheft 154, Berlin.
MIKULA, G. (1981), Konzepte der distributiven Gerechtigkeit als Grundlagen menschlichen Handelns und Wertens, in: Michaelis, W. (Hrsg.), Bericht über den 37. Kongreß der Deutschen Gesellschaft für Psychologie in Zürich, Göttingen, S. 397-407.
MILLER, M. (1992), Wie Deregulierung, Privatisierung, Dezentralisierung und Entbürokratisierung das Staatsversagen verhindern sollen, in: Der Öffentliche Dienst, S. 12-19.
MITCHELL, R. C., CARSON, R. T. (1989), Using Surveys to Value Public Goods: The Contingent Valuation Method, Washington.
MITSCHKE, J. (1994), Integration von Steuer- und Sozialleistungssystem - Chancen und Hürden, in: Steuer und Wirtschaft, Köln, S. 153-162.
MOLL, B. (1929), Klassifikation der ordentlichen öffentlichen Einnahmen, in: Finanzarchiv, Jg. 46, Band II, Tübingen.
MUELLER, D. C. (1989), Public Choice II, Revised Edition, Cambridge.
MUELLER, E. (1963), Public Attitudes toward Fiscal Programmes, in: Quarterly Journal of Economics, Vol. 77, S. 210-235.
MÜLLER, W. (1997), SPSS-gestützte Häufigkeitsanalysen, in: WISU, Heft 3, S. 217-222.
MÜNCH, K. N. (1976), Kollektive Güter und Gebühren - Elemente einer Gebührentheorie für Kollektivgüter, Göttingen.
MUNDORF, H. (1997), Handel mit Firmenmänteln ist schon jetzt nicht mehr das große Geschäft, in: Hb. v. 18.6.1997, S. 6.
MUSGRAVE, R. A., MUSGRAVE, P. B. (1973), Public Finance in Theory and Practice, New York.
MUSGRAVE, R. A., MUSGRAVE, P. B., KULLMER, L. (1990⁵), Die öffentlichen Finanzen in Theorie und Praxis, Band 1-5, Tübingen.
NAUST, H. (1991²), Konsumorientierte Steuerreform, in: Finanzarchiv, N. F., Band 49, Tübingen, S. 501-533.
NEUMANN, J. V., MORGENSTERN, O. (1949), Theory of Games and Economic Behaviour, Princeton.
NEUMANN, M. (1979), Nutzen, Präferenzordnung und Nutzenfunktion, in: HdWW, Stuttgart, S. 349-368.
NEUMARK, F. (1959), Steuer I - Theorie der Besteuerung, in: Handwörterbuch der Sozialwissenschaften, Band 10, Tübingen, S. 93-106.
NEUMARK, F. (1970), Grundsätze gerechter und ökonomisch rationaler Steuerpolitik, Tübingen.
NEUMARK, F. (1980), Steuern I, in: HdWW, Band 7, Stuttgart, S. 295-310.

NEUMARK, F. (1988), Steuerpolitische Ideale der Gegenwart, in: Zimmermann, H. (Hrsg.), Die Zukunft der Staatsfinanzierung, Stuttgart, S. 45-60.

NIESCHLAG, R., DICHTL, E., HÖRSCHGEN, H. (1988[15]), Marketing, Berlin.

NIESSEN, H.-J., HAARLAND, H. P. (1994), Die öffentliche Finanzkrise im Urteil der Bürger - Eine empirisch-finanzpsychologische Untersuchung der Wahrnehmung und Bewertung der öffentlichen Einnahmen- und Ausgabenpolitik, Forschungsstelle für empirische Sozialökonomik e.V., Köln.

NIESSEN, H.-J., HAARLAND, H. P. (1995), Steuervereinfachung und Steuergerechtigkeit, Eine empirische Untersuchung der Einstellungen deutscher Steuerzahler, Forschungsstelle für empirische Sozialökonomik e.V., Köln.

NIGGEMANN, H. (1997), Ist Repräsentativität meßbar? Zum Verständnis von Repräsentativität und zur Vergleichbarkeit von Primär- und Sekundärstatistiken am Beispiel des NIFA-Panels, Arbeitspapier SIT-wp-1-97, Forschungsstelle für Sozialwissenschaftliche Innovations- und Technologieforschung, Ruhr-Universität, Bochum.

NISBETT, R., ROSS, L. (1980), Human Inference: Strategies and Shortcomings of Social Judgment, Englewood Cliffs, New Jersey.

NOELLE-NEUMANN, E. (1992), Wie belastbar ist die deutsche Demokratie, Institut für Demoskopie Allensbach, Allensbach.

NÖLL VON DER NAHMER, R. (1964), Lehrbuch der Finanzwissenschaft, Band 1, Köln, Opladen.

O.V. (1997), Fehl-Steuer Ost, in: Der Spiegel, Nr. 46, Hamburg.

O.V. (1997), Lokale Abgaben werden zum Bumerang, in: Hb. v. 15.10.1997, S. 7.

O.V. (1997), Waigel hält Ost-Mittel für ausreichend, in: Hb. vom 26./ 27.7.1997, S. 5.

O`SULLIVAN, A., SEXTON, T. A., SHEFFRIN, S. M. (1995), Property taxes and tax revolts: The Legacy of Proposition 13, Cambridge.

OATES, W. E. (1988), On the Nature and Measurement of Fiscal Illusion: A Survey, in: Brennan, G. (Hrsg.), Taxation and Fiscal Federalism - Essays in Honour of Russel Mathews, S. 56-82.

OFFE, C. (1987), Endogenous Preferences and Institutional Choice, Amsterdam.

OFFE, C. (1991), Introduction: The Puzzling Scope of rationality, in: Archives Européennes de Sociologie, Band 27, S. 81-83.

OLSHAVSKY, R.W. (1985), Perceived Quality. in: Consumer Desicion Making: An Integrated Theoretical Perspektive, in: Jacoby, J., Olson, J. (Hrsg.), Perceived Quality, Lexington u.a., S. 3-29.

OLSON, M. (1968), Die Logik des kollektiven Handelns, Tübingen.

OLSON, M. (1977), Das Prinzip 'fiskalischer Gleichheit': Die Aufteilung der Verantwortung zwischen verschiedenen Regierungsebenen, in: Kirsch, G. (Hrsg.), Föderalismus, Stuttgart, New York, S. 66-76.

ORGANIZATION FOR ECONOMIC COORDINATION AND DEVELOPMENT (1995), Wirtschaftsausblick, No. 57, Paris.

ORGANIZATION FOR ECONOMIC COORDINATION AND DEVELOPMENT (1996), Revenue Statistics 1965-1995, Paris.

OSBORNE, D., GAEBLER, T. (1992), Reinventing Government: How the entrepreneurial spirit is transforming the public sector, New York.

OSGOOD, C. E., SUCI, G. J., TANNENBAUM, P. H. (1957), The Measurement of Meaning, Urbana.

OTTNAD, A. (1996), Die Staatsverschuldung wächst nach eigenen Gesetzen, in: Orientierungen zur Wirtschafts- und Gesellschaftspolitik, Nr. 68, Bonn, S. 2-7.

PAN, Y., LEHMANN, D. R. (1993), The Influence of New Brand Entry on Subjective Brand Judgements, in: Journal of Consumer Research, Vol. 20, S. 76-86.

PEACOCK, A. T., WISEMAN, J. (1961), The Growth of Public Expenditure in the United Kingdom, London.

PEFFEKOVEN, R. (1977), Begriff und Aussagefähigkeit der Staatsquote, in: WiSt, 6. Jg., München, Frankfurt, S. 208-213.

PENZ, R. (1992) Gary S. Becker „Economic Approach" - Anmerkungen zum Nobelpreis 1992, in: Wirtschaftsdienst, Nr. 11, Hamburg, S. 602-608.

PETERS, B. G. (1978/79), Determinants of Tax Policy, in: Policy Studies Journal, Vol. 7, S. 787-793.

PETERSEN, H.-G. (1990^2), Finanzwissenschaft I, Stuttgart.

PETERSEN, H.-G. (1988), Finanzwissenschaft II: Spezielle Steuerlehre – Staatsverschuldung – Finanzausgleich – makroökonomische Finanzwissenschaft und Finanzpolitik, Berlin.

PFÄHLER, W. (1984), Effizienz staatlicher Tätigkeit - was ist das?, in: Finanzarchiv, N. F. Band 42, Tübingen, S. 86-106.

PHLIPS, L. (1972), A Dynamic Version of the Linear Expenditure Model, in: The Review of Economics and Statistics, Vol. 54, Cambridge, S. 450-458.

PIEL, E. (1992), Wieviel Politikverachtung verträgt der Staat, in: Referat zur Fachtagung der Bundeszentrale für politische Bildung zum Thema: Verfassungsdiskussion und Verfassungsentwicklung im vereinten Deutschland, Bonn.

POHMER, D. (1993), Die Steuern als Instrument der Staatsfinanzierung oder Wirtschaftslenkung?, in: Mit Steuern steuern ?, Einsatz der Besteurung für finanzfremde Zwecke und seine Auswirkungen, Referate und Protokolle vom VII. Deutschen Steuerzahlerkongreß, hrsg. vom Präsidium des Bundes der Steuerzahler, Wiesbaden, S. 35-58.

POLLAK, R. A. (1970), Habit Formation and Dynamic Demand Functions, in: Journal of Political Economy, Vol. 78, Chicago, S. 745-763.

POLLAK, R. A. (1978), Endogenous Tastes in Demand and Welfare Analysis, in: American Economic Review, Vol. 68, S. 374-279.

POMMEREHNE, W. W. (1987), Präferenzen für öffentliche Güter - Ansätze zu ihrer Erfassung, Tübingen.

POMMEREHNE, W. W., RÖMER, A. U. (1992), Ansätze zu Erfassung der Präferenzen für öffentliche Güter: Ein Überblick, in: Jahrbuch für Sozialwissenschaft, Nr. 43, S. 171-210.

POMMEREHNE, W. W., SCHNEIDER, F. (1978), Fiscal Illusion, Political Institiutions, and Local Public Spending, in: Kyklos, Vol. 31, S. 381-408.

POPITZ, J. (1927) Das Gesetz von der Anziehungskraft des größeren Etats, in: Gerloff, W., Meisel, F. (Hrsg.), Handbuch der Finanzwissenschaft, Band 2, S. 338-375.

POPITZ, J. (1980), Die normative Konstruktion von Gesellschaft, Tübingen.

PORWOLLIK, U. (1997), Last aus Steuern und Abgaben bei 57 Prozent, in: Die Welt v. 12.10.1997, S. 42.
POSTLEP, R. D. (1996), Aktuelle Fragen zum Föderalismus, Marburg.
PRAAG VAN, B. (1985), Linking Economics with Psychology - An Economist`s View, in: Journal of Economic Psychology, Vol. 6, No. 3, S. 289-311.
PRIEWE, J. (1996), Gefangen in der Schuldenfalle? Überlegungen zum fiskalischen Handlungsspielraum in der Bundesrepublik Deutschland, in: WSI-Mitteilungen, Köln, S. 307-315.
PUVIANI, A. (1960/1903), Die Illusion in der öffentlichen Finanzwirtschaft, Berlin; Originalausgabe: Teoria del`llusione Finanziara, Milano.
RAAB, U. H. (1995), Öffentliche Transaktionskosten und Effizienz des staatlichen Einnahmesystems, Abhandlungen zur Nationalökonomie, Band 1, Berlin.
RAWLS, J. (1990), Eine Theorie der Gerechtigkeit, Frankfurt.
RECKTENWALD, H. C. (1959[3]), Gebühren und Beiträge, in: Staatslexikon, Band 3, Freiburg, S. 650-662.
RECKTENWALD, H. C. (1983), Lexikon der Staats- und Geldwirtschaft, München.
RECKTENWALD, H. C. (1986), Das Selbstinteresse - Zentrales Axiom der ökonomischen Wissenschaft, Akademie der Wissenschaften und der Literatur, Abhandlungen der Geistes- und Sozialwissenschaftlichen Klasse, Nr. 2, Mainz, Stuttgart.
RECKTENWALD, H. C. (1987), Über ökonomische und ethische Normen: Kritisches zu einem Schlüsselwerk für moderne Forschung, Akademie der Wissenschaften und der Literatur, Abhandlungen der Geistes- und Sozialwissenschaftlichen Klasse, Nr. 17, Mainz, Stuttgart.
RECKTENWALD, H. C. (1989), Die Nobelpreisträger der ökonomischen Wissenschaft 1969-1988. Kritisches zum Werden neuer Tradition. Selbstportrait - Lesung - Auswahl - Kritik, Düseldorf.
REID, J. D. (1979), Tax Revolts in Historical Perspective, in: National Tax Journal, Vol. 32, S. 67-83.
RICHTER, H. (1993), Wer trägt die Mehrwertsteuerlast?: Eine empirische allgemeine Gleichgewichtsanalyse, Heidelberg.
RICHTER, W. F., WIEGARD, W. (1991), Effizienzorientierte Reform der Gewerbesteuer, in: Rose, M. (Hrsg.), Konsumorientierte Neuordnung des Steuersystems, Berlin, S. 437-464.
RICHTER, W. F., WIEGARD, W. (1993), Zwanzig Jahre „Neue Finanzwissenschaft", Teil I: Überblick und Theorie des Marktversagens, in: Zeitschrift für Wirtschafts- u. Sozialwissenschaften (ZWS) 113, Berlin, S. 169-224.
RICHTER, W. F., WIEGARD, W. (1994), Erwiderung zu den Kommentaren von Charles B. Blankart und Fritz Söllner, in: Zeitschrift für Wirtschafts- und Sozialwissenschaften (ZWS) 114, Berlin, S. 255-266.
RIEDL, R. (1981[3]), Biologie der Erkenntnis - Die stammesgeschichtlichen Grundlagen der Vernunft, Berlin, Hamburg.
RITTER, W. (1996), Notwendigkeit und Ziele einer Reform unseres Steuersystems, in: Baron, S., Handschuh, K. (1996), Wege aus dem Steuerchaos, Stuttgart, S. 103-116.
ROLOFF, O. (1978), Theorie und Praxis der Besteuerung, Opladen.

ROSE, M., WIEGARD, W. (1983), Zur optimalen Struktur öffentlicher Einnahmen unter Effizienz- und Distributionsaspekten, in: Pohmer, D. (1983) (Hrsg.), Zur optimalen Besteuerung, Schriften des Vereins für Socialpolitik, N.F., Band 128, Berlin, S. 11-28.

ROSE, M. (1989), Argumente zu einer „konsumorientierten Neuordnung des Steuersystems", in: Steuer und Wirtschaft, Heft 2, Köln, S. 191-193.

ROSE, M. (1996), Argumente für ein konsumbasiertes Einkommensteuersystem ohne Subventionselemente und die Schutzverzinsung (das Existenzminimum) des Kapitals, in: Baron, S., Handschuh, K. (1996), Wege aus dem Steuerchaos, Stuttgart, S. 65-88.

ROSE, R., KARRAN, T. (1987), Taxation by Political Inertia, Financing the Growth of Government in: Britain, London.

ROSEN, H. S., WINDISCH, R. (1992), Finanzwissenschaft I, München.

ROSENSCHON, A. (1980), Verschwendung in Staat und Markt: Eine vergleichende empirische Analyse, Göttingen.

ROTH, E. (1967), Einstellungen als Determinanten individuellen Verhaltens, Göttingen.

SANDMO, A. (1984), Some Insights from the „new" Theory of Public Finance, in: Empirica, Vol. 11, S. 111-124.

SAUSER, L. D. (1993), Economic and Political Factors as Determinants of State Revenue and Expenditure Policy, University of Alabama, Michigan.

SCHAFT, W. (1997a), Sondereinflüsse drücken Staatseinnahmen, in: Wirtschaftsdienst, Heft 11, Hamburg, S. 664-670.

SCHAFT, W. (1997b), Schlingernde Steuerpolitik, in: Wirtschaftsdienst, Hamburg, S. 2-9.

SCHELLING, T. C. (1984), Self-Command in Practice, in Policy, and in a Theory of Rational Choice, in: American Economic Review, Vol. 74, Papers and Proceedings, S. 1-11.

SCHELLING, T. C. (1978), Egonomics, or the Art of Self-Management, in: American Economic Review, Vol. 68, Papers and Proceedings, S. 290-294.

SCHELLING, T. C. (1980), The Intimate Contest for Self-Command, in: Public Interest, Vol. 60, S. 94-118.

SCHEMMEL, L. (1995), Zur Aufnahme des Leistungsfähigkeitsprinzips und anderer Grenzen für den Steuerstaat in das Grundgesetz, in: Steuer und Wirtschaft, Nr. 1, Köln, S. 39-43.

SCHERBORN, G. (1981), Methoden und Chancen einer Beeinflussung der Konsumenten zur rationalen Überprüfung von Präferenzen, in: Tietz, R. (Hrsg.) (1981), Wert- und Präferenzprobleme in den Sozialwissenschaften, Berlin, S. 171-194.

SCHLESINGER, H., WEBER, M., ZIEBARTH, G. (1993), Staatsverschuldung - Ohne Ende? - Zur Rationalität und Problematik des öffentlichen Kredits, Darmstadt.

SCHLESINGER, H. (1985), Zur Besteuerung von Kapitalerträgen, in: Cansier, D., Kath, D. (Hrsg.), Öffentliche Finanzen, in: Kredit und Kapital, Berlin, S. 237-253.

SCHMID, K. (1994), Wertewandel, Politikverdrossenheit und Schattenwirtschaft, in: Wirtschaftsdienst, S. 303-306.

SCHMIDT, C., STRAUBHAAR, T. (1995), Maastricht II: Bedarf es realer Konvergenzkriterien?, in: Wirtschaftsdienst, Heft 8, Hamburg, S. 434-442.

SCHMIDT, K. (1980^3), Grundprobleme der Besteuerung, in: Neumark, F. (Hrsg.), Handbuch der Finanzwissenschaft, Band II, Tübingen, S. 119-171.

SCHMIDT, K. (1994), Was ist an unseren Steuern falsch, und wie ist den Mängeln abzuhelfen?: Der Beitrag der Steuerpolitik zur Lösung unserer großen wirtschaftlichen Aufgaben, in: Standort Deutschland, Stuttgart, S. 139-153.

SCHMIDTCHEN, D. (1993), Neue Politische Ökonomie von Normen und Institutionen, in: Boettcher, E., Herder-Dorneich, P., Schenk, K.-E. (Hrsg.), Jahrbuch für Neue Politische Ökonomie, Band 12, Tübingen, S. 1-10.

SCHMIDTCHEN, D. (1994), Vom nichtmarginalen Charakter der Steuermoral, in: Smekal, C., Theurl, E. (Hrsg.), Stand und Entwicklung der Finanzpsychologie, Baden-Baden, S. 185-211.

SCHMÖLDERS, G. (1951/52), Finanzpsychologie, in: Finanzarchiv, N.F., Band 13, Tübingen, S. 1-36.

SCHMÖLDERS, G. (1953), Ökonomische Verhaltensforschung, in: Ordo-Jahrbuch für Wirtschaft und Gesellschaft, Band 5, S. 203-244.

SCHMÖLDERS, G. (1960), „Unmerkliche“ Steuern, in: Finanzarchiv, N. F., Band 20, Tübingen, S. 23-34.

SCHMÖLDERS, G. (1962), Volkswirtschaftslehre und Psychologie, Berlin

SCHMÖLDERS, G. (1965²), Finanzpolitik, Berlin.

SCHMÖLDERS, G. (1966), Psychologie des Geldes, Reinbek bei Hamburg.

SCHMÖLDERS, G. (1969), Ansätze zu einer Finanzpsychologie, in: Recktenwald, H. C. (Hrsg.), Finanzpolitik, Köln, Berlin, S. 78-91.

SCHMÖLDERS, G. (1970), Finanz- und Steuerpsychologie, Erweiterte Auflage von: Das Irrationale in der öffentlichen Finanzwirtschaft, München.

SCHMÖLDERS, G. (1970³), Finanzpolitik, Berlin.

SCHMÖLDERS, G. (1973), Sozialökonomische Verhaltensforschung, Berlin.

SCHMÖLDERS, G. (1975), Einführung in die Geld- und Finanzpsychologie, Darmstadt.

SCHMÖLDERS, G. (1988), Steuersysteme, in: Albers, W. et al. (1988), HdWW, New York, Tübingen u.a., S. 407-415.

SCHMÖLDERS, G., (1981), Finanz- und Steuerpsychologie, in: HdWW, Band 3, Stuttgart, S. 121-133.

SCHMÖLDERS, G., HANSMEYER, K.-H. (1980⁵), Allgemeine Steuerlehre, Berlin.

SCHMÖLDERS, G., HANSMEYER, K.-H. (1980⁵), Die Grenzen der Besteuerung, in: Allgemeine Steuerlehre, Berlin, S. 97-130.

SCHMÖLDERS, G., STRÜMPEL, B. (1968), Vergleichende Finanzpsychologie. Besteuerung und Steuermentalität in einigen europäischen Ländern, Wiesbaden.

SCHNEIDER, D. (1985), Steuergerechtigkeit durch Regelungen gegen Steuervermeidung: Ein Gefangenendilemma des Steuerrechts, in: Steuer und Wirtschaft, Nr. 4, S. 345-355.

SCHNEIDER-HAASE, T. (1994): Wie politikverdrossen sind die Deutschen wirklich? in: Umfrage & Analyse, Emnid-Instituts, Nr. 1/2, Mannheim.

SCHNELL, R., HILL, P. B., ESSER, E. (1995⁵), Methoden der empirischen Sozialforschung, München, Wien.

SCHOEMAKER, P. (1982), The expected utility model: its variances, purposes, evidence and limitations, in: Journal of Economic Literature, Vol. 20., S. 529-563.

SCHOKKAERT, E. (1987), Preferences and Demand for Local Public Spending, in: Journal of Public Economics, Vol. 34, S. 175-188.
SCHOKKAERT, E. (1988), Fiscal Preferences and Fiscal Knowledge at the Local Level, in: Journal of Economic Psychology, Vol. 9, S. 35-42.
SCHRÖDER, H.-J. (1997), 50 Jahre Marshall-Plan in Deutschland, in: Aus Politik und Zeitgeschichte, Beilage zur Wochenzeitung Das Parlament, Bonn, S. 18-29.
SCHULTZ, U. (1986) (Hrsg.), Mit dem Zehnten fing es an - Eine Kulturgeschichte der Steuer, München.
SCHUMPETER, J. A. (1918), Die Krise des Steuerstaats, Nachdruck der Erstausgabe, Graz, Leipzig, in: Hickel, R. (Hrsg.), Goldscheid, Rudolf, Schumpeter, Joseph A. (1976), Die Finanzkrise des Steuerstaates, Frankfurt.
SCITOVSKY, T. (1976), The Joyless Economy: An Inquiry into Human Satisfaction and Consumer Dissatisfaction, Oxford.
SCOTT, W. A. (1968), Attitude measurement, in: Lindzey, G., Aronson, E. (Hrsg.), The Handbook of Social Psychology, Vol. II, Massachusetts, S. 204-273.
SEARS, D. O., CITRIN, J. (1982), Tax Revolt: Something for Nothing in California, Harvard.
SEATER, J. J. (1993) Ricardian Equivalence, in: Journal of Economic Literature, Vol. 31, S. 42-90.
SELMER, P. (1995), Der gerechte Steuerstaat, in: Finanzarchiv, Heft 2, Tübingen, S. 234-262.
SEN, A. K. (1972), Behavior and the Concept of Preference, in: Economica, Vol. 40, New York.
SIEVERT, O. (1988), Änderung der Steuerstruktur in Richtung auf mehr Ausgabenbesteuerung, in: Zimmermann, H. (Hrsg.), Die Zukunft der Staatsfinanzierung, S. 85-110.
SIMON, H. A. (1957), A Behavioral Model of Rational Choice, in: Simon, H. A. (Hrsg.), Models of Man, New York, S. 241-260.
SIX, B. (1980), Das Konzept der Einstellung und seine Relevanz für die Vorhersage des Verhaltens, in: Petermann, F. (Hrsg.), Einstellungsmessung-Einstellungsfor-schung, Göttingen, S. 55-84.
SMEKAL, C., THEURL, E. (1994) (Hrsg.), Stand und Entwicklung der Finanzpsychologie, Baden-Baden, S. 7-11.
SMITH, A. (1938[11]), The Wealth of Nations, Vol. 2, London.
SÖHN, H. (1994), Die Umsatzsteuer als indirekte, allgemeine Verbrauchsteuer, in: Steuer und Wirtschaft, Köln, S. 145-148.
SÖLLNER, F. (1994), Die „neue" Finanzwissenschaft - Forschritt oder Rückschritt?, in: Zeitschrift für Wirtschafts- und Sozialwissenschaften (ZWS) 114, Berlin, S. 231- 244.
SOLMS, H. O. (1996), Neues Denken in der Finanz- und Steuerpolitik, Institut „Finanzen und Steuern", IFSt-Schrift, Nr. 343, Bonn, S. 10-34.
SPICER, M. W., BECKER, L. (1980), Fiscal inequity and tax evasion: an experimental approach, in: Finanzarchiv, N. F., Band 33, Tübingen, S. 171-175.
STAHLBERG, D., FREY, D. (1990), Einstellungen I: Struktur, Messung und Funktionen, in: Stroebe, W., Hewstone, M., Codol, J.-P., Stephenson, G. M. (Hrsg.), Sozialpsychologie - Eine Einführung, Berlin, S. 144-170.

STEINHAUSEN, D., ZÖRKENDÖRFER, S. (1987), Statistische Datenanalyse mit dem Programmsystem SPSSx und SPSS-PC++, München.

STEINHEUER, W. (1991), Privatisierung kommunaler Leistungen: Theoretische Grundlagen und praktische Erfahrungen Nordrhein-Westfälischer Städte und Gemeinden, Bund der deutschen Steuerzahler, Köln.

STEUERREFORMKOMMISSION (1997), Reform der Einkommensbesteuerung: Vorschläge der Steuerreform-Kommission vom 22. Januar 1997 („Petersberger Steuervorschläge"), in: Presse- und Informationsamt der Bundesregierung (Hrsg.), Aktuelle Beiträge zur Wirtschafts- und Finanzpolitik, Nr. 2, Bonn.

STIGLER, G. J. (1981), Economics or Ethics?, in: The Tanner Lectures on Human Values, Vol. II, Cambridge, S. 145-191.

STIGLER, G. J., BECKER, G. S. (1977), De gustibus non est disputandum, in: American Economic Review, Vol. 67, S. 77-90.

STIGLITZ, J. E., BOSKIN, M. J. (1977), Some Lessons from the New Public Finance, in: The American Economic Review, Vol. 67, S. 295-301.

STIGLITZ, J., SCHÖNFELDER, B. (1989), Finanzwissenschaft, München, Wien.

STRAUSS, B., HUGHES, G. (1976) Preferences and Demand for Local Public Spending, in: Journal of Public Economics, Vol. 6, S. 191-204.

STRECKER, H., WIEGERT, R. (1994), Stichproben, Erhebungsfehler, Datenqualität, Göttingen.

STROEBE, W., FREY, B. S. (1981), Psychologische Aspekte des ökonomischen Verhaltensmodells, in: Tietz, R. (Hrsg.), Wert- und Präferenzprobleme in den Sozialwissenschaften, Berlin, S. 113-129.

STRÜMPEL, B., KATONA, G. (1983), Psychologie und Steuerwiderstand der deutschen Selbständigen - Ein Beitrag zur Lehre von Steuerwirkungen, Köln, Opladen.

SUMMER, Gene F. (1977), Attitude Measurement, London.

SURVEY OF CONSUMER ATTITUDES AND BEHAVIOR (1973), The Survey Research Center, Ann Arbor, Michigan.

SWIFT, J. (1728), An Answer to a Paper Called A Memorial of the Poor Inhabitants, Tradesman, and Labourers of the Kingdom of Ireland, Dublin, zitiert nach: Lotz, W. (1916), Zur Lehre vom „Steuereinmaleins", in: Festschrift für Lujo Brentano, München, Leipzig.

TABELLINI, G., ALESINA, A. (1990), Voting on the Budget Deficit, in: American Economic Review, Vol. 80, S. 37-49.

TACKE, W. (1984), Der Fragebogen und seine Bedeutung in der empirischen Forschung, in: Planung und Analyse, 11. Jg., S. 103-106.

TERHALLE, F. (1930), Finanzwissenschaft, Tübingen.

TESSER, A., SHAFFER, D. R. (1990), Attitudes and Attitude Change, in: Rosenzweig, M. R., Porter, L. W. (Hrsg.), Annual Review of Psychology, Vol. 41, Palo Alto, S. 479-523.

THALER, R. (1980), Toward a Positive Theory of Consumer Choice, in: Journal of Economic Behavior and Organization, Vol. 1, S. 519-539.

THALER, R. H., SHEFRIN, H. M. (1981), An Economic Theory of Self-Control, in: Journal of Political Economy, Vol. 89, S. 392-406.

THEILE, C. (1994), Die Belastungswirkung der Umsatzsteuer: Steuerrechtswissenschaftliche Glaube, gesetzgeberischer Wille und ökonomische Wirklichkeit, in: Steuer und Wirtschaft, Köln, S. 154-144.

THOMA, M. (1985), Theorie der öffentlichen Güter, in: Wist, 14. Jg., München, Frankfurt, S. 125-130.

THURSTONE, L. L. (1928), Attitudes Can Be Measured, in: American Journal of Sociology, No. 33, S. 529-554.

TIEDE, M. (1996), Repräsentativität, Diskussionspapier aus der Fakultät für Sozialwissenschaft, Ruhr-Universität Bochum, Bochum.

TIEMANN, S. (1993), Mit Steuern steuern?, in: Mit Steuern steuern?, Einsatz der Besteuerung für finanzfremde Zwecke und seine Auswirkungen, Referate und Protokolle vom VII. Deutschen Steuerzahlerkongreß, hrsg. vom Präsidium des Bundes der Steuerzahler, Wiesbaden, S. 7-18.

TIEPELMANN, K., BEEK VAN DER, G. (Hrsg.) (1992), Theorie der Parafiski, Teil I: Marksteine der theoretischen Parafiskiforschung, Berlin, New York.

TIEPELMANN, K., DICK, G. (1995^3), Grundkurs Finanzwissenschaft, Hamburg.

TIETZEL, M. (1981), Die Rationalitätsannahme in den Wirtschaftswissenschaften, in: Jahrbuch für Sozialwissenschaft, Vol. 32, S. 115-138.

TIETZEL, M. (1983), Wirtschaftstheorie als allgemeine Theorie des menschlichen Verhaltens: Eine Analyse der 'New Home Economics', in: Zeitschrift für Wirtschaftspolitik 32, S. 225-242.

TIETZEL, M. (1987/88), Zum Problem der Erfolgsbestimmung und der Erfolgsmessung in der Wirtschaftspolitik, in: List Forum, 14. Jg., S. 16-29.

TIETZEL, M. (1988), Zur Theorie der Präferenzen, in: Boettcher, E., Herder-Dorneich, P., Schenk, K.-E., Jahrbuch für Neue Politische Ökonomie, Band 7, Tübingen, S. 38-71.

TIMM, H. (1987), Wandlungen der Besteuerung seit dem vorigen Jahrhundert, in: Häuser, K. (Hrsg.), Wandlungen der Besteuerung, Schriften des Vereins für Socialpolitik, N.F., Band 160, Berlin, S. 11-57.

TIPKE, K. (1980), Über Steuergerechtigkeit in Steuergesetzgebung, Steuerverwaltung und Steuergerichtsbarkeit, in: Steuer und Wirtschaft, Köln, S. 287-291.

TIPKE, K. (1993), Die Steuerrechtsordnung, Band III: Föderative Steuerverteilung, Rechtsanwendung und Rechtsschutz, Gestalter der Steuerrechtsordnung, Köln.

TOFAUTE, H. (1994), Verteilungswirkungen der Mehrwertsteuer auf private Haushaltseinkommen, in: WSI-Mitteilungen, Köln, S. 444-453.

TOMPKINSON, P., BETHWAITE, J. (1991), The Effect of Information on Fiscal Preferences, in: Journal of Economic Psychology, Vol. 12, S. 287-298.

TRÄNKLE, U. (1983), Fragebogenkonstruktion, in: Feger, H., Bredenkamp, J. (Hrsg.), Datenerhebung, Enzyklopädie der Psychologie, Themenbereich B: Methodologie und Methoden, Serie I: Forschungsmethoden der Psychologie, Band 2, Göttingen, S. 178-185.

TROMMSDORFF, V. (1993^2), Konsumentenverhalten, hrsg von Köhler, R., Meffert, H., Stuttgart.

ULDALL, G. (1995), Vorschlag für eine vereinfachte Einkommen- und Körperschaftsteuer, Bonn.

ULDALL, G. (1996), Vorschlag für eine vereinfachte Einkommen- und Körperschaftsteuer, in: Schriftenreihe des Vereins zur Förderung der Wettbewerbswirtschaft e.V., Heft 28, Bonn, Sankt Augustin.

VAN RAAIJ, W. F., VAN VELDHOVEN, G. M., WÄRNERYD, K.-E. (Hrsg.) (1988), Handbook of economic psychology, Dordrecht.

VELTE, P. J. (1993), Grundzüge der Steuergeschichte, in: Informationen zur politischen Bildung, Nr. 241, Thema Steuern und Finanzen, hrsg. von der Bundeszentrale für politische Bildung, Bonn, S. 5-8.

VOGEL, J. (1974), Taxation and Public Opinion in Sweden: An Interpretation of Recent Survey Data, in: National Tax Journal, Jg. 27, Nr. 4, S. 499-513.

VOGEL, K. (1986), Rechtfertigung der Steuern: Eine vergessene Vorfrage: Der Staat, München.

WAGNER, A. (1910²/1973) (Hrsg.), Steuergeschichte vom Altertum bis zur Gegenwart, Lehrbuch und Handbuch der politischen Ökonomie, Band 1, Leipzig.

WAGNER, A. (1892³), Grundlegung der politischen Ökonomie, 1. Theil, Leipzig.

WAGNER, R. E. (1986) Liability Rules, Fiscal Institutions and the Debt, in: Buchanan, J. M., Rowley, C. K., Tollison R. D. (Hrsg.), Deficits, Oxford, S. 200-217.

WALSTER, E., WALSTER, G. W., BERSCHEID, E. (1978), Equity: Theory and research, Boston.

WARRINGS, H. (1997), Sonder- und Saisoneffekte beeinflussen Arbeitsmärkte, in: Hb. v. 27.10.1997.

WEBLEY, P., ROBBEN, H., ELFFERS, H., HESSING, D. (1991), Tax Evasion: An Empirical Approach, Cambridge. Zitiert nach: Kirchler, E.M. (1995), Wirtschaftspsychologie, Göttingen, S. 287.

WEIGEL, W. (1992), Ökonomie des öffentlichen Sektors - Eine Einführung in die Finanzwissenschaft, Wien, New York.

WEIMANN, J. (1996), Wirtschaftspolitik - Allokation und kollektive Entscheidung, Berlin.

WEIZSÄCKER VON, C. C. (1971), Notes on Endogenous Change of Tastes, in: Journal of Economic Theory, Vol. 3, S. 345-372.

WEIZSÄCKER VON, R. K. (1992), Staatsverschuldung und Demokratie, in: Kyklos, Vol. 45, Basel, S. 51-67.

WIEGARD, W. (1984), Merkliche versus unmerkliche Steuern - Eine Bestandsaufnahme, in: Bös, D., Rose, M., Seidl, C., Beiträge zur neuen Steuertheorie, Berlin, S. 111-119.

WIEGARD, W. (1987), Was brachte - oder bringt - die Optimalsteuertheorie?, in: Rahmann, B., Roloff, O. (Hrsg.), Beschäftigungspolitik zwischen Abgabenwiderstand und Ausgabenwachstum, Regensburg, S. 118-127.

WIESENTHAL, H. (1987), Die Ratlosigkeit des homo oeconomicus: Einleitung zu Subversion der Rationalität, in: Joas, H., Offe, C. (Hrsg.), Theorie und Gesellschaft, Frankfurt, New York, S. 7-20.

WINDISCH, R. (1985), Vermögensmaximierung als ethisches Prinzip?, in: Enderle, G. (Hrsg.), Ethik und Wirtschaftswissenschaft, Berlin, S. 191-247.

WINKLER, G. M. (1994), Entscheidungen und Präferenzen - Zur Rationalisierbarkeit individueller Wahlhandlungen, Heidelberg.

WINSTON, G. C. (1980), Addiction and Backsliding: A Theory of Compulsive Consumption, in: Journal of Economic Behavior and Organization, Vol. 1, S. 295-324.

WISSENSCHAFTLICHE BEIRÄTE BEIM BUNDESMINISTERIUM DER FINANZEN UND BEIM BUNDESMINISTERIUM FÜR WIRTSCHAFT (1953/1974), Gemeinsame Erklärung zur Reform des Steuersystems, in: Der Wissenschaftliche Beirat beim Bundesministerium der Finanzen (Hrsg.), Entschließungen, Stellungnahmen und Gutachten 1949-1973, Tübingen.

WISSENSCHAFTLICHER BEIRAT BEIM BUNDESMINISTERIUM FÜR WIRTSCHAFT (1996), Anstehende große Steuerreform. Gutachten des wissenschaftlichen Beirats beim Bundeministerium für Wirtschaft, in: Bundesministerium für Wirtschaft (Hrsg.), Studienreihe Nr. 94, Bonn.

WISWEDE, G. (1981), Sozialpsychologische Aspekte der Präferenzbildung, in: Tietz, R. (Hrsg.), Wert- und Präferenzprobleme in den Sozialwissenschaften, Berlin, S. 83-110.

WITT, U. (1987), Individualistische Grundlagen der evolutorischen Ökonomik, Tübingen.

WITTE, E. H. (1992) (Hrsg.), Einstellung und Verhalten, Beiträge des 7. Hamburger Symposiums zur Methodologie der Sozialpsychologie, Braunschweiger Studien zur Erziehungs- und Sozialarbeits-Wissenschaft, Braunschweig.

WITTMANN, W. (1971), Einführung in die Finanzwissenschaft, Teil 2, Die öffentlichen Einnahmen, Stuttgart.

WITTMANN, W. (1976), Reformen in der Finanzierung von Staatsausgaben, in: Finanznachrichten Nr. 16/17, Stuttgart.

WOLF, J. R. (1992), "... zu Einführung einer Gott wohlgefältigen Gleichheit auf ewig...", in: Schultz, U. (Hrsg.), Mit dem Zehnten fing es an - Eine Kulturgeschichte der Besteuerung, München, S. 162-173.

WREDE, M. (1993), Ökonomische Theorie des Steuerentzugs - Steuervermeidung, -umgehung und -hinterziehung, Heidelberg.

WRIGHT, G. C., ERIKSON, R. S., MCIVER, J. P. (1987), Public Opinion and Policy Liberalism in the American States, in: American Journal of Political Science, Vol. 31, S. 980-1001.

ZEITHAML, V. A., (1988), Consumer Perceptions of Price, Quality, and Value: A Means-End Model and Synthesis of Evidence, in: Journal of Marketing, Vol. 52, S. 2-22.

ZIMMERMANN, F. (1988), Das System der kommunalen Einnahmen und die Finanzierung der kommunalen Aufgaben in der Bundesrepublik Deutschland, Köln.

ZIMMERMANN, H., HENKE, K.-D. (1990^{6}), Finanzwissenschaft - Eine Einführung in die Lehre von der öffentlichen Finanzwirtschaft, München.